O Universo Convoluto
Livro Quatro

por Dolores Cannon

Tradução: Tacia Duarte

© 2012 por Dolores Cannon.
Primeira tradução em português-2025

Todos os direitos reservados. Nenhuma parte deste livro, em parte ou no todo, pode ser reproduzida; transmitida ou utilizada de qualquer forma, ou por qualquer meio, eletrônico, fotográfico ou mecânico, incluindo fotocópia, gravação ou por qualquer sistema de armazenamento e recuperação de informações sem permissão por escrito da editora Ozark Mountain Publishing, Inc., exceto para breves citações incorporadas em resenhas e artigos literários.

Para permissão, serialização, condensação, adaptações ou para conhecer nosso catálogo de outras publicações, escreva para Ozark Mountain Publishing, Inc., caixa postal 754. Huntsville, AR 72740, ATTN: Departamento de Permissões.

Dados de Catalogação na Publicação da Biblioteca do Congresso
Cannon, Dolores, 1931–2014
O Universo Convoluto-Livro Quatro, de Dolores Cannon
   A série em andamento continua a explorar teorias e conceitos metafísicos desconhecidos.

1. Evolução da Conciência 2. Início da Terra 3. Criação dos Humanos
4. Mudança e cor do DNA 5. Vida Após a Morte 6. Metafísica
I. Cannon, Dolores, 1931-2014 II. Nova Consciência III. Metafísica IV. Título

ISBN:978-1-962858-89-2

Tradução: Tacia Duarte
Arte e layout da capa: Victoria Cooper Art.
Livro definido em: Times New Roman
Design do livro: Nancy Vernon
Publicado por:

Caixa Postal 754
Huntsville, AR 72740, EUA
800-935-0045/479-738-2348
fax: 479-738-2448
www.ozarkmt.com

O importante é não deixar de questionar. A curiosidade tem sua própria razão de existir. Não podemos deixar de ficar maravilhados quando contemplamos os mistérios da eternidade, da vida e da maravilhosa estrutura da realidade. Basta que se tente somente compreender um pouco deste mistério todos os dias.
Nunca perca a curiosidade sagrada.

Albert Einstein, 1879-1955

O autor deste livro não dispensa orientação médica, nem prescreve o uso de qualquer técnica como forma de tratamento para problemas físicos ou médicos. As informações médicas incluídas neste livro foram extraídas de consultas e sessões individuais de Dolores Cannon com seus clientes. Este livro não se destina a diagnóstico médico de qualquer natureza, nem à substituição de aconselhamento ou tratamento médico por parte de um profissional habilitado. Portanto, o autor e a editora não assumem qualquer responsabilidade pela interpretação ou uso das informações aqui contidas por parte de qualquer indivíduo.

Todos os esforços foram feitos para proteger a identidade e a privacidade dos clientes envolvidos nessas sessões. O local onde as sessões foram realizadas é exato, mas apenas os primeiros nomes foram utilizados, e estes foram alterados.

ÍNDICE

Prefacio	i
PARTE UM – ALÉM DO VÉU	
Capítulo	
1 - Minhas Próprias Vidas Passadas	3
2 - A Evolução da Consciência	15
3 - O Lado Espiritual	30
4 - A Vida Como Outras Criaturas	35
5 - Muitas Escolhas	69
6 - A Fase de Planejamento	79
7 - Uma Vida Curta	96
8 - Uma Tarefa Difícil	113
9 - Equilíbrio na Vida	124
10 - Viajando	131
11 - Acumulador de Informações	145
12 - Carregando Culpa	153
13 - Mudando o Passado	159
Seção – Assassinatos e Suicídios	
14 - Assassinato e o Local de Descanso	173
15 - O Medo é Transportado	181
16 - Assassinato e Suicídio	192
17 - Um suicídio	203
18 - Um suicídio de coração partido	210
19 - Um suicídio Compensa o Carma	223
Parte Dois – O Universo Convoluto Continua em Expansão	
Seção – O Início da Terra	
Capítulo	
20 - De volta ao Começo	239
21 - "Ajustes"	252
22 - A Criação dos Humanos	268
23 - Separando da Fonte	282
24 - Mudanças Abruptas	302
Seção – Energias	
25 - A Energia Rosa do Planeta de Cristal	317
26 - Criando Energia	331
27 - Um Ser Energético	347
28 - Energia Desconhecida	353
29 - O Sol	358
30 - Ativação da Nova Energia de Luz	364

Seção – Tempo e Dimensões
31 - A Estação 379
32 - A Vila Fora do Tempo 391
33 - A Personificação de Um Aspecto 408
34 - Mudando o DNA 413
35 - Acor do DNA 426
36 - Trabalhando com Sistemas da Terra 441
37 - A cura de Ann 457
38 - Os Figurantes 482
39 - Os Fragmentos se Reúnem 496
40 - As Imagens 506
41 - Considerações Finais 516
Página do autor 525

PREFÁCIO

Sejam todos bem-vindos! Desejo boas-vindas aos novos leitores desta série, e, àqueles que têm acompanhado minhas aventuras com a hipnose ao longo dos últimos anos, bem-vindos de volta. Quando comecei a série O Universo Convoluto, pensei — erroneamente — que se tratava de um único volume. Na época, eu estava trabalhando com as informações que se tornariam o livro Sob Custódia, resultado dos meus vinte e cinco anos de investigações sobre OVNIs e abduções. Eu havia reunido muitos dados e imaginei ter explorado tudo o que alguém gostaria de saber sobre o fenômeno. Então, as informações começaram a tomar um rumo inesperado. Estava se afastando do tema dos extraterrestres e se dirigindo a conceitos e teorias metafísicas que eu jamais havia ouvido antes. Finesse momento que compreendi que precisava encerrar aquele livro e começar outro. Eu não sabia como seria recebido, pois representava um desvio do tema central da hipnose e da busca pelo conhecimento perdido. Embora esse novo conteúdo também pudesse ser considerado "conhecimento perdido", ele seguia por uma direção diferente. Chamei o primeiro livro de "uma obra cujo objetivo era dobrar sua mente como um pretzel". Achei que poderia agradar àqueles que acompanharam minha trajetória e leram meus livros ao longo dos últimos trinta anos, permitindo-lhes testemunhar minha evolução neste campo. Ainda assim, fiquei agradavelmente surpresa ao descobrir que o primeiro livro da série estava sendo lido também por leitores iniciantes do meu trabalho. Eu temia que as pessoas não conseguissem compreender, caso mergulhassem diretamente em um tema tão profundo. Sempre recomendei que começassem pelos meus primeiros livros, avançando gradualmente até chegar a esse material. No Entanto, comecei a receber cartas que mostravam que os leitores estavam mais preparados do que eu jamais poderia imaginar. Alguns escreveram: "Posso não entender, mas realmente me faz pensar". Essa era exatamente minha intenção! Nos livros, costumo dizer que esses novos conceitos e teorias devem ser recebidos como "doces para a mente": ideias a serem saboreadas e consideradas, depois deixadas de lado, para que o leitor possa seguir sua vida normalmente — como uma linha paralela interessante ou um desvio da norma.

Quando eu estava preparando O Universo Convoluto para publicação, decidi adicionar "Livro Um" ao título, de última hora. Naquele momento, eu realmente não sabia se haveria outro livro na série. Achava que havia incluído tudo o que era possível no primeiro volume. Mas algo me fez chamá-lo Livro Um. Eu já deveria saber que "eles" estavam por trás disso. "Eles" sabiam que eu havia apenas arranhado a superfície. E agora que embarquei nesta nova jornada, toneladas de novas informações viriam à tona. E assim tem sido, cada livro da série introduziu conceitos cada vez mais surpreendentes — idéias para provocar a reflexão e o questionamento. Ao concluir final de Universo Convoluto - Livro Três, realmente acreditei que "eles" haviam me contato tudo o que era possível. Pensei que não havia mais nada para aprender, ou a ser revelado. Mas, enquanto preparava esse volume, tive uma última sessão em Montreal que apresentou outro conceito alucinante. No fim daquele capítulo, escrevi: "Agora sei que não há mais nada para descobrir". E eles, em sua infinita sabedoria, responderam: "Ah, não! Há mais! Muito mais!" Foi com essa revelação que consegui finalmente concluir o livro de setecentas páginas e publicá-lo. Eles então me permitiram descansar por alguns meses, enquanto o livro entrava em produção. Durante esse período, todas as minhas sessões de hipnose foram "normais"— voltadas apenas à terapia, para ajudar pessoas com problemas físicos e pessoais. Mas logo as informações começaram a chegar novamente, e eu soube, com certeza, que haveria um quarto livro. Quando entitulei o primeiro volume como Livro Um, ri pois imaginei que haveria no máximo uma única continuação. Agora, não faço ideia de quantos livros essa série terá. Eu apenas continuo escrevendo, e eles continuam me trazendo novas informações. Ao organizar este volume, percebi que tenho material suficiente para três seções, com assuntos distintos. Assim, a jornada continua.

Para aqueles que se juntam a nós agora, sejam bem-vindos à aventura e à jornada. Para quem já faz parte dela: bem-vindos de volta. Espero que você encontre conceitos ainda mais instigantes à medida que continuamos nossa exploração. Portanto, leia com a mente aberta e esteja preparado para ser desafiado. Afinal, os pretzels têm um formato curioso. Eles realmente se parecem com o símbolo do infinito, não?

Dolores Cannon, CHT, PLT

O Universo Convoluto. Livro Quatro

PARTE UM

ALÉM DO VÉU

O Universo Convoluto, Livro Quatro

Capítulo 1
MINHAS PRÓPRIAS VIDAS PASSADAS

Sempre que estou dando uma palestra, invariavelmente me fazem a mesma pergunta: "Você sabe sobre alguma de suas vidas passadas?" Acho que teria sido impossível trabalhar nesta área por mais de quarenta anos sem tentar descobrir mais sobre mim mesma. No início, fiz regressões a vidas passadas com diversos hipnotizadores. Eu estava tão curiosa quanto qualquer outra pessoa. Foi assim que descobri o que não quero que meus próprios clientes experimentem. Havia muitas coisas sobre as diversas técnicas às quais fui submetida que me deixavam desconfortável, inquieta, incomodada e perturbada. Nem sempre era uma experiência agradável. Obtive informações, mas as sessões nem sempre eram conduzidas de maneira profissional. Percebi que os hipnotizadores apenas repetiam o que lhes havia sido ensinado, sem questionar por que faziam daquela forma. Mas eu quis questionar. Se me sentia desconfortável durante ou após a sessão, tentava entender o porquê. Então, ao longo dos anos, à medida que desenvolvi minha própria técnica, criei dispositivos de proteção para que nenhum de meus clientes jamais precisasse vivenciar os mesmos sentimentos desagradáveis. Esse é outro motivo pelo qual sempre recomendo que meus alunos passem por uma regressão a vidas passadas, para saberem como lidar com seus próprios clientes. Como poderíamos aplicar algo se nunca o experimentamos?

    Durante os primeiros anos, descobri cerca de oito de minhas vidas passadas. Foi algo importante, pois passei a compreender meu relacionamento com meus familiares e os motivos que nos fizeram voltar a ficar juntos. Entendi, também, por que faço o trabalho que faço — e isso já foi muito valioso por si só. Hoje, não sinto mais necessidade de buscar novas vidas passadas, pois creio ter descoberto todas que precisava saber. É uma ferramenta poderosa, mas apenas isso: uma ferramenta. Quando começamos a evoluir e a nos conhecer melhor, não precisamos mais ficar presos ao passado. Para algumas pessoas, a regressão é praticada mais pelo valor do entretenimento do que como terapia, e não cumpre um bom propósito. Elas podem tornar-se "viciados em vidas passadas", sempre à caça da próxima "pista" por pura curiosidade. Isso anula o verdadeiro sentido da terapia de vidas passadas, cujo objetivo é fazer com que o indivíduo se sinta confortável nesta vida. As memórias passadas são informações valiosas, mas devem ser aproveitadas no corpo presente, sobretudo nas relações familiares. Precisamos tecer tudo isso da mesma forma que tecemos as memórias da infância e de outras experiências. Para o bem ou para o mal, são a história da nossa vida e merecem ser reconhecidas e assimiladas. As outras vidas são apenas memórias prolongadas e também devem ser incorporadas ao nosso presente. Isso ajuda a tornar o indivíduo mais equilibrado e saudável.

Durante minha busca, descobri meu propósito — a eterna questão — nesta vida. Na época, sequer imaginava que o restante dos meus dias se dedicaria a ajudar outras pessoas a explorar o próprio passado. Eu gostava do trabalho e estava prestes a começar a escrever meu primeiro livro (Jesus e os Essênios), mas não havia como prever a dimensão que minha obra atingiria. Quando fiz uma regressão na casa de um amigo, tampouco fazia deia do que iria acontecer. Voltei, então, aos dias da enorme Biblioteca de Alexandria, no Egito.

Durante toda a minha vida, fui fascinada por livros. Eu já sabia ler antes mesmo de entrar na escola, e a gramática era fácil e natural. Fui criança durante a Grande Depressão, por isso o dinheiro era escasso. Minha irmã e eu não tínhamos luxos. Usávamos roupas de segunda mão, compradas em brechós. Naquela época, aprendíamos a nos contentar com o que tínhamos. Se algo custasse dinheiro, era melhor esquecer — com exceção no Natal, quando recebíamos alguns brinquedos. Foi por isso que fiquei tão animada durante a primeira série, quando alguém veio à nossa sala de aula e falou sobre uma enorme biblioteca que ficava próxima à nossa escola em St. Louis. Eles estavam incentivando alunos a obterem carteirinhas da biblioteca. Levei um formulário para casa com objetivo de solicitar a minha. Eu já havia devorado todos os livros disponíveis em nossa sala de aula, e minha fome aumentou ainda mais ao saber que poderíamos ir a um lugar onde havia centenas de livros — e tudo de graça. Eu mal podia acreditar no que ouvia, "de graça". Corri até minha casa com o papel na mão para mostrar à minha mãe. Minha empolgação deve ter sido contagiante, pois falei sem parar sobre como poderia ler qualquer livro que quisesse, sem pagar nada. Para resumir a história, minha mãe fez minha carteirinha e, a cada três ou quatro dias, ela me levava por vários quarteirões até a gigantesca biblioteca, onde eu podia emprestar livros. Lembro-me de andar pelos corredores entre as prateleiras e me sentir no paraíso ao perceber que não havia limite para o que eu poderia ler. Mais tarde, quando pude ir sozinha, passava horas ali e sempre levava pilhar de livros para casa. Nunca fiquei sem algo para ler. Passava muitas horas reclusa, imersa no maravilhoso mundo imaginário que os livros apresentavam. No ensino médio, se eu não estava em aula, podia ser encontrada na biblioteca da escola, folheando as enciclopédias. Foi nessa época que desenvolvi uma compulsão bastante peculiar: no meu tempo livre, eu me ocupava copiando todas as palavras do dicionário. Cada dia, marcava onde havia parado e, no dia seguinte, continuava — simplesmente copiando, palavra por palavra, em meu caderno. Poderia dizer que isso veio do meu amor pelos livros, mas mais tarde, através de minhas regressões a vidas passadas, descobri que havia vivido uma vida anterior como monge em um mosteiro, onde meu trabalho consistia em copiar manuscritos e textos à mão. Mas foi uma compulsão útil, pois incorporou em mim o uso das palavras de maneira profunda e natural.

    Li tudo o que pude encontrar, e esse amor pelos livros — somado a vontade de aprender — me acompanhou por toda a vida. Ainda hoje, quando escrevo meus livros, faço pesquisas extensas, após cada sessão antes de iniciar, de fato, o trabalho de escrita. Passo horas, às vezes, o dia inteiro em bibliotecas, reunindo os fatos necessários. Para mim, isso é o paraíso: procurar por horas até encontrar o tesouro de um dado elucidativo. Quando escrevi meus três livros, Conversas com Nostradamus, li todos os livros já publicados sobre o grande mestre. Quando não os encontrava, a única cópia disponível era localizada na Biblioteca do Congresso, acessível por empréstimo via a Universidade de Arkansas. O mesmo aconteceu quando escrevi meus livros sobre Jesus: Jesus e os Essênios e Eles Caminharam com Jesus — li tudo o que havia sobre os Manuscritos do Mar Morto. E ao escrever meu livro Lenda de Starcrash, sobre a origem da raça indígena americana, passei três anos pesquisando todas as antigas lendas e histórias que pude encontrar. Toda esse esforço valeu a pena, pois, quando dou palestras, sinto-me segura e fundamentada em minhas informações. Meu primeiro editor de revista disse certa vez: "A pesquisa é muito importante. É óbvio que você fez sua lição de casa. E seria tão óbvio se não tivesse feito." Acho uma pena que os jovens de hoje não saibam mais como fazer uma pesquisa real. Passam poucos minutos na Internet compilando alguns fatos, sem conhecer a glória e a maravilha de vasculhar pilhas empoeiradas de livros, em busca de um texto esquecido ou perdido. É por isso que me chamo "a repórter, a investigadora, a pesquisadora do conhecimento perdido".

Portanto, suponho que não deveria ter sido uma grande surpresa quando retornei a uma vida passada na vasta e suntuosa Biblioteca de Alexandria, antes de sua destruição no século V. Naquela vida eu era um homem que trabalhava na biblioteca. Eu sabia ler os preciosos pergaminhos das prateleiras, mas conhecia bem quais eram os mais antigos e importantes. Muitos estudiosos frequentavam o local, e eu os ajudava a encontrar os documentos que buscavam. Observava com inveja enquanto se sentavam às mesas e os liam. Sabia que os pergaminhos mais valiosos eram mantidos no alto das prateleiras superiores. Havia um homem em particular — vestia uma túnica preta — que visitava a biblioteca com frequência. Eu sempre sabia com antecedência quais pergaminhos ele iria querer. Gostava deste trabalho, embora não soubesse ler. Eu era uma espécie de guardião dos livros.

Então chegou o dia fatídico da destruição da grande biblioteca. Eu estava entre as prateleiras quando uma grande horda de homens invadiu o local, destruindo tudo à medida que avançavam. Horrorizado, observei enquanto arrancavam os pergaminhos das prateleiras e os empilhavam no meio da sala. Gritei de terror ao ver que estavam pegando os pergaminhos guardados nas prateleiras superiores. Lágrimas corriam pelo meu rosto enquanto eles os rasgavam, sem o menor respeito pelo conhecimento contido ali, e os jogavam sobre a pilha crescente. Eu sabia que não poderia detê-los. Então, peguei todos os pergaminhos que pude e corri para fora do prédio, no momento em que eles atearam fogo às pilhas. Meus braços estavam cheios de rolos e meus olhos cheios de lágrimas — a ponto de não conseguir ver para onde ia . Tropecei na rua, justamente a tempo de ser atropelado por uma carruagem que passava. Ao deixar meu corpo, olhei para trás e o vi caído na rua, em pedaços, entre os pergaminhos. O incêndio se espalhava, se consumindo o prédio inteiro.

Entendi meu amor pelos livros — e por que me dói ver um livro maltratado. Também compreendi meu desejo de recuperar o conhecimento perdido. Quando contei essa história em um painel de conferência, após ser questionada sobre minhas vidas passadas, um dos outros participantes do painel brincou: "Sim, mas você estava tentando reescrever a biblioteca inteira?". O público caiu na gargalhada porque sabíamos que a piada se referia à quantidade de livros que eu havia publicado. E Sim, talvez essa tenha sido a explicação que me trouxe paz. Mas esse não seria o fim da história sobre a Biblioteca de Alexandria. Mais coisas vieram à tona.

Na década de 1990, fui convidada para ir à Bulgária, pois meus livros sobre Nostradamus estavam sendo traduzidos pela editora Zar Publishers, Ltd., em Sófia. Drago, um entusiasta do meu trabalho, encontrou meus livros e fez acordos com os editores para publicá-los em búlgaro. Eles queriam que eu fosse até lá dar uma palestra. Já havia viajado por todo o mundo, mas nunca estivera na Bulgária — ou em qualquer país soviético. Naquela época, a guerra na Iugoslávia acabara de estourar e meu filho estava preocupado: "Mãe, você não pode ir para lá. Olhe o mapa!—Sophia fica logo depois da fronteira com a Iugoslávia." Eu nunca me senti em perigo em lugar algum. Sempre encarei esses convites como uma honra. De alguma forma, eu sabia que tudo correria bem. E estava certa: acabou dendo uma das experiências mais maravilhosas da minha vida.

Desde o momento em que saí do avião, fui tratada como uma espécie de celebridade. Havia uma enorme multidão de repórteres esperando no portão quando entramos no terminal. Fiquei totalmente chocada—nunca tive recepção semelhante em nenhum outro lugar do mundo. Lembro-me de um repórter enfiando um microfone na minha cara e perguntando em um inglês esforçado: "O que você acha da Bulgária?" Naquele momento, eu mal podia responder, pois havia acabado de chegar. Meus livros sobre Nostradamus haviam causado uma comoção para a qual eu não estava preparada. Repórteres iam ao meu hotel, entrevistas e aparições na televisão eram marcadas por onde eu passava. Houve até uma coletiva de imprensa comparável à de um presidente. Fui submetida a uma hora de perguntas, com tradução feita por Drago. Depois participei de uma reunião onde fui interrogada por duas horas por médicos e cientistas. Todos queriam saber sobre o uso terapêutico da hipnose e da regressão a vidas passadas. Eles nunca tinham ouvido falar sobre isso. Disseram-me que, sob o domínio russo, era proibido ensinar qualquer coisa que não viesse das universidades — era contra a lei. Perguntei se eu teria problemas ao discutir tais temas. Disseram que por eu ser estrangeira, não havia restrições. O interesse deles era sincero e senti como se tivesse abrindo uma verdadeira caixa de Pandora.

Durante minha estada de uma semana, estive ocupada com diversas apresentações, entrevistas e palestras. Em uma das conferências, o auditório estava lotado — a multidão era tão grande que acabei sendo encurralada contra a parede. O entusiasmo deles era tão intenso que chegou a me assustar. Drago me puxou para dentro de um elevador e me levou para outro andar, onde aguardamos até que a agitação se acalmasse. Ele disse: "Esqueci de te avisar que os búlgaros são um povo muito apaixonado." Quando ele sentiu que estávamos seguros, descemos para dar a palestra. Mais tarde, ao tentar sair, percebi pessoas se aproximando de mim chorando e apontando para outras próximas a elas. Foi então que vi um homem em uma cadeira de rodas e uma mulher que, evidentemente, passava por tratamento de quimioterapia. Eles me agarravam respeitosamente, com lágrimas nos olhos. Perguntei a Drago o que estava acontecendo. Ele explicou que aquelas pessoas haviam sido trazidas do hospital apenas para me ver. Esperavam por uma cura ou por um milagre. Fiquei confusa — por que pensariam isso. Teria sido essa a impressão deixada pelas entrevistas publicadas nos jornais? Eles haviam compreendido de forma completamente equivocada o tipo de trabalho que eu realizava. Draco apenas disse que não importava — estavam desesperados por ajuda e acreditaram que eu fosse algum tipo de curandeira. Tudo o que pude fazer naquele momento foi olhar para eles com compaixão e tentar explicar, da maneira mais sensível possível, que eu não poderia ajudá-los. Para minha surpresa, cinco anos depois, eu descobriria como usar minha técnica para a curar.

Todo o tempo que estive lá, foi repleto desse tipo de ocorrência. Perto do final da nossa estadia, Drago foi até nosso hotel e disse que uma cineasta russa queria fazer um documentário sobre mim e meu trabalho. Ela desejava me filmar conduzindo uma regressão a vidas passadas e não se importava por não entender inglês, pois a tradução seria dublada posteriormente. Respondi que tentaria, mas perguntei quem seria o voluntário para a demonstração. Ela disse que ela mesma poderia fazer isso e acreditava que tudo correria bem, porque entendia inglês e, como já nos conhecíamos, sentiríamos mais à vontade. Concordei, embora me perguntasse o que aconteceria. E se não funcionasse e ela não acessasse nenhuma vida passada? Certamente eram circunstâncias incomuns, e não havia garantias de que algo realmente aconteceria. Mesmo que obtivéssemos sucesso, noventa por cento das regressões envolem vidas simples, tediosas e mundanas. Então, eu não sabia se conseguiríamos algo útil para eles. Ainda assim, senti que não tinha escolha a não ser tentar.

Drago levou a mim e à minha filha, Nancy, ao hotel onde seriam realizadas as filmagens e a entrevista. Quando entramos no quarto, os técnicos estavam ocupados instalando luzes e equipamentos ao redor da cama que pretendiam que eu utilizasse. Então, a cineasta russa trouxe uma linda jovem loira, vestida com uma blusa e shorts curtos. Ela anunciou que seria essa jovem quem eu iria regredir para o programa. Respondi que precisava ser alguém que falasse inglês, e a garota respondeu com um sorriso inocente e uma voz estridente: "Eu falar inglês!" Eu soube, naquele instante, que aquilo não funcionaria. Será e que a diretora pensava que seria um bom chamariz, mostrar uma jovem sexy deitada numa cama? Anunciei então que havíamos decidido usar Drago, porque ele se sentia confortável comigo e falava inglês. Drago era um homem bonito, de cabelos e barba escuros, mas definitivamente não teria o mesmo apelo visual que a jovem. Como eu não tinha ideia do que aconteceria, quis colocar o máximo de probabilidades a meu favor. A diretora não teve escolha a não ser aceitar nossa decisão. Mais tarde, após a sessão, cheguei a pensar que poderiam desconfiar, achando que tudo era encenação, previamente planejada — mas não tínhamos ideia do que aconteceria, ou se algo sequer aconteceria. Certamente, não houve tempo para ensaiar ou inventar nada.

Drago se acomodou na cama cercado por câmeras, microfones e equipamentos. Se ele estava nervoso, não demonstrou. Assim que relaxou, iniciei a sessão. Nancy, minha filha, estava sentada atrás de mim, fora do alcance da câmera. Então, o inesperado aconteceu, e eu só pude conduzir a sessão com espanto. Ele regressou a uma vida em que era um estudioso professor, com foco em astrologia e numerologia. Estudava constantemente e passava muito tempo na – (Você está pronto?) – Biblioteca de Alexandria. Não pude acreditar! Fiz muitas perguntas sobre a biblioteca para verificar se se tratava do mesmo local. E, de fato, era. Ele relatava as mesmas cenas que eu havia visto anteriormente. Enquanto eu questionava, olhei para Nancy atrás de mim. Sabia que ela ouvira minha história e, pela expressão em seu rosto, percebi que ela entendia a importância do que estava acontecendo.

Como professor, ele usava túnicas pretas e geralmente solicitava os pergaminhos mais importantes, depois sentava-se à mesa para estudá-los. Finalmente chegamos ao dia crucial, quando a biblioteca foi invadida e incendiada. Ele também estava lá dentro, quando a horda chegou e começou a destruir os documentos com fogo. Mais tarde, contou que se emocionou e teve vontade de chorar, mas se conteve por saber que havia outras pessoas na sala e câmeras assistindo. Caso contrário, teria começado chorado. Em seu desespero, agarrou o maior número possível de pergaminhos, tentando salvá-los, carregando-os para fora do prédio. Mas a biblioteca estava em chamas e, enquanto corria em direção à saída, uma parte do telhado desabou e ele foi atingido nos ombros por uma viga que caiu. Assim, também morreu segurando os preciosos pergaminhos.

Quando terminamos eu não disse nada. Esperei até voltarmos para o hotel para revelar: "Rapaz, tenho uma história para te contar!" Na manhã seguinte, quando chegou ao nosso hotel, ele confidenciou: "Eu não queria dizer nada até ter certeza. Mas durante toda a minha vida sempre senti dores nos ombros. Nunca soube o motivo. E, após a sessão, desapareceram instantaneamente." Então, contei a ele sobre minha experiência na biblioteca e presumimos ter estado lá ao mesmo tempo. No entanto, provavelmente não nos conhecíamos, pois ele era um estudioso e eu, somente o guardião dos pergaminhos. Só poderíamos imaginar as semelhanças.

O resto da minha estada na Bulgária foi igualmente agitada, mas não entrarei nesses detalhes aqui. Antes de partir, a organização (Associação dos Fenômenos) que me levou à Bulgária, presenteou-me com o Prêmio Orfeu, durante um programa de televisão. Era um prêmio concedido ao maior avanço na pesquisa dos fenômenos psíquicos e, até aquele dia, só havia sido entregue a búlgaros. Fui a primeira estrangeira — e a primeira americana — a recebê-lo: uma grande e pesada estátua de metal em forma de chama estilizada.

Quando Drago me levou ao aeroporto, eu disse a ele: "Não é incrível termos dado meia-volta ao mundo para nos reencontrarmos, depois de mil e quinhentos anos?". Ele sorriu e respondeu que ambos estávamos tentando recuperar o conhecimento perdido: eu, por meio do meu trabalho de regressão e da escrita; ele, ao trazer pessoas para palestrar e publicar seus livros no país.

Depois que o documentário foi ao ar, Drago ligou para dizer que foi um sucesso tão grande que a emissora foi inundada por ligações de pessoas interessadas em regressão a vidas passadas e reencarnação. Alguns anos depois, ele me contou que a terapia de vidas passadas estava sendo praticada e ensinada na Bulgária. Suponho que tenham usado a técnica mostrada no filme. Uma história singular, que uniu duas almas através do tempo e do espaço. E pergunto-me se fui responsável por introduzir uma nova forma de pensar em um país do outro lado do mundo. Esses são os estranhos caminhos do destino.

Outra das minhas vidas passadas também foi verificada, embora não de forma tão dramática. Essa vida passada ocorreu em Atenas, no antigo templo do Partenon. Durante a regressão, eu não tinha certeza de onde estava — apenas percebia que havia um toque grego. Eu era uma mulher que morava numa casa grande, com um pátio no centro, marido e filhos, e possuía dinheiro suficiente para manter empregados. Desde então, vi fotos de casas antigas na Grécia exatamente como me lembrava. Parecia tão familiar olhar aquelas imagens... Mas esse não foi o ponto principal da regressão. Fui conduzida a uma cena em que corria pelas ruas à noite, tomada por uma sensação avassaladora de terror absoluto. Enquanto corria, olhava para trás, pois sabia que alguém me perseguia. Subi correndo uma colina até um grande templo. Ali parei por um minuto para recuperar o fôlego e, quando o fiz, vi uma cena panorâmica à minha frente: uma baía estendia-se abaixo, com navios de velas visíveis na água. Estava muito escuro, e a lua refletia-se na superfície escura do mar. Então, virei-me em direção ao templo. Subi os degraus que levavam ao interior e vi que não havia portas — apenas pilares enormes. Ao passar por eles, percebia-se uma sensação de amplitude no edifício, como se houvesse muito espaço. Ali, sobre uma plataforma, havia uma enorme estátua de uma mulher sentada. Ela estendia um dos braços e segurava uma lanterna imensa, que iluminava o interior do templo. Atirei-me nos degraus diante da estátua e deitei-me de bruços, chorando histericamente, enquanto implorava por proteção. Foi então que ouvi um barulho. Virei-me a tempo de ver um soldado parado perto de mim. A morte foi instantânea: ele fincou sua espada em meu corpo.

Pequenas informações surgiram lentamente após a sessão. Eu sabia que, naquela vida, meu marido era um homem orgulhoso e dominador, que me via como uma posse. Aparentemente, eu falava e expressava minhas opiniões além do que ele considerava aceitável, e ordenou meu assassinato. Também me sentia insatisfeita com a religião daquela época, pois aparentemente era seguidora da deusa daquele templo — e, no momento de minha maior necessidade, ela não me ajudou. Senti-me abandonada por ela. Isso me perturbou mais do que a própria forma como morri.

Foi uma regressão simples e interessante. Às vezes, eu até comentava que vivera na Grécia durante os tempos antigos, mas isso não significou muito... até a década de 1990. Durante minhas constantes viagens pelo mundo, fui convidada a ir a Atenas, na Grécia. Meus livros estavam sendo traduzidos para tantos idiomas que senti necessário visitar os países onde eram publicados. Sempre quis conhecer a Grécia, então aceitei fazer algumas palestras e sessões de autógrafos. Hospedei-me com uma senhora maravilhosa que organizou tudo. Eleni morava nos arredores de Atenas, numa antiga mansão de três andares — só ela e seu cachorro, "Droopy". Queria me mostrar Atenas e os arredores, então, um dia, fomos de trem até o centro da cidade, onde ela me levou para ver a Acrópole, o Partenon. Esse foi o ponto alto da viagem, pois sempre quis conhecê-lo. Subimos uma rua de terra que levava até as ruínas. Elas estavam sendo reparadas e reconstruídas — havia andaimes e pilhas de blocos de pedra por todo o prédio. No entanto, ao subir os degraus que conduziam ao interior, tudo me pareceu muito familiar. Já ouvira pessoas falarem sobre déjà vu, a sensação de já ter estado em um lugar, mas nunca havia experimentado até aquele momento. A plataforma estava lá, mas a estátua não. No museu localizado abaixo do Partenon, explicaram que grande parte do edifício e suas estátuas foram destruídas ao longo dos séculos. Era o templo de Atena, deusa padroeira da cidade, e sua estátua residia ali na antiguidade. Não restaram registros visuais — apenas verbais e escritos. Supostamente, era uma estátua enorme, que quase tocava o teto. Diziam que ela estava de pé, segurando uma deusa menor em uma mão e um escudo na outra. Isso não correspondia à memória vívida que eu tinha: vi a estátua sentada, com o braço estendido, segurando uma enorme lanterna. Mas não creio que isso seja uma contradição ou erro, pois ninguém sabe exatamente como ela era. No entanto, todo o resto estava correto. Ao sair da frente do templo, olhei ao redor, de um ponto elevado, e disse a Eleni: "Se este for o lugar certo, devo conseguir ver algum tipo de baía daqui." Ela assentiu e apontou. Abaixo, havia muitas casas e ruas que bloqueavam parte da vista, mas era possível ver o Mediterrâneo, com barcos visíveis na água. Fiquei empolgada. Contei como corri rua acima e me joguei diante da estátua. Não parecia importar que eu tivesse morrido violentamente naquele lugar — estava entusiasmada com a confirmação de que minhas memórias eram reais e haviam sido verificadas.

No início, meu trabalho consistia principalmente na pesquisa da história por meio das informações que eu descobria utilizando o nível de transe mais profundo possível: o nível sonambúlico. Escrevi vários livros na década de 1980 e no início da de 1990, antes que algo inesperado começasse a acontecer — a entrada, a princípio lenta, de um novo elemento que possuía mais conhecimento e facilitava a cura. Inicialmente, foi algo inesperado, mas parecia ter tanto poder e sabedoria que permiti que me ajudasse. Hoje, ao reler meus primeiros livros, percebo que isso já estava lá o tempo todo — eu apenas não havia reconhecido. Comecei a chamá-lo de Subconsciente, porque não sabia como nomeá-lo. Mas esse não é o subconsciente ao qual os psiquiatras geralmente se referem. Eles falam de uma parte infantil da mente, que pode ser acessada em níveis leves de transe para ajudar com hábitos. O que descobri, no entanto, era muito mais poderoso. Chamei essa inteligência de Subconsciente. "Eles" não se importavam com o nome, até porque não tinham um. Responderiam e trabalhariam comigo de qualquer maneira. Para os propósitos deste livro, vou chamá-lo simplesmente de SC. Hoje sei que é o maior poder que existe: contém todo o conhecimento de tudo o que já existiu e de tudo o que existirá. Pode responder a todas as perguntas do cliente e dar conselhos extraordinários — conselhos que eu jamais poderia dar. Descobri que o SC sabe tudo sobre todos. Não há segredos. Tendo uma visão ampla, naturalmente pode ajudar. Comecei a testemunhar sua incrível capacidade de curar instantaneamente — e isso se tornou a parte mais importante do meu trabalho e do que ensino ao redor do mundo. "Eles" costumavam dizer que esta é a terapia do futuro. Agora, dizem ser a terapia do presente. O SC tem as respostas para tudo. É vasto, abrangente — é puro amor. Por que não trabalhar com algo assim? Isso tira todo o peso das minhas costas, enquanto terapeuta. Só preciso fazer as perguntas certas e, então, sentar e observar a mágica acontecer. Vejo milagres todos os dias em meu consultório. Meus alunos ao redor do mundo também relatam milagres semelhantes. Sinto, portanto, que encontramos algo de grande importância. É também desse lugar que vêm as informações que escrevo nestes livros. Lembre-se: sou apenas a repórter, a investigadora, a pesquisadora do conhecimento "perdido". Tenho a tarefa de juntar as peças para formar um quadro mais amplo — o que não é simples, mas é algo que amo fazer.

Sigamos, então, com a viagem rumo ao desconhecido, descobrindo novas surpresas que o SC nos reserva!

Capítulo 2
A EVOLUÇÃO
DA CONSCIÊNCIA

Durante os meus mais de quarenta anos de trabalho neste campo da hipnose, fui desafiada por novas teorias, conceitos e informações. Minha principal característica sempre foi a curiosidade. Isso me estimulou a viajar por corredores escondidos. Sempre quero saber mais — saber os "porquês e porquês" de tudo o que me rodeia. No começo, pensei que já tinha entendido tudo, que havia descoberto todos os meandros da reencarnação. Mas logo percebi que estava redondamente enganada. "Eles" começaram a revelar novas teorias e conceitos que desafiaram seriamente meus sistemas de crenças. O primeiro foi a teoria da impressão, que me fez repensar todas as ideias que eu tinha sobre este trabalho. Eu não queria que nada abalasse meu sistema de crenças, agora que já tinha tudo organizado em minha mente. Com o tempo, percebi que, se não desse, pelo menos, uma chance de examinar e entender a nova teoria, seria igual ao sistema religioso que diz: "Faça o que dizemos e não faça perguntas!" Esse foi meu primeiro desafio e, à medida que o examinava, comecei a receber mais informações. Eles foram muito sábios na maneira como me conduziram, pois sabem que não podem despejar tudo sobre você de uma vez — seria muito opressor. Então, em sua sabedoria, eles lhe dão uma pequena colherada e, só depois que você digere isso, fornecem outro detalhe. Sei que, se tivesse a informação que recebo agora há trinta anos, teria sido demais para mim. Eu teria rejeitado completamente, jogado contra a parede, dito: "Não entendo! Não faz nenhum sentido!" E minha aventura e busca por conhecimento acabariam. Eu nunca teria avançado para o estado em que estou agora. Por meio de um de meus clientes, eles disseram: "Você não dá um bife a um recém-nascido. Você começa com leite, depois cereais e purê de legumes. Você não começa com uma refeição de três pratos." Então, tive que dar os primeiros passos nesse campo mágico do conhecimento. Tive que digerir as colheradas que estava sendo alimentada. No final de Universo Convoluto, Livro Três, pensei: "Acho que você me contou tudo o que há para saber. Não creio que possa haver mais nada." E eles responderam: "Ah, não! Há mais! Há muito mais!" E, fiéis à sua palavra, forneceram mais. O suficiente para vários livros novos. Três Ondas foi o mais recente deles. As pessoas têm pedido para ler meus livros na ordem em que os escrevi, para acompanharem minha evolução. Alguns me disseram: "Mas você disse isso em um livro e aquilo em outro livro." Isso reflete meu pensamento no momento em que escrevi aquele livro em particular. Então, à medida que cresci e absorvi mais informações, minha maneira de pensar mudou — e ainda está mudando.

À medida que a Nova Terra se aproxima, nossa maneira de pensar está sendo cada vez mais desafiada. O Véu está se estreitando e se elevando à medida que nossa consciência se expande. Este é um requisito para entrarmos na nova dimensão com a elevação de nossas vibrações e frequências. Os velhos paradigmas e os sistemas de crenças arcaicos devem cair no esquecimento para dar lugar ao novo. O que fazia sentido e era valioso na Velha Terra não se aplica mais, à medida que nossa consciência muda e avançamos. Nos últimos meses, enquanto preparava este livro, comecei a descobrir novas informações que acredito serem de grande importância. Causaram uma grande mudança no meu sistema de crenças e na minha consciência, e penso que têm grande importância para o mundo, à medida que atravessamos este período notável e surpreendente. Meu maior desafio será saber se posso transmiti-las de forma eficaz aos outros. Tudo o que posso fazer é tentar e, com a ajuda "deles", talvez outros entendam. Claro que tudo depende sempre da evolução e do desenvolvimento do leitor. Aqui vamos nós!

Ao longo de todos os meus 16 livros, apresentei fragmentos dessas ideias. Agora, é hora de organizá-los da melhor maneira possível. Esses conceitos foram repetidos por inúmeros clientes, então sei que apresentam validade.

Todos começamos a existência com Deus (ou a Fonte) e somos enviados para explorar e ter experiências. Esta não seria uma jornada curta, porque, eventualmente, nos inscrevemos para experimentar a muito difícil escola da Terra. Uma vez que nos oferecemos para essa educação, não há como voltar atrás até nos formarmos. Muitos outros planetas têm cursos de aprendizagem mais fáceis, mas a Terra é o mais difícil. É considerado o planeta mais desafiador do nosso universo, e apenas as almas mais corajosas se inscrevem para uma missão aqui. As almas que escolhem a escola da Terra são muito admiradas, porque aqueles do lado espiritual (e os nossos ajudantes) sabem que essas almas escolheram o curso de lições mais difícil. Por ser uma escola, temos de passar por todas as "séries", cada uma com suas aulas, aumentando gradativamente sua dificuldade e complexidade. Você não pode prosseguir para a próxima etapa até concluir a atual. Se for reprovado na aula ou na nota, e não aprender a lição, terá de repetir a "série". É tão simples. Você não pode pular do jardim de infância para a faculdade. O universo não se importa com quanto tempo você (como alma individual) leva para completar uma lição. Você tem toda a eternidade para resolver isso. Mas por que você iria querer demorar tanto para progredir, para aprender uma lição? Eu acho que você gostaria de se formar o mais rápido possível, para retornar à Fonte. Por que ficar atolado na cola pegajosa da Terra e permanecer preso no mesmo nível, enquanto outros ao seu redor estão progredindo rapidamente?

Embora agora saiba que o tempo não existe e que tudo ocorre simultaneamente. Mas, por uma questão de simplicidade e para facilitar a compreensão de nossas mentes humanas, explicarei de forma linear.

Para completar a escola da Terra, temos de experimentar tudo! Precisamos saber como é ser tudo! Como podemos entender a vida se não soubermos o que é ser outras formas? Isso pode ser um choque para alguns, mas não começamos como humanos. Isso vem muito mais tarde nesta escola.

Primeiro, você experimenta a vida nas formas mais simples: ar, gases, água, até mesmo células simples, sujeira, pedras. Tudo tem consciência! Tudo está vivo! Tudo é energia! No meu trabalho, muitas pessoas vivenciaram essas formas de vida básicas, que trouxeram lições valiosas a serem aprendidas — lições que são acumuladas, compreendidas e podem ser aplicadas ao ser humano complexo. Assim como temos de aprender a imprimir, a escrever e a ler em uma certa progressão lenta, a fim de obtermos os elementos básicos da educação. Você deve sempre começar do início em qualquer tipo de escola.

Então, você experimenta o reino vegetal e animal. Há lições valiosas a serem aprendidas sendo uma flor, uma espiga de milho, ou correndo como um lobo e voando como uma águia. Explorei muitos desses tipos de vida em meus outros livros. Penso que essas são lições valiosas, porque podemos compreender que devemos cuidar melhor do nosso ambiente natural e da nossa ecologia. Podemos entender isso porque somos todos Um, e todos nós fomos essas diferentes formas de vida em nossas primeiras séries na escola da Terra. Existem também os Espíritos da Natureza: fadas, gnomos, duendes, dríades etc. Estes têm a função (ou atribuição) de cuidar da natureza. Esses seres são todos muito reais, e todos nós tivemos vidas nessas formas de existência. Acredito que trataríamos melhor a natureza se percebêssemos que todos fazemos parte da consciência Una.

A natureza é um tipo diferente de espírito porque é considerada um espírito de "grupo". Você pode testemunhar isso facilmente ao observar um bando de pássaros, um rebanho de gado, uma colmeia de abelhas ou uma colônia de formigas. Eles parecem trabalhar e pensar como uma mentalidade de grupo. Então, para começar a progredir para a parte humana da escola (compare-a com a passagem pelo jardim de infância, escola primária, ensino fundamental, ensino médio, faculdade etc.), você tem que separar a alma do grupo. Isso é feito por meio do amor. Já me disseram muitas e muitas vezes que o amor é a única coisa real; é o mais importante de tudo. Se você levar um animal para sua casa ou lhe der amor e atenção, você lhe dará individualidade e personalidade, e o ajudará a se separar da alma grupal e a começar a progredir pela parte humana da escola.

Aí, você começa a fase humana, e isso também leva muito tempo. Nada valioso é aprendido instantaneamente; tem que ser um processo gradual. Quando você se torna humano, você também tem que ser tudo. Progredindo desde a forma humana mais primitiva até a mais inteligente, você tem que saber como é ser tudo. Você tem que ser homem e mulher muitas vezes. Quando digo isso em minhas palestras, alguns homens ficam na defensiva. Um gritou: "O que você quer dizer? Eu sempre fui um homem! Pense nisso! O que você aprenderia se tivesse sido do mesmo sexo por toda a eternidade? Você não aprenderia muito." Você tem que estar equilibrado, e isso só pode ser conseguido experimentando ambos os sexos. Esta é uma das explicações que encontrei para a homossexualidade: a pessoa foi do mesmo sexo durante muitas vidas e agora tem a oportunidade de aprender como é ser do sexo oposto. Na primeira vez que tentam, podem sentir desconforto no corpo. Alguns de meus clientes disseram que se sentem como uma mulher presa no corpo de um homem. Não há nada de antinatural nisso, se você entender dessa maneira. Eles precisam aprender a se equilibrar e a se ajustar às novas e diferentes emoções e sentimentos. Qualquer coisa é diferente na primeira vez que você tenta. Alguns se ajustam mais facilmente do que outros, assim como aprender a andar de bicicleta, esquiar ou patinar. Alguns aceitam naturalmente, e outros precisam realmente trabalhar nisso.

Então, à medida que você avança nas lições humanas, terá que experimentar tudo antes de se formar. Você tem que ser rico e pobre. Lembre-se de que, às vezes, ser rico pode ser uma maldição em vez de uma bênção. Tudo depende da lição envolvida. Você tem que viver em todos os continentes do mundo, ser de todas as raças e de todas as religiões antes de concluir a escola. Você tem que experimentar os dois lados de cada possibilidade para entender todas essas formas de viver, existir e pensar. O principal conceito por trás da reencarnação é aprender a não julgar ou ter preconceito. Estamos todos aqui na mesma escola, em diferentes estágios de desenvolvimento. Todos almejamos o mesmo objetivo: aprender nossas lições, concluir a escola e nos formar para retornar a Deus. Se você carrega preconceito contra alguma religião ou raça, adivinhe: se não for resolvido quando você deixar esta vida, terá que retornar assumindo a forma do seu próprio preconceito! É assim que funciona a lei do carma. O que vai, volta! Tenho visto isso repetidas vezes em meu trabalho terapêutico.

Quando faço essas afirmações em minhas palestras, geralmente vejo algumas pessoas com aparência deprimida. "Você quer dizer que eu tenho que fazer tudo isso?" Não se preocupe! Cheguei à conclusão de que, quando as pessoas começam a fazer perguntas e querem aprender mais sobre essas coisas, provavelmente já passaram pela maior parte dessas lições e estão a caminho da formatura. Lembre-se de que muitas dessas lições podem ser trabalhadas durante uma vida. Eu descobri isso no meu trabalho. No entanto, há outros que são apanhados numa rotina, num padrão, repetindo os mesmos erros com as mesmas pessoas uma e outra vez, sem progredir. Nesse ritmo, demorará um pouco até que se formem: um aluno lento!

Então, como expliquei no meu último livro e em algumas partes deste, foi necessário recrutar voluntários para virem ajudar a Terra, porque as almas que estavam aqui há tanto tempo foram apanhadas na roda do carma. Elas nunca seriam capazes de ajudar a criar as mudanças necessárias para este momento dramático da nossa história. Assim, as Três Ondas foram trazidas, e eles seriam capazes de contornar a escola regular da Terra porque nunca acumularam carma e não ficaram presos. Eles também não têm intenção de ficar presos. É como quando uma escola traz um professor convidado ou uma pessoa especializada em determinada área de especialização para ajudar os alunos com dificuldades. Essa pessoa não precisa permanecer e participar dos cursos continuados e da educação do grupo. Cumpre uma missão especial e, depois que faz seu trabalho, pode voltar para sua verdadeira casa. Um grande número desses não gosta daqui e deseja voltar para casa. Mas, embora estejam protegidos da acumulação de carma "normal", se partirem antes do seu trabalho estar concluído, poderão ser apanhados na "roda" e terão de regressar.

Recebi e acumulei muitas informações sobre esses voluntários e suas missões, mas fiquei muito surpresa ao descobrir, durante uma sessão recente, outro grupo corajoso. Parece que há muitos outros tipos de almas que vieram para cá em missões especiais e que não são reconhecidas pelo público em geral. Elas deram grandes contribuições à Terra. Lembrem-se: tudo parece estar relacionado à elevação da consciência das pessoas na Terra. Estamos entrando em um mundo totalmente novo, e nossas vibrações e frequências precisam se elevar para que possamos existir nele. As velhas formas de violência, ódio e medo já não são úteis nesse novo mundo. Portanto, esse problema teve que ser resolvido. Tem sido um processo lento, que sei ter ocorrido ao longo de muitos anos — talvez séculos. Algo precisava acontecer para mudar a maneira de pensar da humanidade. Por causa do dom do livre-arbítrio e da não interferência, "eles" não podem simplesmente intervir e assumir o controle (embora eu tenha certeza de que gostariam de fazê-lo). Temos que promover as mudanças em nosso modo de pensar por nós mesmos, mas, como estamos tão arraigados na negatividade, no preconceito e no julgamento, tivemos que receber exemplos.

Essas eram almas especiais que completaram todas as suas lições na escola da Terra, mas escolheram voltar para ajudar aqueles que estavam em dificuldades. Algumas almas vêm, não para aprender, mas para ensinar. Claro que a maioria dos grandes pensadores vem imediatamente à mente: Jesus, Buda, Maomé. Eles apareceram em momentos em que a humanidade estava realmente presa ao volante. Suas atribuições eram apresentar novas formas de pensar para que pudéssemos progredir. Evidentemente, a resposta sempre foi o amor, e era isso que eles ensinavam principalmente. Mas, como suas ideias eram radicais, frequentemente enfrentavam violência. Mudar o pensamento da humanidade é um processo lento, e muitas vezes a violência e a tragédia são as únicas maneiras de chamar a atenção. É preciso "por o dedo na ferida" para ser notado. O mesmo aconteceu com qualquer grande pensador que apresentou ideias radicais ou revolucionárias.

Sempre que o mundo estava pronto para um salto gigantesco na elevação da consciência, muitas almas corajosas assumiram tarefas difíceis e entraram no jogo chamado "Terra". Descobri que são almas que já completaram as fases fáceis da escola e se tornaram competentes para lidar com algumas das difíceis. Elas têm experiência suficiente e agora desejam receber tarefas mais desafiadoras. Assim como certos alunos que ficam entediados podem receber uma tarefa especial por terem provado que estão prontos para isso. Então, ao longo do tempo, vieram em massa para tentar aumentar a consciência e ajudar a mudar o pensamento das pessoas, tentando deixar claro o conceito de que não deve haver preconceito, porque somos todos Um.

A Guerra Civil chamou a atenção para a injustiça da escravidão. A Segunda Guerra Mundial e Hitler mostraram o que acontece quando o preconceito chega ao ponto de tentar extinguir toda uma raça de pessoas. O Movimento de Libertação das Mulheres trouxe à tona a situação das mulheres. O Movimento dos Direitos Civis fez o mesmo pela população negra. Em cada um desses casos, houve frequentemente violência, à medida que os voluntários desempenhavam seus papéis de agressores, defensores e mártires. Lembre-se de que eles concordaram com essas situações antes de entrar nesta vida. O acordo era chamar a atenção para diferentes questões, mesmo que isso significasse abreviar suas vidas — fazia parte do acordo. Eles tiveram que mudar a mentalidade das pessoas, e isso, muitas vezes, precisa ser feito lentamente.

Se olharmos para trás na história, podemos ver que, em muitos casos, isso funcionou. Grande parte da discriminação contra mulheres, negros, judeus, etc. diminuiu. A maioria dos jovens vivos hoje nem imagina o quanto era diferente para esses grupos há apenas algumas décadas.

O PAPEL DO HIV/AIDS NA A ELEVAÇÃO DA CONSCIÊNCIA

Além do preconceito contra raças e religiões, também houve preconceitos contra pessoas com certos tipos de doenças, enfermidades ou deficiências. Novamente, muitas dessas pessoas se voluntariaram para assumir essas funções com o propósito de ensinar. Disseram-me, em meu trabalho, que há mais almas na fila para corpos deficientes do que para os "normais". Quando realmente analisamos isso, faz todo sentido. Dizem que uma alma pode pagar tanto carma em uma vida marcada por limitações físicas quanto pagaria normalmente em dez vidas. Observe o que essas pessoas aprendem ao estar em tais corpos; veja o que elas ensinam — não apenas aos pais ou responsáveis, mas a todos que as veem ou entram em contato com elas. Como você reage ao ver alguém em uma cadeira de rodas ou uma criança com deficiência mental? Todos aprendem algo com elas. A profundidade da lição depende do crescimento e do desenvolvimento da alma. Quando vejo alguém assim, penso: "Você realmente enfrentou uma situação difícil desta vez, não foi?"

Ao longo da história, muitas doenças criaram uma enorme quantidade de medo e estigma. Em muitos casos, as vítimas foram tratadas como párias e rejeitadas pela sociedade. A lepra, na Bíblia, é um exemplo perfeito. Mesmo nos tempos modernos, as pessoas com essa doença são isoladas das outras por medo de contágio. O mesmo ocorreu com a tuberculose, antes da descoberta dos medicamentos modernos para seu controle. Essas vítimas eram esquecidas em sanatórios pelo resto de suas vidas, isoladas dos demais. O medo sempre foi o principal motivador dessas atitudes. Mais recentemente, temos o estigma do HIV e da AIDS. Quando a doença surgiu, na década de 1980, estava envolta em muito medo — muito disso também derivava do medo do desconhecido. O medo é uma emoção poderosa, capaz de paralisar o raciocínio e o julgamento. Com os medicamentos modernos, o estigma diminuiu, não sendo mais tão cruel quanto antes, quando os portadores eram rejeitados e condenados ao ostracismo, especialmente pela Igreja. Em meu trabalho, vejo muitas pessoas que sofrem dessas doenças e meu papel é ajudá-las da melhor forma possível. Ao compreender as leis da reencarnação, entende-se que não podemos julgar ou ser preconceituosos. Se ao menos a Igreja ensinasse isso, não teríamos tantos problemas.

Claro que, ao longo da história, houve razões válidas para o isolamento e rejeição, devido ao medo real de doenças contagiosas que mataram milhares de pessoas. Mas as condições não são as mesmas nos tempos modernos.

Isso me leva a uma sessão que trouxe uma nova maneira de pensar e um olhar diferente para essas doenças.

Michael foi um jovem que se ofereceu para me ajudar enquanto eu ministrava uma aula em Palm Springs, Califórnia, em julho de 2011. Ele foi muito prestativo, nos dirigindo e garantindo que tivéssemos tudo o que precisávamos durante a estada. Contou que havia sido diagnosticado com HIV e tomava medicação pesada, que mal conseguia controlar a doença — sem ela, poderia morrer.

Michael disse que sua contagem de células T estava muito baixa e que os exames de sangue eram usados para monitorar seu progresso. Eu sabia sobre a AIDS, mas não entendia muito sobre as células T. Após a sessão, decidi pesquisar para esclarecer o assunto aos leitores. Espero que algum médico me perdoe se eu não estiver completamente correta. As células T são produzidas pela glândula timo e são parte essencial do sistema imunológico no combate a infecções. Em uma pessoa saudável, a contagem de células T varia entre 500 e 1300. Em uma pessoa infectada pelo HIV, o timo é atacado e reduz a produção dessas células. Se a contagem cair abaixo de 200, a pessoa praticamente perde a imunidade e fica suscetível a qualquer infecção, pois não há mais defesas eficazes. É quando a doença evolui para AIDS e domina o corpo. Achei interessante que a glândula timo esteja localizada na parte inferior do pescoço. Em meu trabalho, qualquer sintoma na boca, dentes, maxilar ou garganta (especialmente na tireoide) indica que a pessoa não está verbalizando sua verdade — ela se contém por algum motivo e é incapaz de expressar seus sentimentos.

No último dia da aula, quando chegou a hora de escolher alguém para a demonstração, perguntei a Michael se ele queria participar. Ele queria muito, mas estava hesitante — era um jovem carinhoso e gentil, mas reservado, e preocupado com o julgamento por estar se expondo como gay e portador do HIV. Expliquei que não achava que haveria problema, pois o estigma não era mais tão forte e todos os alunos lidavam com suas próprias "questões". Ele concordou, pois essa seria a única chance de ter uma sessão, e não se arrependeu, pois a turma se mostrou aberta e gentil.

Apesar do nervosismo, Michael entrou num transe profundo logo no início da sessão. Primeiro, ele se viu como uma simples consciência que fazia parte de um pequeno lago de água parada e tranquila — sem criaturas, apenas silêncio. Quando perguntei por que escolheu ser água, respondeu: "Pela 'solidão', pela solitude, pelo silêncio, por ficar longe de tudo. Eu escolhi isso." Ao questioná-lo se algo o fez querer ficar sozinho, disse que era para fugir do caos turbulento do mundo, mas que estava ficando entediado. "Está quieto. Não há atividade. Não se pode ter as duas coisas."

D: *Você acha que quer experimentar outra coisa?*
M: Provavelmente estou pronto.
D: *Você acha que aprendeu tudo o que podia estando na solidão?*
M: Não tudo, mas o suficiente.

Quando percebi que estava pronto, o conduzi através do tempo e espaço para uma cena apropriada: um barraco no meio de um campo, com a sensação do Velho Oeste. Ele se viu como uma jovem desesperadamente pobre, usando um vestido velho. Quase não havia bens materiais e fazia muito calor — algo que não gosta em sua vida atual. Com voz deprimida, disse: "Faço o que posso. É uma vida difícil. Suor, sofrimento, raiva... me sinto grávida."

D: *Por que você foi até aí?*
M: A palavra é a sentença. Acho que foi muita expectativa.
D: *O que você quer dizer?*
M: Às vezes é comum não ter muito, então aceite o que você tem. Cada vez mais aceitação.

Ela morava com o marido, que também estava infeliz, fazendo trabalho de campo em condições adversas, sem perspectiva de melhora. Não podiam cultivar a terra por falta de água e chuva. "Muito seco. Muito calor... muito sol... pouca chuva ou água."

D: *Você não pode sair e ir para outro lugar?*
M: Não há como chegar lá.
D: *Não há nenhuma forma de transporte. Como você consegue suprimentos?*
M: Caminhando. São duas horas de caminhada até a cidade.
D: *Como você consegue suprimentos? Você tem dinheiro?*
M: Não, não tenho dinheiro. — Ofereço meu corpo. — É tudo que tenho.

O marido não sabia que ela estava fazendo isso. Durante a sessão fiquei pensando sobre o marido. Ele não se perguntava de onde vinha a comida se eles não tinham dinheiro? Aparentemente, ele decidiu fechar os olhos, desde que tivessem algo para comer. Então ela anunciou: "O bebê não é dele". Ela sentia vergonha do que estava fazendo, mas era a única maneira de sobreviverem. Ela, então, chegou ao ponto de não conseguir mais caminhar até a cidade para trocar seu corpo por comida, e eles estavam morrendo de fome.

Avancei a cena para um dia importante, tentando fugir da cena perturbadora, mas chegamos a um evento ainda mais chocante. Michael começou a soluçar. Sabiamente escolheu não participar da cena e emocionado a descreveu apenas como observador. "Estou assistindo. Ele descobriu. Ele está batendo nela. Ele descobriu! Ele sabe que não é dele. Ele descobriu. Ele está batendo nela violentamente. Foi tomado por um ataque de 'autopiedade'".

D: *Como ele descobriu que o bebê não era dele?*

M: Eles contaram. Os homens com quem ela saía contaram para ele. Ela não estaria mais com eles. Ela chegou a um ponto em que teve que parar. Os outros homens descontaram nela. — O bebê não é dele e ele está batendo nela... tentando arrancar o bebê dela. Muita perda de sangue. — Ela morre e o bebê morre. Ambos morrem.

D: O que o marido fez quando descobriu que a matou?

M: Houve muita emoção no início. Ele a arrastou para fora de casa. Ele não se importou o suficiente para enterrar o corpo. Ele simplesmente deixou lá fora, apodrecendo.

D: O que aconteceu com ele?

M: Não sobrou nada... não sobrou nada para ele. Ele não fez nada. Ele está com fome. Ela provia para ele. Ela não podia mais o sustentar. Ele não vive muito mais depois disso. Ele faleceu pouco depois.

D: Como é que ela sente tudo isso, depois que ela morreu e deixou o corpo?

M: Ela fez o que pôde. Ela levou toda aquela raiva e culpa consigo. Ela não sente nada pelo marido. Ela já estava morta por dentro antes dele a matar. Ele destruiu suas emoções e a certa altura ela desistiu.

D: Ela fez tudo o que pôde nas circunstâncias. Ela tinha que sobreviver. Havia uma razão para tudo o que ela fez.

Então fiz com que ele flutuasse para longe da cena terrível e deixasse a mulher encontrar sua própria jornada para o outro lado e, com sorte, encontrar paz. Como se tratava de uma demonstração, não houve tempo para explorar a parte espiritual. Chamei o seu subconsciente (SC) para buscarmos respostas. A mente consciente tentou interferir, mas consegui afastá-la. Suspeito que ele estava preocupado com quais seriam as respostas. Encontramos uma peça importante do quebra-cabeça, mas ainda queríamos mais. Quando o SC finalmente apareceu, perguntei por que aquela vida fora escolhida para Michael ver.

M: Aceitação... aceitação. Sem vergonha... aceitação. Nenhuma vergonha e aceitação do que ele teve que fazer naquela vida.

D: Essa é uma grande lição. Como isso se relaciona com sua vida atual?

M: Enquanto ela morria, o marido gritava e a chamava de prostituta. Chega de vergonha... sem vergonha. Ele estava levando isso adiante. Isso pertence a esse lugar.

Conversei com o SC sobre deixar tudo isso no passado, pois não era necessário na vida presente. O Michael atual era uma boa pessoa e não precisava carregar esse peso. Isso causou problemas nas costas que levaram à cirurgia, mas não aliviou a dor. Isso fazia parte do fardo que ele carregava daquela vida e que identificava como vergonha em sua vida atual.

O SC cuidou disso. Então, perguntei sobre a razão pela qual ele criou o HIV na vida atual.

M: Faz parte do acordo... participar. O acordo faz parte da aceitação. A experiência... a experiência de todos que concordaram com isso.
D: Que experiência?
M: A experiência da doença.
D: Você quer dizer que ele fez um acordo para vivenciar isso?
M: Sim. Mover a consciência... para fora dela.
D: Como se move a consciência tendo AIDS?
M: Pela consciência das pessoas ao redor. Aceitar antes que aconteça. Um conceito maior. Ele concordou.
D: Pode nos ajudar a entender esse conceito maior?
M: Sim... levaria três dias para explicar. Existem muitos aspectos. Parte do acordo. Ele já aceitou. Tem que confiar. Confiar que faz parte.

Foi difícil compreender, mas consegui que o SC concordasse em trabalhar para aumentar a contagem de células T, medida do avanço da doença. A contagem de Michael estava muito baixa, e a medicação ajudava a aumentá-la. O SC disse que ele já aprendeu a lição, e que seu sofrimento acabou. "Chega de vergonha. Não há mais sofrimento. Ele tem outro caminho a seguir." A cura seria gradual, pois as células T precisam aumentar, mas ocorrerá.

Perguntei se havia alguém daquela vida que ele conhecesse na vida atual. A resposta do SC foi surpreendente: o marido que o matou era seu pai nesta vida. O pai de Michael o abandonou pouco depois do nascimento, voltando recentemente, mas sem proximidade. Achei estranho, pois o pai não ficou para criá-lo.

M: Não. O trabalho dele era dar-lhe a vida novamente.

Faz sentido. Ele o matou e precisou retribuir o carma dando-lhe a vida, ajudando-o a nascer novamente. Depois, seu trabalho terminou. Foi importante para Michael saber disso. "Muito bom. Aceitação."

Perguntei sobre a cena inicial, em que ele estava debaixo d'água como uma consciência. O SC surpreendeu-me novamente: "Ele era uma rocha." Ele queria solidão — e uma rocha certamente é tranquila.

Algo interessante aconteceu ao trazer Michael de volta: ao abrir os olhos, ele olhou para a turma e perguntou: "De onde vieram todas essas pessoas?" Parecia confuso, referindo-se aos alunos, mas depois disse que viu muitos seres ao redor da cama, no espaço entre ela e a sala. Ele sabia que não eram alunos, mas espíritos e guias dos presentes, que se reuniram para assistir, e ele pôde vê-los antes de ficar totalmente consciente.

Após a sessão, os alunos foram muito gentis com Michael. Eles chegaram à conclusão sobre o propósito daquele experimento — o mesmo que o SC disse que levaria três dias para explicar. Era sobre julgamento. As pessoas que aceitaram viver e possivelmente morrer de AIDS concordaram em vir como um grupo para ensinar tolerância, ausência de preconceito e julgamento. A turma ficou chocada. Era possível sentir a energia se movendo no grupo enquanto a sala mudava. Essas pessoas que contraíram a doença não eram vítimas — eram almas avançadas que já haviam passado por quase todas as outras lições e se voluntariaram para ensinar essa lição ao mundo. Foi uma revelação fenomenal, e pensei como seria maravilhoso se as pessoas compreendessem seu sacrifício. Talvez isso nos ensine a olhar para outros grupos que criam mudanças e aprender com eles.

Cerca de um mês depois, recebi um e-mail de Michael: "Recebi meu exame de sangue do médico (esperei cerca de três semanas após a sessão para fazê-lo). Minhas células T subiram de 293 para 429 em quatro meses desde o último teste. Normalmente, quando a contagem de células T cai, um aumento de 100 pontos por ano é considerado bom progresso. Eu tive um salto de quase 140 pontos em quatro meses."

Parece que a lição foi aprendida e Michael está no caminho da cura.

Capítulo 3
O LADO ESPIRITUAL

Tenho recebido informações sobre o lado espiritual — para onde vamos quando morremos — desde 1968, quando, pela primeira vez, me deparei com o tema da reencarnação. Naquela época, tudo era novo e surpreendente, e definitivamente desafiava meu sistema de crenças. Na década de 1980, recebi informações suficientes, advindas de centenas de clientes, para escrever o livro Entre a Morte e a Vida. O surpreendente é que nada foi contradito. Continuo recebendo informações que ampliam cada vez mais meu conhecimento e minha visão sobre esse assunto fascinante. Não importa onde eu vá no mundo, recebo as mesmas informações dos meus clientes, que confirmam o mesmo padrão. Tentarei resumi-lo brevemente aqui, para quem ainda não leu esse livro.

Morrer — ou deixar o corpo — é algo muito simples. Dizem que é como levantar-se de uma cadeira e sentar-se em outra. A sensação de libertação é estimulante. Eles olham para o corpo e dizem coisas como: "Estou tão feliz por ter saído daí. Não estou mais preso. Agora estou livre para ir aonde quiser." Normalmente, há sempre alguém que vem para levar a pessoa ao seu destino. Eu chamo essa pessoa de acompanhante. Pode ser um parente ou amigo falecido. Pode ser o seu guia ou anjo da guarda. O importante a saber é que você nunca está sozinho quando faz a travessia. Sempre há alguém para lhe mostrar o caminho. Você também nunca está sozinho durante a sua vida, mas as pessoas não entendem isso. Quando você nasce, sempre há um guia (ou anjo da guarda) designado para acompanhá-lo. Ele estará com você durante toda a sua vida — e também ao final delaExistem vários lugares diferentes para onde você pode ir depois de morrer. Estes estão descritos em Entre a Morte e a Vida e também aparecerão nas regressões incluídas nesta seção. Vamos somente para níveis compatíveis com nossas vibrações e frequências, buscando sempre nos elevar, em vez de retroceder. Mas tudo depende do que você aprendeu durante as aulas na escola da Terra.

O Universo Convoluto, Livro Quatro

Às vezes, a alma é levada diretamente para o "lugar de descanso", principalmente se a morte tiver sido traumática. Este é um local de completa tranquilidade, sem cores ou sons. Você ficará lá o tempo que for necessário antes de voltar à roda do carma. Eventualmente, cada alma vai perante o conselho de anciãos e mestres, para que a vida recém-encerrada seja avaliada. Isso é chamado de revisão de vida. Eles repassam todas as coisas que você fez e pensou durante aquela vida, e você é avaliado de acordo com o que foi realizado e o que ainda precisa de foco e aperfeiçoamento. Não existe nenhum Deus sentado em um trono, esperando para julgá-lo e puni-lo. Você é seu próprio juiz — e não há juiz mais severo do que você mesmo. É você quem decide quais erros cometeu e o que precisa ser feito para corrigi-los. Devemos lembrar que não há dor associada à morte. Há apenas o sentimento de remorso: "Eu não deveria ter feito isso! Eu deveria ter feito algo mais na minha vida!"

Então, começa a preparação para o retorno. Não importa o quão bonito seja lá, o quanto você gostaria de permanecer, você não poderá fazê-lo enquanto houver dívidas ou carma não quitados. Você discute com as almas com as quais esteve envolvido na última vida e faz seu planejamento: "Não fizemos um bom trabalho da última vez. Vamos voltar e fazer de novo? Desta vez, você será o marido, eu serei a esposa... ou você será a mãe, e eu serei o filho." Você pode trocar de função da maneira que quiser. Lembre-se: a vida é apenas uma brincadeira, um jogo, uma ilusão. Quando estamos envolvidos, tudo parece tão real, mas estamos apenas fantasiando, vestindo um figurino para desempenhar um papel específico. Você é o produtor, o diretor, o ator e o roteirista do seu próprio drama. E como o roteiro vai sendo escrito à medida que a peça avança, ele pode ser reescrito e alterado a qualquer momento. Você tem controle total sobre o que acontece em sua vida — uma vez que perceba isso.

Então, você faz seu plano: o que espera realizar quando retornar à escola da Terra. Faz contratos com outras pessoas sobre os papéis que elas desempenharão, para que você possa se livrar de qualquer carma restante. Parece tão fácil quando você está do lado espiritual, conversando com os mestres. Mas, quando retorna à roda do carma — porque este é um planeta de "livre-arbítrio" —, todos os outros têm seus próprios planejamentos e interesses, e, muitas vezes, eles entrarão em conflito com os seus. Além disso, para tornar tudo ainda mais difícil, quando você volta, o véu cai — e você esquece. Você esquece seu plano, esquece seus contratos e esquece que tudo é apenas uma escola ou um jogo. Porque não seria um teste se você soubesse as respostas. Você tem que trilhar seu caminho de volta, sozinho. Precisa recuperar todo o conhecimento e todas as informações que esqueceu, antes de se formar nesta escola. E não pode pular do jardim de infância para a universidade — tem que ir grau por grau até concluir o ciclo e retornar a Deus (ou à Fonte), integrando todas as suas experiências e lições no gigantesco computador que contém Todo o Conhecimento. Há muito, muito mais sobre tudo isso nos demais livros da série Universo Convoluto. Aqui, estou apenas condensando e parafraseando, para que o leitor tenha uma orientação e possa compreender melhor as sessões contidas neste volume. Note-se, porém, que não há contradição — apenas mais informações sendo acrescentadas ao que já descobri.

VIDAS DIFÍCEIS

No meu trabalho, ouvi histórias horríveis sobre a maneira como algumas pessoas foram criadas (como tenho certeza de que muitos outros terapeutas também ouviram). Pessoas com infâncias tão traumáticas que me pergunto como conseguiram se tornar adultos funcionais. É um mérito para aqueles que o conseguiram. Isso ressalta a desumanidade da qual o ser humano é capaz com seus semelhantes. Claro que sei que quem causa esses traumas está acumulando pesadas doses de carma, que levarão muito tempo para serem compensadas. Mas o cliente sempre pergunta: "Por que isso aconteceu comigo?" Eles se questionam se fizeram algo horrível em uma vida passada que justificasse serem tratados de tal forma.

Explico que, em meu trabalho, descobri que eles concordaram com isso antes de entrar nesta vida. Isto é sempre recebido com incredulidade: "Isso não faz sentido! Por que eu concordaria em viver uma vida assim?" Lembre-se: tudo é uma lição. Está organizado para vermos o que aprenderemos com cada situação. Se não passarmos no teste e não aprendermos a lição, ela se repetirá. Não importa quanto tempo leve para concluí-la. Você tem toda a eternidade. Mas não seria melhor aprender mais rápido do que levar uma eternidade? Quando você aprende o que deveria aprender, passa para a próxima lição — que pode ou não ser mais fácil. Pode ser mais difícil, mas, ao menos, será diferente.

O que nos traz de volta à questão original: por que decidimos escolher uma experiência tão horrível? Tive dois casos em que a pessoa teve uma infância extremamente difícil. Num deles, os pais estavam envolvidos em rituais satânicos que incluíam os próprios filhos. A cliente saiu de casa assim que pôde e nunca mais quis ter nenhuma relação com a mãe. As outras crianças da família não tiveram a mesma sorte: as meninas tornaram-se viciadas em drogas e prostitutas, e o menino envolveu-se com o crime e acabou na prisão. Minha cliente disse que, desde cedo, sabia que não queria se envolver em nada daquilo. Para uma criança pequena, ela tinha um senso notável e sabia instintivamente como se proteger do que estava acontecendo. Ela ergueu, psiquicamente, uma parede de tijolos ao seu redor, para se isolar da insanidade que a cercava. Mudou-se, construiu uma vida sem ajuda da família e não queria nenhum contato com eles. Durante a sessão, perguntei por que ela teve uma infância assim, e o SC (Consciência Superior) disse que ela escolheu — o que eu já suspeitava. E ela aprendeu uma grande lição: como sobreviver e ter sucesso sem a ajuda de ninguém. Portanto, embora estivesse sozinha e se sentisse abandonada, ela escolheu essa lição — e passou com louvor. Agora era hora de seguir em frente.

Em outra sessão, uma mulher foi criada em uma família terrível e abusiva, onde sua madrasta a espancava diariamente. Naturalmente, nessas situações, elas saem de casa o mais cedo possível. O SC disse que isso era necessário para ensiná-la a sobreviver, a crescer, a estar sozinha. Serviu a um grande propósito — embora ela não compreendesse isso enquanto crescia. Quando criança, só sabia que não era feliz.

Já outra mulher tinha o mesmo padrão abusivo. Quisemos saber se havia algum carma com aquelas pessoas que estivesse sendo compensado. Fiquei surpresa quando me foi dito que não havia. Também não houve vidas passadas com os personagens principais. O SC disse que fora combinado, antes de encarnar, que certas pessoas seriam colocadas em sua vida para testá-la. Alguns deles podem ter sido seus amigos mais queridos no lado espiritual e em outras vidas. Mas concordaram em desempenhar o papel de vilões nesta peça. E, convenhamos, às vezes, eles desempenham o papel muito, muito bem.

Sempre pergunto às pessoas que passaram por experiências difíceis (e todos passam por experiências negativas — é disso que a vida se trata): "O que você aprendeu com isso?" Geralmente, elas encontram algo, se realmente analisarem o impacto que aquilo teve em suas vidas. Se disserem que não aprenderam nada, ou que foram apenas vítimas de uma injustiça, então terão que repetir a lição sob outra perspectiva — que pode ser ainda mais difícil — até compreenderem qual foi a lição que escolheram vivenciar.

É claro que tudo isso deve ser visto de maneira objetiva, removendo as emoções envolvidas.

Capítulo 4
A VIDA COMO OUTRAS CRIATURAS

A CRIATURA DO MAR

A ideia de viver uma vida passada como outro tipo de criatura pode parecer estranha ou improvável para aqueles que não acompanham meu trabalho. Mas tenho encontrado inúmeros exemplos, que relato em meus outros livros da série O Universo Convoluto. Antes de concluirmos a escola da Terra, temos que experimentar todas as formas possíveis de vida. Os humanos estão no final do itinerário do desenvolvimento da vida, se pensarmos em uma progressão linear.

Esta sessão foi conduzida como uma demonstração de classe em San Diego, em 2010. Foi muito confusa, porque, desde o início, Carrie não tinha ideia do que era ou onde estava. Demorou um pouco para estabelecermos que ela era algum tipo de criatura marinha que vivia no oceano. Uma coisa que a confundiu foi o fato de, desde o início, sentir-se pesada, como se estivesse cheia de água. Isso a fez insistir em ir ao banheiro. Mal havíamos começado, então eu não queria que isso atrapalhasse a sessão tão cedo, mas minhas sugestões para que ela não sentisse desconforto não tiveram efeito algum. Pedi, então, a alguns membros da turma que a guiassem até o banheiro com os olhos fechados. Ao retornar, ela disse que ainda se sentia pesada, como se estivesse cheia de água; sentia-se como uma bolha. Quando tentei fazê-la distinguir um corpo, ela ficou ainda mais confusa. Dizia sentir-se leve e enxergar cores cinza suaves: "É legal... posso sentir, mas não vejo um corpo. Não vejo pés. Não tenho braços. Não os tenho! Não vejo corpo."

Entendendo que essa era uma reação comum quando a pessoa é um espírito, tentei seguir essa linha de pensamento. "Você está ciente de mais alguém ao seu redor?"

C: Não... não...Estou aqui sozinha... só eu. Nisto... não sei que forma tem, mas sei que está dentro de alguma coisa, mas não sei o que

é. Como... uma bolha. Sinto que estou em uma bolha. Sinto que estou dentro de alguma coisa. Onde... onde? O que estou fazendo? Eu simplesmente...estou aqui. Mas nem sei o que sou.
D: *É por isso que você não consegue ver lá fora? (Sim) Você não consegue ver através da bolha?*
C: Não. Está mudo. É essa cor cinza... nem tenho consciência de um fim ou de algo que me colocaria em algum outro lugar lá fora.

Ela estava tão confusa que eu sabia que não conseguiria entender aquela realidade a partir daquela perspectiva. Fiz com que ela saísse da bolha e olhasse para dentro, para compreender melhor o que a envolvia. Então, de repente, ela exclamou: "Estou dentro de um ovo! Estou dentro de um ovo!" Ela ficou muito chocada com essa revelação."É a cor. É aquele cinza. Quando você está dentro, não consegue ver, mas agora que estou do lado de fora, posso ver que é um ovo!"

D: *Então é por isso que você não tem corpo?*
C: Sim. — Parece um ovo de pássaro.
D: *Vamos ver onde está o ovo. Podemos expandir nosso ponto de vista. Onde está o ovo?*
C: Ah... como em uma caverna. Não é como um ninho de pássaro, nem nada disso, mas é um ovo... estou em um ovo em uma caverna. (Perplexa.) Não sei o que estou fazendo.
D: *Tudo bem. Podemos expandir nossa percepção e ver mais dessa forma. Você quer ver quem botou o ovo?(Sim.) De onde veio o ovo?*
C: É um pássaro. Não sei que tipo de pássaro, mas vejo azul.
D: *Faça o seu melhor para descrevê-lo.*
C: Não tem penas. Ele é mais liso... sem penas... são como asas palmadas.
D: *Você quer dizer mais parecido com pele, em vez de penas?(Sim.) Você pode dizer quão grande é?*
C: Grande. Porque é um ovo grande. — O pássaro tem a cara preta, mas é de um azul muito bonito. Uma espécie de rosto pontudo.

Só depois da sessão me ocorreu uma ideia: era uma criatura marinha. Então, talvez, uma arraia? Quando pesquisei, percebi que elas são pretas e definitivamente lembram um pássaro com asas grandes.

D: Pelo menos você está em um lugar seguro. Nada pode ferir o ovo se você estiver em uma caverna. (Ela começou a fazer sons estranhos.) O quê?
C: (Sussurrando) Pesado... pesado.
D: Tudo bem. Vamos avançar até a hora de sair do ovo. Como você sai do ovo? Veja-se fazendo isso.
C: (Ela estava fazendo movimentos.) Tenho que passar para o lado de fora... para o lado de fora. (Ela fazia movimentos de cabeçada.) Sair... leva muito tempo. Eu quero sair. Agora eu quero sair!

Condensei o tempo até onde ela finalmente saiu da casca. Eu disse: "Foi difícil sair. Isso fez você trabalhar. Como é o seu corpo agora que você saiu da casca?"

C: Não muito. Hmmm... não se pareça com os outros pássaros! Eu não sou azul. Sou meio grisalho. Tenho muito trabalho a fazer. Sinto que tenho que fazer alguma coisa. Estou apenas deitada aqui. Não estou fazendo nada! Estou com fome!

Ela disse que estava se sentindo pesada novamente, como se estivesse cheia de água. Eu não queria que isso a distraísse, então tentei mantê-la focada:

D: Como você consegue comida?
C: Minha mãe... minha mãe traz isso para mim, mas eu não sei o que é...(Eu ri.) Eu não sei o que é. Ugh... gosmento.(Os alunos riram.)

Ela ficou chateada ao perceber que se sentia cheia de água novamente e precisava ir ao banheiro de novo. Tentei sugestões, mas a única solução foi permitir que os outros a levassem novamente ao banheiro, em transe. Cada vez que isso acontecia, eu fazia sinal para os alunos ficarem em silêncio e deixá-la passar entre eles. Depois, ela era trazida de volta à cama com os olhos fechados, para darmos continuidade. Era incomum que ela tivesse que ir tantas vezes, mas talvez isso estivesse relacionado à criatura recém-nascida que ela estava vivenciando.

D: Tudo bem. Vamos para o momento em que você não é mais aquela criaturinha que precisa da comida da mamãe. Vamos para quando ela já cresceu. Quando você cresce, não precisa mais ficar naquela caverna, não é?
C: Não. Água... água... eu vejo água. Estou na água. Sou um pássaro debaixo d'água. Há outros! Há outros aqui agora.
D: Eles se parecem com você?
C: Alguns se parecem. Alguns, não. Mas há outras criaturas. Alguns têm muitos braços. Alguns são muito grandes. Somos todos crianças e estamos brincando uns com os outros.
D: A caverna também estava na água?
C: Sim. Estava bem fundo de alguma coisa.
D: Mas você brinca com os outros? Mesmo que todo mundo pareça diferente? (Sim.)
C: Está bem.
D: Você gosta de lá? (Sim.)

Eu a conduzi até um dia importante, mesmo que eu não pudesse imaginar como seria um dia importante para uma criatura tão incomum. Quando chegou a esse momento, ela começou a chorar:

C: Minha amiga... minha amiga. Ela foi comida. Ela se foi. Algo a comeu. Algo a levou. Ela não está mais aqui. Eles estão todos chorando.
D: Então é por isso que você está triste. Sua amiga era uma criatura como você?
C: Não. Ela era o que você chama de "peixe". Ela era muito bonita.

Eu a tranquilizei e simpatizei com sua dor. Em seguida, levei-a para outro dia importante. Dessa vez, em vez de chorar, ela estava rindo:

C: Estamos todos aprendendo a ir à superfície. Muitos de nós estamos fazendo isso. Muitos como eu. Somos muitos.
D: Você está maior agora?

C: Sim. Posso sair da água e voltar. Posso ver o céu lá fora agora. É lindo o que existe sobre as águas. Tem o céu e o sol. Nunca vimos nada igual. Tudo é novo para nós. Nunca havíamos visto o céu. É lindo, e continuamos mergulhando. Nós voltamos para a água. Continuamos entrando e saindo. Alguns de nós conseguem, outros não.

D: *Alguns não conseguem fazer isso? (risos)*

C: Não, mas temos que ajudar uns aos outros. Por isso fazemos todos juntos. Temos que ajudar uns aos outros. Isso é o mais importante: não deixamos ninguém para trás. E é lindo lá em cima.

D: *Isso é muito bom. Você está aprendendo coisas novas. (Sim.)*

Eu a retirei daquela cena e a conduzi adiante novamente, para outro dia importante.

D: *O que está acontecendo agora? O que você vê?*

C: Algo na água. Algo não bom. Todos debaixo d'água estão muito chateados... muito chateados porque algo lá em cima não está bom. Estão tentando sair de lá.

D: *Com o que isso se parece? (pausa) Faça o seu melhor para descrevê-lo.*

C: Eles estão tentando capturar as criaturas debaixo d'água, mas elas não estão debaixo d'água — eles estão em cima. Eles pegam, mas não os que se parecem comigo... eu não sirvo. Eles querem comida. Estão procurando comida e machucando as criaturas. Estão jogando alguns de volta... estão machucando eles. Estou tentando ajudá-los a escapar da armadilha.

D: *Como você os está ajudando?*

C: Apenas escavando... escavando com minha grande... não sei se é asa... meu braço... minha asa... não sei. Estou apenas escavando e afastando-os do perigo. Não consigo pegar todo mundo! Mas todo mundo está aqui tentando ajudar... todo mundo. Ah, vá embora! Esta não é a sua casa! Este é o meu lar. Este é o nosso lar. Existem criaturas aqui.

Não pude continuar com essa cena, pois sabia que não teria muito tempo para explorá-la. Quando estou fazendo uma demonstração para a aula, não tenho tanto tempo quanto teria em uma sessão normal.

Então, fiz com que ela deixasse essa cena e avançasse para o último dia de sua vida, para descobrir o que aconteceu com ela.

C: Estou velho. Estou apenas velho. Não sou mais azul. (Os alunos riram.) Azul, não... mas a cor que eu tinha quando nasci. Meio cinza.
D: *Você ainda está na água ou em cima?*
C: Ainda estou debaixo d'água. Estou velho. Não me movo como antes, mas tenho muitos, muitos amigos. Eles estão todos aqui.
D: *Vocês estiveram todos juntos e sempre se ajudaram, não é mesmo?*
C: Sim, verdade... hora de eu ir. Estou velho.
D: *Você teve uma vida boa, não teve?*
C: Sim, nós tivemos. Eles vieram. Tivemos uma vida boa.

Então, mudei-a para o momento em que tudo já havia acabado e ela estava fora do corpo, do outro lado. Ela deu um suspiro profundo de alívio. Era evidente que estava feliz por estar livre daquele corpo. Perguntei o que ela havia aprendido naquela vida, pois toda vida tem uma lição.

C: Para ajudar. Para ajudar uns aos outros. Estar lá. Isso foi muito importante. Sim, eu aprendi. Eu ajudei.

Eu sabia que ela agora passaria para o lado espiritual, em seu corpo espiritual. Mas eu não queria prosseguir com essa parte durante a aula — precisava mostrar a eles como fazer a terapia. Então, afastei-a daquela cena e chamei o SC. Perguntei por que havia sido escolhida aquela vida tão estranha para que Carrie a visse.

C: Ela precisa se lembrar disso. Ela precisa se lembrar de ajudar. Às vezes, ela esquece. Ela precisa se lembrar.
D: *Ela ajuda as pessoas em sua vida agora, não é?*
C: Sim, ela trabalhou muito, mas às vezes esquece que nem todo mundo está onde ela está. E ela precisa ajudá-los onde eles estão. Não onde ela está, mas onde eles estão. Às vezes, ela esquece que eles não estão onde ela está. É por isso que fazemos o que fazemos. Ela precisa se relacionar com eles no nível deles. Isto é importante. Ela tem que se aclimatar onde eles estão.

D: *Essa foi uma vida bastante estranha. Que tipo de ser ela era naquela vida?*
C: Criaturas marinhas... A lição dela foi aprender a ajudar ali.
D: *Foi bastante estranho. Eu não esperava por isso.*
C: Acho que ela também não. (Nós duas rimos.) Ela sabe que já fez muitas coisas. Ela não sabia disso. — Ela viu que nem todos podem ter a mesma aparência, mas todos precisam de ajuda, não importa onde estejam. E é isso que temos que fazer: ajudar.

O SC começou a lhe contar sobre o seu propósito e o que ela deveria fazer da sua vida. Ela teve que ir ao banheiro mais uma vez, e, desta vez, o SC também a repreendeu. Dizia que estava tentando mantê-la confortável, mas ela estava nervosa, então não houve outra escolha senão deixá-la se levantar novamente e ser levada ao banheiro. Pelo menos, pensei que a turma estava vendo como agir, caso isso surgisse durante uma de suas sessões.

C: Oh, sim, nós conversamos com ela. Ela faz isso consigo mesma. Isso é o que ela faz. Ela fica nervosa e, como você vê, ela faz xixi. — (Os alunos riram.)
D: *E você estará aqui quando ela voltar, para continuarmos?*
C: Não vamos a lugar nenhum. Estamos sempre aqui.
D: *É um incômodo, mas é apenas o corpo físico.*
C: Sim, é um incômodo.

Depois que ela voltou e se deitou:

C: Nós esperamos, porque temos muito para contar a você. (Risos) Nós contamos a ela! É por isso que ela não tomou café esta manhã: porque sabia que teria que fazer xixi, porque ela faz isso. Quando fica nervosa, ela faz xixi. Agora ela se sente bem. Sem mais distrações.

Eles continuaram, responderam às suas perguntas e deram conselhos sobre o marido de Carrie e seus problemas. Então, fomos às preocupações físicas. Antes da sessão, Carrie fizera um pedido bastante estranho. Era algo que eu nunca tinha ouvido antes — e certamente nunca teria pensado em perguntar ao SC —, mas pensei:

"Como vou saber do que o SC é capaz, se não perguntar?" Eu o vi fazer coisas milagrosas, então quem sou eu para julgar? Descobri que essa técnica é algo em constante crescimento e evolução, com vida própria. Portanto, estou sempre aprendendo coisas novas que o SC pode fazer. Parece que não há limitações.

Carrie disse que teve câncer de mama e que os médicos queriam fazer uma mastectomia. Ela não queria algo tão radical, então encontrou um médico que se dispôs a retirar apenas o tumor, sem remover toda a mama. Funcionou, e ela foi considerada curada. Porém, isso a deixou com um seio menor que o outro, o que a deixava constrangida. Passou a usar roupas largas e esvoaçantes para esconder. Já havia feito um exame de consciência e descoberto a razão pela qual havia desenvolvido o câncer, então sentia que isso estava resolvido. Portanto, seu pedido não era por cura, mas para saber se o SC poderia, de alguma forma, ampliar o seio menor para torná-lo compatível com o outro. Achei um pedido incomum, mas pensei que não faria mal nenhum tentar. Durante a parte da entrevista que antecedeu a sessão, tudo isso foi explicado à turma, de modo que todos estavam ansiosos para descobrir o que aconteceria — se é que aconteceria alguma coisa. Se o SC achasse que isso não poderia ser feito, eu sabia que ele me diria.

Então, trouxe à tona o assunto do câncer de mama e perguntei se ela estava certa quanto ao que acreditava ser a causa disso.

C: Sim. Ela foi muito magoada por várias pessoas quando era pequena, mas também era muito amada. E, às vezes, ela pensava em quem não a amava e manifestava o tumor na mama.

Isso está de acordo com o que descobri: o seio representa nutrição. E o lado esquerdo do corpo significa que está relacionado a algo vindo do passado dela.

C: Ela pensava que não era amada, quando, na verdade, era muito amada.
D: E ela acabou fazendo uma cirurgia?
C: Sim. Nós a encaminhamos para aquele médico. Ela tinha outras opiniões. Eles queriam invadir seu corpo. Claro, você sabe, não gostamos de invasão do corpo. Esse médico foi escolhido porque

faria a menor invasão. Ela fez o que fez por medo. Ela está bem agora. Já passou pelo pior. Agora só temos que bater a cabeça dela. Temos que dar uma topada nos dedos dos pés dela, furar o dedo dela ou algo assim. Quando fazemos isso, é para que ela preste atenção.

D: *Mas ela ainda está tendo problemas na região do seio esquerdo.*

C: Ela sabe que está melhor. Ela sabe que está curada. — Parece bom. Parece bom. Ainda há dor lá, mas está curada. Ela não precisa mais tomar analgésicos. Achamos que ela só faz isso por hábito. Ela pode parar facilmente. Nós garantiremos que ela o faça. Ela sabe que vai ficar bem.

D: *Bom. Bem, ela tinha outra pergunta. Você pode achar um pouco estranho, mas ela quer perguntar. Quando fizeram a cirurgia, reduziu o tamanho do seio esquerdo, não foi?(Sim) Ela queria saber: há alguma maneira de reverter, para que fique em equilíbrio com o outro lado? É possível você fazer isso?*

C: (Pausa) Hummm... Poderíamos. Onde ela fez a cirurgia, há espaço ali. Podemos colocar alguma coisa nesse espaço... colocar tecido nesse espaço.

D: *Para reconstruí-lo?(Sim) Ok. De onde você vai conseguir tecido?*

C: Ela tem bastante no corpo. (Todos os alunos riram. Carrie está um pouco acima do peso.) Isso não será um problema. (Todos acharam isso divertido.)

D: *Então você vai apenas mover o tecido pelo corpo?*

C: Nós iremos.

D: *Você faz coisas maravilhosas... coisas que os médicos não conseguem fazer.*

C: Sim. Ela pensou em fazer cirurgia plástica, mas disse "não". Podemos fazer isso por ela, porque estamos muito felizes por ela não ter feito.

Então, o SC passou a trabalhar na mama.

C: Estou olhando a área. Ela tem espaço suficiente ali. Poderíamos colocar algo lá. Não é grande coisa para ela.

D: *Você sabe como os humanos são.(Sim) Ela se preocupa com a aparência corporal. (Sim) E você está puxando o tecido de outras*

partes do corpo e colocando naquele espaço?(Sim) E então ficará em equilíbrio com o outro lado?(Sim) Isso vai demorar muito?
C: Não, não vai.
D: *Ela vai notar isso?*
C: Sim... sim, ela vai. Ela vai rir. Ela notará... ela notará. (Todos estavam rindo.)

    Decidi que era um bom momento para fazer outra pergunta que estava me incomodando. Eu sabia que o SC poderia conversar comigo e responder perguntas enquanto continuava seu trabalho. Mencionei outro caso, que também serviu de demonstração para uma aula em Chicago. A mulher estava programada para fazer uma cirurgia de substituição do joelho, em ambos os joelhos, porque a cartilagem estava completamente erodida e ela sentia muita dor. "Eles" substituíram a cartilagem onde não havia nenhuma, e os joelhos dela ficaram bem. Todos naquela turma pensaram que tinham me visto realizando um milagre — mas eu sabia que não tinha nada a ver com isso. Eu sou apenas uma facilitadora. O SC é quem faz o trabalho. Depois daquela aula, comecei a usar a gravação como exemplo em outras turmas.

Tem havido muito debate sobre onde o SC conseguiu a cartilagem. Como existe cartilagem no corpo, será que transferiram de outra parte? Isso seria semelhante ao que estava ocorrendo com Carrie nesta sessão. O SC lembrou-se do caso ao qual eu me referia:

D: *De onde você tirou a nova cartilagem?*
C: Podemos colocar as coisas de volta no tecido que já está lá. Podemos usar o tecido que já existe na área para trabalhar e substituir o que está ruim. No entanto, nunca é fácil substituir algo que não existe.
D: *Mas isso pode ser feito?(Sim... sim.) Acho que é importante que os alunos saibam disso, não é?(Sim... sim.) Mas é preciso fé, confiança e crença.(Sim.)*

    Como não tínhamos tanto tempo como de costume para trabalhar em Carrie, o SC disse que continuaria durante a noite, enquanto ela dormia. Garantiu que os seios ficariam equilibrados e que tudo ficaria bem.

Mensagem de despedida: Permaneça em estado de conexão conosco, e estaremos sempre aqui. Nós ouvimos você em alto e bom som. Estamos sempre aqui para ajudá-la, e isso você sabe. Nunca duvide. Nunca duvide. Há momentos em que você perde a fé, mas não é necessário. Estamos sempre aqui... sempre. Nós amamos você.

D: *E você sempre ajudará quem precisa de ajuda?*
C: Sim, tudo o que queremos é ajudar. — E você, Dolores... adoramos conversar com você. Você faz um bom trabalho.

Naturalmente, quando Carrie acordou e se levantou, todos os olhos se voltaram para seus seios, e houve muitas risadas entre os alunos. Carrie pareceu envergonhada, mas, ao olhar para eles, teve de admitir que algo havia mudado: eles pareciam estar mais equilibrados novamente. Então, foi uma lição para mim também. Nunca subestime o que o SC é capaz de fazer.

A VIDA COMO FORMIGA

Quando John entrou em cena pela primeira vez, ele não conseguia descobrir onde estava. Parecia muito confuso, e suas descrições também me confundiam. Tudo o que conseguia ver era um líquido espesso e marrom. "Está em todo lugar. É como estar sob o oceano... um oceano marrom. Não há mais nada." Perguntei-me se ele estava no oceano. Isso já havia acontecido antes, mas não fora descrito como espesso e marrom. "É como chocolate líquido. A Terra me veio à mente... pedras. É muito grande... muito expansiva. É tudo o que consigo ver." Quando algo assim acontece, tudo o que posso fazer é continuar fazendo perguntas até descobrirmos o que está acontecendo. "Agora é como se eu estivesse em uma bolha de ar. Como uma bolha de ar. Estou cercado por ela. É assim que parece. Este fluido marrom está circulando ao meu redor, e estou dentro de uma bolsa de ar."
Perguntei como ele se percebia, como via seu corpo. Ele ficou surpreso ao ver que era algum tipo de inseto. "Estranho... como um

inseto... como um gafanhoto... um inseto. Tenho pés longos, talvez quatro, e dois pés superiores, ou braços que parecem bolas."

Isso não me incomodou, pois já tive muitos clientes que passaram por vidas em que eram insetos, plantas, animais e até pedras. Exploro esses casos em meus outros livros. Isso não importa, porque tudo tem consciência e contém um pouco da centelha divina da vida. Sempre exploro essas experiências da mesma forma que exploro as chamadas vidas passadas "normais", porque o SC as escolheu por algum motivo. Deve haver informações que o cliente precisa saber para se relacionar com a vida atual. Nunca tento julgar o que "eles" farão. Eles podem ter uma visão geral e sempre fornecem as cenas por um motivo.

D: Como apêndices?
J: Sim. Eu diria que sou pardo ou preto. Talvez uma formiga... formiga, isso parece certo. — Talvez seja água marrom. — Sim, agora estou em uma pedra, e ela está passando por cima de mim. Talvez haja uma folha acima de mim, e a água esteja passando por cima da folha.
D: Então você não sente que está na água?
J: Não. Não há afogamento... não. Estou esperando passar e, depois, seguir em frente. Acho que estou voltando para casa. E fui pego pela chuva.
D: Foi inesperado?
J: Eu acho. Simplesmente acontece.

Condensei o tempo até ele chegar em sua casa e pedi que a descrevesse:

J: É um ninho... talvez em uma árvore velha. Meus amigos, familiares ou quem quer que seja, estão felizes em ver que estou de volta.

D: Vocês todos moram juntos nesse ninho?
J: Sim. Trabalhamos juntos.
D: Como uma colônia?
J: Sim.
D: É um ninho grande?
J: Não, é bem pequeno. Está dentro de um tronco caído no chão e está podre no centro. E você simplesmente entra nele. Era um bom

lugar para fazer um ninho. Nós o encontramos e, então, construímos. Usávamos fibras de madeira da tora e qualquer coisa que pudéssemos encontrar na floresta: árvores, folhas.

D: Você tem uma parte que é só sua ou vocês moram todos juntos?
J: Acho que compartilhamos. Não há um lugar para cada um de nós. É tudo nosso, em conjunto.
D: Há algum tempo, você disse "família". Você tem família?
J: Sinto que sou um só e não tenho família. Sou um indivíduo. Sinto-me masculino.
D: Mas vocês todos trabalham juntos, e isso é bom, não é?
J: Sim.

Queria saber qual era o trabalho dele, o que fazia na maior parte do tempo.

J: Busca, forragem, busca, forragem, comida.
D: Você faz isso sozinho ou com outras pessoas?
J: Eu me vejo agora.
D: Onde você está procurando comida?
J: Debaixo das folhas, no escuro. Às vezes, no alto das árvores.
D: O que você come?
J: Apenas vegetais, plantas. Não vejo animais ou outros insetos. Talvez folhas.
D: Você traz isso de volta para o ninho?
J: Sim, e compartilho com os outros.
D: Você gosta de lá?
J: Sinto que pertenço e estou contribuindo, fazendo algo necessário. Então, sim, sinto-me bem com isso.

Então o levei adiante, para um dia importante. Seria interessante ver o que seria importante para uma formiga. "Parece que o tronco foi levado pela água, e estou sozinho. Acho que a água subiu e levou o ninho e tudo mais. Ele flutuou — e estou sozinho. Estou parado a poucos metros de onde o tronco costumava ficar... a casa. Sei que foi levado pela água. E estou me perguntando: o que vou fazer agora?"

D: Talvez os outros estivessem todos dentro do tronco, no ninho?

J: Sim. Eles podem estar bem. Não sei o que fazer. Posso tentar procurá-los. Simplesmente não sei o que fazer. Posso tentar recomeçar.

D: *Esta é a primeira vez que você fica sozinho? Você sempre fez parte de um grupo?*

J: Sim, e era bom. Acho que vou tentar encontrá-los.

D: *Em vez de começar de novo?*

J: Sim. Vou procurá-los. Vou na direção em que o tronco foi levado. Estou passando por cima de folhas e terra... e acho que vejo o tronco. Parece que sim. Hmm... não vejo ninguém lá.

D: *Ainda está na água ou o quê?*

J: Não, está no chão... está seco. Foi lavado e largado. Tem um ali, e não o reconheço. Talvez o grupo fosse maior do que eu pensava. Simplesmente não o conheço. Outros estão em busca de alimento. Não sei se estão perdidos ou não.

D: *Talvez alguns deles tenham morrido quando estavam na água?*

J: Parece seco por dentro. Acho que os outros poderiam ter saído quando a tora flutuou. Portanto, não têm uma casa para onde voltar, a menos que consigam encontrá-la. Então, vou voltar de onde vim, ver se consigo encontrar os outros.

D: *Então você pode orientá-los?*

J: Sim. Volto para onde estava. Eles estão começando a se reunir, e eu os levo de volta para onde estava o tronco e mostro para onde ele foi. Fiquei aliviado ao encontrá-los. Eles se perguntaram o que havia acontecido com sua casa e por quê. Saíram da floresta e não havia casa para onde ir.

D: *Sim, da mesma forma que você se sentiu.*

J: E agora estão aliviados por conseguirem encontrar sua casa, mas ela está em um lugar diferente. Isso já aconteceu antes. E estamos felizes por voltar para casa. Sinto-me importante por ajudar as pessoas a encontrar o caminho de volta.

D: *Então você teve um papel importante a desempenhar?*

J: Sim.

Quando o movi novamente para outro dia importante, tudo o que ele conseguia ver era escuridão. Ele não pôde continuar a história.

D: *Você não está mais no ninho?*

O Universo Convoluto, Livro Quatro

J: Não. Acho que não. Sinto-me separado do resto.

Quando isso acontece, sei que o sujeito morreu e não há mais nada para ver. Essa é sempre a minha resposta aos céticos que pensam que a pessoa está inventando essas vidas. Se estivessem inventando uma boa história, por que ela não continuaria? A resposta é que eles nunca inventam. Se a vida termina, não há mais nada a ser visto. Já vi isso acontecer muitas vezes. Eles não conseguem fantasiar. Quando isso ocorre, sempre os coloco de volta na última cena que estava sólida. Neste caso, foi quando encontraram novamente o ninho de toras. Quando isso foi estabelecido, levei-o até o último dia de sua vida, para que pudéssemos descobrir o que havia acontecido com ele.

D: O que você vê?
J: Estou procurando comida e, simplesmente... sem energia... não tenho muito a oferecer.
D: Aconteceu alguma coisa com você?
J: Não. Apenas paro de trabalhar.
D: Quando você para de trabalhar, o que acontece?
J: É como se eu fosse dormir. Apenas me deito. Sentirei falta dos meus amigos, mas eles continuarão sem mim.
D: Então, o que acontece depois que você se deita?
J: Parece uma cachoeira escura ou algo assim. Eu deveria subir.
D: Você está fora do corpo agora?
J: Devo estar, sim. O corpo... não é necessário.
D: Você consegue ver seu corpo?
J: Sim. Parece uma formiga.
D: Apenas deitado aí?
J: Sim.
D: Então agora você vê algo como uma cachoeira vertical?
J: Sim... uma cachoeira ou... linhas de alguma coisa... caindo. Devo subir nessa direção geral. Não preciso subir na cachoeira, mas posso subir próximo a ela, no ar.
D: É bom estar fora do corpo?
J: Não importa. Realmente, não faz diferença. Agora vejo uma nuvem. E alguns dos outros estão diante de mim, e estamos felizes em nos ver. Ainda pareço uma formiga. Todos parecem formigas.
D: Mas eles estão felizes por você ter chegado lá?

J: Sim, sim, sim.
D: *Existe algum lugar para onde você precisa ir agora?*
J: Acho que estamos esperando ser chamados. Esperamos lá juntos. Depois, vamos subir mais. É uma espécie de área de parada... uma área de espera. Alguém chama. Sabemos quando ir.
D: *Então, o que acontece?*
J: É como um julgamento ou uma revisão... uma revisão de vida, ou algo assim.

Já conduzi regressões suficientes para saber que, quando a pessoa morre, precisa comparecer perante um conselho para fazer uma revisão de vida. Aparentemente, não importa qual forma essa vida assumiu. Mas achei isso curioso: como seria a revisão de vida de uma formiga?

D: *Tem alguém aí fazendo perguntas?*
J: Mais como um guia. Alguém está lá para responder às perguntas ou ajudar.
D: *Como ele é?*
J: Eu o vejo como humano. Cabelo grisalho, um homem de barba grisalha. Devemos discutir o que aprendi. "Como você se saiu? O que você fez?"— Estou dizendo que não entendo o que deveria ter aprendido. Hmm... família, união, fazer parte de algo maior, sacrifício. Ele disse que eu me saí bem.
D: *Essas são coisas boas. Você aprendeu essas lições?*
J: Sim.
D: *O que vai acontecer agora?*
J: Vou descansar um pouco, talvez brincar. Sim, tenho algum tempo livre. Descansar, brincar... hmm... explorar. Ir para o espaço e simplesmente voar por aí. Você está livre até ser chamado. Parece que estou no espaço agora. Está, em sua maior parte, escuro. Algumas estrelas... alguns planetas. Estou me perguntando para onde irei em seguida. Se eu não decidir fazer algo, vou me entediar. Estou tentando ver se há mais alguém com quem eu possa me divertir. Acho que é alguém que já conheci.
D: *Então vocês vão flutuar juntos e explorar as coisas?*
J: Isso parece chato... Acho que vamos colocar em dia o que ele tem feito e o que eu tenho feito. Conto a ele o que tenho feito, e ele

está ouvindo. Ele está explorando os planetas. Acho que vamos voltar para uma vida inteira juntos. Sim, vamos fazer algo juntos nesta vida. Eles ainda não estão prontos para nós.

D: *Mas vocês estão fazendo planos?*
J: Sim. Vamos ficar juntos nesta vida.
D: *Você acha que as pessoas que te chamam concordarão com isso?*
J: Sim.
D: *Então, você tem algo a dizer sobre aonde vai, o que faz e com quem faz isso?*
J: Sim.
D: *Tudo bem. Vamos prosseguir para o momento em que eles te chamam. Eles te chamam?*
J: Sim. Vejo um bebê. Acho que estou nascendo.
D: *Antes disso, para onde você ia quando te chamavam?*
J: Havia um grupo, um conselho, e conversamos sobre ficarmos juntos nesta vida. Eles disseram que tudo bem e discutimos sobre no que vamos trabalhar.
D: *Eles disseram que tudo bem ser humano agora?*
J: Sim.
D: *Você pode pular de uma espécie para outra?*
J: Precisei aprender alguma coisa na última, por isso tive que fazer aquilo.
D: *Então não faz nenhuma diferença? Não há nenhuma ordem específica?*
J: Não, se houver uma lição a ser aprendida.
D: *Eles te deram algum conselho? Há algo que você deveria fazer ou procurar na próxima vida?*
J: Eu deveria cuidar dele... cuidar dele. Deveria aprender algo com ele: amor, conseguir liberdade. Tenho que aprender a ter paciência.
D: *Eles ajudam você com seu plano?*
J: Sinto que sabemos onde há áreas a serem trabalhadas, e, por isso, chegamos a um acordo para nos encontrar mais tarde na vida.

Decidi então sair de lá e chamar o SC.

D: *Por que você escolheu a vida em que ele era o inseto, a formiga, para John ver?*

J: O sentimento de fazer parte de um grupo e de fazer contribuições importantes. É isso que ele precisa nesta vida: sentir que está fazendo algo significativo e fazendo parte de uma família. É isso que está faltando. Ele terá que encontrar um grupo ou um interesse e se envolver com isso — seja com jardinagem ou meditação. Sentir união. Ele verá que é mais uma família.

John estava sofrendo de depressão e tomava medicação. O SC não gostou disso:

J: Não é bom para o corpo nem para a mente, nenhum dos dois. Foi causado pela falta de crença em si mesmo, nas situações mais difíceis. Ele não se aprofundou nisso... não havia muito que pudéssemos fazer.

D: *Vocês não puderam ajudá-lo do outro lado?*
J: Não. Ele não aceitava ajuda... teimoso demais.
D: *Queremos tirá-lo dessa depressão, não é?*
J: Ele só precisa pedir.
D: *Vá em frente e pergunte a ele. Veja se ele permite que você o ajude.*
J: Sim, isso seria bom. Sim, ele concorda.
D: *O que você vai fazer para ajudá-lo?*
J: Será um processo. Ele terá que pedir ajuda quando precisar. Será um processo para que ele saia disso.
D: *Sei que às vezes você pode realizar curas instantâneas, mas isso é diferente?*
J: O processo seria melhor para ele. Um processo de aprendizado que poderá usar mais tarde. Ele se sentirá mais leve, rirá mais, ficará mais tranquilo e relaxado. Verá mudanças com o tempo, se olhar para si mesmo.
D: *O que você acha da medicação? Está ajudando ou não?*
J: Pode ser uma muleta agora... uma muleta. Com o tempo, ele não precisará mais, mas, neste momento, ele precisa dessa muleta para se sentir confiante. O processo criará confiança. Ele precisa trabalhar com esse processo. Se ele começar a meditar novamente...
D: *Como ele se permitiu entrar nessa depressão, em primeiro lugar?*

J: Isolamento... ninguém para equilibrar seus pensamentos... ninguém para interromper o pensamento negativo. Então, isso apenas foi se alimentando.
D: *Ele não tinha ninguém em quem pudesse confiar?*
J: Não... não queria.

Havia várias perguntas pessoais. A próxima era a eterna: qual é o propósito?

J: Ajudar. Ajudar os outros, não julgar e aceitar as pessoas como elas são. Se ele vir alguém que precisa de ajuda, que pergunte — e é isso. Ver uma necessidade... e preenchê-la.
D: *E isso ajudará com a depressão?*
J: E com a confiança, sim.

O SC verificou o corpo em busca de problemas físicos. Havia algum dano causado aos pulmões por conta do hábito de fumar. No entanto, como ele não queria parar, não havia nada que pudéssemos fazer quanto a isso, pois não podemos ir contra o livre-arbítrio de ninguém. "Eles" concordaram em trabalhar em algumas verrugas que John tinha no peito, que poderiam ser pré-cancerígenas. John temia que sua vida pudesse acabar muito em breve (em parte por causa da depressão). O SC disse que poderia acontecer. Era possível. Mas eu sabia que, se ele partisse antes de cumprir sua missão, teria que começar tudo de novo. O SC disse, "Isso não é o ideal"

Mensagem de despedida: Inicie a meditação. Muito importante... volte a isso. Então poderemos nos comunicar, e ele evoluirá. E sim, isso elevará suas vibrações. E exercícios... fortalecerão seu coração e melhorarão seu humor.

O PÁSSARO GRANDE

Outra cliente, Rachel, foi para uma vida passada como um pássaro grande. Uma vida comum, passando por várias aventuras, incluindo uma em que foi atacado por outro pássaro, por se aventurar em seu território. Quando morreu, deitado no chão da floresta, olhando para o céu, viu um grande pássaro branco e brilhante que chegava para ajudá-lo na passagem para o lado espiritual. Parece que o "acompanhante" pode assumir muitas formas, de acordo com a vida experimentada — sendo alguém com o qual o espírito de partida possa se identificar e se sentir confortável. Quando ela olhou para trás, para ver seu corpo, viu um pássaro escuro deitado no chão. Agora que estava fora do corpo, poderíamos ver sua vida inteira de uma perspectiva diferente.

D: *Toda vida tem um propósito. Toda vida tem uma lição. O que você acha que aprendeu com essa vida?*
R: Não há problema em gostar de ficar sozinho e fazer as coisas com a natureza. Foi uma vida pacífica.
D: *O que você acha que era o propósito dessa vida?*
R: Não ter medo de ficar sozinho. Foi bom ajudar os outros quando precisavam. Esse amor está sempre lá, onde quer que você esteja. E a vida não é dolorosa. Se você se machuca ou morre, não há dor. O amor está sempre lá, porque esse pássaro é, de alguma forma, uma forma de amor. É como se ele estivesse meio espreitando através do espaço, do tempo e do céu — e ele nasceu da luz.
D: *O que você vai fazer agora que está fora do corpo?*
R: Acho que estou apenas descansando.

Eu a fiz flutuar para longe do pássaro e chamei o SC. A primeira pergunta que sempre faço é: por que mostraram a ela essa vida em particular?

R: Ela precisa abrir suas asas. (Essa foi uma metáfora muito boa.) Ser ela mesma, e não ter medo de ser quem é. Ela é filha de Deus e está aqui para representá-Lo de sua maneira especial, com a sua própria faísca, que ela carrega. E só ela pode fazer isso. Se não espalhar as asas e for ela mesma, ela não estará expressando Deus. Ele a colocou aqui para cumprir um propósito.

Isso, é claro, trouxe à tona a eterna pergunta: "Qual é o seu propósito?"

R: Amor. Ela dá amor a todos e ama a todos. Ela tem muito amor e recebe muito amor. Mas ela não confia em si mesma. Ela fica como "em espera". Está se contendo. Isso não é bom para a saúde dela. Ela precisa ser capaz de verbalizar. Precisa se expressar. Ela tentou muitas coisas e fracassou, e agora tem esse medo de fracassar. Ela tem que tentar de novo. Está esperando que algo aconteça, mas precisa perceber que é ela quem precisa fazer isso acontecer.

A procrastinação afetou sua saúde. Eu me concentrei nisso. Ela teve um crescimento em sua coluna e, é claro, os médicos queriam operar. Seus problemas nas costas e no pescoço vinham do fato de que sentia estar carregando mais do que o próprio peso. O SC o removeu instantaneamente:

R: Seu tempo passou. Não é mais necessário.

Ela também teve câncer de mama e fez cirurgia. O SC nos disse a causa:

R: Ela sentiu falta dos filhos. Todos eles se mudaram e foram embora. Ela não tinha nada a nutrir. Ela nunca quis filhos, mas, quando os teve, passou a amá-los profundamente.

Foi uma pena que Rachel não pudesse saber disso antes de fazer a cirurgia, mas, é claro, nunca sabemos o que nossos corpos estão tentando nos dizer. Agora, não haveria mais problemas com o câncer. Sua próxima pergunta física foi sobre sexo. Ela sentia dor e desconforto naquela parte do corpo durante a relação sexual. O SC deu uma resposta incomum: isso foi causado pelos tratamentos excessivos que os médicos haviam lhe dado após a cirurgia de mama. Recebeu quimioterapia, que trouxe uma menopausa precoce, o que foi difícil para o seu sistema se adaptar. Ela ainda tomava alguma forma de pílula. Também estavam realizando ressonâncias magnéticas regulares que não eram necessárias. Essa super preocupação causou danos naquela parte do seu corpo.
O SC disse:

R: Ela ainda se submete a alguns tratamentos. Não é quimioterapia, mas é um produto químico nos ossos. Ela não precisa disso. Tinha medo de que o câncer voltasse, caso não deixasse os médicos realizarem esses procedimentos.

D: *Aí está o medo novamente. (Sim) É isso que está causando os problemas.*

R: Sim. É isso que está causando os problemas. Ela pode parar com isso, para que seu corpo possa se purificar e se curar por conta própria — e não continuar lutando contra essas pílulas e injeções que está recebendo. Ela deve interromper todos esses medicamentos. O câncer nunca mais voltará. Nunca houve nada a temer.

Foi sugerido que aceitasse um emprego que envolvesse trabalhar com crianças, para que não sentisse tanta falta dos seus filhos.

Mensagem de despedida: Seja gentil consigo mesma. Não seja dura, nem se julgue. Seja paciente. Vá em frente. Eu sempre estarei aqui para ajudá-la. Deixe o medo ir e apenas aproveite a vida.

UM ESPÍRITO ELEMENTAR

Estava em Santa Fé para ensinar minha aula no College of the Northwest, no Novo México. Antes do início das aulas, fiquei hospedada com Paula, em sua casa de hóspedes, situada nas colinas ao redor de Santa Fé. Um lugar muito isolado e silencioso, onde pude receber alguns clientes. Bobbie apresentava muitos problemas físicos, mas sofria principalmente de depressão. Não tinha energia, parecia cansada e infeliz, e dizia que queria morrer. Tinha apenas quarenta anos, mas parecia — e agia — muito mais velha. Estava totalmente desgastada.

Normalmente, uso um método em que meu cliente desce de uma nuvem até uma vida passada. Quando Bobbie saiu da nuvem, estava em um campo e viu homens com armaduras de metal, roupas de malha e lanças nas mãos. Ela observava um batalhão montado a cavalo, com capacetes adornados com cristas de águia nos uniformes, marchando rumo à guerra. Encontrava-se em uma clareira na floresta, entre as árvores, assistindo ao exército passar.

A experiência passou do comum ao extraordinário quando perguntei sobre seu corpo: "Estou cintilante, como um ser encantado. Sou feita de luz dourada. Sou risonha e doce. Há brilhos de luz no pescoço e nos punhos. Não faço parte do mundo humano. Não tenho conexão com o povo do exército. É muito engraçado para mim, pois eles não me veem. Estão muito focados, seguindo em direção a algum lugar. Eu sou muito feliz aqui na floresta e me conecto com os espíritos. Vivo no mundo espiritual da floresta, mas isso é apenas uma parte de mim. Existe outra parte que pertence às nuvens, lá no alto. Muitos seres espirituais vão e vêm. As pessoas os veem como vaga-lumes, mas, na verdade, são seres espirituais com uma existência bem ordenada. Sou mais visível do que eles — você pode me ver como um ser humano cintilante."

D: *É assim que você costuma aparecer?*
B: Não, é apenas um disfarce.
D: *Por que você assumiu essa forma neste momento?*
B: Porque eles me enviaram.
D: *Quem te enviou?*
B: O lugar além das nuvens. Há um mundo branco lá, e eles me pediram para vir.
D: *Essa é a sua casa?*
B: Acho que fui enviada em uma missão e não tenho permissão para voltar, então não tenho certeza de onde é meu lar. Parece que meu lar está mais alto, mas, neste momento, não sinto isso, porque estou aqui e preciso fazer alguma coisa.
D: *Quem foram os que lhe enviaram?*
B: Eles parecem seres de fogo que emergem da nuvem. Há algum tipo de conselho ou trindade. De vez em quando, os rostos aparecem fora do fogo.
D: *Portanto, não é físico, então. Por que eles enviaram você? Você disse que era algum tipo de missão.*
B: A imagem que recebo é como se um desses seres espirituais tivesse me colocado em uma cesta quando eu era bebê. Era uma pessoa

gentil e amorosa, que não podia me manter lá. A Senhora do Lugar Branco precisava criar uma prole que se conectasse com a Terra. Faço parte dessa senhora e estou fazendo uma exploração. Estou me conectando com esses seres encantados como uma forma de me tornar invisível e poder me movimentar neste mundo humano. Sinto-me melhor sendo apenas parcialmente humana — meio luz, meio humana — mas mais luz, porque assim permaneço conectada ao Lugar de Luz.

D: *Você disse que não tinha permissão para voltar?*
B: Por enquanto, não. Tenho que fazer algo. Acabei de começar. É tudo meio novo. Estou brincando. Acabei de descobrir os bosques cheios de animais fofos, que se dão bem com os espíritos, e estamos nos divertindo. É também uma forma de me aproximar dos humanos.
D: *Está tudo bem brincar e experimentar. Temos permissão para fazer isso antes de nos tornarmos sólidos. Ou... você quer se tornar sólida?*
B: Acho que não.
D: *Qual é a sua missão?*
B: Sei que preciso ir mais longe, até a vila onde estão as pessoas.
D: *Mas você não sabe qual é o trabalho?*
B: Você quer que eu pergunte?
D: *Se quiser. Talvez eles lhe digam antes que você se afaste demais deles.*
B: Há muitos problemas... guerra. De onde venho, não entendemos o que é guerra. E eu devo permanecer por um tempo, ajudar a elevar a energia. As pessoas das aldeias estão realmente desanimadas, sem nenhuma esperança. Onde quer que eu vá, a luz dourada me acompanha, e devo espalhá-la para que as pessoas deprimidas se lembrem de como se conectar com ela. Isso despertará suas mentes para que possam se unir e pensar em maneiras de resolver seus problemas. No momento, elas se sentem derrotadas e não estão conseguindo encontrar soluções. Sou um tipo de agente da esperança.
D: *Eles serão capazes de vê-la?*
B: Não. Mas sentirão a diferença. É como estar perto do pó mágico das fadas — ele eleva sua frequência — e, em seguida, o Grupo Branco pode oferecer apoio. É fácil. Eu só preciso ser eu mesma.

Ser brincalhona. Esse é o meu trabalho. Apenas ser quem eu sou e espalhar energia.

D: Você já fez isso antes?

B: Parece tudo muito novo, porque todos parecem inexperientes nisso. Parece uma primeira tentativa.

D: Você já foi física?

B: Vivi no Egito como mulher, mas não era apenas humana. Eu era parte ser cósmico, parte humana. Era definitivamente mais humana do que nessa vida do tipo fada. Estava em um tipo de mundo de sacerdotisas. Era um ser humano completo, mas minha energia não era de matéria. Parecia que eu era muito alta. Aquela missão era muito mais séria. Foi um momento muito importante. A energia estelar havia descido e se fundido com a vida humana por muito tempo, culminando naquela vida. Era assim que as coisas eram. Eu fazia parte de muitos seres que viviam dessa forma.

D: Eles estavam evoluindo, experimentando e brincando?

B: Não. Não parecia ser assim. Parecia que a Terra e a Galáxia Estelar estavam realizando coisas muito sérias. Aquela foi uma vida importante. O destino do mundo estava prestes a mudar. Havia muitas nuvens escuras, grandes decisões, muitas mentes elevadas. Era realmente importante dizer e fazer a coisa certa, porque as consequências poderiam ser enormes.

D: Era importante que você estivesse lá naquele momento?

B: Sim, mas não porque eu fosse alguém especial — era porque aquilo era importante para todos.

D: Você cumpriu sua missão naquela vida?

B: Não me parece que fui muito feliz. Acho que fiquei realmente estressada, porque as consequências eram grandes demais. Aqueles de nós que fazíamos parte dos seres cósmicos — nem todos se tornaram parte estelar — tínhamos a responsabilidade de conduzir os demais.

D: Parece algo muito sério.

B: Também não parecia haver muito amor presente. Não era algo ruim, mas definitivamente parecia uma sociedade mais mental do que emocional.

D: No momento em que você se lembra daquela vida, você acredita que cumpriu o que deveria?

B: Sinto que nos dissolvemos. Não houve avanço, mas também não foi doloroso. Foi muito trabalho árduo, que durou muito tempo. Envolveu muita dedicação, mas não teve continuidade. Nos dissolvemos de uma forma boa. E agora estou nesta vida mais leve. Estou na floresta, sentindo o perfume das grandes flores, me divertindo muito. Estou hipnotizada, olhando dentro da flor. Tudo fala. Está cheia de luz dourada saindo dela. Tudo me parece tão engraçado.
D: *Em sua missão, você disse que deveria conversar com as pessoas, ou algo assim.*
B: Ah, acho que não estou com pressa de ir. Você quer que eu vá?

Ela estava se divertindo tanto que hesitava em seguir em frente com sua missão. Mas entrou na vila e relatou o que estava vendo.

B: Uma vida muito simples, com muitas pessoas simples. Muitos ratos. Eu me movo durante a noite, passando pelas ruas, parecendo um fantasma — mesmo sabendo que não sou um. Há muito medo no ar o dia todo, criado pelos pensamentos negativos das pessoas. Eles formam bolsões escuros, que eu limpo à noite, para que as pessoas possam pensar mais claramente no dia seguinte.
D: *Para que elas não sintam o medo tão fortemente no dia seguinte?*
B: Isso. Nem estará lá, porque terei removido. A morte que paira ao redor cria muito medo. Sou um ser elementar e tenho esse trabalho.
D: *Vamos seguir adiante e ver se algo importante acontece.*
B: Há uma cena de batalha sangrenta no campo, perto da floresta, onde emergi pela primeira vez. O que é tão novo para mim é ver sangue, porque é algo que eu realmente não entendo. Nunca vi isso antes. No começo, acho que estou vendo lindas flores vermelhas, mas depois percebo que são os estômagos das pessoas se abrindo. À distância, isso não me incomoda, mas, à medida que me aproximo, é tudo bem feio.
D: *Você tem que fazer alguma coisa lá, durante a batalha?*
B: Na verdade, não. Sou mais uma observadora. Tenho permissão para ir para casa agora. Estou me sentindo enjoada e não quero ficar por aqui. Não preciso.
D: *O lar é o mundo branco?*

B: Sim.
D: Como é?
B: A Senhora me leva de volta. É como uma sociedade muito ordenada. Existem muitos corredores. É muito silencioso. As pessoas falam com suas mentes. Parece que todo mundo trabalha e se move sem esforço. Alguns trabalham em cubículos, outros em mesas. Todo mundo é muito livre e entra e sai quando quer. Existem alguns extraterrestres sentados à mesa, trabalhando. Somos todos pesquisadores.
D: Qual é o seu trabalho?
B: Estou conectada àqueles que fazem parte do Conselho, mas sou uma das mais jovens. Não participo das grandes decisões. Estou um pouco à margem. Mas, ainda assim, tenho permissão para entrar nas câmaras do Conselho. Tenho mais liberdade do que aqueles que trabalham à mesa. Pareço ser uma espécie de criança para os membros do Conselho. Ainda estou aprendendo, mas entendo a energia de tudo. Estou muito confortável. É tudo familiar — é definitivamente um lar. Nada requer explicações. Sei onde está tudo. Não sou mais velha, mas sou muito inteligente.
D: Você continua brilhando?
B: Não. Agora sou um dos seres de luz. Tenho muito tempo livre e passo muito tempo conversando com as estrelas. Isso é algum tipo de galáxia, eu acho. Enquanto todo mundo está ocupado, e ainda não recebi minha tarefa completa, sento-me e me pergunto o que mais existe. Não sei se quero sair. O que fazemos é muito ordenado — não que eu tenha um problema com isso. Mas estou ciente de que há outra coisa, e estou perguntando aos céus se devo participar de outra coisa. É quase como se você estivesse no seu mundo comum, dormisse uma noite e acordasse em outro lugar. É um pouco assim: realidades que mudam.
D: Você está falando sobre estar em dois lugares ao mesmo tempo?
B: Eu não gosto desse sentimento de estar indecisa. Eu me sinto estranha e dividida. Não sei se foi certo pensar fora do meu grupo, porque eles são muito bons e muito amorosos, e todos treinamos por tantos anos e fazemos um bom trabalho. Não sei se é errado querer outra coisa.
D: Acho que é apenas curiosidade.
B: Mas não sei se a curiosidade está errada.

D: *O que eles dizem?*
B: Eles realmente não sabem disso. Está apenas acontecendo entre mim e os céus.
D: *Então você não está sendo informada pelo Conselho?*
B: Não. Isso é exatamente o que faço no meu tempo livre. Tenho pensamentos sobre o que mais se passa em outras realidades.
D: *Você está ciente de um corpo físico que terá no futuro chamado "Bobbie"?*
B: Essa mesma pessoa está conectada ao mundo branco.
D: *Se é tão lindo lá, por que você gostaria de sair?*
B: É mais como se eu estivesse acordada à noite, me perguntando, e esse questionamento, por si só, me fizesse dormir e acordar em outro lugar. Como se, ao perguntar sobre alguma coisa, você começasse a vivê-la. Mas há uma parte de mim que não quer ter problemas, que não quer complicações, que não deseja fazer coisas fora da inteligência da nossa sociedade — portanto, não sei como isso aconteceu.
D: *Não há alguém a quem você possa perguntar sobre isso? Eles sabem tudo, não é? Provavelmente sabem o que você está fazendo, mesmo que não conte.*
B: Isso é verdade. Nunca pensei nisso. Eu vou até a Senhora, que é algum tipo de anciã. Eu não deveria pensar em termos de "certo" ou "errado", porque não é assim que isso funciona. Ela está dizendo que parte de mim estava ciente da responsabilidade em uma idade anterior à que seria apropriada. Isso criou um desejo, porque é como se eu estivesse pronta para aceitar a responsabilidade antes do tempo certo em nossa sociedade. Ela está dizendo que eu precisava da experiência para preencher o lugar dentro de mim que tomou conhecimento da responsabilidade.
D: *Então, dessa maneira, é certo entrar em um corpo físico?*
B: Bem, ainda não vi dessa forma. Há uma parte de mim que não sabe no que está entrando. Ainda estou pedindo permissão, mas ela diz que não se trata de permissão. Trata-se do que criamos, e que eu já criei isso e, portanto, é exatamente o que é.
D: *Então, depois de criar e decidir fazê-lo, você precisa dar continuidade a isso?*
B: Sim, e você precisa cumprir sua criação.

D: Você entrou no corpo físico conhecido como Bobbie como um bebê?
B: Parece que eu tive outras vidas humanas antes.
D: Acho que não há nada de errado nisso. Você está sempre curiosa e quer aprender. O que você acha de estar no corpo de Bobbie?
B: Eu gosto dela. Ela sente que permaneceu conectada aos propósitos daqui — aos anciãos, à luz e ao trabalho. E ela ainda segue a organização. Então, isso é fácil.
D: Mas por que Bobbie teve tantos problemas quando criança, em seu corpo físico? Isso está relacionado a você?
B: Bem, em certo sentido, acho que está conectado à parte do medo que senti a princípio, ao questionar se eu havia feito a coisa certa ao me abrir para mundos desconhecidos. Acho que carreguei esse medo. A anciã me garantiu que não estava errada, mas, por algum motivo, havia um sentimento de medo e náusea sobre o desconhecido.
D: Sobre ser desobediente?
B: Não, não se trata de ser desobediente. Foi apenas medo do que pode acontecer, do que pode dar errado no desconhecido, e se você poderá voltar para casa com segurança sem perder o que tinha. Porque essa sociedade não opera com base no certo e errado, por isso não seria uma desobediência.
D: Mas, após criar isso e entrar no corpo físico, você está mais ou menos designada ou obrigada, não está?
B: Bem, acho que criei isso sem entusiasmo. Foi mais como se o desejo tivesse surgido de mim, mas não é que meu coração estivesse totalmente envolvido nisso. Havia muita curiosidade.
D: Mas você não tinha muita experiência para saber o que poderia acontecer.
B: É isso. Eu ainda era bastante inocente. Por exemplo, ainda não havia formado vínculos com nenhum membro do conselho. E realmente não há família lá, então você está sozinha. Nessa sociedade, é aceitável crescer por conta própria, mas você só se torna maduro após começar a assumir papéis nos conselhos.
D: Você não chegou tão longe.
B: Exatamente. Eu conhecia a energia disso porque meus pais estavam lá, e eu era a próxima na linha.
D: Mas você decidiu ignorar isso?

B: Bem, acho que sim. É mais como se simplesmente tivesse acontecido. Eu não fui uma rebelde, mas é como se a oportunidade estivesse ali. Então... é uma coisa estranha.

D: *Mas agora que você está no corpo de Bobbie, vai passar por isso. Por que havia todo esse medo e todos esses problemas físicos quando ela era jovem?*

B: Parece estar conectado às encarnações anteriores. Elas começaram bem, mas foram se tornando árduas. Quando chegamos a Bobbie, tudo ficou muito difícil. É como se eu estivesse sem energia. A parte de mim que tinha aquela hesitação ou medo no começo acabou predominando. Tive cerca de três vidas e meia como humana — foram boas e estáveis, pois eu carregava completamente a energia do local branco. Esta é a pior de todas, mas a anterior já foi meio ruim. Começou bem, mas terminou mal. Por isso, esta de agora nem teve chance. Não sei por que não voltei. Não sei por que fiquei tanto tempo.

D: *Bem, você ainda está aprendendo algo.*

B: Mas há livre-arbítrio em outro lugar. Você pode ir e vir.

D: *Foi por isso que ela tinha todos esses pesadelos o tempo todo? Essa ainda é sua insegurança?*

B: Está conectado à vida anterior. Tudo começou a se deteriorar quando fiquei sem energia. Parei de ser o ser de luz e, em seguida, era como se eu não tivesse pele. Eu não tinha o necessário para ser humana, mas já estava no meio de tudo. Continuo me perguntando por que não voltei.

D: *Talvez possamos descobrir. Mas a incerteza e a insegurança causaram problemas físicos no corpo de Bobbie?*

B: Tudo está ligado à vida anterior. Foi inevitável — tudo veio da vida anterior.

Eu a incentivei a explicar sobre a outra vida.

B: Está conectado ao que vi naquele campo de batalha: sangue e vísceras no estômago. Por alguma razão, essa imagem está chegando.

D: *É uma continuação?*

B: Algo semelhante. Sim, é uma continuação. A lição continua. Só posso descrevê-la como uma imagem de luz que representa saúde, segurança e plenitude. Então a luz se esgotou, e, quando isso aconteceu, havia apenas sangue e vísceras sem pele. Tudo se transformou em doença, consumido por vermes. Parece um pedaço de carne morta e repulsiva.

Dei sugestões para que ela não continuasse carregando essa imagem. Disseram que tudo isso ainda estava lá quando Bobbie era criança. Supus que talvez ela tivesse retornado ao corpo muito rapidamente, pois, normalmente, o espírito é enviado a um lugar de descanso para apagar memórias traumáticas, de forma que não afetem a próxima vida. Aparentemente, ela voltou muito depressa, antes que essas memórias fossem apagadas.

B: Talvez porque não havia luz para entrar.
D: *Você deveria ter voltado para ser recarregada.*
B: Eu sei. Eu sei! Por que não fiz isso?

Ela havia escolhido sua família atual porque eles estavam conectados a essa outra vida. Dei sugestões sobre como se desconectar de tudo isso.

B: Vamos mudar isso? Podemos trazer alguma luz agora para o corpo de Bobbie? Você quer que eu vá falar com o conselho?
D: *Vá e converse com eles. Diga que você se perdeu ao longo do caminho e pergunte como pode consertar as coisas. Enquanto estiver vivendo no corpo de Bobbie, queremos que esse corpo seja feliz, livre de problemas.*
B: Bem, a senhora está muito feliz em me ver. Ela está dizendo: "Por que você demorou tanto?" Fiquei presa em aventuras. Ela é como uma mãe para mim. Sabia que as coisas estavam piorando e se perguntou por que não voltei mais cedo. Todos são muito amorosos. Agora, o conselho saiu de suas câmaras e todos estão aqui para falar comigo. A senhora está me dando muito conforto. Ela vê que estou esgotada e está me segurando, me recarregando. Ela tem muita energia. Mesmo tendo ido tão longe, eu não havia esquecido como é bom me sentir normal novamente — é como se todas as minhas células estivessem se livrando do que não funciona. Parece tão natural. Começa pelos pés.

Bobbie estava realmente sentindo a recarga e como isso estava transformando seu corpo.

B: É principalmente emocional. Fiquei com tanto medo... como uma criança que se perde no shopping. Ela está me colocando dentro dela e, enquanto estou sendo recarregada, o conselho está falando. Eles são tão incríveis... Eu os amo muito. Eles são tão sábios. Eles cresceram desde que saí — havia 15 e agora existem cerca de 45. Eu deveria ser um deles, mas estão dizendo que eu nunca saí, nunca deixei de fazer parte deles. Eles não consideram que houve alguma separação. Estão dizendo que, quando parti, foi como se eu tivesse que recriar meu próprio cordão umbilical, porque o antigo parecia uma coisa esfarrapada. E que, agora que sabem o que está acontecendo, podem me alimentar através desse cordão umbilical. Eles podem enviar luz.

D: Onde eles estão prendendo o cordão?

B: Está preso à frente do meu ser, como um copo de sucção. Eles estão dizendo que estão muito felizes pelo que eu fiz. Não há erros. Isso lhes oferece a oportunidade de tentar algo novo. Eles me apoiam. Então, eu pulo de volta para o cordão umbilical, como um grande escorregador. O que estão dizendo agora é que tenho acesso constante ao conselho, uma comunicação direta. Eles podem enviar luz, porque, antes, não podiam — tudo aconteceu durante a noite.

D: *É por isso que houve tanta confusão na vida de Bobbie. Nenhum plano.*

B: Não. Apenas meio que vagando no escuro. Agora sou feita de luz, como eles. Também estou me lembrando de algo dessa outra vida... do fato de que, agora, sou parte luz e parte borboleta. Quando estou no lugar branco, sou apenas luz branca. Mas, toda vez que chego à Terra — como na vez em que vim em missão —, começo como uma borboleta, para me tornar a próxima coisa. Agora eles estão me dizendo que eu tenho a forma de borboleta, enquanto que, quando entrei, não tinha, porque fiquei sem o suporte da luz. São essas asas que parecem ser a peça toda — significando que há algo no modo como as asas se movem que emite luz. Isso mantém as coisas funcionando. Antes, a luz se apagou porque não estava sendo gerada. Naquela outra vida, estava tudo bem, e eu pude voltar porque entrei com as asas. Na verdade, eu as mantive mesmo, porque costumava voar pela vila à noite. Estão dizendo que, onde quer que haja luz plena, é tudo o que existe — contanto que eu entenda as asas. As asas representam a alegria. Não houve alegria durante muito tempo. Estão dizendo que esse foi o maior ingrediente que faltou. É tipo... na minha lombar, onde as asas se prendem. Portanto, há muito que parece querer ficar mais forte nesse lugar. O corpo já está cheio de luz. A luz está simplesmente completa. As asas dão energia.

Eu estava tentando realizar a cura, enquanto o ser continuava contradizendo sua própria lógica:

B: É difícil conseguir responder a qualquer pergunta sobre o corpo, porque estou em forma de borboleta de luz, não em um corpo físico propriamente dito. Então, agora é a primeira vez que estou tentando me conectar a esse corpo aqui. Eles estão dizendo que, porque me experimentei como separada por um tempo, preciso de tempo para me sentir mais segura e me lembrar como me mexer. Neste momento, a região lombar está doendo — então muita coisa está acontecendo. É como ter que encher o tanque novamente. Mesmo que toda a luz esteja aqui, há um processo que determina o que é necessário para que essa luz preencha completamente o corpo. Não é apenas o corpo — é a vida. Ter a luz iluminando minha casa, meu casamento, minha cama à noite...Estar completamente inteira novamente. Tenho que chegar a esse ponto. Tenho que preencher muito, porque é muito importante estar conectada à sabedoria deles, estar completa e funcionando corretamente. Não se trata tanto do corpo, mas de todo o meu funcionamento interno. Porque é assim que funciona lá — é uma questão de trabalho interno. Não há tempo aqui. Ela saberá, porque, então, sentirá aquela saudade novamente. Vai ser aquela saudade de 'o que vem depois?'. Ela não tem um plano, porque não é assim que a luz funciona. A luz tem inteligência própria. Ela sempre se move para o lugar certo, na hora certa, e faz a coisa certa. Está tudo em ordem. Tudo está sendo cuidado.

Não é importante saber detalhes. A coisa realmente necessária é o coração — lembrar dos anciãos em meu coração, porque foi aí que o medo começou. O medo começou quando senti que os havia deixado, embora eles não tivessem problemas com isso. Senti medo de sair. Lá, todos são independentes, mas vivem como um grupo. Então, é o sentimento de grupo que dá força total. A única coisa que causa doenças é o medo. É a única coisa que pode impedir a luz. Contanto que a luz esteja lá, não há problema. Parte da minha luz desapareceu com o tempo porque o medo entrou desde o início. Portanto, o medo tomou conta de mim com o tempo. Eles não pensam nisso como corpos, mas como organismos que se reconectam."

Mensagem de despedida: O mais importante é que a gravidade aqui na Terra realmente se conecta ao tempo — e esse não é o meu jeito. Não faz sentido me relacionar comigo mesma através de experiências no tempo, porque é apenas algo que peguei emprestado para viajar. Eles estão dizendo para não assumir que sou feita de tempo, porque então começo a me conectar com o medo. Nesta outra vibração, não há medo porque não há tempo. Nada de ruim pode acontecer quando não há tempo.

Capítulo 5
MUITAS ESCOLHAS

Patti acabara de morrer após duas vidas simples e mundanas e agora estava no lado espiritual. Uma das vidas foi fácil, e a outra, difícil. Quando perguntei o que ela havia aprendido com essas vidas, ela respondeu: "A fácil era como férias eternas, uma oportunidade de descansar de outras vidas mais desafiadoras que vivi. A vida difícil foi apenas uma grande dificuldade após a outra. Muito confronto e atrito. Aprendi que deve haver uma maneira melhor. Eu ainda tinha que passar por isso, mas, enquanto passava, sabia que deveria haver uma maneira melhor. Mas havia tantas outras pessoas diferentes envolvidas...Elas não eram nada cooperativas, e eu estava no meio disso tudo, sem conseguir sair."

D: *Porque precisava interagir com elas. Então você foi para uma vida fácil. Férias para toda a vida, você disse?*
P: Sim, foi ótimo.
D: *O que você vai fazer agora que está fora do corpo?*
P: Parece que há muitas escolhas a fazer. Isso é esmagador.
D: *Você tem que ir a algum lugar para fazer as escolhas?*
P: Não, mas posso ir a algum lugar e pedir conselhos sobre o caminho que devo seguir. Quero todos os conselhos que puder obter. Meu mundo não funciona muito bem sozinho.
D: *Vamos ver onde você vai para obter conselhos. Como é esse lugar?*
P: (Pausa) É um prédio antigo. Parece velho... Não sei se é por causa das pessoas de lá. Elas são muito antigas. Não velhas, mas com uma sabedoria ancestral.
D: *O que elas estão fazendo?*
P: Estão esperando por mim. Elas me conhecem. Eu passo por uma porta e deixo a pessoa saber por que estou ali e quem quero ver. Ela está esperando por mim e, então, sem demora, me leva para uma sala onde posso conversar com quem preciso.
D: *Mas você disse ter muitas opções?*

P: Sim, há muito a ser feito. Então, o que devo fazer a seguir? Não que alguma decisão seja melhor do que a outra, mas, sempre que você trilha um caminho, ao chegar lá, pode tornar as coisas muito difíceis para si mesmo — ou ter uma vida boa.

D: *Depende de você e do que escolhe, então?*

P: Certo. Portanto, quero tomar uma decisão informada sobre para onde vou.

D: *Eles mostram as possibilidades?*

P: Sim, eles mostram. Só quero ter certeza de que qualquer caminho que eu tome traga a experiência apropriada. Mesmo que seja uma trilha difícil, terei todas as ferramentas e experiências necessárias para superá-la. Assim, aprenderei o que quer que eu precise aprender.

D: *Mas você disse que alguns serão mais difíceis que outros. (Certo.) Quais são algumas das alternativas que estão mostrando a você?*

P: (Pausa) Uma possibilidade seria uma vida militar.

D: *Quais outras estão disponíveis?*

P: (Pausa) Um caminho acadêmico.

D: *Mas você já fez isso. (A vida passada.)*

P: Sim, fiz. Mas seria mais uma escola... não um programa de treinamento, algo como um programa vitalício, ensinando isso.

D: *Mais longo do que aquele que você acabou de deixar? (Certo.) Existe alguma outra possibilidade?*

P: (Pausa) Algum tipo de trabalho... trabalho bem difícil. Meio remoto. Há muitas possibilidades, e eu sei que terei que fazer todas, eventualmente. Não estou pronta para a vida militar, então vou com o trabalho. Também não sinto que estou pronta para o acadêmico. Isso soa realmente chato.

D: *O ensino?*

P: Bem, não se trata tanto de ensino, mas eu estaria na escola. A princípio seria muito interessante, pois estaria aprendendo muito, mas não há fim. Eu não conseguiria aplicar o que aprendi... Apenas segue, vai se perdendo de vista. É realmente tedioso.

D: *Isso é uma boa ideia?*

P: Não é minha ideia. Eles estão me dando conselhos, e é bom saber que terei que fazer todos eles de qualquer forma. Só quero fazer isso na melhor ordem.

D: *Pelo menos eles te dão uma escolha.*

P: Sim, sou grata por isso.
D: *Então você decide quando e onde vai voltar, e tudo mais?*
P: Sim, e o que vou fazer. Estou ciente das circunstâncias, qual será meu trabalho e as pessoas envolvidas.
D: *Então você faz contratos com essas pessoas?*
P: Não tanto um contrato, mas uma conscientização. A consciência do que elas têm que fazer, do que precisam fazer. Mas eu não sei quais seriam seus propósitos. De certa forma, é um alívio. Todo mundo tem seu próprio caminho. A escolha é deles. Eles podem me pedir sugestões, e ficarei feliz em fornecê-las, mas preciso deixá-los fazer suas próprias escolhas. No fim, a decisão é deles, e eu devo respeitá-la.

Então chamei o SC e perguntei por que escolheu uma vida bastante simples para ela ver.

P: Para mostrar a ela que realmente é possível viver uma vida mínima... sem grandes desafios, mas talvez com algumas dificuldades. E que ela não precisa torná-las maiores do que são, não precisa dar energia a esses conflitos. Ao fazer isso, sua consciência mudará e ela manterá o foco nas coisas que quer e deseja.
D: *Você acha que, às vezes, ela os torna maiores do que deveria?*
P: Ela não tem essa intenção. Está lidando muito melhor com isso. Busca a contribuição de algumas pessoas boas que querem ajudar e, assim, tenta garantir que sua perspectiva esteja correta. Ela está chegando lá.
D: *Aquela outra vida parecia muito semelhante à vida que ela está vivendo agora.*
P: Na verdade, é uma combinação das duas. Uma foi difícil, e a outra era tudo o que ela queria que fosse. Então, ela precisa entender que pode escolher como quer seguir. Pode dar energia a esses conflitos ou focar no que deseja, e todo o resto cuidará de si mesmo. A vida dela agora é muito semelhante, exceto que é maior, e as coisas acontecem muito mais rápido. Os resultados são muito claros.
D: *Qual seria o sentido de repetir certas circunstâncias?*

P: A vida realmente fácil foi configurada especificamente dessa forma. Não houve pessoas difíceis colocadas em sua vida, como agora, ou como naquela vida difícil anterior. Esta é uma espécie de combinação das duas. Então, como você lida com essa adversidade e com essas pessoas difíceis e, ainda assim, no final das contas, tem algo como foi aquela primeira vida mais fácil? Uma combinação, para que ela saiba como lidar com as adversidades, mas sem participar muito delas. Na vida difícil, ela tinha um trabalho que precisava fazer, e, mesmo sendo necessário e importante, havia muitos atritos com as pessoas ao seu redor. Ela conseguiu terminar o trabalho, mas tudo foi uma batalha... muito atrito. Não brigas, mas conflitos. Estava absolutamente exausta e mal podia esperar para sair de lá. A vida fácil serviu para mostrar que isso poderia ser diferente. Não precisava ser uma batalha. Então, foi configurada para que ela não tivesse o atrito que teve antes. E agora, como viver essa vida trabalhando em situações mais difíceis, mas ainda assim desfrutando de prazer, tranquilidade, a capacidade de deixar as coisas onde pertencem — o que ela ainda está aprendendo? Importar-se, mas não se envolver intimamente com o processo e o resultado, porque o resultado cuidará de si mesmo.

Muitos conselhos foram dados sobre a empresa onde ela trabalhava e seu envolvimento com as autoridades locais. Ela sabia que as pessoas do topo eram corruptas e sentia que precisava levá-las à justiça. Mas o SC disse que tudo seria resolvido em breve e que ela não precisava instigar. Quando chegasse a hora, que não tivesse medo de falar. A próxima coisa importante a abordar eram seus problemas físicos, principalmente a artrite nas mãos. Perguntei o que estava causando isso.

P: Está vindo do medo de tomar uma decisão. Ela não confiava em seus instintos. Não confiava em sua intuição. Essa falta de movimento foi o que causou a doença nas articulações. Ela precisa retomar o movimento, resolver, seguir em frente e ter fé. Sabia o que deveria fazer, mas o medo a impediu.
D: *Talvez isso ajude se ela souber que tudo vai ficar bem.*

P: Isso é muito importante. Algumas pessoas são capazes de superar o medo e têm uma fé tremenda, mas ela tem o tipo de fé que precisa ser justificada. É uma fé baseada na experiência passada, não apenas fé cega. Então, apenas entenda que não há nada a temer.
D: *Podemos tirar a artrite?*
P: Sim. Isso já serviu ao seu propósito. E só ter essa informação já põe fim a tudo. Apenas siga em frente e faça o trabalho, que ela está perfeitamente disposta a fazer.
D: *Mas ela está tomando algum analgésico, até mesmo intravenoso.*
P: Ela não precisa mais disso. Pode parar agora. Na verdade, tem uma consulta na terça-feira que pode simplesmente cancelar quando voltar para a cidade.

Perguntei como iria curar a artrite. Estou sempre curiosa e gostaria que o SC explicasse o processo:

P: Tenho uma nova ferramenta muito interessante que emite uma luz branca — mas não visível. Ela pode sentir a energia. Tudo é luz e energia. Então eu entro em todas as articulações e inundo cada uma delas com essa luz branca. Ela destrói os patógenos que estão lá, as toxinas e o tecido doente. O que volta a crescer é um tecido novo e perfeito. Funciona perfeitamente, sem nenhum esforço dela. Ela tem a responsabilidade de cuidar do próprio corpo, mas, além disso, ele cuidará de si mesmo. O corpo é fantástico. — E está consertando o DNA enquanto faço isso. Ela já está com essa condição há algum tempo... há muito tempo. Então, isso foi incorporado ao seu DNA e a tornou suscetível aos patógenos e às toxinas. Agora, o DNA está sendo influenciado por essa ferramenta que emite luz e, assim, está sendo restaurado a uma vibração perfeita. Ele regenera todas as cadeias de DNA perdidas e inativas. Portanto, onde havia falhas, elas serão reconstruídas.
D: *Bom. Isso irá formar um corpo quase totalmente novo, não é?*
P: Sim, irá. Ela notará a diferença e precisa apenas aceitá-la. Já foi feito. Seja grata por isso e aceite, sem se apegar ao que fez no passado. Ela pensava que iria doer — e com certeza doeria.
D: *Porque ela já antecipava que isso acontecesse?*
P: Certo. Esse foi o passado dela. Agora, ela só precisa fazer suas atividades e pensar que é ótimo não sentir dor. Precisa se

concentrar no que quer. Esses corpos, por mais milagrosos que sejam, têm pontos sem volta.

D: *Sempre pensei que você pudesse consertar qualquer coisa.*

P: Sim, mas às vezes é preciso recomeçar com um novo corpo. Tudo tem um ciclo de vida. O resto do corpo dela está em ótima forma. Ela fez um bom trabalho. Sua dieta poderia ser melhor, mas é pior para ela se estressar com isso. É melhor apenas seguir e deixar o estresse passar. O estresse é mais prejudicial do que uma dieta inadequada. Ela não precisa se negar a um prazer de vez em quando. Um donut está tudo bem. Só não é um grupo alimentar.

Ela tinha uma pergunta sobre sua parceira, Jean — se havia um contrato ou vidas passadas com ela.

P: Sua experiência passada com Jean foi na vida intermediária, antes desta. Foi quando ela estava decidindo e estabelecendo as circunstâncias para esta vida, e se sentia muito sobrecarregada. Tipo: "Ah, não consigo superar isso." E nós dissemos a ela: "Você consegue." Então, oferecemos a opção de ter Jean ao seu lado, para ensiná-la a ver as coisas de maneira diferente. Jean vai entender e ajudá-la a superar isso, pensar e agir de acordo. Elas vão ajudar uma à outra. Jean também resolveu muitos problemas — que Patti não sabe. E não é para ela saber.

Foi muito importante que Patti tivesse recebido tantas informações sobre seu futuro e sobre o envolvimento e as implicações do que iria acontecer à empresa onde trabalhava.

P: Isso será um grande alívio para ela. Trará força, porque ela ainda não está fora de perigo. E será uma caminhada muito mais fácil, sabendo que as conchas estão explorando adiante, mas ela está completamente protegida. — Nós não gostamos de contar às pessoas o futuro, mas, às vezes, isso oferece a garantia de que estão protegidas, e que é exatamente assim que deve ser, pois estão seguras. Isso as ajuda tremendamente. É essa sensação de facilidade e conforto que lhes dá equilíbrio, uma sensação profunda de que estão onde precisam estar — e que tudo será melhor do que nunca quando passar. É assim que encontram sua força. Têm esse senso de proteção e segurança.

O SC sempre dá ao cliente uma mensagem de despedida: "Você está exatamente onde precisa estar. Está no caminho certo e está fazendo exatamente o que deveria estar fazendo. Então, apenas seja quem você é e saiba que não é responsável por mais ninguém. Você é responsável apenas por você. Cuide de sua família. Divirta-se."

O TRABALHO DE CURA

Por mais que eu deseje ajudar cada cliente que vem até mim, há momentos em que isso simplesmente não é possível. Eles são capazes de entrar em um nível profundo de transe, e a causa de seus problemas (geralmente físicos) é descoberta. O SC trabalha com muito amor para curá-los e lhes dá conselhos maravilhosos e sólidos. Mas, depois, insistem que nada aconteceu e que não foram ajudados. Na verdade, alguns dizem que estão piores do que estavam antes de virem.

Às vezes — e esses são casos raros — funciona por um curto período, e depois o problema retorna. Pode levar meses até que eu ouça isso e, claro, eles me culpam. Isso é muito mais fácil do que admitir que eles mesmos são a causa dos próprios problemas, inclusive físicos. É sempre mais fácil colocar a culpa em alguém, em vez de reconhecer que criaram a sua própria realidade. E, mesmo que a realidade deles não seja agradável, é o que manifestaram. Este é o poder da mente humana. É por isso que esse poder deve ser usado para curar, e não para destruir.

Eles vêm me ver com expectativas desproporcionais. Estão procurando uma cura milagrosa, proporcionada por outra pessoa, que não envolva suas próprias ações. Tento deixar claro que eu não faço a cura — eles é que curam, com a ajuda do Subconsciente. Sou apenas a facilitadora que permite que o SC chegue e faça o trabalho.

Ensino isso em minhas aulas: no momento em que o aluno pensa que está fazendo a cura, é o ego dele que deseja acreditar nisso — e isso vai atrapalhar todo o processo. Sou apenas uma servidora disposta a ajudar no caminho.

Esses casos são raros, mas acontecem. Todos temos livre-arbítrio, e ninguém pode anular isso. O SC pode dizer que a pessoa está curada e que pode levar uma vida normal, mas, se ela mesma não aceitar, acreditar e confiar, não há nada que alguém possa fazer. O livre-arbítrio é o principal.

Após uma sessão, um cliente disse: "Sinto-me melhor. Não há mais dor. Mas sei que é bom demais para ser verdade. Ela vai voltar." Outro comentou: "Não posso ser curado! Estive doente a vida toda. Nunca vou melhorar." Todas são profecias autorrealizáveis. Se o cliente quiser continuar nessa realidade — mesmo que, teimosamente, diga que não quer —, não há nada que eu possa fazer.

Existe também a possibilidade de autopunição por alguma culpa percebida. As pessoas são criaturas complexas. Descobri isso depois de trabalhar com elas por mais de quarenta anos. Às vezes, aquilo pelo qual estão se punindo foi esquecido há muito tempo e enterrado nas memórias do inconsciente. No entanto, elas se transformam em vítimas.

Recentemente, falei ao telefone com uma cliente que atendi há alguns meses. Ela passou quase uma hora gritando comigo: "Vim até você porque disse que poderia me curar! E eu não estou curada! Estou pior do que antes!" Em primeiro lugar, nunca — em nenhuma circunstância — disse que poderia curá-la, porque sei que isso não é possível. Eu não tenho esse tipo de poder. Em segundo lugar, o resultado final depende dela e de seu sistema de crenças. Havia tanta raiva na voz daquela pessoa. Eu podia sentir por que ela não desejava liberar a doença (ou por que achava que não conseguia). Raiva do que percebeu como causa de sua situação. Raiva dos pais, pela forma como a trataram. Raiva dos médicos, por não terem sido capazes de ajudá-la. Raiva de mim, por não ter conseguido resolver tudo. Para ela, a causa do problema sempre tem que estar fora de si.

Dói muito, e exige muita responsabilidade, admitir que a causa pode estar dentro dela. É mais fácil fazer o papel de vítima: "Pobre de mim! Você não entende o quão horrivelmente fui tratada!" etc. etc.

Sabemos, na metafísica — e especialmente no meu tipo de trabalho —, que planejamos e firmamos contratos antes de entrar nesta vida. Concordamos com o tipo de situação em que viveríamos, embora, às vezes, fôssemos advertidos por nossos guias de que nossas decisões seriam difíceis. No entanto, insistimos e esperamos pelo melhor.

Como esquecemos nosso plano ao entrar no corpo físico, esquecemos também que organizamos as experiências da vida para aprender com elas. Se não aprendermos, teremos que repetir a lição. Essa é a lei do carma e é assim que a escola da Terra funciona: você tem que voltar e fazer tudo de novo, com as mesmas pessoas e nas mesmas circunstâncias, até "passar de ano". É complicado — mas eu não fiz as regras. Apenas tento auxiliar as pessoas a entender o que estão fazendo consigo mesmas.

Há ainda aqueles que realmente não querem ser curados, e que secretamente gostam do que a doença faz por eles. Nunca admitiriam isso conscientemente, mas todos nós conhecemos alguém que está sempre doente e reclamando da mais nova dor, sintoma ou medicamento. Essas pessoas gostam da atenção que recebem. Muitas vezes, não têm mais nada em suas vidas que lhes dê propósito ou sentido — e a doença se torna sua identidade.

Se você as curar, se livrarem da doença, elas sentiriam que não são mais nada. É a única coisa que as faz sentir especiais e diferentes. Se a pessoa estiver se beneficiando da doença, será muito relutante em liberá-la.

Em meu trabalho sobre a vida de Jesus (Jesus e os Essênios e Eles Caminharam com Jesus), descobri que nem mesmo Jesus pôde curar a todos, por mais que a Igreja diga o contrário. Ele podia olhar para uma pessoa e ver por que ela estava doente. Se a causa fosse carma, ele não podia remover a doença. Podia aliviar a dor, mas estava proibido de interferir no plano daquela alma. Então, se Ele não conseguia, por que eu acharia que teria poder para anular o livre-arbítrio de alguém?

Certa vez, depois de um dia difícil — em que passei quatro ou cinco horas com um cliente —, saí do escritório deprimida, me perguntando se realmente estava ajudando alguém. Tenho certeza de que qualquer terapeuta, curador, médico ou psiquiatra já sentiu o mesmo em algum momento. Mas, ao entrar no carro, ouvi claramente em minha mente: "Sua responsabilidade termina quando o cliente sai por aquela porta. Se você realmente acredita que fez tudo o que podia, da melhor forma possível, então o resto depende dele."

Essa frase fez toda a diferença e tirou um peso enorme dos meus ombros. Por mais que eu queira ajudar a todos, no final, não é minha responsabilidade! Eles precisam estar prontos para aceitar, querer, acreditar e permitir que a cura aconteça. Ninguém mais pode fazer isso por eles.

Adoro trabalhar com o SC, mas, no fim, ele também não pode fazer além disso, pois é proibido anular o livre-arbítrio. Portanto, para a cliente com quem acabei de falar — e que estava tão chateada —, só posso enviar amor e esperar que ela desperte para o poder que existe dentro dela, e se permita ser curada. Talvez essa seja a sua lição em tudo isso: aprender a confiar em si mesma e não depender dos outros para fazer o que ela própria é capaz de fazer. Essa seria uma lição maravilhosa e importante.

E a todos os meus milhares de alunos que fizeram minhas aulas, eu digo: "Faça o melhor que puder. Tenha compaixão por cada cliente e utilize todas as suas habilidades para ajudá-lo. Depois disso, a responsabilidade é dele."

Capítulo 6
A FASE DO PLANEJAMENTO

Amber saiu da nuvem diretamente para a cena. Desde as primeiras palavras, ela demonstrou emoção, então eu sabia que havia acessado algo importante.

A: Estou encostada nas pedras e vejo os homens. Eles não são da nossa aldeia. São os espanhóis, e estão nos questionando. Eles estão procurando por algo. Sou um menino. Estou contra as rochas... estamos todos contra as rochas.
D: *Há outros com você?*
A: Sim, da nossa aldeia. Eles estão tentando conseguir algo de nós. Não sei o que eles querem, mas o homem que parece zangado tem uma barba pontuda. (Rindo) E isso é tão bobo... Eles estão usando roupas — não é de admirar que estejam com tanta raiva. Devem se sentir infelizes nessas coisas. (Sóbria de novo) Não sei o que eles querem. Estão procurando por algo. Não sei o que dar a eles.
D: *Você consegue entendê-los?*
A: Não, não... não sei o que eles querem. Continuo olhando para baixo e eles continuam me fazendo olhar para cima. Eles acham que eu sei alguma coisa.
D: *Você tem alguma ideia do que eles estão procurando?*
A: Ouro? (Risos) Não conheço ouro. Algo sobre algo dourado... algo brilhante? Eu não sei o que é isso. Não sei por que eles acham que eu sei.
D: *E os outros que estão com você?*
A: Eles estão com medo. Estão se escondendo. Estão tentando ficar atrás das rochas. Acho que eles mataram alguns dos nossos. Eles são tão insistentes... estão tentando nos assustar, mas eu não sei o que estão procurando. Não sei o que é isso.
D: *Você tem um líder em sua aldeia?*
A: Eles não estão lá. Eles se foram. Existem principalmente homens mais velhos, mulheres e crianças. Alguns de nós, meninos, estávamos brincando numa área que fica na lateral de um

desfiladeiro nas rochas. Meus amigos e eu os vimos e alertamos a aldeia. Ninguém sabia o que fazer, e eles estavam vindo. Eles nos encontraram e nos encurralaram.

D: *Você já viu esse tipo de pessoa antes?*
A: Já ouvi falar deles. Eu não os tinha visto. Esperávamos que não viessem. Mas eles estão aqui. Acho que vou ter que levá-los. Acho que é o único jeito. Não sei para onde levá-los, mas tenho que afastá-los do meu povo. Talvez eu consiga enganá-los. Talvez eu consiga fugir. Mas tenho que levá-los embora antes que matem mais pessoas. Eu tenho que fazer isso. É a única chance... a única chance.

D: *Então o que você decide fazer?*
A: Decido agir como se soubesse onde fica, para onde eles querem ir e o que procuram. São vários homens e estão a cavalo.

D: *E seus amigos? Eles querem ir com você?*
A: Não, não... eles não querem ir comigo. Estão com muito medo. As mães estão chamando por eles e eles estão apavorados.

D: *Sua mãe está aí em algum lugar?*
A: Sim, mas posso ver, pelos olhos dela, que está me dando forças para ir. Ela sabe o que vou fazer.

D: *Acho que você é muito corajoso por fazer isso.*
A: Nosso povo está sofrendo. Não há muita comida, e os homens já caçam há muito tempo. Nosso povo está morrendo.

D: *Você acha que eles vão acreditar em você?*
A: Sim, porque eles querem muito acreditar. (Risos)

D: *Eles não acham que você os enganaria, imagino.*
A: Não... sou apenas um garoto.

Condensei o tempo e o movi adiante para ver o que havia ocorrido.

A: Eu os levo para um desfiladeiro, mas os faço percorrer um longo caminho... um caminho muito longe. Estamos a um dia de caminhada da minha aldeia, e me certifico de entrar e sair de outros lugares. Vou e volto, tentando confundi-los sobre onde poderíamos estar, para que não consigam retornar. E, enquanto isso, espero que minha aldeia escape. Temos um local de fuga no topo, onde podem estar seguros. Estou tentando ganhar tempo para eles. Talvez o grupo de caça volte.

D: Essas pessoas não saberão como voltar?
A: Não, mas estão começando a desconfiar de mim. Levei-os até o desfiladeiro porque conheço uma maneira de sair dele, se conseguir chegar lá a tempo.
D: Você está caminhando ou também está a cavalo?
A: Não, estou caminhando. Estou andando. Eles estão me seguindo. (Risos) Os cavalos deles são muito lentos. Estão pedindo água para os cavalos. Levo-os para que deixem os cavalos beber, e então é hora de guiá-los de volta ao cânion. Faz muito tempo que não vou lá. Espero me lembrar. Há uma caverna. Vou dizer a eles que está na caverna e depois pretendo escapar. Há uma espécie de caminho nas pedras por onde posso sair e me proteger atrás de um arbusto que aflora, se conseguir fugir.
D: Então eles entrarão na caverna e você poderá escapar.
A: Foi o que pensei, mas não foi o que aconteceu. Não achei que eles iriam querer que eu entrasse na caverna com eles. Achei que ficariam muito animados e se esqueceriam de mim, mas estão me obrigando a entrar. Entramos na caverna e, claro, não há nada lá. Há alguns desenhos na parede, para os quais eles olham, mas estão com raiva de mim. Decidem que vão me matar, mas estão cansados. Ficamos fora o dia todo e não encontraram nada. Tento desesperadamente apontar para outra direção, mas a caverna... não vamos muito longe e não tenho como escapar. Não há saída, e eles estão cansados e irritados. Eu não deveria ter entrado na caverna.
D: Mas você não teve escolha. Então, o que acontece agora?
A: Eles me matam. Uma faca na minha garganta.
D: Você está fora do corpo agora?
A: Sim, estou assistindo. Estou observando-os se moverem, e estão deixando o corpo do menino — meu corpo — na terra, dentro da caverna. Minha família vai querer me encontrar.
D: Eles não saberão onde procurar, não é?
A: Não.
D: Como você se sente com tudo isso?
A: Decepcionado. Fui tão estúpido por pensar que poderia enganá-los.
D: Acho que você foi muito corajoso em tentar.
A: Talvez eu não tenha conseguido fazer nada pela minha família. Depois de tudo isso, eles podem voltar. Podem matar todos. Sinto-me tão decepcionado... eu estava tão confiante.

D: *Mas você era apenas uma criança, na verdade. Fez mais do que alguns homens teriam feito. Você tem alguma maneira de ver o que aconteceu com sua família ou com qualquer outra pessoa?*

A: Alguns conseguiram, mas é uma longa jornada até as paredes do cânion. E os que eram velhos não conseguiram sobreviver... não conseguiram escapar. (Ela parecia angustiada.) Os homens voltaram e se vingaram, matando-os.

D: *Mas acho que você fez o melhor que pôde.*

A: Eu não sabia mais o que fazer, mas alguns membros da minha família fugiram. Minha mãe fugiu.

D: *O que você vai fazer agora?*

A: Tento ajudá-los mesmo não estando mais lá. Tento ajudá-los tanto quanto posso.

D: *Como você faz isso?*

A: Dando-lhes sinais. Dizendo para não seguirem determinada direção, mas tudo parece tão desesperador. Posso ajudá-los por algum tempo, mas não sei se consigo evitar tudo.

D: *Talvez você não devesse. Talvez seja demais para uma pessoa.*

A: Não sei.

D: *Mas você fica aí um pouco e tenta ajudá-los?*

A: Sim, mas agora posso ver que estou cada vez mais distante e ausente. Estou me afastando de lá. — Agora estou sendo puxado para cima. Afastando-me cada vez mais. Estou transcendendo agora. Estou sozinho, flutuando na escuridão e, agora, não estou mais tão preocupado com minha família. Vejo uma luz muito brilhante. Parece vir de lugar nenhum e de todos os lugares. Oh, meu Deus, é boa e quente. Estou apenas flutuando nela.

D: *É uma sensação boa. É muito agradável, confortável e segura.(Sim) O que você planeja fazer? Vai ficar aí?*

A: Há outro lugar para onde preciso ir, mas devo ficar nesta luz agora.

D: *Há alguém por perto que lhe diga o que fazer?*

A: Hmm... não vejo ninguém. Estou simplesmente perdido nesta luz. — Agora vejo que há alguém esperando por mim. Exatamente o que eu precisava agora. Parece muito sábio... paternal, como um avô, com cabelos brancos. Ele me cumprimenta e me abraça, dizendo que fiz o melhor que pude e que está orgulhoso de mim. — Ele me puxou para um lugar cheio de luz.

D: *Você se importa de sair do outro lugar?*

A: Não. Este lugar é ainda melhor. É incrível! Tudo parece estar cheio de luz. Existem edifícios... ah, ele diz "templos", desculpe. São edifícios de luz. São templos. Locais de aprendizagem, mas não tenho certeza do que estou fazendo aqui. Ele diz para não me preocupar; ele explicará. — Agora estou dentro do prédio. Tem um teto abobadado muito alto. Tudo é branco, e entra luz, mas é difícil ver se há janelas. É como se fosse translúcido, e a luz viesse de fora, iluminando o edifício. Vai até o fim como algo que pode ser iluminado por fora... lindo. E há mesas compridas, mas não vejo ninguém lá. Apenas essas mesas compridas. Ele está andando comigo. Há uma passagem, mas é agradável aqui. Não sei por que as mesas estão lá. Não há cadeiras, apenas estas mesas.

D: Nenhuma pessoa?

A: Não. Sinto que estão em outras salas ao lado. Ele vai me levar para uma delas. Já estive aqui antes.

D: Parece familiar?

A: Sim, e há livros... muitos livros. Ele sorri para mim e diz: "Todos os livros que já existiram estão aqui." Oh, meu Deus! Já estive aqui antes, sim. Não sei quando, mas estive. Vejo as estantes com todos os livros, e há gente lá, olhando, puxando livros, guardando. Mas ninguém fala. Estou muito feliz por estar de volta aqui com os livros! (Feliz) Ah! Oh! Todos os livros que já existiram estão aqui... todos os livros. Oh, meu Deus! É como passar as mãos em um piano enquanto se tocam acordes. À medida que você toca esses livros, é como se, ao tocá-los, conhecesse aquele livro. Ele diz para eu não ser tão boba e não brincar tanto, mas é uma sensação maravilhosa.

D: Então, conforme você toca, não precisa ler?

A: Não. É como a versão do Reader's Digest. É o resumo executivo conforme você o toca. Entende? Você ainda quer anotá-lo e absorver tudo, mas pode passar os dedos por ele, captar as notas e tocá-lo... sentir cada livro... sentir. Oh! Ah, que maravilha! (Ela estava em êxtase.) Ele ri de mim e diz que haverá tempo para isso mais tarde. (Risos.) Tudo o que eu precisava saber estaria lá. Ele está rindo de mim e diz: "É verdade, mas existem seções diferentes, e leva tempo para ir às diferentes seções."

Era óbvio que ela havia sido levada à biblioteca pelo lado espiritual. Este é meu lugar favorito. De qualquer forma, adoro bibliotecas e posso passar um dia inteiro nelas quando estou fazendo minhas pesquisas. No entanto, esta é muito especial, porque contém tudo o que já foi conhecido e tudo o que será conhecido. Um tesouro para alguém como eu, que adora pesquisar. É onde também existe o que foi chamado de Registros Akáshicos, descritos de muitas maneiras diferentes. Cada vez que levei um cliente até lá, tive acesso a todas as informações. Muito disso foi usado em meus livros.

A: Ele está me levando mais para dentro, para o centro. Ele disse que haverá uma sala especial para mim, com meus livros.
D: *Então isso é como uma biblioteca?*
A: Sim. As pessoas vêm aqui para fazer pesquisas, planejar suas vidas e adquirir conhecimento sobre certas coisas. Mas também há muitas salas. Não consigo nem contar quantas salas existem. Ele está me levando a um quarto que será o meu quarto, onde estão meus livros e onde posso encontrar a minha vida e a vida de outras pessoas próximas a mim.
D: *Então é especial para você?*
A: Sim. Pessoas diferentes fazem isso de maneira diferente, mas ele sabe que é assim que gosto de fazer. Ele sabe que adoro livros. Este quarto é só meu.
D: *Como é essa sala?*
A: Legal... tem uma parede que é apenas uma janela sólida com luz. Há prateleiras e fileiras de livros. Há uma mesa no centro, e ele me leva até essa mesa. Há uma cadeira para mim, onde vou me sentar. Ele me olha e diz: "Você sabe o que fazer a seguir." E eu digo: "Bem, não tenho certeza!" Ele disse: "Você sabe... agora chame o livro para você."
D: *Chamar até você?*
A: Isso! Você não se levanta e vai buscá-lo. Você o chama, e então ele aparece à sua frente. Seja qual for o livro que você precisa. Mas o livro que ele quer para mim agora, o que tenho que ler, é o livro da minha vida, a que acabei de viver.
D: *Aquela que você acabou de deixar?*
A: Sim. Mas ele sabe que estou ansiosa, então me permitirá separar mais uma pilha de livros. Mas ele me provoca, dizendo que ainda

não posso olhar para eles. — Quando abro o livro, é como olhar através de um telescópio, só que o livro se transforma mais numa lupa. E sou capaz de movê-lo para ver onde morei. Posso ver a planície. Posso ver as pedras. Estou me vendo pequena e brincando com meus amigos, meu pai, minha mãe.

D: *Claro, você não viveu muito naquela vida.*

A: Não, mas tudo bem. Aprendi certas coisas e aprendi que meu pai estava certo. Ele me disse, quando eu era pequena, que os amigos que eu tinha nem sempre estariam por perto para me ajudar. E que era importante ter amigos que ajudassem você — e que você também precisaria ajudar seus amigos.

D: *O que mais você acha que aprendeu naquela vida?*

A: Que a família era importante... muito importante. Mas eu não pude ajudá-los. Eu não pude salvá-los. Mas fiz o melhor que pude. E, se eu não tivesse ido, todos teriam sido massacrados.

D: *Então você salvou alguns?*

A: Sim. Eu salvei.

D: *Então esse era o propósito daquela vida?*

A: Sim. Minha mãe precisava viver. Também descobri que fui um pouco tola, porque o grupo de caça havia partido, e éramos nós, meninas, que deveríamos estar vigiando a aldeia. Observando e vigiando. E estávamos ocupadas, brincando, e não tocamos o alarme alto o suficiente.

D: *Quando os homens de roupas estavam vindo?(Sim). Todo mundo tem o direito de cometer erros, não é?(Sim).*

A: Mas a irresponsabilidade mata pessoas. Não fizemos isso intencionalmente, mas agora entendemos por que era tão importante cumprir o que nos foi ordenado.

D: *Este homem está lhe contando essas coisas?*

A: Não. Quando olhei o livro, eu apenas soube. Ele é muito reconfortante perto de mim. Ele não está julgando. Ele é muito caloroso e gentil.

D: *Há algo que você deveria levar com você ao seguir em frente nessa vida?*

A: Você não pode salvar todos. Você pode ser inteligente. Pode ser astuta e tentar fazer de tudo para proteger as pessoas que ama. Mas, no final... você não pode salvar todas elas... não o tempo todo. Mas você faz o melhor que pode.

D: *Porque cada um tem sua própria vida. Todos têm suas próprias lições para aprender, não é?(Sim). Você acha que tirou tudo que pode usar desse livro?*
A: Não. Haverá mais sessões em que poderei voltar e dar uma olhada. Mas eu consegui o papel principal, e ele ficou orgulhoso de mim por isso. Vamos voltar e olhar para isso novamente. Mas ele também me diz que preciso descansar e que voltará.
D: *Ele ainda não quer que você olhe os outros livros sobre a mesa?*
A: Ele está me tentando com eles, mas ainda não me deixa vê-los. (Achando graça.) Porque ainda não terminei este. Tenho que terminar o que comecei antes de continuar. E ele sabe que essa é a minha fraqueza. Ele sabe que é nisso que tenho que trabalhar, terminar as coisas. Mas ele está tornando isso uma tentação para mim, porque sabe o quanto estou ansiosa para entrar no próximo assunto. Sei que eles estão lá e são maravilhosos, então devo continuar. Mas ele quer que eu descanse primeiro. — Ele me leva para outro lugar ao ar livre, onde há pássaros cantando. Há uma fonte, e posso simplesmente relaxar e esperar. Ouço alguém cantando.
D: *Você está sozinho?*
A: Sim. Posso ouvir as pessoas. Ouço vozes de mulheres cantando alguma coisa, mas não vejo ninguém. Parece uma área externa, com bancos em semicírculo. E eles são esculpidos em pedra branca. No centro, há uma fonte branca. Vejo árvores, uma floresta ao fundo, e posso ouvir os pássaros cantando. Mas estou lá sozinha. Ele me deixou lá por enquanto.
D: *Parece um lugar lindo! (Sim). Mas ele não repassou nenhuma outra vida que você viveu?*
A: Não. As outras estão nos livros, e posso voltar e lê-las quando precisar, porque às vezes temos que nos lembrar para não esquecermos as coisas que aprendemos nessas outras vidas. Só esperar e ouvir... e ver a natureza. A parte da natureza é um lembrete para absorver tudo agora e se conectar com isso. Sentir o vento e a direção que ele segue. Ouvir os pássaros e nem sempre estar tão ansiosa para fazer a próxima coisa. Estar apenas no aqui e agora. Haverá tempo para os outros mais tarde. Haverá tempo.

Isso poderia demorar um pouco, pois ele provavelmente passaria um bom tempo apenas relaxando nesse lindo lugar, para se recuperar da maneira como morreu naquela vida — e refletir sobre o que ela significou. Então, decidi levá-lo adiante, até onde o homem voltou para buscá-lo, quando achou que já havia descansado o suficiente. Presumi que ele seria levado de volta à biblioteca, onde os livros preciosos o aguardavam.

A: Ele não me leva de volta à biblioteca. (Rindo.) Ele me leva para o meu grupo. Ele sabia que era por quem eu estava esperando, mas me fez esperar. (Rindo e rindo.) Ele me fez esperar.
D: *(Risos.) Achei que você gostasse dos livros?*
A: Ah, eu gosto (risos), mas eram as pessoas que eu estava esperando ver. Oh, meu Deus! É o meu grupo... aqueles com quem trabalhamos juntos. É o nosso grupo. Voltamos juntos em muitas vidas. E não estamos no corpo. Mesmo quando estamos no corpo — ou quando não estamos no corpo — há uma parte de nós que ainda está lá. É interessante. Não é exatamente a mesma coisa, mas estamos todos aqui.

Achei que era uma afirmação muito importante: mesmo quando estamos na Terra, num corpo, uma parte de nós — um aspecto — nunca sai do lado espiritual.

D: *Vocês gostam de ficar juntos?*
A: Ah, sim! Trabalhamos bem juntos.
D: *Então, quando voltam, às vezes voltam juntos? (Sim.) Dessa forma, você nunca está sozinho.(Não) O que está acontecendo com o grupo?*
A: Eles estão me perguntando: "Por que demorei tanto?" Eles sabiam que eu tinha que esperar lá fora. Não acredito que esqueci deles. Caminhamos até os livros e saímos para descansar, e eu esqueci que era isso que aconteceria a seguir. Como eu poderia esquecê-los? Oh, meu Deus! Eles são maravilhosos. É tão bom estar de volta com eles... tão bom. — Eles estão sentados à mesa e conversando. A mesa é interessante, porque é uma mesa interativa. Parece um mapa translúcido, mas, quando você toca nele, ele amplia um local específico. Você toca novamente, e pode ver as

pessoas naquele lugar. É como um Google Earth, mas, quando você toca, pode ir até aquele lugar. — Eles estão ocupados, planejando. Oh, este grupo nunca consegue concordar! Todo mundo sempre quer estar em algum lugar diferente. Eles estão planejando. Eles estavam esperando por mim. Acham que este lugar é o mais importante, que precisamos estar onde possamos trabalhar mais. E os outros aqui... alguém acabou de dizer (com um tom de voz engraçado): "Ah, podemos todos terminar ao mesmo tempo. Que diferença isso faz?" Mas gostamos tanto uns dos outros que queremos estar no mesmo lugar. Queremos começar no mesmo lugar.

D: *Então eles estão olhando o mapa, tentando descobrir?*
A: Tentando descobrir para onde ir em seguida. Eles estão falando sério por um momento. Não sei se estamos prontos para o próximo passo.
D: *Mas você quer ir junto. Você não quer ir sozinha?*
A: Não, nós iremos. — Há vários que sentem fortemente que precisamos estar no Oriente Médio. Nosso grupo deve ir aonde for chamado, e fazer o que somos chamados a fazer. Sabemos disso. E, por vezes, o que temos de fazer pode significar que nossa vida juntos será muito curta.
D: *Existe uma razão para isso?*
A: Tudo está relacionado, e nos mostram algumas partes disso e algumas coisas nas quais precisamos confiar. Estou muito feliz em vê-los. Estou muito feliz por poder voltar novamente com meus amigos, meu grupo. Mas estou um pouco triste, pensando que estamos escolhendo uma vida tão difícil para a próxima experiência.
D: *Mas, na sua última vida, você não viveu muito.*
A: Não. Mas a próxima será mais difícil. Será curta para todos nós. Na última vida, muitos viveram muito. E, mesmo tendo sido morta, tivemos uma boa vida juntos. Nesta próxima, alguns de nós teremos que desempenhar papéis bastante difíceis.
D: *Você está vendo qual será o cenário?*
A: Quando tocamos no mapa e ele avança, vemos os cenários possíveis. Eu vejo judeus. Eu vejo a Palestina. E vejo muito sangue. Vejo que estaremos em lados opostos.
D: *Existe uma razão para isso?*

A: É porque temos que ser capazes de nos unir. Haverá oportunidades para nos unirmos, mas haverá oportunidades iguais para nos destruirmos nessa vida. Terei a chance, novamente, de ajudar minha família.

D: *Entendo. Fiquei me perguntando qual seria o propósito. Pois, quando há conflito, você pensa: qual é o propósito? Qual é o sentido disso?*

A: Não parece ter muito sentido. Mas temos que tentar fazer a conexão, para mostrar que as pessoas são mais parecidas do que diferentes. Nosso grupo já decidiu ir. Era só uma questão de decidir quem estava fazendo qual papel, e eles estavam esperando por mim. Está bem claro qual é a minha parte. Só não sei de que lado da cerca estarei. (Risos.)

D: *Você é capaz de olhar para outras vidas nas quais irá entrar? Elas lhe são mostradas com tanta antecedência?*

Eu, é claro, estava pensando em sua vida atual como Amber.

A: Elas são, mas, novamente, eles começam a me provocar sobre pular etapas e fazer outras coisas. Então, tenho que me concentrar em uma coisa de cada vez. E sei que, depois desta vida curta no Oriente Médio, haverá uma vida completamente diferente. Mas não posso me desviar agora, ou não terei coragem de fazer as coisas que preciso fazer.

D: *Eles não podem deixar você saber muito de uma vez?*
A: (Não, não.)
D: *Isso faz sentido. Mas, cada vez que você volta a este lugar...?*
A: Sim, posso ver meu grupo. Podemos conversar e compartilhar as energias uns dos outros. Todos nós nos sentamos com essas energias, e reconheço algumas delas. Alguns daqueles que estão nas bordas eu não consigo ver. Meu pai está lá. Meu amigo Rob está lá. E há outros, mas não tenho certeza de quem eles são na minha vida agora.
D: *Então você teve que viver uma vida curta antes de entrar no corpo de Amber?(Sim.) Era importante fazer isso primeiro?(Sim.)*

Eu não queria perder tempo passando por aquela vida, então pedi que ela se deslocasse até o momento em que tudo estivesse concluído, e ela tivesse feito o que deveria. O grupo voltou a se reunir no lado espiritual. Eu queria saber quando ela decidiria entrar no corpo de Amber."Vocês retornam juntos novamente ao mesmo lugar. E quanto à vida no Oriente Médio? Você fez um bom trabalho?"

A: Acho que sim. Naquela vida no Oriente Médio, compartilhamos a música. E ele viu que eu não era mau, e eu vi que ele também não era, e levamos isso conosco.

D: *O que aconteceu, já que foi uma vida curta?*

A: Houve uma explosão, tiros... e eu morri.(Objetiva)

D: *Mas você aprendeu algo, não foi?*

A: Sim, porque uma parte de mim soube, durante aquela curta vida, continuar olhando nos olhos dos outros e ver o que havia por trás deles. E eles não eram todos maus, eram apenas pessoas.

D: *Todos vivendo suas próprias vidas. Mas agora você voltou para este lugar. O grupo sempre se reúne, ou alguns realizam tarefas diferentes?*

A: Bem, é interessante, porque, à medida que eles se reúnem em volta da mesa, aqueles que estão mais próximos — sentados à mesa — são os que não estão atualmente em corpo. Nas partes externas, estão os demais membros do grupo, mas com uma luz mais fraca. Isso nos permite saber que estão encarnados. Portanto, uma parte deles está presente na sala para participar, mas não da mesma forma que fariam se não estivessem encarnados. Isso faz sentido?

D: *Sim, consigo entender. Eles estão lá para que ainda possam planejar.*

A: Sim, e ainda podem participar porque já podem estar encarnados, e nos uniremos a eles em algum momento. Então, parte deles ainda está participando — apenas com uma luz mais fraca na sala.

Talvez isso ocorra quando a pessoa está dormindo e, portanto, não tem consciência disso. Isso explicaria como planos e contratos poderiam ser feitos com aquelas almas que já encarnaram e que desempenhariam os papéis de mães, pais, avós etc. Eu imaginava que esses contratos eram feitos antes de qualquer uma das almas encarnar, enquanto todas ainda estavam no mundo espiritual. No entanto, aparentemente, ainda mantemos contato mesmo durante nossas vidas atuais. E os planos e preparativos continuam. Também mostra como o plano pode ser alterado.

D: Eles estão discutindo a vida que você terá como Amber?
A: Sim. Disseram-me que voltarei para o Novo México. (Risos)
D: Você já esteve lá antes?
A: Sim, quando era menino... o menino índio.
D: Então era lá que você estava? (Sim) Havia algum ouro lá? (Não.) (Risos) Então é importante voltar por causa do que aconteceu?
A: Ainda estamos trabalhando na minha questão de tentar salvar o mundo. (Risos) Eles pensam que, talvez, se eu voltar para o mesmo local, possa me lembrar de que não posso salvar o mundo — mas posso salvar o meu pedacinho, que sou eu. Disseram-me que será uma vida muito diferente da que tive antes, e que eu deveria encará-la com bom humor. Lembraram-me de quando eu tentava ser astuto, entrando e saindo do desfiladeiro, como se estivesse traçando um rastro. É isso o que estão fazendo nesta vida. Terei muitos lugares onde precisarei tropeçar. E pode haver indicações falsas, idas e vindas, mas preciso encontrar o meu caminho. Por isso, estão rindo.
D: Eles acham engraçado por causa de todas essas probabilidades e possibilidades?
A: Sim, e sabem que estamos nos aproximando. E, à medida que nos aproximamos, tudo fica mais complicado.
D: O que você quer dizer com isso?
A: Estamos mais perto de concluir esta etapa. Estamos chegando ao fim. Então, torna-se um arranjo muito complicado e complexo. Há mais escolhas, mais elementos para o exercício do livre-arbítrio. Mais oportunidades. E você precisa demonstrar que consegue superar certas tentações que podem parecer mais fáceis. Tem que superar coisas que podem distrair. É muito complicado.
D: O que você quer dizer com "os últimos estágios"?
A: Não sei para onde iremos em seguida, mas não voltaremos para esta sala. Iremos para outro prédio. Acho que estamos nos formando neste lugar e indo para o próximo.
D: Isso significa que você não retornará à Terra novamente? Ou o quê?

A: Retornaremos de forma diferente, e somente se assim desejarmos. É por isso que temos que acertar.
D: Não haverá mais oportunidades de voltar e corrigir isso?
A: Haverá, mas quero continuar com meu grupo.
D: Porque as pessoas cometem erros.
A: Sim, elas cometem. E não se trata de perfeição. É saber que o aprendizado é importante, que você está aberto e disposto a aprender.
D: Eles podem te mostrar o que vai acontecer nesta vida como Amber?
A: Muito complicado.
D: Mas algumas dessas pessoas estão voltando com você para desempenhar seus próprios papéis?
A: Sim. E, por estarem lá, eles funcionam como lembretes de onde deveríamos estar, de que estamos juntos e de que podemos ajudar uns aos outros.
D: Mas, quando você entra no corpo, não se lembra, não é?
A: Não. Mas existe esse conhecimento de sincronização, e todos nós sabemos disso. Estamos aqui para encorajar uns aos outros. Para não seguir o caminho mais fácil. Para não seguir o caminho mais curto.
D: Qual seria o caminho mais curto?
A: O caminho mais curto é evitar os desafios.
D: Esse é o caminho mais fácil, mas você não aprende muito, não é?
A: Não. Você não conseguiria passar para a próxima etapa. E todos estão entusiasmados para alcançar essa próxima etapa. É por isso que concordamos em ajudar uns aos outros. Assim, não ficaremos para trás. Todos progrediremos juntos.
D: Qual é o próximo passo? Eles podem te contar alguma coisa sobre isso?
A: Há um grupo ao qual apareceremos, e eles falarão conosco. Mas é em um local diferente. Está no topo de uma cúpula, flutuando no alto, como uma luz dourada.
D: Você nunca esteve lá antes?
A: Não. Meu grupo realmente quer ir para lá. Sabemos onde está. Sabemos que nunca estivemos lá, e é para lá que iremos em seguida.

O Universo Convoluto, Livro Quatro

D: *Como uma formatura, você diz? (Sim) Primeiro você tem que vencer os desafios desta vida. (Sim) E a maioria das pessoas que você conhecerá durante a vida de Amber será do grupo?*
A: Não a maioria. Apenas alguns selecionados. E eles estarão lá como lembretes de que estou no lugar certo, fazendo as coisas certas e indo na direção certa.
D: *Você vai ter filhos nesta vida? Consegue ver isso?*

Essa foi uma das perguntas de Amber.

A: Sim. Eu escolhi isso, e eles estão rindo de mim pelas coisas que estou escolhendo. Estou selecionando tudo. Não quero seguir o caminho curto. Estou colocando tudo na minha lista. E eles estão rindo de mim porque dizem que não há nenhuma maneira possível de eu lidar com todas essas coisas. Mas estou tão determinada a alcançar o próximo passo, a próxima fase, que estou carregando o máximo que posso.
D: *Isso pode ser um desafio.*
A: É como se tirássemos uma bolinha de gude de uma caixa e a colocássemos em uma tigela. E cada bolinha representa um desafio. Geralmente, as pessoas escolhem uma ou duas. As pessoas do grupo escolhem uma ou duas bolinhas de gude e colocam na tigela. Eu estou enchendo a tigela até o topo. Eles não estão muito felizes comigo. (Risos.)
D: *Você tem certeza de que quer fazer isso?*
A: Parece fácil, sabe?
D: *Ah, sempre parece fácil lá.*
A: Eu sei que, se fizermos isso, nos formaremos. Continuaremos. Eles estão olhando para mim e dizendo: "Você percebe que, quando coloca a bolinha na tigela, ela é sua. Outros estarão lá e podem lidar com isso de forma paralela, mas a bolinha de gude é sua." E eu digo: "Eu sei. Eu sei."
D: *Tudo bem. Mas você sabe alguma coisa sobre os filhos que pode ter?*
A: Vejo uma garotinha. Ela é maravilhosa e tem muito a me ensinar — se eu permitir. Será difícil. Ela será diferente de mim e das pessoas ao meu redor. Ela não faz parte deste grupo, mas concordei em trazê-la porque tem muito a oferecer. Mas é uma

situação especial. Ela pode me ensinar, se eu permitir. Mas ela também é uma bolinha de gude na minha tigela. É uma vibração diferente. Ela tem dificuldades para permanecer na Terra. Seu corpo é muito leve, e ela precisa aprender maneiras de se ancorar. É muito importante ensiná-la isso: ensiná-la a jogar este jogo, a estar na Terra e a caminhar sobre a Terra. Quanto mais tempo ela puder passar fora e próxima da natureza, mais enraizada ela ficará. A natureza a fará florescer. Haverá muito medo, porque é um ambiente estranho. Ela não está acostumada a estar em um corpo. E o corpo nem sempre colaborará com ela.

Essa descrição correspondia à filha de Amber, Adriana. Ela sempre pareceu não pertencer a este lugar e precisava de atenção e amor especiais.

D: *Você consegue ver quem será seu companheiro nesta vida?*
A: Hum... Você disse "companheiro", e eles disseram: "Mais bolinhas de gude." (Risos.)

Ela explicou que os companheiros também não seriam do grupo. Eles teriam lições diferentes para Amber aprender. Eu não queria interromper a diversão que ela estava tendo com seu grupo e seu planejamento, mas achei que era hora de responder às suas perguntas. Perguntei se eu teria permissão para fazer perguntas, e eles concordaram: "Você pode perguntar." Eles sabiam o que estávamos fazendo, e isso era permitido.

D: *Não quero estragar a diversão ou perguntar coisas que ela não deveria saber.*
A: Não, nós avisaremos você.
D: *Eles sabem que você está no corpo agora, tentando obter informações?*
A: Sim, claro. Isso é o que ela faria. Ela já aprendeu muito com o que lhe foi dito.

Uma de suas perguntas tratava de seu trabalho atual. Ela não estava feliz e sentia que estava numa encruzilhada, tentando decidir sobre uma mudança de carreira.

A: São aquelas bolinhas de gude. (Risos.) Ela sabe o que precisa fazer. Precisa mudar. E encontrará o momento certo. Saberá que, só porque colocou as bolinhas de gude na tigela, isso não significa que todas tenham que ser um fardo. Um desafio nem sempre é um fardo. Ela precisa reconhecer que, num corpo humano, há um limite para o que uma pessoa pode fazer — e que existem limitações. Caso contrário, ela não estaria em um corpo humano. Ela precisa aprender a trabalhar com seu corpo humano para permitir que ele realize o que precisa. Quando ela vai contra isso, seu corpo desliga — e isso já ficou evidente.

D: *Ela se rebelará, então terá que tirar um tempo para si e para descansar?*

A: Sim. Ela não pode curar os outros até que se cure.

Ela teve uma ligação interessante com o marido durante muitas e muitas vidas. Eles não eram do mesmo grupo, mas tinham a mesma vibração. Concordaram em ajudar um ao outro e, durante a maior parte das vidas, foram amigos prestativos. Seu pai fazia parte do grupo. "Ele concordou em estar aqui primeiro por ela, para que ela soubesse onde estava o caminho (e não se sentisse perdida). Ele cumpriu sua missão e muito mais. Fez um trabalho maravilhoso ajudando as pessoas. Houve muitas ocasiões em que ele poderia ter ido embora, mas, em cada uma delas, escolheu ficar e ajudar. Agradecemos a ele por seu trabalho."

Mensagem de despedida: Ela saberá que pode me acessar sempre que precisar. Basta ficar em silêncio e ouvir. Ela conhece os lugares onde pode ouvir melhor, e as pessoas com quem pode estar para escutar melhor. Mas sempre estaremos lá para apoiá-la. Continuaremos a estar lá por ela. E lembre-se apenas das bolinhas de gude. (Risos.)

Capítulo 7
UMA VIDA CURTA

Kim era uma comissária de bordo aposentada, na casa dos 60 anos. Ela entrou em transe facilmente, acessando uma vida que parecia ser a anterior à atual, em que vivia em uma pequena cidade perto do oceano. Era uma menina de quinze anos que morava em um prédio de três andares, com uma loja de rações no primeiro andar. Vivia ali com a mãe, o pai e três irmãos. A descrição da cozinha sugeria o final da década de 1880 ou o início de 1900: uma bomba d'água e um fogão barrigudo. A loja de rações era o negócio da família, e todos ajudavam quando não estavam na escola. Seu trabalho era anotar os pedidos.

Parecia ser uma vida simples e tranquila, até que a conduzi para um dia importante. Ela estava descendo as escadas que levavam do andar de cima aos fundos da loja quando tropeçou e caiu. Ficou gravemente ferida, mas não conseguia chorar. Podia ouvir as pessoas na loja, mas não conseguia gritar por socorro. Teve que permanecer ali até que alguém a encontrasse e a carregasse de volta para cima. Quando o médico chegou, descobriu que ela havia quebrado o pescoço.

K: Ele está colocando um lençol na minha cabeça... Acho que não sobrevivi. Meu pai está comigo. Estou observando do outro lado da sala. Gostaria de não ter caído, mas não posso fazer nada a respeito.

Então, ela morreu tragicamente e de forma repentina, aos dezesseis anos. Eu, é claro, queria saber o que aconteceria a seguir, agora que ela estava fora do corpo.

K: Há uma luz. Vou subir.
D: *Diga-me o que acontece quando você sobe para a luz.*
K: Aconteceu tão rápido! E eu gostaria que isso não tivesse acontecido.

D: *Mas você não pode voltar agora, pode?(Não.) Então, o que acontece? O que você está vivenciando?*
K: Apenas esta paz. É uma sensação boa.
D: *Você está sozinha ou há outras pessoas com você?*
K: Não vejo pessoas. Há uma presença... "Posso voltar?"
D: *É isso que você está perguntando?(Sim.) E o que dizem?*
K: "Não. Seu corpo está quebrado." Por que isso teve que acontecer? "Era o que você queria." Por que eu iria querer isso? Eles dizem: "Você precisava... era a sua hora. Você estava pronta."
D: *Mas não foi uma vida muito longa.*
K: Sim... e não acho que isso seja justo. Eles dizem: "É o que você queria."
D: *Peça que expliquem, porque você esqueceu.*
K: "Foi o que sua alma planejou. Estar lá por um curto período de tempo. Aprender."
D: *Aprender o quê?*
K: Apenas lições.
D: *E o que você aprendeu?*
K: Aprendi o que tinha que aprender. Sobre ser jovem... sobre a melhor parte do seu corpo. Seu corpo nunca envelhece, mas sua alma não progride. Quando seu corpo se quebra e você ainda é jovem, sua alma não consegue progredir. Não foi possível manter a alma.
D: *Pode ter ficado aleijado.(Sim.) Então talvez eu não fosse capaz de fazer o que deveria.*
K: Acho que nada mais. Apenas aprender como é ser jovem. Então, você voltará e envelhecerá. E passará a querer envelhecer e ver sua alma crescer. Porque agora você sabe que sua alma não evolui se seu corpo quebra quando ainda é jovem. Então você passará a valorizar o envelhecimento. A cuidar do corpo. A ter mais cuidado. Não caia, se puder evitar.
D: *Depois que eles falam com você, você vai para outro lugar?*
K: Há uma espécie de explosão... calor... é como se você estivesse em um casulo ou algo assim.
D: *Alguém lhe disse para fazer isso?*
K: Sim. Tenho que seguir em frente e fazer parte deste universo aí. Fazer parte disso por um tempo — nessa explosão de luz... só para refletir.
D: *Refletir sobre a vida que acabou de deixar?*

K: Para me preparar novamente para outra.
D: *Você precisa viver outra?*
K: (Alegre.) Acho que está tudo bem. Quero viver mais. Não quero subir! (Risos altos.)
D: *Você não quer arriscar que isso aconteça novamente. (Risos.) Está conversando com alguém sobre seus planos?*
K: Sim. Estamos conversando sobre isso. Sobre se eu voltasse, quem eu queria ser, quanto tempo eu viveria, todas essas coisas.
D: *Está fazendo um plano?*
K: Sim. Tenho que pensar bem, e leva muito tempo para planejar tudo. Eles falam sobre as diferentes possibilidades. Perguntam: "Bem, você quer viver perto da neve?" Não, não... eu gosto de neve, e às vezes fico perto dela, mas não gostaria de morar lá. Mas acho que planejei esta vida que estou vivendo agora.
D: *É isso que estão mostrando para você?(Sim.) Como você está fazendo os planos?*
K: Tenho um grande pedaço de papel, um lápis e uma caneta. Estamos decidindo tudo. Eles dizem: "Você não tinha muito mais a aprender, mas precisava cuidar do seu corpo. Você aprendeu muito."
D: *Está fazendo planos com outras pessoas?*
K: Sim. Sobre onde morar... a família... todas essas coisas. Acho que decidi por esta vida agora, e tentei me manter longe das escadas. Que foram ruins. (Risos.)
D: *Você está falando sobre a vida de Kim? (Sim) Havia alguém naquela vida que Kim conhece agora?*
K: David (seu atual marido)... Acho que ele era o médico.
D: *Por que você fez um acordo para voltar com ele?*
K: Porque eu fui embora e não tive a chance de conhecê-lo. E ele parecia tão legal e atencioso. Ele chorou.
D: *Então ele concordou em voltar à vida de Kim para ajudar? (Sim, sim.)*

Kim perguntou sobre sua filha adotiva, Robin.

K: Ela era minha mãe naquela vida. Ela ficou muito chateada porque eu fui embora.

D: Ela queria ficar com você de novo? (Sim) Mas ela não poderia vir como filha biológica de Kim? (Não) Ela sabia, desde o início, que seria adotada?
K: Sim, isso fazia parte do plano dela. Quase fiz de novo. Quase quebrei o corpo. (Kim sofreu um acidente de carro.) Mas ela precisava chegar até mim.
D: E ela escolheu você, em vez dos pais biológicos? (Sim) Houve uma razão para isso?
K: Ah! Eles tinham dezesseis anos! Quando ela era minha mãe, eu tinha dezesseis anos e quebrei meu corpo. Então, agora, ela teve que deixar os pais biológicos, porque eles tinham dezesseis anos e eram muito jovens para mantê-la. Então veio ficar comigo novamente.
D: Então esse foi o acordo prévio: eles iriam desistir dela. Ela já sabia que Kim seria sua mãe adotiva? (Sim.) Isso é interessante, porque mostra que tudo se encaixa.
K: Sim. Espero que esses pais estejam bem.
D: Podemos descobrir. Você está respondendo muito bem, mas acho que chamaremos outra parte que tenha mais respostas. Tudo bem? (Sim.)

Então chamei o SC. Sempre faço a mesma primeira pergunta:

D: Por que você escolheu aquela vida para Kim ver?
K: Para que ela visse que precisava cuidar do seu corpo.
D: Ela sofreu alguns acidentes, não foi? (Sim) Ela danificou bastante o corpo, certo? (Sim.) O Subconsciente não poderia ter impedido que isso acontecesse?
K: Não, não podíamos. Achamos que ela precisava se lembrar. Estava começando a esquecer.
D: Ela contou como sua filha tomou a decisão de vir e ser adotada. E os pais biológicos de Robin? Eles eram muito jovens quando a tiveram. Você pode ver se estão bem?

Kim havia perguntado isso.

K: A mãe biológica era seu irmão naquela vida. A mãe dela estava muito ocupada com a loja, e ela tinha que cuidar daquele irmão mais novo.
D: *Então houve acordos feitos entre todos? (Sim) Bem, Kim expressou preocupação. Os pais que tiveram Robin eram muito jovens — dezesseis anos. Ela queria saber o que aconteceu com eles nesta vida presente. Sei que você pode ver isso, se for apropriado. O que aconteceu com eles depois que Robin nasceu?*
K: Ela foi para a escola e tem outros filhos.
D: *Isso fará com que Kim se sinta melhor, sabendo que tudo terminou bem.*

Um dos problemas físicos de Kim era a preocupação com a garganta (tireoide). Perguntei o que estava causando esse problema.

K: Ela queria pedir ajuda. Quando caiu da escada e quebrou o pescoço, ficou ali por muito tempo e tentou gritar, mas não conseguiu.
D: *Por que isso afeta a garganta dela agora?*
K: Ela ainda está tentando pedir ajuda. Isso começou quando sua mãe ficou doente. Enquanto a mãe estava bem, ela também estava. Mas quando a mãe começou a adoecer e morreu, ela teve vontade de gritar por ajuda novamente.

Continuei a terapia, ajudando-a a deixar os sintomas de garganta no passado, junto com a outra garota. Tranquilizei Kim de que ela não poderia ter feito nada para ajudar a mãe naquele momento. Ela estava apenas se punindo. Como era apenas um lembrete de outra vida, o SC concordou em curar a garganta e devolver tudo ao passado. A cura foi feita com o envio de energia às glândulas do pescoço, relaxando-as. O SC disse: "Você não precisa gritar. Você só precisa relaxar."

Com isso concluído, passei para as próximas perguntas. Kim estava preocupada com zumbidos nos ouvidos, que mudavam de um lado para o outro. Em outros casos, isso estava relacionado ao ajuste de frequências, e suspeitei que fosse o mesmo neste.

D: *O que está causando isso?*

K: A Terra. As vibrações estão mudando, e isso vai simplesmente acontecer. Ela terá que se ajustar às frequências. Podemos ajudar, elevando sua vibração.

Os acidentes causaram sérios danos ao seu corpo, e foi necessária uma cirurgia. O SC estava tendo mais dificuldade para ajustar o corpo dela às novas vibrações, pois: "Claro que há muitos fios aí dentro! É por isso que é tão difícil ajustar a frequência. Vamos ver o que podemos fazer"

D: Isso aconteceu quando ela quebrou o corpo novamente? (Sim.) Vocês podem ajudar com a frequência vibratória, para que isso não a incomode?
K: Estamos tentando ajustar.
D: Todos esses fios criam um efeito de aterramento ou algo assim?
K: Aumentam as frequências... interferência. Isso atrapalha o processo natural. Mas ela está lidando muito bem com tudo isso acontecendo. — Dissemos a ela para cuidar deste corpo. (Risos.)

Wilma estava vivendo uma vida simples, mundana e primitiva quando lhe pedi que avançasse para um dia importante, em que algo estivesse acontecendo. Quando isso ocorreu, era óbvio que ela havia saltado para uma vida diferente.

W: (freneticamente) Tem água. Eu não consigo respirar.
D: O que você quer dizer?
W: Estou na água. Eu não consigo respirar.

Retirei qualquer sensação física desconfortável, para que ela pudesse falar comigo de forma objetiva, se necessário.

D: Como você entrou na água? Você pode voltar atrás e descobrir o que aconteceu. Você pode ver isso. Não vai incomodar você olhar para isso.
W: Tem um carro, e ele caiu da ponte.

Isso foi uma surpresa. Agora era óbvio que ela havia saltado. Eu não tive escolha a não ser seguir adiante.

D: *Você estava no carro?*

A voz dela tremia de medo quando respondeu: "Sim."

D: *Está tudo bem. Você pode dar uma olhada. Você estava dirigindo ou o quê?*
W: Não... eu estava no banco da frente.
D: *Quem estava dirigindo o carro?*
W: Minha mãe.
D: *Quem mais está no carro?*
W: Minha irmã.
D: *Quantos anos você tem?*
W: Sete.
D: *Você estava indo para algum lugar?*
W: Acho que sim.
D: *Você morava em algum lugar por aí?*
W: Uh-huh... não muito perto, mas por aí.
D: *Onde está seu pai?*
W: Não sei.
D: *O que aconteceu? Você pode dar uma olhada. Você não precisa experimentar isso.*
W: Ela bateu em alguma coisa ou... Estamos na ponte. A frente do carro simplesmente passou pela lateral da ponte, capotou e bateu na água. A água começou a entrar pelas janelas, e eu não pude respirar.

Novamente, eliminei quaisquer sensações físicas desagradáveis.

D: *Você sabe se sua mãe e sua irmã estão em algum lugar?*
W: Não. Nenhum de nós saiu. Todos morremos.
D: *Vocês estão todos no carro?*
W: Sim, estou afundando.
D: *Você não vai sentir isso. Você não sentirá nenhum desconforto. Seja o que for. — Foi um choque, não foi?*

W: Sim, eu não esperava.
D: *Sua mãe também não, não é?*
W: (Não) Ela não sabia o que iria acontecer.

Eu a movi adiante para quando tudo já havia acabado e ela estava do outro lado. É mais fácil obter informações depois que a pessoa sai do corpo. Não preciso que passem pela morte real. Perguntei à Wilma, a criança, se ela conseguia ver o carro.

W: Está debaixo d'água. Afundou com todos dentro.
D: *Alguém sabia que você entrou na água?*
W: Não, não havia ninguém por perto.
D: *O que você vai fazer agora?*
W: Bem, eu morri lá, então acho que estou meio que flutuando.
D: *Sua mãe e sua irmã estão por perto?*
W: Elas estão na água. Também morreram, mas não as vejo mais. — Na verdade, não quero ir.
D: *Por que não?*
W: Porque eu não quero morrer.
D: *Você era jovem. (Sim) Mas foi um acidente. (Sim) Você teve uma vida boa?*
W: Eu queria que durasse mais.
D: *Foi uma surpresa. Não era para terminar tão rápido, não é? (Não) Você vê alguém?*
W: Sim, tem algumas pessoas aqui esperando. Eles sabem que estou chegando.
D: *Você vai falar com eles?*
W: Uh-huh. Aí está meu pai, nesta vida.
D: *Você pode perguntar a eles por que isso aconteceu? Por que você morreu tão jovem?*
W: Ele apenas disse que eu não precisava ficar mais lá embaixo. — Eu queria ficar. — Vou esquecer muito rápido como é estar lá embaixo e, então, saberei por que é melhor estar aqui em cima.
D: *Mas você ficou lá por pouco tempo.*
W: Ele disse que foi tudo o que eu precisava. Disse que aprendi o que precisava.
D: *Como você se sente sobre isso?*

W: Bem, como eu disse, gostaria de ter ficado lá, mas talvez seja melhor aqui em cima. Não é tão restrito. — Há outras pessoas aqui. Lá está minha tia. Ela era minha tia.

D: *Então, há pessoas que você conhece. Para onde você tem que ir agora? Alguém disse?*

W: Não, estamos meio que parados aqui... flutuando aqui, devo dizer. Dizem que temos que subir, mas não há pressa. Ele disse que não é como se fosse lá embaixo. Posso fazer isso no meu próprio tempo.

D: *O que você quer fazer agora?*

W: Estou pronta para subir, eu acho. — Não posso voltar.

D: *É melhor subir e ver o que há lá.*

W: Sim. Ele gosta de lá. Ele apenas pegou minha mão, e estamos subindo. Minha tia está vindo. — Não consigo ver muita coisa agora. Está meio nublado. Há coisas no ar.

Eu a avancei rapidamente para que chegasse onde deveria estar.

W: Não sei onde é isso. Ainda não consigo ver muito. Há coisas no caminho. Tem alguém lá em cima. Agora sei que deveria conhecê-los, mas não sei quem são. Ele é meio "holográfico", mas sei que é alguém com quem já tive contato aqui antes.

D: *Então você sente que já esteve aqui antes?*

W: Sim, muitas vezes.

D: *Então é familiar para você agora que está aí?*

W: Sim, acho que sim. (Sussurrando) Eu gostaria de saber quem era aquele cara. Não sei o que ele faz agora, não consigo descrever. Ele meio que me dá as boas-vindas quando volto para cá. — Meu pai está indo embora. Ele tem que ir para outro lugar.

D: *Ele tem um trabalho a fazer?*

W: Acho que ele já fez... era só para ter certeza de que eu chegaria aqui. — Então, agora estou com essa pessoa.

D: *Ele vai te levar para algum lugar?*

W: Vamos passar por aqui por enquanto. Então foi isso que fizemos. — Tem muita neblina. Não consigo ver. — (Risos) Ah, eu gostaria de poder fazer isso!

D: *O quê?*

W: Ele simplesmente mudou sua aparência... assim, de forma simples. Ele está mudando tão rápido. — Ah, ele está apenas sendo engraçado. Ele nem sempre faz isso.

D: *Vamos ver aonde ele te leva. Ficará mais claro.*

W: Estou indo para a escola. — Vejo pedras brancas e alguns degraus e pilares, e é bem grande... como se os degraus percorressem um longo caminho. Provavelmente há apenas seis degraus, mas eles percorrem uma longa distância. — Vejo que vamos para a escola. Eu estava fora, e agora estou dentro, mas não consegui ver nenhuma porta.

D: *O que você acha da escola?*

W: Há muitas coisas acontecendo aqui, mas é aqui que descubro o que farei a seguir.

D: *O que eles vão te ensinar nessa escola?*

W: Como lidar com as coisas lá embaixo, na Terra... é um incômodo estar lá.

D: *Você quer dizer como lidar com as coisas quando estiver de volta ao corpo?*

W: Sim, porque aqui em cima podemos ver como lidar com as coisas lá embaixo. É mais fácil ver daqui de cima. Mas lá embaixo você não consegue ver nada. É simplesmente ridículo. É por isso que todos nós temos que esclarecer tudo aqui.

D: *Quando você está lá embaixo, nem sempre tudo corre do jeito certo, não é?*

W: Não, porque não conseguimos lembrar o que estamos fazendo. É lamentável.

D: *Eles dizem por que você não consegue se lembrar?*

W: Bem, vamos ver. Ele apenas diz que seria muito confuso. Acho que seria mais fácil se eu pudesse lembrar, mas ele diz que não seria. — Eu quero lembrar, mas ele diz que não é assim que as coisas são.

D: *Ele acha que seria mais confuso se você soubesse?*

W: Sim, foi o que ele disse. Ele disse que estamos programados internamente para permanecer no caminho certo, de alguma forma. Disse que aqui faremos tudo com você. E, porque fizemos isso, quando você chegar lá, você saberá, mesmo que, na verdade, não se lembre. Porque, segundo ele, está tudo gravado lá em cima, então você não precisa se preocupar com isso. Quando as pessoas estão aqui, repassamos qual é o plano com elas. Portanto, mesmo quando voltam para a Terra, elas sabem qual é o plano, mesmo que, na prática, não se lembrem. Elas sabem. Apenas não sabem que sabem.

D: *Mas, muitas vezes, quando chegam aqui, nem sempre as coisas saem como o planejado, não é?*

W: Não, mas também temos soluções para isso.

D: *O que você quer dizer?*

W: Bem, sabe... tentamos influenciar um pouco, se precisarmos, apenas para manter as pessoas no caminho certo — ou colocá-las de volta nele, ou fazer o que for possível de onde estamos, sem quebrar nenhuma regra.

D: *Como você faz isso? Quando estão na Terra, as pessoas não conseguem ver você lá em cima.*

W: Não, elas não podem me ver, o que é bom. Porque, se pudessem, talvez eu não fosse capaz de fazer as coisas que faço. — Às vezes, você precisa encorajar as pessoas a seguir uma direção que elas não cogitam ou não querem seguir.

D: *Isso não seria interferir?*

W: Não. Fazemos isso dentro das regras. Conhecemos as regras e nunca as quebramos.

D: *Quais são as regras?*

W: Apenas que você não pode interferir e não pode descer e pegar alguém pela mão, conduzindo-o. Mas, às vezes, pode-se configurar bloqueios de estrada, impedir um certo caminho que poderia mudar as coisas para muitas pessoas. Tentamos não fazer mais do que o necessário.

D: *Eles têm livre-arbítrio quando voltam para um corpo, não é?*

W: Sim, sim. Podem fazer muitas coisas se quiserem.

D: *Você vai fazer um plano?*

W: Bem, vou trabalhar com ela, e vamos descobrir o que ela precisa fazer a seguir. Mas acho que ela vai para a escola por um tempo.

D: *A garotinha? (Sim) Ela precisa ir à escola para ser treinada?*

W: Bem, na verdade, não chamamos isso de treinamento, mas há apenas coisas que ela precisa saber antes da próxima experiência. Então, ela fará isso enquanto trabalhamos no plano.

D: *Ela tem algo a dizer sobre o plano?*

W: Ah, sim. Se ela não quisesse fazer isso, arranjaríamos outro. Não queremos que ninguém faça algo que não queira. Isso não é divertido.

D: Eles têm que concordar com isso, então?

W: Oh, sim, sim.

D: Mas, então, o plano pode ser mudado quando voltarem para a Terra?

W: Depende. Houve momentos em que os planos foram alterados, mas tentamos não fazer isso. Quero dizer, tentamos garantir que o plano seja sólido antes de enviarmos alguém.

D: Porque você tem todas essas outras pessoas com seus planos.

W: Certo. E, como você sabe, todos eles se entrelaçam.

D: Às vezes, eles não funcionam do jeito que a pessoa queria.

W: Bem, não. Eles têm livre-arbítrio. Então, há coisas que acontecem, e não é como se tivessem escolhido tudo conscientemente.

D: São todas as outras influências também.

W: Certo. Ela estará em algum tipo de aula geral até termos o plano. E, assim que o tivermos, saberemos melhor o que ela precisa fazer na próxima rodada. Repassamos o plano com ela e, se gostar, a enviaremos para várias áreas onde poderá aprender coisas. Mas seremos um auxílio para ela nessa vida.

D: Por que ela morreu tão jovem no acidente de carro?

W: Nós simplesmente não precisávamos mais dela lá. Ela concordou com um curto período daquela vez.

D: Ela aprendeu tudo o que deveria aprender?

W: Sim, e ela também estava ajudando outras pessoas, creio eu... se bem me lembro.

D: Quando ela morreu, não queria ir naquele momento.

W: Não. A maioria das pessoas normalmente não quer. Nem sempre. Algumas estão dispostas, mas... ainda estão apegadas ao corpo. E elas não sabem para onde estão indo. Não se lembram de já ter estado aqui antes. Acham que estão indo para um lugar desconhecido, então ficam com medo. E ela era pequena, então provavelmente estava com mais medo do que um adulto, talvez... depende. — Queríamos ela de volta aqui. Algumas coisas que ela gosta estavam acontecendo.

Eu a levei adiante para ver qual era o plano, o que ela deveria fazer.

W: Ainda não está definido, mas estamos pensando em um homem. Vejo um terno e... não sei se ela vai querer fazer isso.
D: *Você pretende voltar como homem?*
W: Bem, isso não. A vida dela vai ser muito complicada. Não sei se ela precisa de algo tão complicado agora. — (Conversando com outra pessoa.) Ah! Sim, precisamos... não acho que isso seja certo para ela. Foi de outra pessoa? Acho que eles confundiram os planos. (Risos e sussurros.) Ok, vá atender.
D: *Isso acontece às vezes? Eles se confundirem?*
W: Bem, não deveria. — (Rindo) Queremos ter certeza de que todos tenham o plano certo. Sim, meio que fiquei confusa... desculpe.
D: *Você tem muitas pessoas de quem cuida aí?*
W: Sim, e esse plano real era para a pessoa que estava à frente dela.
D: *Ok. Deixe essa pessoa ficar com a complicada. (Risos) — Ok, o que você vê para o plano dela? O que parece certo?*

Eu sabia desde o início que estávamos falando sobre Wilma em sua vida atual, porque, se a outra garotinha morreu em um acidente de carro, não poderia ter sido muito tempo atrás. Wilma nasceu em 1963, então provavelmente foi a vida imediatamente anterior à atual.

W: Peguei algumas coisas aqui e parece que ela vai ser mãe na próxima vez. Isso é tudo o que posso ver.
D: *Isso parece um bom plano?*
W: Bem, eu não gostaria de fazer isso, mas... agora ela está balançando a cabeça. Ela não quer fazer isso. Ela não quer ser mãe. (Risos)

Nesta vida, Wilma nunca se casou nem teve filhos.

D: *Ela tem a palavra final, não é?*
W: Sim. Nunca obrigamos ninguém a fazer algo que não queira. Normalmente, as pessoas descobrem por si mesmas. Se acharem que não querem fazer, pensam bastante sobre isso e acabam percebendo como poderão progredir dessa forma, então aceitam.

D: *Eu estava pensando que algumas pessoas simplesmente não são confiáveis para tomarem suas próprias decisões.*
W: Bem, existem essas, mas eu não lido com elas. Outra pessoa cuida disso.
D: *Você mostrou a ela outro plano?*
W: Teremos que encontrar um. Vai levar um tempo para estudá-lo e garantir que colocaremos tudo no lugar corretamente. — Quero dar a ela um bom plano, não tão traumático quanto o último.
D: *Será mais longo do que o último?*
W: Acho que sim. Sim, será uma navegação mais tranquila. Ela vai gostar de algo que não seja tão tedioso.
D: *Às vezes, uma vida curta como essa é uma lição para outras pessoas?*
W: Às vezes, sim. E houve algumas lições para outras pessoas envolvidas naquela situação.

Levei-a até onde o plano já estava sólido e perguntei se ela concordava com ele.

W: Ela vai ter uma carreira ou um emprego. Ela gosta disso. Já passou dos sete anos de idade, então está realmente animada com isso. É bom, se você pretende ficar lá por tanto tempo. Eu não gostaria, mas ela acha que é uma ótima ideia.
D: *Que tipo de carreira?*
W: Não sei dizer. Ela gostou, seja lá o que for. Gostou da ideia.
D: *Ela vai concordar com isso?*
W: Acho que sim. Ela precisa ver o restante, mas acho que gostou. Vai levar um tempo.
D: *Não vai voltar imediatamente?*
W: Ah, não. Agora que gostou da ideia, há certas coisas com as quais vamos acostumá-la.

Embora a entidade com quem eu estava falando não tivesse noção de tempo, tive que explicar que estávamos lidando com tempo aqui. Perguntei se ele estava ciente de que falava por meio de um corpo físico. Ele respondeu que sim, que estava plenamente ciente.

D: Este é o corpo físico que chamamos de Wilma? (Sim) Este é o corpo, a vida em que a menina entra? Ou houve um meio-termo?
W: Acho que esse é o próximo.
D: Aquele sobre o qual ela estava fazendo o plano?
W: Acho que sim. Ela não quis aquele plano em que seria mãe, então nos livramos disso.
D: Ela não queria a responsabilidade?
W: Ela simplesmente não precisa disso. Não sei se já fez isso antes, mas não precisa fazer agora. Ela está em uma missão de reconhecimento desta vez.

Eu precisava fazer perguntas a ela e queria ter certeza de que a entidade com quem estávamos conversando seria capaz de respondê-las — ou se teríamos que acionar o SC. Ela disse: "Não consigo ver tudo, mas posso ver muito".
Sempre havia a eterna pergunta: "Qual é o propósito dela? O que ela deveria estar fazendo da vida?" Ela tem uma carreira, mas não estava satisfeita. Eles disseram que ela iria mudar isso. Deram-lhe muitas informações sobre a nova carreira que teria no ano seguinte. Lembrei-lhe que, neste mundo, precisamos de dinheiro para viver.— Eu sei. É por isso que estou feliz por não precisar mais voltar para lá — respondeu ela.
Perguntei ao SC por que queria que Wilma soubesse da curta vida da criança. O que ele estava tentando dizer a ela?

W: É por isso que ela não se sente bem.
D: É isso que está causando seus problemas físicos?
W: Sim. Ela ficou no fundo do rio por um tempo.

Wilma tinha um problema nos pulmões: retenção de líquidos, a sensação de que estava se afogando na própria gordura e líquidos.

W: Ela não está mais se afogando. Ela morreu lá. A menina está morta agora, então Wilma não precisa mais desses sentimentos físicos.
D: Mas parece que ela os carregou para o corpo de Wilma.
W: Ah, é mesmo? Deus, não queremos isso. Não é isso que queremos.

D: *Ela disse que teve essa sensação durante toda a vida — está se afogando em líquidos, como se tivesse retenção de líquidos no corpo.*
W: Bem, ela ficou lá por muito tempo. Não vejo nenhuma razão para ela levar isso para este corpo. Essa foi a última vida daquela garotinha. Não pertence a nenhum outro lugar. Não deveria fazer parte de sua vida atual.

Dei sugestões para que isso fosse deixado no passado, onde pertencia, de forma que não incomodasse mais Wilma nesta vida.

W: Nunca vi, mas tem muita coisa que ainda não vi. Eu provavelmente poderia perguntar por aí, e alguém certamente teria ouvido falar ou saberia disso.
D: *No meu trabalho, encontro pessoas trazendo à tona coisas associadas à maneira como morreram. E não gostamos disso, porque causa problemas.*

Segui as etapas para retirar isso. Eles disseram que não havia mais nada de errado com o corpo — apenas as consequências do afogamento.

W: Wilma nunca conseguiria resolver esse problema aqui; era mais fácil lá de cima. Nós apenas o dissolvemos. Nós nos concentramos em como o corpo deveria ser e como deveria funcionar. Então, separamos essas coisas e as colocamos de volta na área apropriada, até a outra vida. Isso não pertence aqui. — Tiramos isso, então agora estamos apenas visualizando o corpo como ele deveria ser em seu estado saudável. Está em um estado de ser muito mais confortável para ela. E considere isso feito! Terminamos. Eles também estabilizaram o metabolismo dela. A queda de cabelo também havia sido causada pelo metabolismo lento. Isso só aconteceu porque ela estava confundindo as vidas.

Mensagem de despedida: Só quero dizer a ela para carregar a tocha — e ela saberá por que a carrega. Apenas lembrar que ela está aqui por um motivo, mesmo que os motivos nem sempre estejam claros. Mas todos vocês têm que carregar a tocha, e só queremos que ela se lembre disso: que continue carregando a tocha.

D: O que você quer dizer com "carregar a tocha"?
W: Há trabalhos a serem feitos, e ela é capaz de realizá-los. Basta manter o foco — não perder de vista o que deseja fazer.

Capítulo 8
UMA TAREFA DIFÍCIL

Mary saiu da nuvem e se deparou com um lindo cenário campestre, com árvores, áreas de vegetação e muitos animais brincando entre as plantas. Ela era uma garotinha de seis anos que gostava de estar sozinha ao ar livre. Não gostava de ficar na casa onde morava e preferia estar em meio à natureza. Disse que havia muito estresse na casa, porque todos estavam com medo. Tinham medo de irritar o pai, por isso a família vivia tensa.

Perguntei quem mais fazia parte da família. Ela respondeu com uma voz infantil: "Penso nas minhocas do tomate como minha família, mas tenho um irmão, irmãs, um tio-avô e um avô. Também minha mãe. Ela está muito cansada, trabalha muito. É uma fazenda grande. Há outras pessoas que vêm ajudar na colheita, e ela cozinha para todos. Papai não está feliz. Ele não quer estar lá. — Há tartarugas nos lagos, e as minhocas do tomate são grandes, verdes e gordas. Elas me fazem sentir melhor do que minha família."

Eles moravam em casas separadas, mas todos dentro da grande fazenda.

M: Fico praticamente sozinha, mas temos gatos com gatinhos. Gosto das plantas e dos animais. Subo em árvores para ver os passarinhos nos ninhos.
D: *O que você quer ser quando crescer? Já pensou sobre isso?*
M: Não sei se vou durar tanto tempo. Parece muito longe. Não acho que os adultos sejam felizes, e não quero ser assim. — Gostaria de ser mais alta.
D: *(Risos) Você vai. Acredite em mim... você vai crescer. Todo mundo cresce.*
M: Só quero ficar na fazenda, com os animais, as plantas... Temos um jardim grande... Pegamos tartarugas no lago. Sinto a sujeira entre os dedos dos pés.

Era óbvio, pelo que Mary me contou durante a entrevista, que ela estava revivendo um período de sua vida atual. Revivia a infância infeliz em uma fazenda, com pais pouco amorosos. Eu a conduzi para trás, até quando ainda era um bebê. Assim, eu poderia tirá-la dessa vida e levá-la ao passado. Ela se viu como um bebê em um berço. Todos os seus irmãos e irmãs estavam reunidos, olhando para ela. Pareciam muito maiores.

D: *O que você acha de estar nessa família, agora que está no corpo de um bebê?*
M: Não sei. Não tenho certeza quanto a isso. (Pausa) Não parece muito feliz. Não parece que eles sabem que sou um deles. Sou muito menor, e há curiosidade sobre mim.
D: *Isso é porque você é nova na família. Vai dar certo.*

Em seguida, levei Mary ainda mais para trás, para o momento em que ela tomava a decisão de ser um bebê novamente, e perguntei o que via.

M: É uma mesa com gráficos, ou mapas, ou pergaminhos. Estou na extremidade dela. A mesa tem formato oval, mas com cantos estranhos. Pode ser mármore... algo frio ao toque. Parece que tem uma luz dentro dela, mas não vejo como isso é possível. Há mapas e papéis. Algo está espalhado, e parece brilhar por baixo.
D: *Há mais alguém ao redor da mesa ou você está sozinha?*
M: Parece que há algumas pessoas mais velhas. (Ela começou a chorar de repente, com uma voz apavorada.) Eu não quero ir! — Eles dizem que tenho que voltar. (Chorando) Eu não quero voltar. (Choro)
D: *É isso que eles estão decidindo?*
M: Disseram que eu tenho que voltar.
D: *Por que você tem que voltar?*
M: Acho que há mais aprendizado. Mas gosto de onde estou agora. Há uma grande beleza e águas límpidas... lindas sebes verdes, paisagens e fontes. Calmo e pacífico. — Não quero ir. Eles disseram que seria melhor no longo prazo.
D: *Eles podem lhe dizer o que você precisa aprender?*

M: Relacionamentos são uma das coisas. Processos de pensamento e manter-se afastada da negatividade. — Todos têm que passar pelas lições. Acho que não acertei da última vez.
D: *O que acontece se você não acertar?*
M: Existem muitas opções diferentes, mas estão me dizendo que esta é a que devo escolher.
D: *Eles mostraram algumas das outras opções?*
M: Não, porque disseram que esta era a que eu tinha que escolher. — O objetivo é a perfeição.
D: *Mas você acha que não acertou da última vez?*
M: Acho que não. Não pensei que tivesse feito um trabalho tão ruim. (Deprimida) Disseram que, desta vez, seria diferente. Personagens diferentes... elenco diferente... papéis diferentes. (Frustrada) Você não pode voar lá.
D: *Eles lhe mostraram alguma coisa sobre como seria?*
M: Disseram que seria uma cura para a família.
D: *Para a família para a qual você está indo?*
M: Isso foi um acordo entre todos nós.
D: *Os outros membros da sua família também concordaram em se reunir?*
M: Sim. Alguns de nós já estivemos juntos antes, mas nem todos... Vamos tentar acertar desta vez. Sei que algumas dessas pessoas já tentaram antes, mas acho que não conseguiram. E há novos. Cada um tem partes diferentes... não são iguais.
D: *Diferentes personagens são trazidos para a peça. É isso que você quer dizer?*
M: (Desapontada) Sim... acho que sim. Disseram que, para minha cura e a de todos, eu precisava ir e fazer isso.
D: *Disseram como você deveria fazer isso?*
M: Existem muitas opções diferentes. — Não fazer o mal.
D: *Isso é importante, não é?*
M: Acho que, se vão me fazer voltar e "fazer isso", então sim. (Irritada) Acho que há outras maneiras de fazer isso. — Falaram sobre um cronograma para realizarmos isso o mais rápido possível.
D: *Tem que ser em um determinado período de tempo?*
M: Não sei se tenho que concluir, mas é mais rápido do que outras formas de realizar o trabalho.

D: *Então todas as pessoas que farão parte da sua família...*
M: Sim, eu acho. Outros virão conforme necessário.
D: *Ouvi dizer que fazemos alguns contratos. Isso é verdade?*
M: Bem, todos temos nossas tarefas, se é isso que você quer dizer. Minha missão é ir e não causar danos. (Enfática)
D: *E o objetivo é a perfeição, o que é difícil, não é? (Sim) Claro, parece diferente quando se está lá em cima. O que você acha? Vai conseguir realizar a tarefa?*
M: (Um suspiro profundo) Só acho que deveria haver outra forma de fazer isso. Mas disseram que, desse modo, resolveríamos as coisas mais rapidamente.
D: *O que acontece se você não acertar?*
M: Parece que não tenho escolha desta vez, por algum motivo.
D: *Então você tem que acertar?*
M: Essa é a expectativa.
D: *Só estou curiosa... o que acontece se você não fizer certo?*
M: Tenho que voltar novamente. — Mas pode ser em lugares diferentes.
D: *Diferentes ambientes, países e situações?*
M: Planetas diferentes.
D: *Ah, então você pode fazer isso também. Já teve muitas vidas e experiências diferentes?*
M: Tive algumas.
D: *Só queria saber se você já faz isso há muito tempo.*
M: (Chateada) Parece que sim. Parece que existem níveis, e eles mudam de nível, e isso acontece em níveis diferentes, e que isso vai terminar em um nível superior. (Ela parecia muito angustiada.)
D: *Então você passa por níveis diferentes? Tem que aprender e concluir esse nível antes de ir para o próximo?*
M: Sim, acho que sim. — Só acho que é estúpido... simplesmente estúpido! Porque o lugar para o qual querem que eu vá, você não lembra de nada quando chega lá. É simplesmente estúpido! É como se você se inscrevesse em um curso na faculdade, mas, ao chegar lá, não há livros, nem roupas. Você não sabe onde é sua aula. Não sabe quem são seus professores. É simplesmente estúpido! É o único lugar em que fazem isso desse jeito. Terra! (Descontente) Outros lugares... outros sistemas de energia... outras galáxias. Eles sabem o que está acontecendo.

D: Então você não entra totalmente às cegas. A Terra é diferente.
M: Sim! A questão é ir e fazer. É tão frustrante...
D: Mas você não fez as regras.
M: Não, mas eles me fazem obedecê-las.
D: Você disse a eles que não achava uma boa ideia?
M: Ah, acho que fui claro. — Eles veem grandes eventos, mas não apenas para mim. Estamos todos interligados, por isso dizem que é como um salto quântico. Há muitos de nós chegando ao mesmo tempo, com a mesma missão: orientação para novas maneiras de fazer as coisas que não foram... bem, são como as coisas sempre deveriam ter sido, mas está tudo uma bagunça aí embaixo. Portanto, trata-se de uma reorientação para o modo como tudo deveria ser — mas está mudando novamente. O cérebro humano... nem todo ele foi ativado; está apenas na sua infância. É como se não soubesse tudo o que pode fazer, mas pode fazer muito mais. Então, é como se houvesse uma frota inteira, ou um grupo de nós, que tem que voltar para reorientar as pessoas.
D: Você já esteve na Terra antes?(Sim) Então, sabe como é lá embaixo.
M: Sim, mas é sempre uma surpresa.
D: Eles lhe contaram como você poderia se lembrar da sua tarefa quando chegasse lá?
M: Disseram: "Não se preocupe com isso." Haveria apenas um fluxo mínimo... mas essa não foi a minha experiência.
D: Existe alguma maneira de eles ajudarem você, caso tenha dificuldades ao chegar?
M: Sim. Nunca estamos realmente desconectados, mas parece que estamos. Todos estão na mesma situação, então precisamos ajudar uns aos outros. Disseram-me que eu teria ajudantes ao longo do caminho.
D: Provavelmente você nem os reconheceria, não é?
M: Provavelmente são eles que não me reconhecerão. (Enfaticamente) — Só não quero ir. Aqui é tão lindo... cachoeiras e água limpa.
D: Eles têm alguma ideia de quanto tempo levará até que você possa voltar para lá?
M: Dizem que será quando eu terminar. Mas sei que, não importa o que aconteça, vai parecer uma eternidade — porque sempre é assim lá embaixo. (Fala infantil.)

D: Você não pode argumentar com eles, pode?
M: Já tentei, mas isso não me leva a lugar nenhum.
D: E você vai voltar eventualmente. Ouvi dizer que, quando se retorna, é como um piscar de olhos. Você nem percebe por quanto tempo esteve fora.
M: Sim, essa é a música que eles estão cantando. — Mas eu já estive lá. É pesado... e você não tem asas. Eu gosto de voar. (Melancólica.) Gosto da liberdade. — Na fase em que estou entrando, tenho que passar por tudo: nascimento, infância, escolas...
D: Desde o começo.
M: Só temos que ensinar, e não precisava ser assim. — Vai ser diferente no futuro. Assim que conseguirmos trazer todos de volta ao estado original, então será possível recriar. Não será mais necessário ficar preso à gravidade e à tridimensionalidade. — Essa é a palavra certa... 3-D... dimensões? — Não será mais assim. Vai mudar. Eles esqueceram. Serão diferentes quando as energias forem alteradas. Todos nós vamos ajudar a mudar essa energia, e o cérebro estará totalmente conectado, para que possam lidar com isso. Estar em um lugar, focar, pensar... e estar em outro. Eles já podem fazer isso. Apenas se esqueceram.
D: Você quer dizer que, no futuro, não será necessário começar como bebê e passar por todas as etapas da infância?
M: Exatamente, porque tudo está mudando. Não haverá mais limites, nenhuma restrição.
D: Você quer dizer que terão apenas um corpo adulto e manterão esse corpo?
M: Sim. Ou talvez nem tenham corpo. Não será necessário. São apenas etapas diferentes, e eles estão andando pesadamente nesses trajes físicos enormes — e isso é desnecessário. Muitos de nós vamos ajudá-los a se lembrar. Mas, para conseguir isso, temos que esquecer. Entende o que estou dizendo? É simplesmente estúpido.
D: Mas, no futuro, se ainda tiverem um corpo físico, vão apenas mantê-lo, é isso?
M: Sim. A energia será a única coisa que mudará; ficará mais leve, e as pessoas poderão sair de uma dimensão e aparecer em outra. Não precisarão mais começar como bebês. Haverá facilitadores de energia no início, para ajudar nesse processo.

D: Então, no futuro, não haverá mais bebês ou crianças pequenas?
M: Haverá, se alguém quiser entrar dessa forma. Mas será apenas uma opção, uma escolha.
D: Ouvi dizer que existem seres que são apenas energia. (Sim) Eles não têm corpo algum.
M: São um tipo de consciência que nunca morre. Uma consciência que apenas permanece.
D: Todos na Terra passarão a fazer isso?
M: As pessoas que permanecerem no plano físico vão mudar. Mas muitas não permanecerão. Essa não foi a escolha delas desta vez, então elas partirão. Mas as que ficarem serão capazes de se lembrar de como usar o cérebro. Tudo estará devidamente conectado.
D: Mas todos os que estão vivos agora na Terra serão capazes de fazer isso?
M: Todos os que permanecerem, sim. Alguns mais rapidamente que outros, mas será necessário, porque toda a estrutura vai mudar. É como se o computador não reconhecesse mais o software antigo. Você entende o que quero dizer? Não aceitará os programas antigos. Terá que ser atualizado — ou simplesmente não funcionará.
D: Eu estava pensando nas pessoas que se apegam ao carma e à negatividade.
M: Elas vão mudar com o tempo. Ah, Deus, como são negativas! São tão negativas... Isso é julgamento: preto e branco, certo e errado, sim e não. Existem tantas outras formas de ser!
D: Você disse anteriormente que devia ajudar a mudar essa negatividade, não foi?
M: Sim. Todos nós temos que trabalhar juntos para aliviar isso. Mudar as vibrações do planeta, para trazer a integração total do mecanismo humano com aquilo que ele realmente é — com o que ele já foi. Suspeito que seja assim em qualquer outro lugar, menos na Terra.
D: Mas parece que alguns avançarão em velocidades e frequências diferentes. Eles não farão tudo ao mesmo tempo, certo?
M: Certo. Nem todos alcançarão a realização de uma vez.
D: Acho curioso que você deva ir para lá, mesmo não estando feliz com isso. (Risos) Parece que você tem um grande trabalho a fazer.

M: Sim. É um grande trabalho, com certeza.
D: *Eles não pediriam isso se não acreditassem que você fosse capaz.*
M: (Baixinho) Sim... estou indo...
D: *Eles confiam que você será capaz de realizar essa tarefa. Regras estúpidas... mas acho que você vai conseguir — e vai fazer muito bem.*

Fiz com que ela se afastasse da cena e chamei o SC. No início, houve resistência da mente consciente de Mary, que tentava retomar o controle. O SC disse que ela estava lutando para deixá-lo entrar, devido ao medo. Eu não conseguia entender de que ela poderia ter medo, depois de tudo o que já havíamos descoberto e discutido. Finalmente, Mary relaxou e deixou de tentar controlar a sessão, e então o SC pôde entrar.

D: *Pensávamos que iríamos para vidas passadas, mas ela era uma garotinha nesta vida. Houve uma razão para você tê-la levado até lá?*
M: Ela encerrou o passado.
D: *Você já me disse muitas vezes que não precisamos mais nos concentrar no passado.*
M: Não mais.
D: *As coisas estão mudando, mas Mary parecia ter vindo com uma missão muito importante. E as coisas não saíram como ela esperava, não é?*
M: Ainda não acabou.
D: *Isso é verdade. Ela disse que precisava se ajustar a isso... e ajudar com a negatividade?*
M: Isso é verdade. Isso é o que ela — e todos — devem fazer.

Houve muita discussão sobre as questões e circunstâncias pessoais de Mary, especialmente relacionadas à sua família, que a influenciou negativamente por muitos anos. Ela ainda enfrentava dificuldade para se libertar dos laços que eles mantinham com ela. Trabalhamos em tudo isso.

Depois, chegamos aos problemas físicos — e eram muitos —, causados principalmente pelo ambiente de trabalho (exposição a produtos químicos).

D: Ela sofreu muitos danos enquanto trabalhava lá, não foi?
M: Sim. Ela esteve muito perto da transição.
D: Ah, foi tão grave assim? (Ah, sim.) Por que foi necessário chegar a esse ponto?
M: Ela não reconheceu os sintomas. Estava acostumada a ter energia em abundância e ir do amanhecer ao anoitecer. Tomou isso como certo e começou a passar muito tempo naquele ambiente. Não eram apenas turnos de seis ou oito horas. Eram muitas, muitas horas extras, e ela estava saturada com aqueles produtos químicos. Esse também foi um ponto de saída que ela poderia ter escolhido. Uma porta aberta para ir embora — e ela optou por não atravessá-la. Desde então, percebeu que foi uma oportunidade que gostaria de ter aproveitado, o que tem sido uma fonte de depressão para ela.

"Eles" começaram a trabalhar em seus sintomas físicos muito complicados. Um deles foi interessante e tratou de seu cérebro. "Ela sabe que recebeu algumas religações, e parte disso se deve às mudanças no planeta. Ela sabia que se optasse pela medicina ocidental, teria mais problemas. E intuitivamente, sabia que se conseguisse fugir do que estava causando isso, eventualmente o corpo se recuperaria."

D: Você disse que o cérebro já foi religado?

Muitas vezes o SC religará o cérebro se achar necessário.

M: Sim. Foi um processo necessário. Se alguém fizesse o exame correto, se alguém tirassem as fotos certas, eles conseguiriam ler e ver. E ela está certa sobre isso.
D: Quer dizer, depois do dano (produtos químicos), você foi lá e religou?
M: Exatamente. A forma como funciona agora não é a mesma.
D: Mas ela acha que perdeu algumas de suas funções.
M: Bem, ela é diferente do que era. Ela estava bastante ligada antes. Ela estava fazendo sua meditação e seus exercícios. Ela é muito perspicaz e percebe pequenas inconsistências e está certa. Ela não

é mais como era, mas ofereceríamos ajuda e diríamos que seguindo os caminhos da cura e da arte, seu cérebro teria mudado de qualquer maneira... de outras maneiras. Então ela está dizendo: "Não sou mais como era antes de começar a trabalhar na fábrica". Nossa resposta a ela seria: "Você não seria a mesma, não importa o que fizesse, e seu funcionamento está se aproximando de 100%, mesmo que seja um pouco diferente do que era". Ela tem que se acostumar e não ver isso como algo negativo.

Seu estômago e sistema de eliminação também foram fortemente atingidos pelos produtos químicos e ela carregava muitos metais pesados em seu sistema. "Também diríamos que ela começou uma limpeza inicial com ervas, mas que nos últimos dias, ela se confundiu. E diríamos a ela que continuaremos a oferecer assistência intuitivamente para saber quais ervas usar no futuro para manter as coisas em ordem. Ela tem esse sentimento sobre ela: 'Ninguém me ajudou. Vou ter que fazer algo sobre isso sozinha.'"

D: Ela não pediu sua ajuda, pediu? (Risos)
M: Mas ela deu um salto de fé ao vir aqui te ver.
D: Você é capaz de eliminar todas essas toxinas do corpo dela?
M: Sim, ela pode notar coisas "não agradáveis" no banheiro nos próximos períodos, mas é por uma boa razão e nenhum dano. Vamos nos livrar de tudo isso. Ela pode querer aumentar sua ingestão de líquidos e certificar-se de que seja água mineral. E ela sabe que deveria comer mais frutas e vegetais. Ela percebeu que não precisa de tanta carne como antes. E isso é algo muito positivo à medida que ela continua a se curar. Ela também fez a intenção de que gostaria de chegar ao ponto em que não comesse mais nada.Mas nó apenas gostaríamos de dizer: "Um passo de cada vez". Ela ainda não chegou lá e pode não chegar em seis meses. Mas esse é o objetivo dela e diríamos que é um objetivo alcançável.
D: Você disse que ela notaria coisas no banheiro. Você quer dizer como diarréia?
M: Ela pode ver fezes escurecidas e a cor da urina pode mudar, mas isso faz parte da limpeza de tudo isso.

Nota: Durante todo o tempo em que Mary esteve em meu consultório, ela não bebeu nada, embora eu continuasse oferecendo água a ela. Depois da sessão, antes de termos falado alguma coisa sobre a sessão, ela foi ao banheiro. Quando ela saiu, ela disse: "Acho que vou aceitar sua oferta de água. Minha urina tem uma cor estranha". Portanto, já havia começado a fazer efeito imediatamente.

M: Pediríamos que ela ficasse longe de carne; provavelmente duas vezes por ano seriam suficientes. - Ela voltará aos 100%. Levará algum tempo para reequilibrar a dieta e descobrir o que ela precisa agora para viver, e será diferente do que era no passado.

Mensagem do SC: Calma em relação ao dinheiro. Nós a ouvimos e entendemos suas preocupações. Ela não vai morrer de fome, nem e morrer, embora gostasse da parte de "morrer". — Ela simplesmente não percebe quão grandes são os avanços que ela já fez. E ela acha que é muito mais complicado. Ela está com medo de não conseguir chegar à nova Terra, mas, de certa forma, ela já conseguiu.

D: Sim, já está aqui. Já está acontecendo.
M: A associação dela com você é muito positiva. (Ela assistiu a uma das minhas aulas.) Ela pode fazer o trabalho que você ensina. Ajudaremos nas áreas de autoestima e traremos clientes com os quais ela tenha resultados positivos para aumentar sua autoconfiança. Assim, ela poderá praticar e prestará um "enorme" serviço às pessoas, porque passou por um caminho muito difícil. Ela se sente sozinha, mas nunca está sozinha... ninguém nunca está.

Capítulo 9
EQUILÍBRIO NA VIDA

Chelsea ficou um pouco confusa no início, quando saiu da nuvem. Ela se viu em um ambiente estranho e sobrenatural: um céu laranja, um chão laranja e uma floresta de árvores roxas sem folhas. Em vez de casca, elas tinham uma textura coriácea e lisa, mas com uma impressão semelhante às células da pele. A atmosfera, profunda e de um laranja escuro, era pesada — um ambiente quase gasoso.

À medida que avançava pela floresta de árvores estranhas, ela sentiu que não tinha corpo. Isso não a incomodava, mas a quietude sem vida da cena, sim — Sinto-me muito desapontada, porque não há muito mais aqui. Está meio vazio — disse ela.

Depois de vagar por um tempo, decidiu que queria encontrar outra coisa. Então, fiz com que ela se afastasse da cena e se mudasse para outro momento e local apropriado. Quando parou desta vez, o ambiente era verde, com árvores e florestas comuns — uma cena normal, parecida com as da Terra. Ela se viu como um garotinho indígena que caçava coelhos para ajudar a alimentar sua família. Descreveu sua vida em um grande assentamento de tendas.

À medida que avançamos em sua vida, ele atingiu uma idade em que foi autorizado a se juntar aos outros homens, que cavalgavam juntos em grupos de caça. Além de caçar veados para a aldeia, ele anunciou que também iriam matar pessoas.

C: São colonos que estão em nossa área. Eles construíram uma estrutura lá e estão onde não pertencem. Estamos nos livrando deles. Foi a primeira vez que soube que estavam lá, mas acho que os outros já sabiam. Estou surpreso por estarmos indo matá-los. Sinto-me um pouco confuso. Há mulheres e crianças lá também. Mas os homens dizem que eles precisam sair. Temos que nos livrar deles ou mais virão. Então, temos que matar todos.

Quando o massacre começou, ele realmente não queria participar, mas seria considerado um covarde se não ajudasse. Assim, mataram uma família — e ele participou, embora não se sentisse bem com isso. Os homens decidiram não contar aos outros na aldeia sobre os intrusos, com medo de gerar pânico. Tudo foi feito em segredo, e nada foi dito quando voltaram. Mas não adiantou. Quando o levei adiante, para outro dia importante, ele disse que mais estranhos haviam chegado. Os homens sentiram que não tinham escolha senão matar tantos quanto pudessem.

C: Que outras opções temos? Vamos embora? Por que deveríamos sair de nossa casa?

Agora, já não havia como manter aquilo em segredo. Toda a aldeia estava envolvida.

Avancei novamente, e o garoto anunciou que havia levado um tiro e estava morrendo — era um jovem de vinte e poucos anos. A família que atacaram desta vez estava armada, e ele levou um tiro no peito.

C: Os outros ainda estão brigando... Estou morto, mas eles ainda sentem minha presença.

Agora, livre do corpo, sentia-se leve, flutuando para cima, através das estrelas no espaço. Era uma sensação muito pacífica. Perguntei sobre a vida que acabara de deixar.

C: Foi triste ter que fazer algo que eu não queria. Acho que todos nós poderíamos ter aprendido a viver juntos, mas não havia confiança. Assassinar crianças não é algo bom! Mas, às vezes, você precisa fazer algo que será benéfico. É uma lição. Mas não saberia dizer se é a lição correta. Não havia a opção de não fazer o que era obrigatório... não, se você quiser fazer parte desse grupo.

Condensei o tempo até que ele chegasse a algum lugar, em vez de apenas flutuar.

C: É uma área branca, branca, simplesmente branca e brilhante. Há uma energia, uma presença, mas é como se fossem muitas células de energia que agora são uma só. É parte de uma grande massa.

Agora, tenho que examinar minha vida. É como uma revisão. Você analisa tudo.
D: *O que você pensa quando eles mostram isso para você?*
C: Ah, eu era uma boa pessoa. Não vivi muito, mas fui bom durante o tempo em que estive lá. A parte de matar não foi muito boa. Mesmo que eu não quisesse fazer aquilo, fiz de qualquer maneira.
D: *Você fazia parte da cultura. Às vezes, não conseguimos sair das situações.*
C: Não, mas eu poderia ter sido uma influência. Se eu tivesse me pronunciado, talvez pudesse ter mudado o resultado, em vez de fazer o que todos esperavam. Parte de uma mentalidade de grupo.
D: *Seguindo o que todo mundo pensa?*
C: Certo. E assumindo responsabilidade por isso.
D: *Depois de terminar a revisão de vida, o que acontece?*
C: Bem, eu tenho que voltar. Acho que entrarei em uma situação em que usarei meu julgamento para obter um resultado diferente. Uma situação que vá contra uma mentalidade de grupo.
D: *Você tem que fazer algum acordo com outras pessoas ou isso faz parte da sua revisão?*
C: Sinto que há alguém que matei... talvez eu não devesse ter feito isso. Embora achasse certo na época, agora sei que não era. Acho que fiz um acordo com essa pessoa. Era uma criança... uma menina. Tenho que voltar e fazer algo positivo para compensar o negativo. Tenho que reparar isso de alguma forma. — Está sendo discutido o que faremos. Estão decidindo para onde devo ir. Eu faço parte disso. Tenho que enfrentar situações em que posso escolher fazer algo errado ou agir diferente dos outros, fazendo o que é certo. (Chelsea estava gemendo.)— Vou ser soldado. Não acho que seja minha decisão. Serei soldado porque, talvez, na mesma situação, eu possa agir de forma diferente.
D: *Soldados também matam, não é?*
C: Sim, eles matam. Não foi uma boa escolha, mas foi a que fiz.
D: *Conte-me sobre isso. Você pode ver essa vida de forma condensada. O que aconteceu?*
C: Eles estão dizendo que é a Segunda Guerra Mundial alemã... ou é a Primeira Guerra Mundial? Tenho um belo uniforme. Sou jovem.
D: *Você queria ir para o exército? Queria lutar?*

C: Estou orgulhoso disso. Isso me torna importante para minha família.
D: *Você não era importante antes?*
C: Acho que agora tenho um rumo. Sou adulto e escolhi algo para fazer.
D: *E a guerra está acontecendo?*
C: Não estou no auge dela. Estou apenas de uniforme.

Fiz com que ele condensasse para descobrir o que aconteceu. Ele entrou na luta, na parte da guerra, mas foi ferido antes de ter a chance de matar alguém.

C: A batalha estava apenas começando. Eu não sabia o que estava fazendo. Me machuquei e fui liberado.

Levou um tiro no peito e no braço, que infeccionou. Não teve que voltar à guerra. Mas, em vez de sentir alívio, sentiu-se um fracassado.

C: Porque não consegui fazer muita coisa antes de partir.

Foi para casa, e sua mãe cuidou dele.

C: Minha mãe está bem com isso. Mas eu não estou feliz. Teria sido diferente se eu tivesse avançado mais.
D: *Não te incomodaria matar pessoas?*
C: Foi para isso que entrei no exército.

À medida que avançamos em sua vida, ele relatou que seu peito ainda lhe causava dor — havia pequenos estilhaços ali. Conseguiu um emprego em uma fábrica.

C: Não tenho escolha. É isso que tenho que fazer agora. Não é o que gosto, mas tenho que fazer. Para viver.

Agora, ele tinha uma família, então precisava sustentar sua casa.
Levei-o até o último dia de sua vida, e ele viu que havia tido um ataque cardíaco.

C: Estou velho.
D: *Você viveu muito tempo?*
C: Relativamente falando... direi que estou na casa dos sessenta. Minha saúde piorou e eu não pude mais trabalhar. Estava cansado de respirar e de fumar... dores no peito. Apenas dor — e havia muitos estilhaços para remover. Estou na cama e é difícil respirar, sinto dores no peito. Estou tendo um ataque cardíaco. Minha esposa está aqui.

Levei-o para o momento em que a morte havia terminado e ele já estava fora do corpo. Perguntei-lhe se havia aprendido algo com aquela vida.

C: Eu me deixei ficar todo deprimido. E simplesmente não quis enxergar a vida. Escolhi sentir pena de mim mesmo depois da guerra... depois que me machuquei. Deixei isso arruinar o resto da minha vida. Escolhi ficar chateado com isso e nunca gostei de nada. Tudo isso estava na minha cabeça. Eu poderia ter feito muito melhor. Poderia ter tido uma vida muito melhor.
D: *Mas você deixou isso te arrastar para baixo?*
C: Sim. E você não pode fazer isso. Eu joguei essa vida fora. E você não deveria fazer isso.
D: *Você realmente não consegue ver o que está fazendo quando está no meio da situação.*
C: Não... até que seja tarde demais.
D: *Se tivesse a chance de viver tudo de novo, o que acredita que faria?*
C: Acho que teria tido uma atitude diferente. Talvez nem tivesse me alistado, para começo de conversa. E, mesmo que o fizesse e tivesse que partir, simplesmente faria o melhor possível, escolhendo outra direção. Você não deve se deprimir com o que deu errado. Não pode ficar obcecado com o passado. Isso só arrasta todo mundo ao seu redor para baixo também. Não pode deixar que as coisas te derrubem. Você pode controlar muito disso com a sua mente.

Então, afastei-a da cena da morte e chamei o SC (Subconsciente). A primeira pergunta que sempre faço é: por que essas vidas foram mostradas?

D: Você escolheu três vidas diferentes para ela ver. Posso ver a continuidade em duas delas. Vamos voltar ao início. A primeira coisa que você escolheu foi aquele lugar com árvores roxas e o ambiente laranja. Por que isso foi mostrado?
C: Há vida em outras formas além daquelas que você espera. Ela precisava saber que não se trata apenas da vida humana. Existem todos os espectros da vida. Nem sempre se trata de um ser humano.
D: Um ser humano é apenas uma parte da evolução, não é?
C: Sim.
D: Então você mostrou a ela a vida inteira como um índio que teve que matar?
C: Porque às vezes você tem que fazer coisas que não são populares, se isso significar sustentar toda a comunidade.
D: Às vezes é a única maneira de existir nessas comunidades?
C: Isso mesmo. Às vezes, é necessário deixar de lado os próprios sentimentos em prol de um bem maior. E ela nem sempre percebe isso. Não se trata apenas do que ela quer fazer, mas sim do que faz sentido para o bem coletivo.
D: Posso ver como isso se conectou com a próxima vida, em que ela era um soldado. Na vida de índia, ela matou mesmo sem querer. Na vida de soldado, ela se feriu antes de ter a chance de matar.
C: Ela não deveria ter deixado a circunstância arruinar a forma como percebeu o restante da vida. Deveria ter superado aquilo. Deveria ter aproveitado o que restava da existência e lidado com as circunstâncias.
D: Mas, em vez disso, ela permitiu que aquilo a puxasse para baixo.
C: Exatamente. Ela desperdiçou a vida inteira. A lição é encarar as situações adversas e não permitir que elas ditem o restante da sua vida, mas sim transformá-la em algo diferente. Você pode escolher ser uma vítima — aceitando o que não deseja sem fazer nada a respeito — ou pode aceitar, superar e fazer algo positivo.

Chelsea estava passando por sérios problemas físicos e tomava medicamentos para depressão. Não gostava de seu trabalho como contadora e se sentia sobrecarregada. Seu marido bebia, e ela se sentia negligenciada. Criou uma situação semelhante à da vida passada e permitiu que se transformasse novamente em algo negativo, em vez de focar no lado positivo.

O SC disse que a principal causa de seus problemas era o desejo de fugir da vida. Todas as noites, ao voltar do trabalho, ela se trancava no quarto e passava todo o tempo no computador — especialmente no eBay, onde comprava e vendia constantemente. Disse que era apenas um hobby inocente, mas o SC revelou que a situação havia saído do controle e que ela estava negligenciando tudo o que era importante em sua vida. Uma repetição da experiência passada. Foi sugerido que ela se livrasse totalmente do computador para que pudesse voltar à vida. Mas eu sabia que isso seria muito difícil para ela fazer. Disseram-lhe que, se passasse mais tempo com o marido, o casamento melhoraria e ele não sentiria tanta necessidade de beber.

Chelsea definitivamente tinha muito trabalho a fazer. O SC sempre oferece sugestões boas e válidas, mas cabe a cada um decidir se irá aceitá-las ou não. Por termos livre-arbítrio, eles jamais podem interferir diretamente. Mas, se formos inteligentes, ouviremos — pois eles conseguem ver o panorama completo.

C: Tem que haver equilíbrio em tudo. Ela pode fazer trabalho voluntário. Pode realizar atividades menos compulsivas. Ser mais presente para o marido. Pode ajudá-lo com sua situação. Ele sugeriu mais caminhadas e atividades que contribuiriam para sua saúde. E, se ela não ficasse tão presa ao computador todas as noites, poderia usar esse tempo para fazer isso e ajudá-lo também.

Mensagem de despedida: Você deve considerar tudo em perspectiva e com equilíbrio. O trabalho está bem, mas você não é responsável pelo resultado. E precisa reduzir todos os hobbies. Eles se tornaram uma distração excessiva para evitar a vida real. Você pode ajudar seu marido. Só precisa equilibrar tudo.

Capítulo 10
VIAJANDO

Linda foi escolhida para ser a demonstração da minha turma em Londres, em 2008. Durante a entrevista, ela chorou ao descrever os acontecimentos de sua vida. Todas as coisas horríveis que um ser humano pode fazer a outro aconteceram com ela. Sua sobrevivência provém de seu próprio mérito, pois, certamente, uma alma inferior teria sido destruída. Uma infância horrível, um casamento igualmente terrível, e, depois, ter seus filhos arrancados pelo marido, que ela sabia estar envolvido em incesto com as filhas. Ela acabou perdendo tudo e sentiu que não tinha mais pelo que viver — estava pensando seriamente em suicídio. Disse que sempre temia voltar para casa após o trabalho, porque sabia que não havia nada para ela lá.

Não fiquei surpresa quando ela contou que havia sido diagnosticada com um tumor cancerígeno nos órgãos femininos. Era óbvio que ela estava reprimindo uma grande raiva. Foi muito emocionante para a turma ouvir sua história, e muitos alunos tiveram dificuldade em permanecer na sala de aula. Mas eles precisam aprender que a terapia é isso: ouvir sem julgamento ou preconceito, para poder ajudar o cliente. Eu não sabia nada sobre a vida de Linda antes de escolhê-la para a demonstração, mas era evidente que ela precisava desesperadamente de ajuda.

Quando Linda saiu da nuvem, encontrou-se numa paisagem de areia acastanhada. Nada mais era visível. Estava quente e, para sua surpresa, viu que era um velho descalço. Suas pernas eram peludas, velhas e pardas. Estavam nuas, cobertas apenas por algum tipo de tecido recém-colocado sobre elas.

L: Meus braços estão velhos, e meu corpo parece forte, mas velho, desgastado, cansado. Meu cabelo é preto com cinza misturado e chega até os ombros. Tenho cabelo por toda parte. Meu rosto é peludo e áspero. Até meus braços são peludos, pretos e grisalhos... — (desnorteado) — Estou velho!

Ele estava segurando algo na mão.

L: Estou segurando com força. É uma pedra.
D: *Por que você está segurando isso com tanta força?*
L: É a minha linha de vida. Isso me mantém conectado, para lembrar quem eu sou. Me mantém conectado com os outros. Assim, sempre saberei que faço parte dos outros.
D: *Como é a pedra?*
L: É cinza, e tem um símbolo gravado dentro.
D: *Qual é o símbolo?*
L: Tem três pontas, mas... enrola assim, e tem três pontos. — (Movimentando-se. Foi difícil descrever.)
D: *Como uma pirâmide?*
L: Não. Ela enrola na parte de cima. É como um movimento contínuo. São três. O interior é sólido e as pontas, curvas.
D: *O que o símbolo representa?*
L: Meu pertencimento. Minha conexão. Minha lembrança. Eu o mantenho comigo. Porque estou longe dos outros, olho para o símbolo e isso me conecta a eles. Posso me lembrar e me comunicar. É a minha linha de vida, e a tenho em minhas mãos. Às vezes, uso-a dentro do meu peito. É como um radar... uma forma de encontrar o meu caminho.
D: *Onde você conseguiu a pedra?*
L: Dos outros.
D: *Conte-me sobre os outros. Estou interessado. Você pode confiar em mim. Está tudo bem, não está?*
L: Sim. Os outros dizem que sim. Os outros são minha fonte... meu grupo... eu sou um dos outros.
D: *Onde estão os outros?*
L: Eles estão espalhados por toda parte, como sementes. Estamos em muitos lugares diferentes e conectados. E o símbolo serve para me lembrar dessa conexão. Vou a lugares, e, às vezes, existe a possibilidade de esquecer que não sou o lugar. Estou com eles, mas não venho deles.
D: *E você está na Terra há muito tempo?*
L: Sim. Eu venho e vou. Participei da criação da escuridão da Terra e faço parte da eliminação dessa escuridão.
D: *É isso que você está fazendo agora, nesse lugar com areia?*

O Universo Convoluto, Livro Quatro

L: Estou na areia porque é onde encontro os outros — na solidão da areia.
D: *Você quer dizer que deve ficar longe das outras pessoas?*
L: Sim. E os outros se conectam comigo. Tenho meu símbolo na mão porque estou me conectando com eles. E, quando estou entre as pessoas, uso-o no peito. Sim, no meu coração. Aí está.
D: *Então essa é a razão da pedra: para que você não esqueça de onde veio? Você se lembra por que veio?*
L: A pedra serve para abrir os canais, para eu enviar de volta aos outros os meus acontecimentos... o que ocorre dentro da minha vida.
D: *Você disse que foi enviado para apagar a escuridão?*
L: Sim. Para aliviar, sim. Para mostrar o caminho que leva para fora da alta densidade, sim. Ando com eles e os conduzo para fora. Estou entre eles, mas não sou eles. Vejo a saída, então entro, sinto e vivo a vida... — (questionando) — não sei se essa é a expressão correta... Vivo a vida que eles vivem, e então lhes mostro a saída.
D: *Como você mostra a eles a saída?*
L: Sabendo como se sentem, como pensam. Como eles reagem... e então mostro outra forma de ser diante disso.
D: *Isso é difícil, não é?*
L: Sim.
D: *Como você evita se prender a isso também?*
L: Com muita dificuldade. Mas então tenho o meu símbolo, pois ele rejuvenesce o meu espírito e me alimenta com impulsos dos outros. E os outros me elevam acima das ocorrências, de modo que, embora meu corpo esteja nelas, minha essência está acima delas.
D: *Às vezes é difícil ficar separado, não é?*
L: Sim.
D: *É por isso que você carrega a pedra, para não esquecer e não ficar preso? Essa é uma boa palavra?*
L: Sim. Porque, às vezes, fazemos isso. É preciso um amor tremendo.
D: *E os outros estão fazendo a mesma coisa?*
L: Sim. E coisas diferentes também, mas todos com o mesmo propósito.
D: *Vocês estão todos se misturando com as pessoas?*
L: Sim. Vivemos a realidade das pessoas.
D: *E todos entram em corpos físicos?*

L: Não. Alguns permanecem na forma espiritual, porque elevam aqueles de nós que se aventuram no físico. Sem eles seria impossível, pois nos perderíamos. É por isso que temos que segurar o símbolo.

D: *Você disse que ajuda as pessoas apenas por estar entre elas e compartilhar suas experiências?*

L: Sim, de certa forma. Primeiro, você reúne os sentimentos que elas têm ao vivenciar as experiências, para criar esses sentimentos e esse jeito de ser. E então, por meio desse caminho dos outros, mostramos a saída. É muito proposital, no que diz respeito a mergulhar na escuridão. Primeiro mergulhamos na escuridão e mostramos a elas como amortecer.

D: *Você faz isso conversando com elas?*

L: Não. Às vezes, a linguagem é importante, mas é mais uma vibração. Apenas por estar com elas e sentir o impulso do quê e de quando fazer.

D: *Apenas a sua presença é suficiente, então?*

L: Sim. Porque, através da presença, as outras coisas ocorrem conforme a necessidade, por meio da abertura de estar com a presença. Para alguns, pode ser linguagem ou fala; para outros, um olhar; para outros ainda, apenas o amor dentro deles. Mas, de qualquer forma, todos sentem a vibração, e isso acalma.

D: *Você vai permanecer na Terra por muito tempo fazendo isso?*

L: O tempo que for necessário.

D: *Você saberá quando for a hora de sair?*

L: Sim, porque somos chamados de volta.

D: *Você sabe para onde ir?*

L: Apenas viajo de um lugar para outro, conforme necessário. Somos direcionados sobre onde ir. Qualquer lugar, qualquer hora.

D: *Como você consegue comida e as coisas de que precisa?*

L: Sempre somos atendidos. Tudo é fornecido. E é isso que ensinamos aos outros: confiar que estamos conectados e que tudo virá conforme a necessidade. Assim, nunca há preocupação com provisões. E, às vezes, quando nos faltam provisões, é uma ocorrência do planeta que precisamos experienciar — como os outros se sentem diante dessa falta.

D: *Você sempre fez isso ou já viveu uma vida normal?*

L: Sempre fiz isso.

D: Você nunca viveu uma vida como as pessoas que está ajudando?
L: Vivi, mas com o propósito de ajudar. É o aprendizado. A compreensão e a aceitação da vibração da Terra. Porque formamos a vida dentro do planeta, nutrimos e orientamos a vida. Vivemos a vida e a movemos.

D: Você não acumula carma?
L: Sim. E isso é imprescindível para termos total compreensão. Às vezes, somos enviados para resgatar um dos nossos. E, às vezes, temos que permitir que eles se movam conforme se sentem direcionados.

D: Achei que talvez você fosse protegido do carma, para não se envolver.
L: Sem carma, não entendemos completamente o que é a Terra. O carma tem um propósito com o planeta.

D: Mas você não quer se apegar. (Não) Mas às vezes você é enviado para resgatar um dos seus?
L: Sim.

D: Por que isso aconteceria?
L: Porque, às vezes, esquecemos por que estamos aqui e caímos mais fundo na escuridão. E, então, minha pedra é minha lembrança visual.

D: O que acontece se alguém esquecer, e você temer que ele se perca?
L: Não há como se perder. Se eles passarem mais tempo, que assim seja. Pois, dentro de cada um de nós, a informação está sempre sendo enviada de volta. Por isso, mesmo que alguém esteja aqui há muitas, muitas, muitas vidas, em diferentes capacidades, essa informação é sempre realimentada.

D: Você disse que, às vezes, vem ajudar um dos seus.
L: Muitas vezes, temos que sacudi-los para que acordem. Às vezes, aqueles de nós que estão no reino físico são enviados para desencadear a lembrança de outro. Às vezes temos sucesso; às vezes, não. É muito difícil lembrar da conexão quando se vivencia a densidade.

Era evidente que a vida daquele velho foi dedicada a isso, então não achei que valesse a pena transferi-lo para um "dia importante". Além disso, esta era uma demonstração em sala de aula, não uma sessão privada, e eu sabia que não teria tanto tempo disponível. Então, levei-o para o último dia de sua vida e perguntei o que estava acontecendo. Ele se viu deitado sobre uma pedra, uma laje, cercado por muitas pessoas que olhavam para ele. O corpo estava morrendo porque era muito velho.

L: Minha barba agora está muito grisalha e branca. Tudo é branco.
D: Você simplesmente decidiu que era hora de ir embora?
L: Fui chamado de volta.
D: Como você se sente em relação a isso?
L: Alegre... estou feliz. Estou ansioso pela liberdade. Os outros vêm ao meu encontro. Sinto que eles estão me segurando... me levantando... e eu simplesmente me levanto do meu corpo. Uma morte pacífica. É uma boa partida. É liberdade. Não estou mais confinado às restrições aprisionantes do corpo. Sinto-me mais leve. Estou voltando.

A voz de Linda estava carregada de alegria. Ela estava encantada por sair do físico e voltar para casa.

L: Eles estão me cumprimentando. Eu sinto o amor.
D: Vamos avançar para quando chegar a hora de retornar. Alguém te ajuda na decisão?
L: Sim. Estão me mostrando corpos diferentes e escolho um homem, e eles me dizem não... não, não, não... uma mulher.
D: Eles querem que você seja mulher da próxima vez? (Sim) Eles mostram como será a vida?
L: Eu rio porque acho que é fácil. (Indiferente) Depois de ser homem, ser mulher é fácil. Eles riem comigo. Eles dizem: "Veremos!"
D: Eles te contam alguma coisa sobre como vai ser?
L: Sim. Eles parecem um pouco arrogantes.
D: O que você quer dizer?
L: Estou cheio de minhas capacidades. Estou confiante. — Dizem-me que, devido à minha arrogância e à minha confiança, se eu escolher um corpo masculino dentro deste prazo, terei uma atitude dura e serei demasiado teimoso. Então, eles dizem: "Não, seja uma mulher", porque, como mulher, terei mais poder interior... capacidades de força interior, habilidades internas para me manter conectada com eles.

D: Eles não querem que você se perca, não é?
L: Não, porque então eu derrotaria o propósito.
D: Você está ciente de que está falando através de um corpo humano enquanto conversa comigo? (Sim) Este é o corpo que você escolheu, que chamamos de Linda?
L: Sim, mas há uma desconexão com o corpo. Há uma divisão dentro do corpo. Existe o corpo – a Linda física – e existe a essência dos outros durante toda a vida de Linda. Portanto, não há um corpo físico completo. Houve uma entrada e saída do corpo, mas isso foi pré-planejado, para permitir que o corpo sobrevivesse à existência. Se me fosse permitido ser apenas o corpo físico, eu não poderia ter sobrevivido intacta.

Houve casos semelhantes relatados em outros livros do Convoluted Universe. Às vezes, o espírito assume muito, e as circunstâncias da vida são maiores do que a pessoa pode suportar. Nestes casos, permite-se que outro aspecto entre e assuma as responsabilidades (especialmente as ligações cármicas com os outros). Às vezes, o aspecto original e o novo trocam de lugar ao longo dos episódios traumáticos da vida. (Veja os outros livros do Convoluted Universe para explicações sobre as lascas e facetas da alma original.)

D: Está tudo bem se você continuar respondendo às perguntas ou precisamos chamar o subconsciente? O que você acha? Você pode continuar me contando o que está acontecendo?
L: Sim, eu posso fazer isso.
D: Eu imaginei que sim. Mas ela escolheu esta vida, não foi?
L: Absolutamente.
D: Era para ser tão difícil?
L: Sim. E poderia ter evoluído de maneira ainda pior.
D: Poderia?
L: Sim.
D: Parecia muito ruim pelas coisas que ela estava me contando.
L: Sim. Ela decidiu experimentar tudo para não ter que ficar voltando.

Pareceu-me que ela realmente "encheu o prato", e a carga pesada teria quebrado uma pessoa comum. Então, Linda estava longe de ser comum. Ela era um ser humano excepcional, por ser capaz de lidar com tudo o que havia acontecido com ela. Discutimos algumas de suas relações familiares, e ela foi informada de muitas das situações cármicas que vinha resolvendo. "Em todas as vidas com o planeta, os propósitos são os mesmos. É por isso que ela sobreviveu a tudo, e foi assim que ela sobreviveu onde outros não sobreviveriam. Agora é hora de liberar a culpa do que ela trouxe para o plano da Terra nos estágios iniciais, porque isso foi pré-ordenado. Isso fazia parte do plano. E estamos incentivando sua determinação em construir os recursos para o trabalho que tem pela frente, para que nem tudo seja perdido."

D: *Qual é o propósito dela? O que você quer que ela faça a seguir?*
L: Seu propósito é ajudar o planeta a aliviar a pesada carga que carrega. Seu propósito é mudar as vibrações dentro dos outros e dentro do planeta. E o objetivo dela é compreender por que teve essas experiências, porque o corpo dela, como você sabe, é igual ao da Terra. Seu corpo é como um transformador. Ela absorve a negatividade — para usar esse termo — e a transforma em pureza. Ela precisa se fundir à Terra para poder transformá-la. Agora, ela pode fazer isso sem pensar. Precisa aceitar que deve parar de usar "camisas de cilício".

Essa é uma referência bíblica. Era uma vestimenta de tecido áspero feita de pelo de cabra. Era muito desconfortável e usada como forma de penitência ou autopunição.

D: *O que você quer que ela faça para ajudar as pessoas?*
L: Que respire... que permita que a respiração flua porque, como você sabe — e nós sabemos que você sabe disso — a respiração é a conexão com a Fonte. Ela precisa parar de prender a respiração e ajudar os outros, porque, como vocês sabem, prender a respiração aprisiona o medo. Ela deve ajudar na liberação do trauma, do medo e da dor. Ela está aqui para ajudar o planeta a respirar. E, como as pessoas pensam com a consciência, ela precisa se conectar com elas por meio da consciência e mudar isso. Você entende?

D: *Há algo em particular no qual vocês querem que ela se concentre?*
L: Queremos que ela se concentre em si mesma. Que se concentre em quem ela é por dentro. Ela passa muito tempo olhando para fora.

Ela se vê sem importância e, por isso, foca na importância externa. Gostaríamos de dizer a ela que tudo começa por dentro. E, por dentro, nada precisa ser feito, porque assim como é dentro, é fora. Portanto, ela não precisa procurar ativamente, pois, ao adotar esse modo ativo de pensar, fica presa no consciente — e então volta ao corpo.

D: *Ela fica presa no carma, na família e tudo mais.*

L: E então, quando ela se levantar desta cama, terá deixado para trás a necessidade de fazer qualquer coisa. Ela só precisa ser. E ela percebeu essa expansão acontecendo dentro dela, esse calor aumentando, e está tentando conter isso. Mas está explodindo para surgir. Ela está grávida do novo, de possibilidades, e precisa dar à luz isso. Caso contrário, aquele bolsão começará a explodir ali, pois há crescimento acumulado ali. (Referência ao crescimento canceroso descoberto pelos médicos)

D: *Sim. Está querendo liberar a energia. Ela quer sair e criar. Isso faz todo o sentido.*

L: E ela deve abençoar seus filhos e seu ex-marido, porque eles fizeram parte dela na criação de seu propósito de ser.

D: *Mesmo que tenha sido doloroso.*

L: Uma ilusão. É um jogo, sim?

D: *Vivemos em uma ilusão. Estamos presos em uma ilusão, e parece muito, muito real.*

L: Quando alguém entra no corpo físico, esquece. E, na vida em que ela teve esse símbolo (a pedra), foi para lembrá-la visual e profundamente do propósito. É muito fácil esquecer, quando se entra nesta energia densa.

D: *Agora ela pode perceber que toda a dor que sofreu teve um propósito, e ela não precisa mais se agarrar a isso.(Correto) Ela pode usar essas experiências para ajudar outras pessoas. Isso é uma boa ideia?*

L: Absolutamente! De que outra forma ela teria aprendido por que as pessoas são como são? E nós lhe dizemos que muitos no planeta passam por abusos. Você verá que, nesta época e lugar, a maioria daqueles que têm um propósito para o planeta escolhem origens disfuncionais, pois formulam o que precisam vivenciar. E, uma vez que encontram a saída ou enxergam a saída, é muito fácil erguer os outros. E é por isso que ela disse, quando estava no topo da montanha tentando puxar os outros: "Você não pode educar os outros. Você apenas aceita e está com eles. E a vibração do não dito é o que eleva, dá e cria para eles um ambiente seguro para realmente serem movidos". E com ela apenas estando naquele lugar de ser, trabalhamos nisso para acessar outros.

D: *Você acha que ela esqueceu seu propósito quando encarnou?*

L: Sim e não. Durante toda a sua vida, ela recebeu ensinamentos e lembranças internas. Mas, no plano físico, teve muito que enfrentar — e ela sabe disso. As únicas vezes em que está realmente presente no corpo é quando sente atividade física ou dor física. Sua dor foi intensificada para mantê-la no corpo. Quando sente dor, torna-se fisicamente consciente.

D: *Uma coisa que vocês querem que ela faça é liberar essas pessoas da sua vida. (Sim) Ela não pode fazer mais nada em relação ao marido e aos filhos. Esse não é mais o trabalho dela, certo?*

L: (Alegremente) E ela conversa diariamente com eles do outro lado.

D: *Então, ela não os perdeu. Apenas estão se comunicando de uma maneira diferente.*

L: Vamos trabalhar um pouco na religação do cérebro, para ajustar isso para ela. Reconectar de forma diferente e sincronizar algumas coisas que foram desconectadas com um propósito.

D: *Ela notará alguma diferença?*

L: Ah! Você notará uma diferença. (Risos) Você verá nos olhos dela e a sentirá quando ela se levantar.

D: *O principal, e sei que você vai concordar comigo: nunca fazer mal à pessoa... sempre com amor.*

L: Esse é o juramento que ela mencionou ao escrever, que deveria trazer à lembrança física: nunca causar dano. Veja bem, dadas as circunstâncias de sua vida, ela poderia ter feito mal, mas ela sabia... nada de mal. Apenas absorveu tudo — e transformou, nos lugares apropriados.

D: *Você pode nos contar como está religando o cérebro? Estou sempre interessada.*

L: Se você pensar em estradas com bloqueios, por exemplo, em algumas ruas — eles bloqueiam e forçam o fluxo a seguir apenas em uma direção. Estamos liberando esses bloqueios para criar "mão dupla", digamos assim. E também estamos "recauchutando" áreas desgastadas. Estamos consertando e liberando todos os caminhos, abrindo para a capacidade plena. Estamos trabalhando especialmente na parte de trás do pescoço. A dor que ela sente na nuca e nas omoplatas — ela acha que tem a ver com flexibilidade, mas diríamos que foi fechado para permitir que as experiências ocorressem. É como um acúmulo de energia, e agora estamos abrindo esses caminhos. E, dentro da conexão na parte de trás do pescoço, estamos ligando ao centro, para reabrir a coroa e a testa.

D: *O terceiro olho?*
L: Sim. Assim, ela não precisará mais duvidar de si mesma nem olhar para fora, mas estará livre para olhar para todos os lados. Estamos alongando entre as omoplatas, já que tudo foi compactado. É aqui que ela sente a distorção nas costas, porque tudo foi comprimido, e tudo que deveria estar se expressando foi bloqueado internamente.

D: *E quanto aos crescimentos sob o seio?*
L: Isso é um acúmulo de energia dizendo: "Preste atenção!" Veja, ela tem estado desconectada do corpo. Ela rejeitou o próprio corpo. Por isso, estamos refazendo seu corpo como um lugar seguro. Um lugar amoroso para se estar.

O SC descreveu, então, como iria remover o crescimento: "Vamos derretê-lo e nivelá-lo para uma saúde normal. A energia que ela vem acumulando está sendo liberada." Eles me disseram, muitas vezes, que, ao trabalharem em casos semelhantes, dissolvem ou absorvem tumores e tecidos, permitindo que sejam eliminados do corpo com segurança. Afirmaram que era isso que estavam fazendo. "À medida que derrete, ele volta para o lugar de onde veio. E absorver é uma boa palavra. — Sugerimos que ela faça um jejum para permitir que a desintoxicação do rompimento flua."

D: *Por jejum, você quer dizer que não quer que ela coma nada por um tempo?*
L: Não. Apenas sucos de frutas... frutas... muita água.
D: *Por quanto tempo?*
L: Cinco dias.
D: *Cinco dias de jejum de frutas. Acho que você chamaria assim.*
L: Sim. Isso mudará o que rompemos. E parte do suor que ela sente é o calor por todos os poros, enquanto o corpo tenta liberar. Houve

uma resistência nela e em seu corpo. Ela notará uma diferença imediatamente.

D: E a área do abdômen? Ela tinha um inchaço ali.

L: Sim. Ela usa a palavra "grávida". (Ela disse que era semelhante à sensação de quando estava grávida.) Você pode dizer que ela estava grávida de energia. E este é o seu corpo sendo usado para chamar atenção, para jogar essa energia para fora, em vez de acreditar que não é capaz. — Ela está travada em uma batalha com os filhos e consigo mesma. E verá que, dentro de sua libertação real, libertará seus filhos para irem até ela. Porque, dentro de cada situação, há um presente dado em troca. Nunca trabalhamos com ninguém para dizer: "Tudo bem, você deve sofrer por sofrer." Não. É como o diamante sendo formado pelo fogo. Há um presente nisso. Então, ela realmente atrasou o processo, criando a energia para que eles ficassem afastados. Agora, eles estão livres para retornar, e ela está livre para liberar. — Este berço do útero, ela carregou e sentiu profundamente, mas isso é anterior a esta vida. São eras e eras carregando a culpa. Queremos que este ser perceba que, ao fazer parte da formação do planeta e ver o que quer que esteja ocorrendo, isso está pré-ordenado. Não há culpa que ela precise carregar por nada que tenha feito porque, como você sabe, é um jogo.

D: Isso é o que eu digo às pessoas: é um jogo. Falei com pessoas que disseram que estiveram lá para a formação da Terra. Ela também é uma delas? (Sim) Ela está aqui há muito tempo.

L: Sim. Ela é dos seres junto com o Ciclope... um olho.

D: Bem no começo da Terra?

L: Sim.

D: Então eles eram reais, e não lenda?

L: Sim. Eles eram muito reais. E ela carrega aquele fio de culpa que é apresentado quando está no corpo físico.

D: Por que houve culpa associada ao Ciclope?

L: Olhe para o planeta. Veja a doença. Veja as dores da Mãe. Sim, mas é proposital. — E então, ela foi pega nesta dualidade de sentir sua grandeza e sentir-se humildade.

D: Sempre pensamos que os Ciclopes eram contos de fadas.

L: Sim?

D: Mas me disseram que toda lenda tem uma base de verdade.

L: O corpo está sentindo o calor, e o calor era para chamar a atenção dela... para prestar atenção no corpo com quem estamos falando... escuta, escuta, escuta.

D: Bem, ela tinha outra pergunta. Ela encontrará um parceiro?

L: Sim. Ela, primeiro, precisa ser parceira. Obter o equilíbrio entre esquerda e direita. (Risos.) Porque, agora, ela sente que está procurando outra pessoa para fazer isso por ela. Caso contrário, será puxada de volta... Você tem que ver por si mesmo... fundir-se. (Muito forte.) Olhe para dentro! Você entende? — Estamos dizendo a ela para olhar para dentro... entrelaçar esse DNA... fundir a esquerda à direita. Encontrar sua totalidade dentro de si. Então, atrair o ser, porque assim ela atrairá alguém que não precisa consertar. — Chegou a hora. Temos trabalho para ela. E, quanto mais ela se escondia... nenhum trabalho podia ser feito. Ela vai se ver mudando aos trancos e barrancos. Você entende os trancos e barrancos? Então, eles serão a liberdade de movimento que ela tem restringido. Agradecemos com muita alegria e os abençoamos.

D: Então, você terminou de trabalhar no corpo?

L: Sim. E continuaremos nos próximos dias, no estado de sono. Primeiro, fizemos o cérebro para que ela não derrotasse seu próprio propósito através da consciência. Mudamos a consciência.

D: E você quer que ela coma frutas rapidamente para tirar tudo isso de seu sistema?

L: Absolutamente. E veja, ela sabia que algo estava por vir, então, ontem à noite, ela comeu muitas coisas que não tinha permissão para comer. (A turma riu alto disso.)

D: Mas você vai cuidar do corpo dela a partir de agora?

L: Absolutamente. Este é um corpo que amamos; trabalhamos por ele. Mas ela está atrasando o trabalho.

Expliquei que reconheci, pela voz, que estava falando com a parte que conhecia. Também expliquei que estava tentando mostrar aos outros como contatá-los.

L: Eles vêm até você, mas a gente fala para eles: "Você já tem dentro de você o que a Dolores tem. É só aceitar isso." E àqueles que estão preocupados com o curso avançado... Hmmm. (A turma riu.) Nós vamos avançar vocês! Nós os ajudaremos!

Mensagem de despedida: O amor que você procura está dentro de você, e nós a cobrimos continuamente de amor. Abra seu coração para sentir isso. Não pense que o amor tem que vir através dos seres e dos pequeninos. O verdadeiro amor vem da Fonte, e o verdadeiro amor é derramado através de você. Não procure mais. Sinta-o dentro de você e saiba que estamos sempre com você. Você nunca está sozinha... nunca. Nós nos curvamos à sua grandeza. Nós nos curvamos à sua dedicação. Nós os elevamos, então não leve nenhuma tristeza adiante. Não existe tal coisa. (Com muita ternura) Nós amamos você.

D: Isso é tudo que você quer dizer?
L: Ah? Temos mais tempo? (Risos.) Diremos que amamos a todos e que tudo o que está neste espaço e tempo está destinado... sim... todos vocês estão sendo chamados a avançar neste momento, porque tudo é para vocês também. Portanto, siga adiante sabendo que, ao se levantar do seu assento, você deixou para trás aquilo com que está em paz. E nem se preocupe em querer decifrar o enigma. Apenas aceite que é assim. Nos veremos nos seus sonhos.

A vida de Linda mudou drasticamente assim que a sessão terminou. Mesmo no caminho para casa, ela se sentiu feliz. Antes, temia ir para uma casa vazia. Então, pensou: — Ah, sim, meu cérebro foi reconectado!

Capítulo 11
ACUMULADOR DE INFORMAÇÕES

Cathy entrou na cena e tentou descrever um ambiente estranho: "Vejo formações lisas no chão. São quase como rochas, mas não são rochas. Não sei como chamá-las. Não tenho um nome para isso. É como uma grande rocha arredondada. Sinto que é escorregadia ou brilhante. Não é pontiaguda nem áspera. É muito lisa e tem muitas camadas. Não é uma peça única. São muitas peças, formadas juntas. — Ainda não fui ver o restante do lugar. Sinto que há muito mais do que consigo ver." Então, ela viu um edifício, uma cidade à distância.

C: Tem telhados pontiagudos, como cubículos de gelo, mas voltados para cima e se projetando em todas as direções. Alguns são planos e parecem feitos de gelo.

D: Da cor do gelo?

C: Não, são transparentes. Parecem cinza e branco, mas à distância parecem feitos de gelo. É um grande aglomerado de prédios altos. São estranhos, porque se estendem para os lados e, no meio, também se elevam. Pontas para cima e para os lados, de forma irregular. Edifícios estranhos. De longe, é curioso porque estão no meio do nada, neste espaço vazio, e não há mais nada. Parece que está apoiado em uma colina, ao lado de uma colina ainda maior.

O mais curioso sobre esses edifícios é que não há um padrão. São muito irregulares. Como se um degrau pudesse estar aqui ou ali. Quando alguém os construiu, foi desse jeito. Não é organizado. Talvez essa seja a forma deles de se organizar. Não sei. Você nunca sabe o que esperar quando olha para um dos lados do edifício, porque não é algo que se espere de um prédio.

Ela não tinha certeza se morava naquela cidade ou não. Era muito estranha e desconhecida. No entanto, concordou em entrar para explorá-la.

C: Tenho que passar pela entrada da cidade, porque há um portal específico que se deve atravessar. Quando se entra, é uma cidade, mas está vazia. Tem ruas, e elas são feitas do mesmo tipo de material gelado. — Sinto que preciso subir em uma torre. Chamo de torre porque há uma escada em espiral, e você sobe, sobe e sobe. Acho que cada um tem sua própria torre para subir. — O topo é aberto, e posso ver muito, muito longe. No topo da torre não há um cômodo. É aberto. É um local de observação, cuja função é observar lugares distantes.

D: *Então não é um lugar para se viver? É um lugar para observar? (Sim) O que você vê quando olha?*

C: Ainda não vejo nada. Mas sei qual é o propósito desse ponto de observação: você pode ver o que quiser. Há algo que você pode controlar ou comandar para ver. Não é um lugar onde você vê aleatoriamente. É preciso sintonizar para enxergar algum lugar específico.

D: *Isso é feito com alguma máquina?*

C: Não vejo nenhuma coisa mecânica. Acho que foi feito com outra tecnologia, ou com a mente, ou algo que não consigo descrever — talvez nem exista aqui. Quando falo em máquinas, não tenho uma palavra para descrever. Em nosso mundo, as pessoas chamariam de máquina, mas não é exatamente isso. É um tipo de método ou tecnologia que pode ser utilizado.

D: *Com a mente?*

C: Sim. Você simplesmente decide. Basta pensar nisso. Mas, por alguma razão, é necessário estar lá para ver as coisas. Você não vai fisicamente, mas pode ver tudo e saber tudo o que está acontecendo. É como se uma parte sua... sua mente fosse até lá. Ou sua consciência inteira, e você pode sentir tudo naquele lugar. Depois, pode voltar. (Algo como um portal, ou talvez uma janela.) — Você coleta informações e as armazena. Tudo é registrado. Tudo é guardado na torre, onde essas informações são recebidas. E acho que depois, essas informações são levadas a outro lugar. Elas reúnem tudo de todas as torres, e então armazenam em outro local. Tudo é armazenado.

D: *Todas as pessoas da cidade fazem isso?*

C: Ainda não sei. Vamos ver. — Há outras pessoas fazendo isso também. — Eu me afasto desse lugar. Não fico lá o tempo todo.

Faz muito, muito tempo que não venho a essa cidade, então não me lembro de muitas coisas.

D: Você precisa comer? Consumir alimento?
C: Não, não consumo alimento.
D: O que você faz para se manter viva?
C: Não faço nada. É o ar. Está tudo na atmosfera. Sou sustentada ali. Nem penso em comer.
D: Então é uma existência fácil, não é? (Sim) O que você faz na maior parte do tempo?
C: Gosto de ir à torre para observar. É uma das minhas coisas favoritas. E, quando não faço isso, viajo para outros lugares para brincar. Posso ir a qualquer lugar. Posso ir a planetas distantes.
D: Como você viaja para outros planetas?
C: Simplesmente vou. Basta pensar que quero ir a algum lugar e estou lá.
D: Você não precisa entrar em nada, como uma nave? (Não, não.) Mas seu corpo é físico, não é?
C: Não. Quando viajo, não estou em meu corpo físico.
D: Como você se parece quando viaja?
C: Pareço energia, mas não sei explicar. É como uma corrente. Como eletricidade na água: você sente a eletricidade, mas não a vê. Viajo assim. Apenas vou.
D: E o que acontece quando você chega ao lugar desejado? Precisa de um corpo físico nesses lugares?
C: Se eu quiser. Se quiser permanecer. Depende do que desejo fazer. Se for só para observar, não preciso de um corpo. Se decidir ficar, posso ter um corpo, se quiser.
D: Se quiser ficar por um tempo e participar?
C: Sim, se eu escolher.
D: Como você consegue um corpo, se decidir ter um? Como muda de uma forma para outra?
C: Leva muito tempo para permanecer em um lugar e ter um corpo, porque é preciso passar por muitas, muitas formas de vida. E por muitos, muitos corpos. Você escolhe um corpo, mas esse não será o único. O que quero dizer é que, se decidir permanecer em um lugar, ficará lá por um tempo muito, muito longo. Pode ser por milhares de anos.
D: Então você não apenas entra e sai?

C: Pode fazer isso, mas, uma vez que decide ficar, permanece por muito tempo. Ou pode escolher não ficar e simplesmente sair e ir para outro lugar.
D: *Isso é apenas observar, não é? (Sim, sim.) Mas se decidir ficar, está comprometida. Tem que ficar mais tempo? (Sim) Há alguém que diga que você deve ficar mais tempo?*
C: Não vejo ninguém me dizendo isso.
D: *Ou dando instruções?*
C: Instruções? Estou tentando descobrir se alguém me instrui. — Bem, a decisão é minha. Se eu decido, é minha escolha. Se decido ficar, tenho que seguir as leis ou regras daquele lugar. E, uma vez que sigo as regras, devo permanecer até que todo o ciclo seja concluído.
D: *Caso contrário, você apenas observa?*
C: Sim, mas sinto que não fico em dúvida. Ou fico, ou vou. Porque ou será muito interessante para mim, ou não será, e então partirei para outro lugar.
D: *Isso foi o que aconteceu quando você estava olhando aquela cidade feita de gelo?*
C: Não. A cidade de gelo é minha base.
D: *Então, quando decide partir, transforma-se nesse corpo de corrente elétrica? (Sim) E, se decidir ficar em outro lugar, ficará longe da sua base por muito tempo?*
C: Sim, eu gosto disso. É uma forma diferente de reunir informações. E, quando retorno, armazeno tudo em um tipo de dispositivo, e tudo fica guardado. Alguém mais virá e reunirá todos os dispositivos, e os levará para outro lugar, para fazer algo com eles.
D: *Então acumular informações é muito importante, não é? (Sim, sim.) Nunca se sabe o que farão com elas.*
C: Você não sabe.
D: *Bem, você sabe que está falando através de um corpo físico?*
C: Agora?
D: *Sim. É assim que você está se comunicando. Você decidiu vir viver na Terra?*
C: Estou aqui para fazer algo. Há mais perigos a serem observados. Existe algum tipo de propósito nisso. Vou observar a Terra e também vou experimentá-la por mim mesma, em vez de apenas

assistir. Esse é um dos trabalhos. É para meu próprio propósito, para que eu saiba como é ter todas as experiências.

D: Uma vez que você decide vir, tem que ficar muito tempo? (Sim) Então você já passou por outras formas de vida?

C: Sim. Por algum motivo, as rochas me vieram à mente. Não sei por quê. A forma de vida de uma rocha. É como se eu tivesse permanecido ali por muito tempo. Fiquei sendo uma rocha... mas já passei por isso. Já vivi isso.

D: O que você aprendeu ao ser uma rocha?

C: Que é bom ser estável, permanecer em um só lugar. Depois, uma borboleta me veio à mente.

D: Como foi ser uma borboleta?

C: Eu vejo como algo muito bonito, quase o oposto da pedra. Então, precisei ir para o oposto. Vou de um extremo ao outro e aprendo com isso. Oposto... tudo é oposto, mas, se eu me mover o tempo todo... as pedras não se movem... e uma borboleta é mais bonita. Uma pedra tem apenas uma cor. E, além disso, uma borboleta passa de lagarta para borboleta. E a lição é sobre transformação, porque você pensa que é uma coisa, mas depois muda para outra. As pedras permanecem as mesmas o tempo todo.

D: Então tudo tem uma lição? (Sim) Mas você teve que passar por muitas formas antes de se tornar humano?

C: Sim. Foi o que pensei, mas não tinha certeza. Não queria dizer isso porque parece muito estranho.

D: (Eu ri.) Nada me parece estranho. — Mas você teve que passar por uma progressão antes de decidir ser humano?

C: Sim, sim. É uma necessidade. É como um ciclo natural. Se você vai aprender, tem que passar por isso.

D: Para ser tudo?

C: Sim, e é por isso que a Terra é tão importante — porque ela lhe dá a oportunidade de passar por tantas formas de vida. Outros lugares são escuros e têm apenas algumas cores. Não são tão coloridos e não têm esse tipo de atmosfera climática.

D: Eles não têm tantas formas de vida?

C: Sim, posso sentir isso. São mais escuros e mais frios. É diferente.

D: Mas cada lugar tem algo a ensinar? (Sim) Mas então você também passou por outros corpos humanos?

C: Sim, passei por corpos humanos. Não creio que tenha passado por muitos outros órgãos, mas por alguns importantes, que me ajudaram a aprender lições. Abrangendo um longo período de tempo.

D: *Então você finalmente decidiu entrar no corpo de Cathy, aquela através da qual está falando agora. (Sim) Por que você escolheu este corpo?*

C: (Respira fundo) Eu escolhi este corpo porque ele é forte. Sempre foi forte e saudável. Não tive problemas com ele na infância. Os genes são bons. Os genes são fortes neste corpo.

D: *Alguém lhe diz o que fazer nessa progressão de forma em forma?*

C: Acho que há alguma orientação. Alguém dá conselhos sábios.

D: *Existe um propósito para entrar neste corpo?*

C: O objetivo deste corpo é ver como o corpo feminino se desenvolve em uma cultura que não oferece muita liberdade. Como me mover através disso e do que é considerado "normal", sendo capaz de enxergar além disso. (Cathy nasceu na China e mais tarde foi para os Estados Unidos.) Todo o propósito deste corpo é... quebrar todos os sistemas que eu percebo. Estarei inserida em alguma coisa e terei que desmontá-la... desconstruir tudo. Ver tudo, depois sair e enxergar a imagem real. É não me conformar com nada e ver se consigo sobreviver. Precisei romper com os pais, com a cultura, com o que todos esperavam de mim, com o que eu mesma esperava de mim. Eu esperava ser pianista — e tudo em que eu acreditava desmoronou. Tudo que meus pais esperavam também desmoronou. Tudo que eu esperava... meu casamento... até meu filho, às vezes, e minha filha. É como se eu estivesse nadando contra a corrente durante toda a vida e me deparando com obstáculos. Essa é a história da vida de Cathy.

D: *O que ela está aprendendo indo contra a corrente?*

C: Estou aprendendo que muitos sistemas de crença prejudicam as pessoas.

D: *Ela está interessada em trabalhar com cristais em sua vida agora.*

C: Sim, ela confia nos cristais, porque eles sempre a ajudam.

D: *Ela tem histórico de trabalhar com cristais em outros corpos humanos?*

C: Ouvi dizer que já trabalhei com eles antes, mas não devo saber disso, porque não querem me contar. Muitas coisas aconteceram em outras vidas, e eu conheço a tecnologia. Sei como funciona, e era boa nisso. Posso fazer isso, mas não devo fazer desta forma. (Confusão.) Tudo o que preciso saber é que não posso fazer assim. Preciso aceitar isso. — Quando ela sonha, no sonho... é quando ela viaja. É quando ela vai ao Conselho. Eles tomam todas as decisões juntos e, às vezes, ela também decide. Sua principal função sempre foi viajar e observar pessoas, acumular informações. E ela ajudará quando for necessário. Ela também dará sua opinião enquanto estiver no corpo. Ela já está fazendo o que deveria fazer. Não acho que precise realmente se preocupar com isso.

Parece que, quando a parte da alma decide se comprometer com uma vida em um planeta específico, ela deve permanecer ali por muitas e muitas vidas, a fim de completar o ciclo — a ordem da progressão. Isso significa que deve experimentar todas as formas de vida, das mais simples às mais complexas. E, como disse Cathy, uma vez assumido esse compromisso, você estará sujeito às regras que foram estabelecidas naquele planeta ou sistema.

É por isso que a lei do carma prevalece na Terra. Você deve seguir as regras do local que escolheu para vivenciar. Mas, por causa da amnésia necessária, você comete erros e não consegue progredir até que o carma acumulado seja compensado. Esse tem sido o problema da Terra: muitas almas estão presas na roda do carma e não estão progredindo — apenas girando e girando.

Essa é uma razão válida para que uma alma escolha ser uma observadora — para ajudar sem se envolver no ciclo. Elas vêm para assistir e ajudar, depois seguem para a próxima tarefa. Fui informada de que essas almas puras e gentis vêm para esta vida com um invólucro, uma espécie de cobertura ao redor de si, para evitar o acúmulo de carma. Isso serve para impedir que fiquem presas aqui. Pois, uma vez iniciado o ciclo do carma, precisarão retornar continuamente para anulá-lo. Elas não querem ficar presas — apenas desejam cumprir sua missão e ir embora.

Muitas dessas almas gentis decidiram, já que viriam para cá, por que não experimentar tudo o que for possível sobre a condição humana? Isso pode ter sido um grande erro, em algumas ocasiões, mas, em sua inocência, elas não perceberam. Em meus livros, há casos relatados em que a alma disse, essencialmente: "Vamos lá! Deixa comigo! Quero experimentar tudo!". E acabaram vivendo uma vida horrível, na qual tiveram que passar por todas as coisas terríveis que um ser humano pode fazer a outro. Não tinha nada a ver com carma — elas apenas pediram para experimentar, para saber como era, e ter a informação para relatar.

Outro tipo não escolheu as experiências físicas horríveis, mas sim as emocionais. Quiseram vivenciar todos os tipos de emoção em seu estado extremo, para saber como era. Muitas dessas almas gentis assumem muito mais do que podem suportar — e o conhecimento fornecido por essas sessões pode ajudá-las a encontrar uma forma de sair da confusão que criaram em suas vidas. Assim, a maioria das almas na Terra fica presa no ciclo até completá-lo. Os voluntários, ou observadores, não ficam presos (a menos que tomem o caminho errado e acumulem carma). Estão aqui em uma missão específica e são livres para observar outros lugares assim que seu trabalho aqui termina.

Há informações mais detalhadas sobre isso em meu livro As Três Ondas de Voluntários e a Nova Terra.

Capítulo 12
CARREGANDO CULPA

Amanda falou sobre sua vida com uma mãe controladora e exigente. Saiu de casa muito jovem e vivia um casamento feliz. Chegou ao meu consultório em uma cadeira de rodas, embora conseguisse andar com algum apoio. Eu sabia que teríamos vários assuntos a abordar na sessão.

Amanda acabara de morrer ainda criança, de uma doença contagiosa que varrera a aldeia onde morava.

D: *O que você sente que vai fazer agora que está fora do corpo?*
R: Vejo que estou sendo atirado por esse túnel e vou voltar para a escola de onde saí antes.
D: *Antes de você entrar no corpo daquele garotinho?*
R: Sim, vou voltar para a escola.
D: *Como é essa escola?*
R: Conheço todo mundo que está lá, e também reconheço pessoas que conheci em outras escolas. Alguns deles estão se juntando a mim nesta turma, que estou acolhendo com satisfação. E há pessoas que não conheço, e que estou conhecendo agora. A escola está se ampliando, o que, para mim, foi uma surpresa. Ficou maior do que antes e, por isso, é algo feliz. Voltar à escola é sempre um momento feliz.
D: *O que eles te ensinam naquela escola?*
R: Muitas coisas diferentes. Sabe quando algo vem até você e você tenta afastá-lo? Estou aprendendo que não preciso eliminá-lo, porque fui eu quem o trouxe, quem causou isso. E não preciso ter medo de nada, nem lutar contra. Não é preciso responder na mesma moeda. Tudo isso foi uma grande lição para mim. Você

não precisa se defender, e, se alguém estiver planejando lhe causar mal, pode simplesmente deixar isso passar por seu corpo — e isso não vai te tocar. Você não precisa lutar contra. Se houver agressão vindo até você, pode simplesmente deixá-los fazer isso. Passará por você como a energia atravessa uma parede que não existe, e, portanto, você não precisará afastá-la. Você não precisa responder, porque isso realmente não o toca, pois está vibrando em um nível mais elevado de compreensão.

D: *O que mais eles estão ensinando a você?*

R: A seguir os sons da música e os fluxos, a flutuar na corrente sonora e deixá-la entrar. A quebrar a corrente sonora dentro de si e se tornar a corrente sonora. Não há limites nem barreiras, exceto as que criamos. Estou aprendendo que não existe barreira — eu as crio — e, por isso, escolho não tê-las. Elas não estão lá, e realmente nunca estiveram. Apenas pensei que estivessem.

D: *Então as correntes sonoras são importantes?*

R: Ah, sim. Som e luz, e a corrente luminosa, é claro.

D: *São essas coisas que você pode encontrar na Terra?*

R: Ah, sim... em todos os lugares.

D: *Estou curiosa para saber o que eles querem dizer com "correntes sonoras" e "correntes luminosas".*

R: É tudo, basicamente. É a totalidade. É tudo. É a corrente.

D: *Então você será capaz de identificá-las quando estiver em um corpo físico? (Sim) O que você faz com as correntes sonoras e as correntes luminosas quando se torna consciente delas em um corpo físico?*

R: Você as aproveita. Você navega e curte as correntes sonoras. Você curte a luz. Você é ensinado pela corrente sonora. Aprende tudo por meio da corrente sonora e da frequência vibratória. Aprende e é nutrido. Você realmente pode viver da luz — ela pode ser seu alimento. Sua alimentação. Você não precisa comer mais nada, exceto a corrente sonora e o raio de luz. A menos que queira, não precisa de mais nada.

D: *Isso é notável.*

R: Realmente, você não precisa.

D: *Você pode existir assim?*

R: Sim, porque esse é o verdadeiro alimento completo. É isso. Essa é a totalidade.

D: Então, quando eles estão ensinando você na escola, como sabe quando é hora de voltar ao físico?
R: Você sente como se fosse puxado para trás, como se flutuasse para trás.
D: Você pode aprender tanto lá... por que simplesmente não fica direto?
R: Se lhe pedirem para se tornar professor, você permanece lá. Se puder transmitir o ensinamento e for necessário que fique, então você fica — porque não sairia de onde é necessário. Mas recuei muitas vezes porque precisava aprender mais.
D: Então, quando estiver pronto, você volta para um corpo físico?
R: Sim, e foi o que fiz.
D: Você disse que se sente puxado para trás?
R: Não é realmente um puxão. Você sente essa atração. É como cheirar uma rosa. Você conhece o cheiro e apenas o segue. Você tem essa necessidade de seguir esse perfume. Sabe que pode optar por não fazer isso e ficar onde está, mas sabe que é uma coisa boa que precisa fazer. Ninguém te puxa para lugar nenhum. Nunca há força. É um chamado: "Você gostaria disso agora?" É mais ou menos assim. Acho que é um convite. Mensageiros vêm e convidam, se você quiser vir — ou você fica, se decidir não ir.
D: Você acha que aprende mais rápido indo para a escola ou indo para o físico?
R: Acho que, nesta vida que fui, escolhi ir porque sabia que aprenderia mais. Aprendi mais e, quando voltei, quando cheguei em casa, vi que entendia mais. Minha consciência foi ampliada. Fiz mais e encontrei mais pessoas quando voltei para a escola aqui.
D: Então você pode aprender em ambos os lugares. Você foi autorizado a entrar no plano físico em momentos diferentes. (Sim) — Você está ciente de que está falando através de um corpo físico neste momento?
R: Parte de mim fala através do corpo físico.
D: Você sabe por que escolheu entrar neste corpo físico que se chama Amanda?
R: Ah, sim, sim. Principalmente porque ela vai trabalhar com espiritualidade novamente. Há uma tapeçaria que Amanda está entendendo agora e com a qual está entusiasmada. E essa é uma das grandes mensagens que ela trará às pessoas nesta vida: como

você percebe a tapeçaria? Ela discutirá isso de uma forma que talvez as pessoas entendam. Mas há muita coisa que as pessoas não vão entender. Ela entende um pouco do que realmente é aquela tapeçaria. É uma energia vibrante, está viva, sabe tudo, é claro, e está muito consciente de tudo. Nós somos a tapeçaria. Não há separação. Acontece que pensamos que estamos separados. Então, essa é realmente a grande consciência: entender, primeiro, que existe uma tapeçaria; segundo, que você não está separado dela; e, terceiro, tornar-se plenamente consciente da tapeçaria. Estar ciente dela. É a consciência total. É todo o ser.

Há muitas informações sobre a sala da tapeçaria no livro Entre a Morte e a Vida. Ela foi visualizada como uma enorme tapeçaria localizada no complexo do Templo da Sabedoria, no lado espiritual. Dentro deste templo estão localizadas a grande biblioteca, a sala de cura e muitos outros locais de aprendizagem. A tapeçaria é representativa de toda a vida. Cada ser humano vivo é representado como um fio nessa tapeçaria, que é descrita como se respirasse e ondulasse. Porque todos os fios estão entrelaçados, mostra que, embora sejamos um, também fazemos parte do todo — do Todo. Não há separação.

D: *Por que ela escolheu vir para esta vida? Ela fez um plano?*
R: Sim. Na verdade, ela teve que terminar alguns erros, alguns carmas, e está trabalhando nisso — e está praticamente no fim de tudo isso.

Eles explicaram o carma entre Amanda e sua mãe, e como isso foi resolvido.

D: *Por que o corpo físico dela está tendo problemas?*
R: Culpa. Ela sentiu culpa. A irmã dela está doente. Ela se sentiu mal por estar se permitindo ser livre, enquanto sua irmã aceitou o fardo do que a mãe queria. E, quando a irmã adoeceu, Amanda não morava com a família. Ela estava tendo uma vida maravilhosa, e então se sentiu horrível. Culpada pelo fato de ter fugido, e sua irmã não.

Sua irmã desenvolveu EM (Esclerose Múltipla). Quando Amanda começou a ter problemas nas pernas e nas mãos, os médicos suspeitaram de esclerose múltipla, mas os exames não confirmaram a doença. Então, por culpa, Amanda estava imitando a doença da irmã de maneira muito realista.

R: Realmente não foi culpa dela — mas a culpa não é real. A culpa não é real.
D: *Porque a irmã dela fez seus próprios planos... suas próprias decisões.*
R: Certo... certo. Então, ela deveria deixar isso de lado, porque isso não é real de qualquer maneira. Na vida passada, foi-lhe mostrado que o menino duvidava de sua habilidade. Foi ele quem se conteve. E esse é o problema nesta vida: ela está novamente se contendo, com a culpa da irmã. Ela adquiriu empatia nesta vida e, então, sente a empatia de outras pessoas e assume isso. E sente isso com sua irmã. Ela sentiu a culpa de: "Por que tenho tanta sorte, quando ela não tem?" E então assumiu isso. Ela precisa superar tudo isso. Não criar essa empatia. Quero dizer, você pode ser empático, mas não precisa sentir a culpa.

Quis então que o SC trabalhasse nas pernas da Amanda. O SC disse que ela precisava interromper os medicamentos que tomava. Disse que ela estava se esquecendo de tomá-los na maior parte do tempo, de qualquer maneira. "Eles" estavam ajudando-a a esquecer. Ela estaria andando novamente.

D: *Que tal desistir da cadeira de rodas?*
R: Estamos trabalhando com ela, e não se preocupe. Ela saberá. É como uma criança que começa a andar e, de repente, se senta e acha que não consegue mais fazer aquilo. Mas, no momento seguinte, diz: "Eu posso!" Nós mostramos a ela. Ela estava dirigindo um carro sem nenhum problema, e parou totalmente. Nós a surpreendemos, e agora ela não tem problemas. Ela pode dirigir. Até o Natal, estará usando a bengala — e não mais a cadeira de rodas. Isso acontecerá se ela liberar a culpa.
D: *Dizem que há um descolamento de retina no olho esquerdo. Você pode consertar isso?*

R: Acho que podemos. Somos muito bons em tudo. (Risos) Ela não queria ver o que estava acontecendo em sua vida. No momento, está trancado porque ela pensa que está trancado.

D: *Eu vi você fazer milagres. Você pode consertar a retina?*

R: Acredito que vou trabalhar nisso agora. Estaremos puxando os raios de luz e costurando. Vamos começar a costurar. — Na verdade, tudo o que trabalhamos é energia luminosa e som. — Ela era muito saudável antes. Isso acontecerá novamente. Ela também carrega muita culpa, você sabe... porque teve outras vidas em que fez algumas coisas ruins... todos nós fazemos. E ela realmente não quer mais esse carma. Gostamos do fato de ela ser muito cuidadosa agora, porque algumas de suas antigas encarnações são realmente memoráveis.

Mensagem de Despedida: Haverá um grande momento antes do final do ano, e não tenha medo se sentir um verdadeiro impulso para sair do corpo. Vá em frente, porque vamos levá-la a um lugar grandioso — e você realmente vai gostar. Apenas vá. Na verdade, não é uma tentativa. Chegou. Ninguém nunca vai a lugar nenhum, lembra? Eles simplesmente voltam

O Universo Convoluto, Livro Quatro

Capítulo 13
MUDANDO O PASSADO

Mônica se viu no corpo de um homem mais velho (cerca de 50 anos), vestido com roupas simples e indefinidas, de cabelos e barba despenteados, castanhos, parado sobre a areia árida. Ele carregava nas costas uma sacola que continha alimentos e estava apenas caminhando em peregrinação por um ambiente desértico. Anunciou, tristemente: "E não tenho expectativas de que irei sobreviver".

Ele começou a chorar: "Sinto que falhei. Sinto que decepcionei todo mundo. Parece uma autoimposição, um exílio. Como se eu tivesse me retirado porque não era bom o suficiente. Falhei e, então, fui embora. Vou em peregrinação para absolver meus pecados".

D: Outras pessoas disseram que você falhou?
M: Isso não importa. Eu sei que falhei. Não posso viver comigo mesmo.
D: Todos cometemos erros, não é?
M: Sim, mas eu não devo. Sou aquele a quem as pessoas recorrem em busca de sabedoria — e falhei.
D: Você morava em algum lugar por ali?
M: Eu não era de lá. Eu "vim" para lá. Fui enviado para lá.
D: Era uma cidade ou o quê?
M: Não era uma cidade. Era um lugar para onde as pessoas vinham, não muito longe da cidade. Havia alguns outros lá que me ajudavam.
D: Que tipo de sabedoria você oferecia às pessoas?
M: Como plantar, como ter uma vida melhor, como conviver, como ver as coisas de forma diferente e como estar mais no coração. Era simples.
D: Todas essas são coisas boas. Alguém te treinou para fazer isso?
M: Sim. Fui enviado de longe. Quero dizer, de "cima". — Estou tentando ver de onde vim... Apenas sinto que fui enviado para lá, mas não tenho uma ideia clara de quem me treinou.

É claro que minha curiosidade não permitiria que essa fosse a única resposta. Levei-o a regredir para ver o lugar de onde viera com a sabedoria.

M: Templos brancos e água azul. (Ele ficou emocionado.)
D: *Conte-me sobre o lugar. Parece lindo. Alguém te treinou lá?*
M: Isso é tudo o que eles fazem lá: treinar. Eles treinam você para qualquer coisa que precise fazer. E então fui treinado para isso. Era como uma universidade.
D: *Você já estava lá há muito tempo?*
M: Parece um lugar muito bom para se estar, e eu não sei há quanto tempo estou aqui.
D: *Então, durante seu treinamento, você aprendeu tudo o que precisava saber...*
M: Aí, eles me deixaram no local.
D: *Como eles te deixaram?*
M: Em uma nave espacial ou em um merkabah, ou veículo. Havia um piloto, e ele me transportou para este lugar. Era como uma esfera de ouro, ou uma pequena aeronave, grande o suficiente para o piloto e eu. Ele me levou até este lugar, neste planeta, e é como se estivessem me esperando. Ninguém teve medo. Eu caminhei até lá. É quase como se eu fosse uma substituição, como se houvesse alguém lá antes, e então eu devesse ocupar o lugar do outro.

As pessoas sabiam que ele estava vindo, então o acolheram.

M: Eles procuram orientação. Eu também curei.
D: *Como você fez isso?*
M: Segurando-os. Eu apenas os segurava, e as energias se encarregavam de curá-los.
D: *Parece que você estava cheio de amor por essas pessoas. (Sim.)*

Ele gostava muito de ajudar as pessoas e era feliz naquele lugar, mas algo aconteceu que mudou tudo. Fiz com que ele avançasse, para que pudesse olhar novamente e me contar o que havia ocorrido.

M: Um homem veio... um homem grande e furioso.
D: *Por que ele estava com raiva?*

O Universo Convoluto, Livro Quatro

M: Não sei. Tudo o que vejo é essa escuridão. É quase como se uma energia negra tivesse entrado na morada onde eu estava. E eu não consegui acalmá-lo nem controlá-lo. — Ele queria me matar.
D: Por que ele iria querer te matar? Você estava fazendo coisas boas.
M: Ele odiava isso.
D: Como ele soube sobre você?
M: Todo mundo sabia. Não era um segredo.
D: Então ele decidiu que queria te matar? (Sim.) O que aconteceu, então?
M: Eu disse a ele que ele não poderia.
D: Você sabia que ele não seria capaz? (Sim.) Porque você tem proteção, não é?
M: Sim, mas meu povo não tinha proteção. E ele os matou. Eles não sabiam que eu não precisava de proteção, e se sacrificaram para me salvar. Muitas, muitas pessoas...
D: Você tentou contar a eles?
M: Aconteceu muito rápido. Foi como se um tornado tivesse passado. Ele tinha uma arma, e eles se colocaram na minha frente para detê-lo — e todos foram mortos.
D: Então, o que aconteceu?
M: Eu matei ele! Simplesmente enviei a energia e parei sua força vital.

Ele fazia movimentos com as mãos, como se estivesse puxando energia de cima com uma mão e direcionando-a com a outra.

M: Enviei a energia através de mim e usei-a para matar, em vez de curar. Foi por isso que saí. Meu povo já estava morto, não havia razão para matar aquele homem — e, mesmo assim, eu fiz isso, porque estava com raiva. É contra o protocolo. Eu não deveria ferir outro ser humano, ou qualquer outro ser. É contra o protocolo... (soluçando) É contra o protocolo.
D: Mas foi uma emoção.
M: Eu não tenho emoções. Não é permitido... Não é permitido. Eu sou amor. Eu não sou emoção.
D: A única emoção que você deveria ter era o amor? (Sim.) Você nunca havia experimentado esse tipo de emoção antes? (Não.) Isso seria o oposto total do amor. Mas você sabe que o amor é uma emoção poderosa, e essa outra emoção seria igualmente forte.

M: Sim. E é por isso que fiz aquilo.
D: Você não conseguiu controlar?
M: Eu poderia. Fiz aquilo deliberadamente. Matei aquela pessoa de forma consciente. Foi uma emoção — mas não foi. Eu não consegui parar. Não tenho permissão para ter nenhuma emoção. Eu sou amor. Eu devo pagar. Devo me redimir. Não sei se isso é possível. Isso não deveria ter acontecido. Vai contra todo o meu treinamento e contra tudo o que eu represento.
D: Quando você entrou naquele corpo, parecia um humano? (Sim) Então você assumiu algumas das características humanas?
M: Vou ter que verificar isso... Não sei se fiz isso ou não.
D: Eu estava pensando que, ao assumir algumas das características humanas, essas emoções humanas básicas estariam presentes.
M: Eu deveria superar isso. Esse era o meu trabalho. Eu não consegui viver comigo mesmo. Fui contra o protocolo e contra todo o meu treinamento. Eu falhei. Então, decidi partir para me redimir.
D: Alguém tentou te impedir de sair?
M: Não. Todos ficaram chocados, em luto. Aconteceu muito rápido. Acho que caminhei por muito tempo e, eventualmente, acabei no deserto. Agora estou atravessando o deserto... e não sinto que sobreviverei por muito mais tempo.
D: Então você está se punindo?
M: Sim, eu estou. Estou, sim. Não sei mais o que fazer.
D: Não há ninguém de quem você possa obter conselhos?
M: Com esse ato, cortei minha conexão. A Força... foi cortada. Eu não sou nada. Eu sou sujeira.
D: Então eles não poderiam vir te ajudar de alguma forma?
M: Não. Foi cortado. Foi cortado.
D: Então, não há como você voltar para o lugar de onde veio?
M: Não até que eu possa me redimir. Até que eu possa me reconectar com a Fonte... com a Força. Não pude mais fazer o trabalho como fazia antes, por causa desse corte. Não posso voltar até me redimir.
D: Como você acha que pode se redimir?
M: Não tenho ideia... talvez através da autopunição, do sofrimento.
D: Isso é meio drástico, não é?
M: Fui contra o protocolo. Fiz o impensável. O impensável. Cortei minha conexão com a Força.
D: Mas todo mundo comete erros.

M: Eu não tenho permissão para cometer erros.

Decidi movê-lo adiante no tempo. Ele disse que estava vagando pelo deserto.

D: O que eventualmente aconteceu?
M: Encontrei um oásis... e rezei lá. Orei por redenção. Por perdão. — Mas ele não veio. — Eu não saí de lá. Simplesmente fiquei. Havia água e comida suficientes para minha existência. Sinto que o corpo envelheceu... e morreu.

Levei-o, então, para onde tudo já havia terminado e ele estava no outro lado.

D: Qual você acha que foi o propósito dessa vida?
M: Eu sinto que tomei toda a raiva que aquele homem tinha... o homem que veio à minha aldeia. E a raiva daquele homem ainda está comigo quando olho para aquela vida. Por dentro, sinto uma raiva que não é minha, e não consigo me conectar comigo mesmo... Deixe-me ver... Estou apenas percebendo que há essa energia de raiva em mim, embora eu esteja em espírito. Uma raiva que segurei e abracei para me punir.

D: O que você deveria fazer agora?
M: Quero perguntar à raiva: "Qual é o seu propósito? Quem é você e qual é o seu propósito?" — "Eu sou a morte e você cumpriu minha ordem." — "Você pertence ao homem que eu matei?" — "Sim, era a hora dele."

D: Você era apenas o instrumento, então?
M: Sim. E estou pedindo que o homem e o conselho do homem venham e expliquem se isso é verdade. — E o homem e seu conselho estão aqui e dizem: "Somos gratos a você." — E eu pergunto: "Por quê?" — E eles dizem: "Por proporcionar-lhe uma morte oportuna." — E eu digo: "Foi contra o meu protocolo, contra o meu treinamento, contra tudo em que acredito." — Eles dizem: "Veio do amor." (Ele ficou emocionado.) — E eu pergunto: "Como pode ser isso... como pode ser?" Eu não entendo. Sinto que cometi uma falha no julgamento do protocolo.

D: *Peça que expliquem o que significam. Isso é muito importante para você entender.*
M: Dizem que eu o libertei da energia que estava... eu o libertei de si mesmo. Ele, em um nível inconsciente, não queria continuar machucando as pessoas e não queria continuar acumulando carma. Então, foi como se ele viesse e quisesse que eu o matasse e o parasse — mas não foi consciente. Era o que sua alma queria. E minha alma reconheceu isso, e eu não o culpei pelas mortes do meu povo. Eu não o repreendi, nem o toquei. Eu simplesmente o matei, e presumi que fosse por raiva. Fiz o que deveria fazer, mesmo que fosse contra o protocolo. E não entendo como isso pode acontecer. (Triste.)
D: *Sei que disse ter sido treinado e que isso não deveria ter acontecido. Mas, quando você entra no corpo humano, você fica preso às emoções humanas, porque essas emoções fazem com que as pessoas reajam de maneiras imprevisíveis, para as quais você não poderia estar preparado. E você estava sendo afetado por essas emoções, embora tenha sido treinado para não ser. Então, você não pode se culpar.*
M: Sim, eles estão dizendo que esta era uma possibilidade embutida, então eles sabiam que poderia acontecer. (Como se isso fosse uma revelação inesperada.) Nunca tinha pensado nisso! — "Por que isso não foi explicado para mim durante o meu treinamento? Pensei que estava preparado para qualquer coisa." — "Você não precisava saber tudo. Teria influenciado seu aprendizado, sua missão. Além disso, era apenas uma possibilidade remota, uma lacuna embutida no programa, mas que não se esperava que fosse utilizada. Você deveria aprender com a experiência. Não leve isso ao extremo, se punindo por muitas vidas. Isso não serve para nada e apenas impede seu progresso."

Mônica me contou, durante a entrevista, que já havia feito regressões com outros hipnotizadores, e sempre eram vidas de sofrimento e autopunição. É claro que os outros hipnotizadores não sabiam como levar isso adiante para encontrar a razão do padrão. Portanto, eles não investigaram para descobrir por que ela precisava vivenciar isso. Ela até havia levado esse padrão para sua vida atual e ainda passava por muito sofrimento que parecia desafiar qualquer explicação. Foi por isso que ela estava desesperada para encontrar a resposta.

D: *Às vezes, há forças superiores que assumem o controle.*
M: Sim, existem forças superiores.
D: *E você foi usado como instrumento? (Sim) Eles não te condenam, não é?*
M: Não. Eu me condenei.
D: *Então, você vai ficar aí por um tempo, ou o quê?*
M: Não há necessidade. Agora posso me reconectar. Eu estava conseguindo viver com a dor do que havia feito.
D: *Não há necessidade de carregar raiva ou qualquer tipo de culpa, não é?*
M: Agora não mais. E eu entendo que a redenção não é necessária. Ninguém me puniu... apenas eu mesma me castiguei.
D: *E o homem aparentemente te perdoou.*
M: O homem ficou grato. Ele entendeu. Agora posso continuar com o que devo fazer. De outra forma, eu teria gasto mais vidas me punindo.
D: *Isso não é nada bom.*
M: Foi contra o protocolo e contra tudo em que acreditava. Agora não preciso viver todas essas vidas de dor e sofrimento. Posso seguir em outra direção.
D: *Agora podemos deixar isso no passado. Agora que você percebe isso, não há razão para seguir esse padrão, não é? (Não.) Uma vida totalmente nova pode se abrir agora, não é? (Sim.)*

Considerei isso um avanço gigantesco e recebi excelentes respostas, mas ainda senti necessidade de chamar o SC. Provavelmente já fazia parte da consciência com a qual eu estava conversando de qualquer forma. Surgiu instantaneamente: — Estamos dispostos. Perguntei, então, por que escolheram aquela vida para Mônica ver.

M: Foi direto ao cerne da questão. Ela se pune.
D: *Eu pude ver isso, mas queria ouvir você dizer. É totalmente desnecessário ela se punir, não é? (Sim.) Ela é uma boa pessoa. Tem muitos talentos. Pode ajudar muitas pessoas, não é?*

M: Se ela se permitir.
D: *Ela está guardando essa memória.*
M: E outras. O homem estava se punindo, passando por muitas vidas de punição. O autossacrifício acabou, está finalizado. Ela deveria se entregar completamente ao autossacrifício, e ela o fez com sucesso. Agora é hora de seguir em frente.

O SC explicou que foi por isso que ela escolheu uma infância tão ruim nesta vida e por que teve um casamento ruim. Foi mais autopunição. Agora ela havia finalizado, e era importante que não permanecesse enfiada em casa, isolada das pessoas. Chegara a hora de cumprir seu propósito e ajudá-las. Agora deveria levar alegria aos outros e a si mesma. Deveria ensinar: "Ensinar a estar em divina conexão e apenas na alegria de ser. Ela deve apenas permitir que isso chegue até ela."

D: *Você vai dar as palavras a ela, não vai?*
M: Isso é o que ela sabe: que sempre iremos apresentar o próximo passo para que ela possa transmiti-lo a seus clientes, e assim será.
D: *Você sempre esteve lá, mas ela simplesmente não estava ouvindo você, não é?*
M: Ela ouviu... ela seguiu todos os passos... completou a pista de obstáculos que montamos. Ela se saiu bem. Não seria uma vida fácil; seria uma vida crucial, e a energia necessária deveria ser de magnitude suficiente para atravessar para o outro lado, para o qual ela está se movendo agora. Ela precisava entender isso primeiro. Não poderia ensinar se não entendesse, pois as pessoas que ela instrui precisam saber que ela as compreende.
D: *Ela diz que não se sente confortável perto de multidões.*
M: Cada pessoa que olha para ela a faz lembrar que falhou. Isso mudará com o tempo. Ela sairá mais... não de início. Ela adora trabalhar com animais. Eles são lindos, refletem-na, e ela precisa saber que essa beleza é a sua própria beleza — como um espelho que ela se recusava a ver. Houve muita dor.

Quando pedi ao SC para verificar o corpo de Monica para a cura, disseram: "O corpo sobreviverá. Vai levar tempo para curar." Mas eu sabia que poderia curar mais rápido do que isso. "Ela não espera que isso aconteça." Eu sabia que "eles" só fariam o que fosse apropriado, mas pedi para que escaneassem o corpo e vissem qual seria a coisa mais importante para se concentrar. "Muita energia escura no topo da cabeça que precisa ser eliminada."

D: Isso é o que ela carrega de outra vida?
M: De muitas vidas... vem de muitas vidas.
D: Ela não precisa viver nessa sombra. Queremos que viva ao sol... à luz brilhante. Podemos deixar isso no passado. Você pode tirar isso?
M: Nós tiramos. Simplesmente se foi... puf!
D: O que mais você deseja focar no corpo?
M: Há muitos conjuntos de dores que a estrangulam. Conjuntos de dores tentando matá-la. Isso é o que ela queria. Mas não mais, então vamos removê-los parte por parte. Todo o seu corpo está cheio de dor. É, principalmente, autoflagelo. Ela fez um bom trabalho ao limpar as outras dores, escondendo a própria dor. Estamos eliminando a autopunição e o ódio de si mesma. Agora vamos remover o restante. Ela está completa com essa paz. Acreditamos que sofreu o suficiente por suas lições. Acreditamos que pode transcender tudo isso agora. Gostaríamos de vê-la sorrir.

Eles continuaram promovendo a cura do corpo de Monica e explicaram as causas dos problemas à medida que...

Aconteciam. Ela havia experimentado sangramento menstrual excessivo, e eles disseram: "Ela pensou que, se criasse mais dor, poderia se redimir. Ela deveria passar por essas vidas sem compreender, para chegar a esta vida. Deveria entender que passaria por tudo isso. Serviu a um propósito e isso a ajudará a trazer alegria agora. Ela precisa se abraçar. É hora de se reconectar e honrar tudo o que representa. Ela completou essa lição. Agora também será capaz de interromper os medicamentos que tomava. Todo o seu corpo foi afetado de alguma forma. Ela não havia poupado nenhuma parte de si em seu desejo de se punir. Agora é hora de parar, e isso é algo importante que deve ensinar aos outros: não punir seus corpos."

Mensagem de Despedida: "Esperamos muito por este momento e estamos felizes. Percebemos que esta tem sido uma sequência de vidas desafiadoras e somos gratos por você estar disposta a finalizar esse ciclo. Você não entendeu o propósito, e não era hora de entender. Apenas saiba que está finalizado, e agora é hora de seguir em frente. Estamos gratos a você. Nós a amamos, a abraçamos e esperamos seguir nosso caminho juntos, em cada vez mais conexões no amor e na vida."

Houve algumas coisas nesta regressão que me fizeram pensar de maneira diferente. Outros me perguntaram se seria possível voltar a uma vida passada e mudar as circunstâncias daquela vida. Isso, definitivamente, afetaria a vida atual da pessoa, e por isso sempre pensei que não seria possível ou aconselhável. A pessoa, na outra vida, experimentou os acontecimentos e aprendeu com eles. Então, eu não sabia se seria possível alterar eventos. É claro que, neste caso, não alteramos os acontecimentos durante a vida. Não fomos capazes de impedir a matança. Conseguimos mudar a perspectiva do homem após a morte. Seria a mesma coisa?

Monica viveu muitas, muitas vidas de sofrimento terrível, e isso continuou até a vida atual. Tudo foi causado por um mal-entendido do homem sobre seu treinamento. Ele sentiu que havia falhado, que foi contra sua missão, e então a única solução seria passar por muitas vidas de punição, sabendo que jamais encontraria redenção por um crime tão horrível. Ele não estava disposto a pedir conselhos ao outro lado porque tinha muito medo da condenação. No entanto, quando descobrimos que o assassinato teve um propósito — até então desconhecido — e que ele não havia falhado, ele percebeu que não precisava experimentar todas aquelas vidas sem esperança. Então, estava livre para seguir em outra direção.

No meu trabalho, estamos sempre falando sobre linhas do tempo, infinitas possibilidades e probabilidades. Isso significa que essas vidas deixam de existir? E os outros personagens dessas vidas? E quanto ao carma incorrido? Ao descobrir a causa e mudar o ponto de vista do homem, isso limpa a lousa, dissolvendo tudo? Foi dito que, de qualquer maneira, tudo depende do nosso foco para descobrirmos a nossa própria realidade. No entanto, não importa como isso possa ser debatido: pelo menos teve um efeito profundo sobre Monica em sua vida atual. Ela não precisa mais carregar o fardo do sofrimento, da autopunição e do ódio de si mesma. Se os que estão do outro lado não condenam, então por que sentimos que temos de julgar e punir a nós mesmos? A vida é feita de lições e experiências — e do que aprendemos com elas.

Há muito o que refletir aqui.

ASSASSINATOS

E SUICÍDIOS

O Universo Convoluto, Livro Quatro

Capítulo 14
ASSASSINATOS
E O LUGAR DE DESCANSO

Quando Carol saiu da nuvem, viu-se em uma típica cidade do Velho Oeste: prédios de madeira, calçadas de tábuas e ruas empoeiradas. Ela era uma mulher vestida no estilo típico da época e estava na frente de um armazém. Ao entrar, sua atenção foi imediatamente atraída para as pilhas de tecidos e suprimentos de costura. Era costureira, mas ficou decepcionada com a seleção monótona. Não estava feliz na cidade e sentia-se presa ali. Realmente, não queria estar naquele lugar, mas não havia outro para onde ir. Todas as cidades ficavam longe.

Morava sozinha com a filhinha. Seu marido havia morrido em uma explosão durante a construção de uma ferrovia que expandiria o território em direção ao oeste. Não podia partir, então começou a costurar para ganhar a vida e sustentar a filha. Sua casa era simples, mas adequada às necessidades que tinham. Amava a filha, mas fora muito difícil perder o marido que tanto amava.

Quando a fiz mudar para um dia importante, descobri que ela deu um salto. Em outras palavras, passou para uma vida diferente. Começou a descrever um ambiente totalmente distinto. Quando isso acontece, geralmente significa que não houve nada de muito importante na vida anterior. Na maioria das vidas, um dia é igual ao outro. Nesses casos, tenho que decidir se continuo explorando a nova vida ou se volto para investigar os acontecimentos da anterior. Decidi explorar a nova experiência, pois sabia que o SC tinha um motivo para mostrá-la.

Desta vez, ela se viu em uma cidade com ruas de paralelepípedos e lanternas. Era uma noite fria e chuvosa, e ela estava entrando em um pub. Sabia que era a Inglaterra ou a Irlanda. Era uma jovem de vinte e poucos anos, de cabelos ruivos, vestindo um vestido de veludo que amarrava na frente, com uma blusa na parte superior. Muito diferente da mulher simples da cidade do Oeste. Foi assim que percebi que havíamos dado um salto.

Havia música no pub e as pessoas bebiam, riam, contavam piadas e, de modo geral, se divertiam. — É como se todo mundo estivesse relaxando depois de um árduo dia de trabalho. Todos estavam rindo, fazendo barulho lá dentro — descreveu ela. Ela falou sobre o local nos mínimos detalhes, e parecia tratar-se talvez da década de 1880. Perguntei se ela tinha algum trabalho, já que mencionara um dia duro. — Eu socializo. É isso que faço. Faço favores aos homens, e eles gostam de mim. Gostam muito de mim. Fico principalmente aqui. Simplesmente sou quem sou.

Estava feliz, sem responsabilidades ou preocupações. Morava por perto: — Lá em cima é minha casa. Apenas subo os degraus, mas não é muito grande. Tem um quarto e uma cadeira. Não passo muito tempo lá, pois fico mais aqui embaixo, dançando com os homens... Há muita música, muitas piadas, muitas brincadeiras e todos conhecem todos. Há um bar lá embaixo onde servem comida, e você confraterniza com todos, comendo e bebendo... Tudo acontece aqui embaixo. Estou por minha conta. Posso cuidar de mim mesma. Os homens gostam de mim e eu gosto deles. Eles me fazem favores e eu os faço também. Eles me dão dinheiro, garantem que estou bem. Preocupam-se muito comigo, não apenas porque sou divertida, mas porque realmente gostam de mim. Não é como se eu estivesse "solta". Estou, mas não de forma degradante. Eu sirvo a um propósito, e eles respeitam isso. São bons comigo porque sou boa com eles. Tenho muitos amigos e não há cobranças. Estou muito feliz do jeito que sou.

Quando a levei para um dia importante, ela foi para o dia de sua morte.

C: Fui assassinada. Não era muito velha.

Disse a ela que poderia assistir como observadora, se quisesse, para explicar o que acontecera. Foi no quarto do andar de cima, onde dormia. Um homem a estrangulou.

C: Ele me viu com alguém, sentiu ciúmes e me matou. Já havíamos estado juntos antes, e ele sabia quem eu era. Mesmo assim, me matou porque não suportava o modo como eu vivia. Estava muito bravo e queria me tirar daquela vida. Eu não queria me estabelecer com uma única pessoa. Tinha uma vida boa e era feliz. Não queria sair dela, nem deixar meus outros amigos.

Fiz com que avançasse para o momento em que tudo havia acabado e ela estava fora do corpo.

C: Ele está muito envergonhado e arrependido, mas é tarde demais. Já me matou. Acabou. Não pode me trazer de volta. Estou ali no chão, e o vejo curvado sobre mim, chorando e soluçando. Ele sente muito pesar. Simplesmente cometeu um erro.

Pedi que olhasse para a vida inteira e dissesse o que achava que havia aprendido.

C: A ser mais responsável com meus afetos. Eu me divertia, mas veja no que deu. Pessoas ficaram com ciúmes, os ânimos se exaltaram... raiva, e acabei morta. Era jovem, bonita e vibrante, mas agora estou morta. Não tive vergonha do que fiz. Era apenas quem eu era.
D: *O que você vai fazer agora? Vai para algum lugar?*
C: Só quero um pouco de paz e sossego. Quero descansar. Quero ficar longe de tudo e de todos por um tempo. Só quero me curar.
D: *Vai a algum lugar para se curar?*
C: Vou para um lugar tranquilo. É azul... como um casulo. Estou sendo nutrida. Não é como dormir e acordar, não é assim. Apenas estou lá, me curando, e há pessoas cuidando de mim. Elas cuidam de tudo. Não preciso me preocupar com nada, nem em ganhar a vida. Estou suspensa nesse casulo quente e agradável, recuperando minhas forças. Posso ficar lá o tempo que quiser, até estar inteira novamente. Não há nada além de amor.

Eu sabia que ela estava no lugar de descanso do lado espiritual. Poderia passar muito tempo ali, recuperando-se da forma violenta como morrer. Então, acelerei o tempo até o momento em que estava pronta para partir.

D: *O que acontece quando você decide que é hora de ir embora?*

C: Eu meio que sento e abro a cápsula, e a luz começa a entrar. Não machuca meus olhos. Posso sair e fazer o que quiser. Vejo toda a luz ao meu redor. Existem pilares de luz, uma luz magnífica. Um brilho envolve tudo. É como estar em um quarto escuro, suave e aveludado. Então abro a câmara e saio para essa luz brilhante. Lindas mansões de luz cristalina, eternas. A luz reflete em todas as construções, mostrando todas as cores do espectro, mas sem ferir meus olhos. Posso ver tudo.

D: *Tem mais alguém aí?*

C: Há muitas pessoas lá. Muitas pessoas, e elas estão olhando livros. Têm vídeos sendo exibidos, mas não são pessoas. Não são pessoas, mas estão lá, fazendo todas essas coisas, e são muito gentis. Estão tentando me guiar, dizendo: "Este é este cômodo, e este é aquele cômodo. E você pode fazer isso e aquilo, pode cozinhar, pode comer. Pode fazer tudo." E não conseguem me mostrar rápido o suficiente.

Ri por causa da empolgação na voz dela.

D: *Se elas não parecem pessoas, como são?*

C: Elas mudam. Algumas são luzes azuis, outras rosas, brancas, amarelas. Às vezes são esferas de luz e, de repente, surgem braços e pernas, assumindo uma forma semelhante à de uma pessoa. E, ainda assim, é possível enxergá-las através delas.

D: *Parece um lugar lindo.*

C: Ah, é maravilhoso. E dura para sempre. Esses grandes corredores, por maiores que sejam, não parecem uma instituição. É inacreditável a quantidade de registros e outras coisas que eles mantêm. Se quiser procurar algo, toda resposta está lá. Estou tentando navegar por tudo isso. Não sei por onde começar, nem para onde ir. Quero aprender e saber o que é tudo isso. Quero saber tudo.

D: *Seria difícil aprender tudo?*

C: Você pensaria que sim, porque há muito para saber. Quero descobrir se todas as pessoas que conheço estão mortas. Estou tentando ouvir tudo. Eles estão tentando me contar sobre todos os diferentes aspectos desse lugar maravilhoso: todos os registros, todos os meios de comunicação e todos os dispositivos... todos os dispositivos de informação! E, ainda assim, enquanto tento aprender todas essas coisas, também tento me conectar com as pessoas que conheço.

D: *Você quer dizer em outras vidas, ou o quê?*
C: Não sei. É como se eu conhecesse todo mundo. Não é como se fossem estranhos, porque são muito legais. Sinto-me muito bem-vinda aqui, como se eu tivesse estado ausente por muito tempo e agora tivesse voltado.
D: *Existe alguma pessoa principal que possa falar com você... alguém responsável?*
C: Tenho uma pessoa que é meu "amigo" e que me encontra. Ele me ajuda a sair daquele lugar especial de cura e vai me ajudar a me situar, para que eu possa começar a investigar e descobrir as coisas. É como meu "amigo" de tarefa, ou a pessoa a quem me reporto. É a pessoa a quem foi atribuída a responsabilidade de me preparar para voltar à ativa, porque eu estava muito quebrada. Fiquei muito ferida... muito ferida. Eu era tão feliz naquela vida, e terem tirado isso de mim... não quero ser assassinada de novo. Eles querem que eu me sinta à vontade e me acostume com tudo o que há aqui. Não tenha pressa. Não apresse nada. Dê uma volta e veja tudo o que existe para ver.

Isso poderia ter levado muito tempo, já que eles não tinham pressa em mandá-la para a próxima missão. Então, fiz com que ela condensasse o tempo e seguisse em frente até ter feito essas coisas, para ver o que precisava fazer a seguir.

C: Eu tenho que dar um relatório.
D: *Como na escola? (Sim) Que tipo de relatório.*
C: Tenho que me apresentar e dizer a eles se estou bem, se estou melhorando e se estou pronta para olhar tudo o que fiz, auxiliando-me a entender por que fui morta e o que fiz da minha vida.
D: *O que você descobriu?*
C: Bem, eles não acham que eu me comportei mal. Viram que eu me divertia muito fazendo o que fazia, mas não funcionou a meu favor brincar assim com as emoções das pessoas. Embora tudo estivesse em um nível superficial, às vezes as pessoas levavam muito mais a sério. E eu não percebi que poderia estar machucando alguém

por não reconhecer seus afetos. Como aquele homem que me matou... isso o machucava. Preciso trabalhar nisso.
D: *Mas não há julgamento, não é?*
C: Não, eles não acham que sou má. Mas, se quero fazer melhor, tenho que olhar para isso. Não posso continuar fazendo o mesmo. Preciso estar consciente do que faço. Não posso simplesmente passar a vida me divertindo e não pensar nas outras pessoas. É preciso pensar nos outros e em como os afeto, porque essa é uma responsabilidade que todos temos.
D: *Então eles lhe deram algum conselho?*
C: Pensar menos em mim e mais nas outras pessoas. Isso me ajudará a não magoá-las.
D: *Você tem que ir a algum lugar para fazer isso, ou o que eles dizem?*
C: Tenho que ficar lá um pouco e estudar. Há muito! Grandes volumes de coisas que preciso assimilar. Posso ver o que fiz e, a qualquer momento, posso voltar. Também posso seguir adiante e ver tudo. Posso conversar com outras pessoas. É um lugar para aprender.
D: *Eles lhe disseram o que vai acontecer depois que sentir que aprendeu?*
C: Então posso tentar novamente.
D: *Você quer?*
C: Ah, sim! É ótimo fazer isso. Mas não quero ser morta novamente. Tenho traçado estratégias sobre onde quero ir. Acho que, da próxima vez, posso me estabelecer e tentar constituir família.
D: *Então você está fazendo planos?*
C: Tenho certeza de que estou tentando.

Isso explicaria a vida no Velho Oeste. Se pensarmos em tempo linear, teria sido, aparentemente, depois daquela em que foi assassinada. Ela tinha família, mas um de seus entes queridos — seu marido — havia sido morto. Nessa vida, precisou pensar nos outros e se colocar em segundo lugar. Foi uma vida simples e monótona, mas serviu ao propósito.

Então, achei que era hora de chamar o SC e encontrar algumas respostas. Sempre pergunto por que o SC escolheu mostrar à pessoa aquelas vidas específicas.

D: A primeira, onde ela estava na cidade do Oeste e o marido foi morto trabalhando na ferrovia... Por que você escolheu aquela vida para Carol ver?
C: Por causa da minha garotinha. Ela era tudo para mim.
D: Por que o SC mostrou a garotinha para Carol? Como isso se relaciona com Carol na vida atual?
C: Eu conheço aquela garotinha.

Orientei Carol a permitir que o SC respondesse às perguntas sem tentar interferir. — Eu deveria mostrar amor incondicional. Carol é lésbica na vida atual, e o SC explicou sobre as pessoas em sua vida agora. Ela estava com uma companheira, Michelle, há muito tempo, mas uma nova pessoa — a garotinha da vida no Velho Oeste — havia surgido, criando um problema. O SC afirmou que era hora de seguir em frente e permitir a entrada dessa nova pessoa.

Perguntei se Carol tivera alguma vida passada com Michelle. — Elas eviveram na Europa. Carol era um jovem estudante, um violinista lindo, muito dotado, muito talentoso. Michelle era professora. Houve problemas. Michelle, como professora, foi muito dura com Carol. Mesmo assim, contava aos outros instrutores o quão talentosa ela era, mas nunca dizia isso diretamente a Carol. Pressionava-a cada vez mais, a ponto de afetar sua autoconfiança. Era quase como se fizesse de propósito, por ciúmes do talento de Carol.

D: Então por que escolheram ficar juntas nesta vida?
C: Carol precisa recuperar a confiança. Havia carma entre professora e aluno. Michelle devia a Carol. O contrato acabou. Elas estiveram juntas por muito tempo, mas agora é hora de se separarem. Está sendo difícil, mas tem que ser feito. Ela tem que ir. Deb, a garotinha, agora estará liberada para entrar na vida de Carol. Existe um grande amor ali, por causa da vida passada como mãe e filha.
D: Talvez isso ajude se ela souber e puder entender. (Sim) Então você mostrou a ela a vida em que estava no bar e foi assassinada. Por que escolheu aquela vida para ela ver?
C: Para mostrar como se pode machucar as pessoas com as próprias ações.

Não havia ninguém daquela vida que estivesse com ela atualmente. Fiquei surpreso, pois pensei que o homem que a assassinou poderia ser um personagem atual. Ela perguntou sobre o breve casamento, e, embora estivesse relacionado a outra vida passada, o SC se recusou a dar detalhes — seria melhor que Carol não soubesse.

D: O que ela aprendeu com aquele casamento curto?
C: Aprendeu a amar incondicionalmente, a ser honesta, e que, quando você realmente ama, não deve esconder nada. Foi um contrato curto, mas muito significativo e forte. Ser totalmente você mesmo com a pessoa amada, falar sobre tudo e qualquer coisa, ser honesto e aberto, porque só assim o amor verdadeiro pode durar. Ela não tinha os mesmos sentimentos por Michelle, pois era um relacionamento diferente. Já tentou de tudo para manter uma amizade amorosa e gentil com Michelle, mas caberá a Michelle aceitá-lo. Carol não pode controlar isso. Não consegue manter a mente clara quando está com Michelle, nem criar quando está envolta em uma rede. Michelle exige muito dela.

Outra pergunta para a qual eu já sabia a resposta, mas queria que o SC contasse a ela: — Ela quer saber de onde veio.

C: Ela veio da Fonte. Tudo o que é... tudo o que existe. Somos da Fonte e sempre voltamos à Fonte, porque somos todos um.

Mensagem de Despedida: Nunca perca a fé. Estamos sempre aqui para ajudá-la. Você nunca está sozinha.

Capítulo 15
O MEDO É TRANSPORTADO

Dionne entrou em cena pisando em solo marrom, quente e seco como um deserto. Ao seu lado, percebeu um antigo arco em estilo persa. Só de vê-lo, sentiu um medo inexplicável — tão intenso que teve vontade de chorar. Eu sabia que, sempre que isso acontece, significa que estamos prestes a descobrir algo importante para o cliente. Emoções não podem ser fingidas; elas vêm do cerne da questão, mesmo que não façam sentido naquele momento.

Pensei que, se conseguisse distraí-la daquilo, poderíamos prosseguir. Então, pedi que ela se concentrasse em como percebia aquele corpo. Ela era um homem mais velho, barbudo, vestido de forma muito simples, com um traje solto e um turbante. Seu corpo estava cansado e exausto.

DI: Estou angustiado por algo do outro lado do arco... alguma coisa está acontecendo lá dentro. Estou com medo do que possa estar acontecendo do outro lado. Tem muita gente, vozes altas. Sinto como se alguém que conheço estivesse lá, e estou preocupado com essa pessoa.

Perguntei se ele queria entrar pelo arco e ver o que estava acontecendo, mas ele sentia um medo tremendo.

DI: Tenho medo de entrar e medo do que está acontecendo lá dentro também. Penso que preciso entrar, mas estou com muito medo.
D: Com quem você acha que está preocupado?
DI: Acho que pode ser minha filha. É quase como se ela fosse acusada de ser feiticeira ou algo assim, e a multidão estivesse clamando por sua destruição.
D: Você acha que ela é uma feiticeira? (Não) Porque você acha que as pessoas pensam isso.
DI: Mas eles são ignorantes. Ela tem um dom que a maioria das pessoas não tem, e não compreendem isso. Ela confidenciou a

alguém que não entendeu e ficou assustado, o que incitou o restante do povo a temer. E, confiante, ela entregou essa parte de si mesma a esse jovem, mas ele se voltou contra ela.

D: *Você disse que ela tinha um dom que eles não entendiam. Que tipo de dom era?*

DI: O dom da profecia. Ela revelou seu dom ao jovem e lhe deu uma profecia que se tornou realidade. Então ele se voltou contra ela e a acusou de enfeitiçá-lo, de ter criado a situação. Não acreditou que apenas tivesse previsto — ele acreditava que ela havia provocado aquilo.

Depois de muita hesitação, ele decidiu superar o medo extremo e entrar pelo arco.

DI: Eles vão matá-la se eu não entrar. E, quando eu entrar, provavelmente vão me matar também. Então... não sei como fazer, porque, se eu simplesmente entrar sem avisar e tentar pegá-la, sei que vão me subjugar. Não sei se devo entrar fingindo ser um deles e tentar encontrar uma forma de libertá-la. Não sei o que fazer, porque, se eu simplesmente entrar correndo, também não vai funcionar.

Ele decidiu entrar.

DI: Ela está na parte de trás de uma carroça, e eles estão gritando para que seja executada. O jovem está dizendo que ela é uma bruxa e provou isso pelo que aconteceu. A multidão é apenas um rebanho de vacas em frenesi. Não quero perdê-la e não quero ser morto, deixando-a sozinha.

Para acelerar, condensei o tempo e avancei para ver o que ele decidiu fazer.

DI: Acabaram matando nós dois. A multidão nos amarrou e enforcou. Jogaram cordas por cima de alguma coisa e nos suspenderam. Consideraram-me culpado por associação. Entrei e tentei argumentar com eles, mas estavam irracionais por causa desse frenesi. Tentei libertá-la, agarrá-la e puxá-la, mas fui contido e, por associação, fui condenado, assim como ela.

D: *Havia gente demais? (Sim) Bem, o que você acha das pessoas que fizeram isso?*

DI: Eu as odeio! Estou com raiva da multidão pela ignorância. O jovem era um deles. Acho que nunca mais consegui confiar nas pessoas. Foi desnecessário, porque nada mudou. Ela não era uma bruxa, não fez nada. Nada mudou. Eles apenas sentiram alívio, acreditando que estavam seguros agora que ela se fora.

Nunca é uma boa ideia carregar a raiva contra as pessoas que causam a sua morte. Isso certamente criará carma que será levado para vidas subsequentes.

D: *Eles eram governados pelo medo? (Sim) Acho que você foi muito corajoso em tentar salvá-la. Mas não resolveu nada, não é?*

DI: Não funcionou... não.

D: *Agora acabou e você está fora do corpo, então pode olhar para trás e ver tudo de uma perspectiva diferente. Você consegue ver seu corpo?*

DI: Sim. São apenas dois corpos sem vida. Na verdade, sinto como se também nos tivessem esfaqueado no estômago. Mas, enfim, são apenas dois corpos amontoados no chão. A multidão está aplaudindo e agora começa a se dispersar. Nada realmente mudou. Eles acreditam que estão seguros, mas nada mudou.

Sua filha estava com ele em espírito enquanto ambos olhavam para a cena horrível. Expliquei que toda vida tem uma lição.

D: *O que você acha que aprendeu com uma vida assim?*

DI: Eu amava minha filha e aprendi tolerância, porque ela era diferente. Tive que aprender a tolerar, pois, do contrário, a afastaria. E também aprendi a tolerar as diferenças das pessoas. Eu não entendia o que era, mas sabia que não era maligno, porque ela não era maligna. Então aprendi a tolerar. No entanto, também levei comigo a intolerância pelo que as pessoas fizeram.

Perguntei o que ele planejava fazer agora que estava fora do corpo, se havia algum lugar para onde sentia que precisava ir ou algo que precisasse fazer. Depois de uma pausa, respondeu:

DI: Acho que podemos ir encontrar a esposa que eu tinha e que morreu.

Sua esposa havia morrido antes, por isso só restavam os dois para cuidarem um do outro.

D: *Como você faria isso?*
DI: Provavelmente me viraria e iria na direção oposta. De onde estou olhando.
D: *O que há na direção oposta?*
DI: Quero dizer o "Sol", mas a paisagem abaixo acabou de se tornar um ponto minúsculo.
D: *Não é algo que você realmente queira assistir de qualquer maneira.*
DI: Não. Não posso voltar para lá... não posso voltar. Ainda sinto o peso do que acabei de vivenciar. Não passou. Não desapareceu. Ainda sinto medo.
D: *Com certeza. Foi uma situação traumática. Em que direção você quer ir?*
DI: Só existe uma área iluminada. Só existe um lugar para ir, na verdade. Basta me afastar daquela cena e virar em direção a outra. Parece brilhante e um pouco hesitante. Não sei para onde estou indo, mas sinto que deveria reconhecer o lugar. Já estive lá um milhão de vezes. Ainda me sinto como aquela pessoa. Estou apenas flutuando em direção à luz.

Condensei o tempo e o movi adiante, para quando ele chegasse ao local onde precisasse parar.

D: *Você saberá quando chegarmos lá, e poderemos parar.*
DI: Tenho uma vaga sensação de que há outras pessoas lá. É como se eu estivesse vindo de uma experiência traumática e todos quisessem ouvir o que aconteceu, e eu estivesse contando a história. Parece que minha esposa estava lá, e ela provavelmente

é meu marido nesta vida. Sinto que minha mãe e meu pai também estão lá. Os rostos são um tanto irreconhecíveis e, à medida que o círculo de pessoas se afasta, perdem a definição.

D: Às vezes é mais um sentimento do que um reconhecimento.

DI: É uma espécie de alívio estar lá. É como um trauma que ainda está próximo do meu coração, de certa forma. Ainda estou chateado com o que aconteceu, mas aliviado por estar bem. Sim, ainda me sinto triste com isso. — Provavelmente só preciso dormir um pouco.

D: Alguém te contou isso?

DI: Acho que estou ciente de que tenho que passar por um período de... não sei bem que termo usar... apenas descompressão.

D: Só para descansar. Parece uma boa ideia. E a sua filha?

DI: Estamos juntos. Acho que vamos tirar um cochilo juntos agora.

D: Como é esse local de descanso?

DI: É uma espécie de nuvem, de certa forma. Só me sinto incomodado. Sinto como se algo tivesse acontecido comigo que não deveria ter acontecido, e não fez sentido. É difícil deixar isso de lado.

D: Então você vai ficar aí por um tempo e não pensar em nada? (Sim)

Quando as pessoas vão para o local de descanso, podem permanecer lá por um tempo considerável. Depende apenas de quanto tempo levará até que se sintam capazes de retornar à roda da vida. Pode ser um período curto ou, para alguns, chegar a centenas de anos. Então condensei o tempo novamente, para quando ele tivesse completado seu descanso e chegasse a hora de deixar aquele lugar para fazer outra coisa.

D: Você se sente melhor agora que conseguiu descansar?

DI: Tenho esse medo permeando todo o meu ser.

D: Mesmo depois de ter passado pelo descanso, você ainda sente medo? (Sim) Do que é que tem medo?

DI: Acho que é apenas o medo de ser destruído.

D: Bem, eles realmente destruíram o corpo.

DI: Eu sei. Eu sei.

D: Mas eles não poderiam destruir você, poderiam?

DI: Não. Eu só sinto o peso e o medo. Não sei como me livrar disso.

D: *Tem alguém aí a quem você possa fazer perguntas e obter respostas?*
DI: Pode haver alguém à direita. Parece um daqueles Mestres Ascensionados. Ele é asiático.
D: *Você quer fazer perguntas a ele?*
DI: Eu poderia, se você quisesse.
D: *Podemos obter algumas respostas. Diga a ele que você quer entender esse medo. O medo é uma emoção forte. Diga a ele que quer compreender de onde ele vem.*
DI: Ele diz que é o oposto da Fonte de Deus.
D: *Pergunte a ele por que você ainda está com esse medo.*
Di: Porque se tornou uma muleta.
D: *O medo deveria ter ficado com o corpo uma vez que ele foi morto, não deveria?*
DI: Aparentemente, tenho vivido com o medo por muito tempo e o usado como muleta.
D: *Não apenas nesta vida, mas em outras vidas?*
DI: Sim.
D: *Então não foi embora no local de descanso?*
DI: Não.
D: *O que ele quer dizer com "virou uma muleta"?*
DI: Uma forma de me proteger, de certa forma. Isso me impediria de entrar em situações que seriam prejudiciais.
D: *Nesse aspecto é bom, não é?*
DI: Sim, mas, quando reconheço situações como a que aconteceu com a multidão, meu medo entra em ação e fico em constante modo de luta ou fuga. Eu percebo isso ao meu redor o tempo todo, então estou constantemente querendo fugir de alguma coisa, mas preciso me forçar a ficar calmo e não correr.
D: *Esse não é um bom modo de estar, não é?*
DI: Não, porque é estressante. E sempre suspeitar das pessoas, sempre desconfiar de que, a qualquer momento, elas poderiam mudar de ideia.
D: *Essa não é uma boa maneira de viver, não é? (Não) O que ele sugere? Parece que ele pode ser muito sábio. Talvez tenha algum conselho.*
DI: A Terra é um bom lugar para ir. Ele diz que a coisa mais importante que temos que fazer na Terra é superar o medo. E, se eu não o

fizer, terei que voltar. Se eu superar, não precisarei retornar, a menos que queira. No entanto, não quero voltar lá novamente. Eu não entendo por que tudo tem que ser tão horrível na Terra.

D: Não precisa ser assim, não é?

DI: Parece que sim. (Chateado) Só crueldade. É simplesmente "o que é". A Terra é assim. As pessoas são assim.

D: Talvez não. Talvez precisem de ajuda. Pergunte a ele: se você decidir voltar para a Terra, poderia fazer a diferença para mudar as coisas?

DI: Para ajudar outras pessoas ou para me ajudar?

D: De qualquer forma. O que ele diz? Você tem escolha? (Dionne ficou emocionada.) Não tem problema se emocionar. Isso é bom. Mas você tem a opção de ir ou ficar?

DI: Mais ou menos, mas não exatamente. Eu não preciso ir, mas sei que, se não for, não terminarei o que devo fazer. Então tenho que ir. Eu simplesmente não quero! Queria não ter ido. Não preciso mais resolver nada. Queria poder ficar aqui.

D: O que ele diz? Existem regras e regulamentos sobre isso?

DI: Ele disse que ainda há muito a fazer.

D: O que vocês concordaram em fazer?

DI: Passar por tudo até terminar. Apenas passar por tudo o que for necessário até o fim. Não imagino que seja tão ruim, mas sinto que, se voltar, será horrível novamente.

D: Talvez não seja tão ruim quanto o que você acabou de passar. Ele sabe se será tão ruim assim ou mais fácil?

DI: Será o que eu fizer acontecer.

D: Então você está no controle, não é? (Sim) Você é mais poderoso do que pensa que é, não é?

DI: De certa forma, me sinto uma espécie de vítima.

D: Acho que está na hora de mudar isso. É nesse momento que você toma a decisão de voltar para a Terra?

DI: Eu sei que tenho que fazer isso para cumprir meu acordo e para terminar, caso contrário, eu estaria apenas adiando. Eu teria que fazer isso eventualmente.

D: E o acordo era experimentar tudo?

DI: Para passar por isso, sim. Para passar pela realidade física.

D: Tudo de bom e de ruim?

DI: Sim, mas eu não tinha ideia de quão ruim o mal seria. É como se alguém vivesse no Equador e você tentasse explicar o que é neve. Essa pessoa teria uma imagem na mente, mas realmente não saberia o que é até conseguir vivenciar.
D: Não dá para saber realmente até experimentar pessoalmente.
DI: Acho que não imaginei que sentiria tanto quanto estou sentindo.

Achei que havíamos aprendido tudo o que podíamos naquele ponto. Sabíamos que ele havia tomado a decisão de voltar, pois a procrastinação só adiaria o inevitável. Então, perguntei se seria aceitável chamar outra pessoa que pudesse fornecer mais respostas. A outra entidade concordou. Agradeci e chamei o SC.
É claro que a primeira pergunta foi: por que ele escolheu aquela vida para Dionne ver?

DI: Foi o momento em que a tristeza tomou conta. Ela foi crescendo até chegar àquele ponto, mas foi nesse momento que se instalou por completo.
D: Então ela teve outras vidas negativas, mas essa foi a gota d'água? (Sim) Por que você queria que ela soubesse disso?
DI: Ela é uma empata nesta vida e precisava saber.
D: Um empata assume os sentimentos de todos os outros, não é?
DI: Sim. Ela precisava entender que, para haver empatia, é preciso experimentar todas as emoções que existem.
D: Isso parece muito.
DI: Sim. Para ser um empata, é necessário ter sentido todas as emoções para reconhecê-las. Em outras palavras, é preciso sentir medo para saber que é medo. E ela consegue ler as pessoas e perceber o que estão sentindo antes mesmo que verbalizem.
D: Ótimo, mas o que você quer que ela faça com esse talento de ser empática? Como quer que ela o utilize?
DI: Sempre foi para ajudar os outros. Isso lhe dá muita compaixão.
D: Mas ela tende a se afastar das pessoas, não é?
DI: Sim, ela desenvolveu uma desconfiança em relação às pessoas.
D: Isso vem daquela vida?
DI: Sim, e de outras.
D: As pessoas mostraram seu lado violento. (Sim) Mas nesta vida ninguém vai tratá-la assim, certo?

DI: Ah, mas tratam. Algumas dessas mesmas pessoas do grupo estão na vida dela hoje.

D: *Pessoas com quem ela desenvolveu carma?*

DI: Sim, existe carma. As pessoas da multidão eram estranhas para ela e aparecem, de vez em quando, nesta vida. Continuam com o mesmo comportamento, apenas adaptado ao contexto atual. Algumas pessoas, inconscientemente, querem prejudicá-la. Sua família próxima busca protegê-la, mas outros que passaram pela sua vida repetem o padrão antigo. Há pessoas que a reconhecem inconscientemente daquela outra época e reagem negativamente, de forma imediata. Não percebem o motivo e não compreendem sua antipatia por ela.

D: *Então qual é o propósito disso? O que ela está aprendendo com isso?*

DI: Ela precisa aprender a se desapegar. Ela se envolve demais pessoalmente.

D: *Então deveria aprender a não levar isso para o lado pessoal.*

DI: Sim. Ela se sentiu traída e incompreendida, e, na vida atual, teve experiências que, para ela, confirmaram que merece traição. Ninguém nesta vida tentou traí-la, mas é assim que ela interpreta.

D: *Alguém da família dela estava com ela naquela vida?*

DI: O marido atual era sua esposa naquela vida, e a filha atual era sua filha. A mãe dela, hoje, fazia parte da multidão, mas não era uma das agressoras. Era uma espectadora indefesa no meio, sem concordar com o que acontecia, mas incapaz de agir.

D: *Então não há carma aí.*

DI: Há algo acontecendo com a mãe dela. A mãe dela sente remorso.

D: *Mas a mãe dela não teve participação ativa nisso.*

DI: A mãe dela reage a ela, às vezes, da mesma forma que outras pessoas reagem a ela em um nível de alma. Então, ela tem medo da filha, assim como a multidão tinha medo da jovem. Mas também sente tristeza por ela, como sentia por fazer parte da multidão... tristeza pelo que estava acontecendo com essas duas pessoas. Por estar desamparada, nesta vida criticou a filha porque viu aspectos nela que também possuía, mas queria que fosse forte como ela mesma foi. Então, usou críticas para tentar fortalecê-la, mas isso a enfraqueceu. Sua filha viu isso como uma confirmação de que todos eram maus, negativos e não confiáveis.

D: *Mas como podemos nos livrar desse medo que Dionne ainda carrega? Agora sabemos de onde ele vem. Ela não precisa disso nesta vida, precisa?*
DI: Não, na verdade. É um padrão arraigado nela, que ganhou força ao longo dos séculos. É bastante profundo.

Solicitei sugestões ao SC sobre como aliviar o medo e tornar mais fácil para Dionne lidar com ele. Queríamos que ela se libertasse disso agora, para não ter que carregar mais esse peso. O SC disse que um fator era o fato de ela estar em uma situação negativa no trabalho, o que criou medo e ao qual ela cedeu:— As pessoas não estão no nível dela. Ela precisa estar com pessoas que sejam como ela. Existem pessoas assim, mas são poucas e estão isoladas.

D: *O que ela deveria estar fazendo?*
DI: Ela deveria estar criando. Tem muita informação, muito conhecimento e muita sabedoria, mas tudo está disperso. Ela precisa se reorganizar para conseguir compartilhar com outras pessoas. Poderia estar conversando com elas e escrevendo sobre isso.
D: *É preciso ter cuidado com quem você fala, porque muitas pessoas não entendem.*
DI: Sim. O mundo pensa com o cérebro esquerdo. (Risos)

Dionne começou a escrever alguns romances, e o SC a encorajou a terminá-los:— Ela precisa de tudo o que experimentou para fazer sentido em sua mente e poder compreender. Está há muito tempo usando predominantemente o cérebro esquerdo, que mantém as pessoas presas em um ciclo de pensamento que não leva a lugar algum. Ela é forçada, pelas circunstâncias e também pela própria natureza, a permanecer excessivamente nesse modo racional. Está em um dilema: precisa pagar certas contas, mas, enquanto continuar nesse trabalho, nunca irá criar. Possui talentos que nem todos têm e que poderia usar para ganhar dinheiro — especialmente seu senso de humor, que poderia ser explorado de forma única na escrita e na atuação.

O principal fator que a impede é o medo: medo da incerteza, do fracasso e de não ser boa o suficiente. Esse medo bloqueia o fluxo financeiro.

DI: Existe um padrão, em nível celular, quase de desconfiança e medo de que, se falar, será atacada. É por isso que se tornou um tanto reclusa no passado, por saber o que os outros fariam com ela. Eles sempre vão reagir. A questão é se isso a destruirá ou não, quando acontecer. Ela tem um pequeno grupo de pessoas que realmente se importam: o marido e a filha.

Ela foi incentivada a retomar a escrita, pois isso é extremamente importante, e a deixar o emprego, porque as condições ali a impediam de progredir. Disseram que outro trabalho melhor surgirá, com todas as condições ideais de que precisa. Seus estados físicos de fadiga e depressão têm uma explicação simples: ela não está fazendo o que deveria fazer.

DI: Ela sabe que não está cumprindo o que veio fazer. Sente que seu corpo não se anima com o que realiza hoje. Quando começar a fazer o que orientamos, a depressão desaparecerá. Ela ficará energizada e animada com a vida.

O SC então analisou o corpo, realizando correções e melhorias. Disse que, agora que ela entende de onde vem o medo, será capaz de lidar com ele, embora isso exija esforço.

Mensagem de despedida: Eu a amo muito, e ela foi criada diferente das outras pessoas deliberadamente. Ela é diferente porque não deveria ser como as outras. É especial. Todas as pessoas são, mas ela foi feita para que sua luz brilhasse intensamente, para que os outros a vissem. E ela tem dons que deve desenvolver — cantar, escrever e retribuir ao mundo. Está tudo bem que..desenvolvendo-se e… cantar e retribuir ao mundo. Tudo bem que as pessoas a reconheçam e tenham uma reação negativa instantânea; está tudo bem, porque é mais sobre quem eles são do que sobre quem ela é. Se ela ouvir essa vozinha intuitiva e agir de acordo com ela sempre, encontrará felicidade e realização.

Capítulo 16
ASSASSINATO E SUICÍDIO

Uma das principais queixas de Julie estava relacionada ao fígado. Ela estava agendada para uma operação muito perigosa, que poderia levá-la à morte. Tratava-se de uma cicatrização no ducto biliar posterior que fazia com que a bile fosse despejada em seus intestinos. Se a cirurgia não funcionasse, ela seria colocada na lista para um transplante de fígado. Julie tinha um longo histórico de cirurgias de grande porte e muitas queixas físicas, especialmente nas costas. Tomava vários tipos de medicamentos, pois sentia muita dor. Também estava em tratamento para depressão com seu psiquiatra e tomava mais medicamentos para isso.

Durante a sessão, Julie desceu da nuvem e surgiu em uma praia à beira-mar. Era um típico nativo, com cabelos pretos e pele morena, cor de chocolate. Um garoto de quatorze anos caminhava pela praia de mãos dadas com alguém que sabia ser seu irmão. Quando perguntei onde morava, respondeu que o local não existia mais. Havia uma vila no alto da serra, mas que fora destruída por uma forte tempestade, com ventos e águas violentos. Ele e o irmão não estavam lá quando isso aconteceu, pois estavam colhendo frutas na floresta. Quando a tempestade chegou, esconderam-se debaixo de uma árvore caída e de uma pedra, onde tentou proteger seu irmãozinho.

J: Bati com a cabeça em um galho enorme da árvore. Esperei tudo parar... comi nossas frutas.

Eles não viram o que havia acontecido até voltarem à aldeia.

J: Não consigo encontrar ninguém. Para onde foi todo mundo? Minha mãe... mamãe... — Tudo estava plano e destruído. A tempestade foi feia, mas não tão intensa a ponto de fazer isso!

Ele estava muito emocionado e chateado, sussurrando "mamãe" repetidamente.

J: Não sei o que fazer nem para onde ir. Não sei onde estão todos.

Diante de sua forte emoção, decidi condensar o tempo e seguir em frente para ver o que aconteceu a seguir.

J: Os homens brancos nos pegaram. Eu sabia que eles estavam lá, mas estavam trazendo seu Deus. O Deus do homem branco é ensinado na aldeia, mas outros homens brancos vieram para nos levar. Não sei onde está minha mãe.
D: Por que eles iriam querer levar você e seu irmão?
J: Não sei. — (perplexo) — Estou frustrado. Ninguém me diz nada.
D: Eles o levaram para algum lugar?
J: Sim... (sarcasticamente) ... muitos de nós. Encontrei meu pai. Meu irmão não está mais aqui. Eles o levaram. Eles espancaram meu pai, e meu pai tem vergonha.
D: Por que ele está envergonhado?
J: Mataram minha mãe... não foi a tempestade. Ela lutou. Meu pai tem vergonha de não ter conseguido protegê-la. Ele não olha para mim.

Eles estavam sendo mantidos prisioneiros, junto com muitas outras pessoas, em uma aldeia com "guardas de homens brancos". Ele descreveu os homens usando cintos com espadas e botas de couro. Eles o enojavam.

J: Eles fedem.

À medida que o avancei para descobrir o que iria acontecer, sua voz se encheu de ódio e raiva.

J: Eles nos matam de fome... e nos espancam... depois querem que nos ajoelhemos diante do Deus deles.

Perguntei como o Deus deles era representado.

J: Este homem, eu ouço, que seu nome é Padre. Ele me causa nojo. Temos que nos curvar diante dele e da sua cruz de madeira. Dizem que o caminho para a salvação é através do homem na cruz e que nós não somos nada mais do que animais.

Ele falava com um sotaque distinto durante todo o relato emocional.

J: Eles pensam que somos animais. Eles nos espancam como animais. Eles nos reúnem como animais. Eles nos matam como animais.

Estava extremamente chateado e chorava enquanto dizia:

J: Eu como a raiz! Vou me matar. Eles não vão!

Disse que um barco estava vindo para levá-los a algum lugar. A ideia o assustava.

J: Ouvi histórias. Eles nos fazem ir... e então morremos. E dizem que são nossos donos e donos de nossas terras. Você não pode possuir terra. A terra é de Deus. Nós somos o povo de Deus.

Ele estava tão assustado que achou melhor se matar comendo uma raiz venenosa.

J: E meu estômago dói!

Removi quaisquer sensações físicas para que ele pudesse continuar explicando o que estava acontecendo.

J: Matei o Padre com a raiz. Enganei-o para comer a raiz. Ele gosta de mim. Ele me toca. (soluçando) Eu disse a ele: "Que delícia!". Ele é como um chacal. É forte e fede, mas eu posso matá-lo.

Ele estava orgulhoso de ter enganado o Padre e de fazê-lo comer a raiz.

D: Você não gostava desse homem, não é?

J: Não... ele me machucou. Ele fez comigo o que um homem não faria a outro homem! (sotaque muito forte) Ele não era um homem de Deus... não era meu Deus!

Sua voz estava tão carregada de desgosto e ódio que não era preciso muita imaginação para entender do que ele estava falando. Não entrarei em detalhes para os leitores.

J: Fui sorrateiro como a leoa. Disse a ele "bom para comer" e comi primeiro. Dei a ele a pior parte da raiz, e ele comeu.

O estômago do menino doía, e não demorou muito para que ele morresse. Agora, fora do corpo, olhava para si mesmo.

J: Fui destruído pelo homem branco... e pelo Deus do homem branco.

Viu que estavam tentando ajudar o Padre, mas sabia que nada poderiam fazer, e que ele morreria. Ele sorriu:

J: Fiz o que era certo por minha mãe.

Perguntei o que faria agora que estava fora do corpo.

J: Eu dançarei. Dançarei por aqueles que choram e lamentam, e dançarei até que eles voltem para casa... minha família. Quero que esses homens saiam, mas dançarei até eles voltarem. Eles levaram todos e me deixaram com o Padre porque ele gostava de mim. Mas agora posso ir a qualquer lugar. Eu sou livre. Eu sou livre!

D: *Você está livre disso, e mesmo que tenha se matado e matado o Padre, acha que foi por um bom motivo?*

J: Sim. Eu precisava impedi-lo de machucar outras pessoas e de nos fazer ajoelhar diante da sua cruz. Ele era poderoso. Era um Deus em sua própria mente, e aqueles ao seu redor se curvavam apenas às suas palavras. Agora, eles não têm mais o seu Deus repugnante.

Fiz Julie se afastar da cena, deixando o menino para continuar sua própria jornada. Invoquei o SC e perguntei por que havia escolhido aquela vida para ela contemplar.

J: Por amor à comunidade. Sacrifícios são frequentemente feitos quando menos se espera, até mesmo por parte dos jovens.

D: *Porque era uma vida um tanto violenta, não era?*

J: Só essa parte. O resto foi bom. Há muito a dizer sobre sacrifícios, comunidade e amor. Ela sempre teve um amor profundo. O amor é aquele amor supremo de que ela fala.

D: *Mas, mesmo naquela vida, ela matou. Você acha que foi por amor?*

J: Não. Ele achava que, se o matasse, impediria que outros fossem levados de outras aldeias, quando aquele homem poderoso fosse embora.

D: *E por que esse homem de Deus não estaria mais lá?*

J: Sim, mas isso não impediu. Há muitos outros. Eles apenas substituíram o que perderam.

D: *Ele fez o que achou que era a coisa certa a fazer? (Sim) Ele poderia ter ajudado algumas pessoas fazendo isso? (Sim) O que isso tem a ver com a vida de Julie agora?*

J: Às vezes, ela acredita que está sempre se sacrificando para ajudar os outros, e é verdade. Qualquer um que requeira sua atenção e exija sacrifício, ela o fará. Isso não é saudável para ela. Precisa de um tempo para si mesma e para curar sua dor... a dor que ela mesma infligiu. É como arrancar a raiz.

D: *A maneira como ela se matou tem algum significado em sua vida atual?*

J: Apenas o fato de que o veneno, agora, é tomar e ingerir o que ela toma e ingere. Os médicos acham que estão ajudando, e eles tentam, mas não estão ajudando Julie.

D: *Então, você acha que as coisas que estão dando a ela não fazem bem?*

J: Exato. E, por pensar que está fazendo a coisa certa, ela está se matando.

D: *De novo, você quer dizer? (Sim) Não queremos isso porque, nesta vida, não é uma lição a ser aprendida, não é? (Não) Ela já aprendeu essa lição?*

J: Sim. Nesta vida, ela tem trabalho a fazer. Ajudará muitas pessoas. Muitas.

D: *Então, não queremos que ela se envenene novamente.*

J: Não. Ela só ajudou alguns naquela vida, mas agora pode ajudar muitos, se simplesmente não tomar o veneno.
D: *Quais são as coisas que você não quer que ela tome?*
J: O analgésico neurológico que eles dão a ela, o analgésico comum com Tylenol — ruim — e o medicamento prescrito com Tylenol. (Em voz alta) O Tylenol está matando este corpo! Está afetando o fígado e os rins dela. O Tylenol está matando-a! Ela precisa parar! Mesmo quando tiver dor de cabeça, deve usar Reiki, que pode fazer as dores desaparecerem.
D: *Você pode eliminar do corpo dela os remédios que ela já tomou?*
J: Sim, posso.
D: *Há algum outro medicamento que ela esteja tomando e que você não quer que ela use?*
J: Sim. O que o psiquiatra dela lhe prescreve não é necessário.
D: *Os antidepressivos?*
J: Sim. Quero que ela pare de usar. Pare completamente. Não use.
D: *Ao parar, você quer que ela faça isso gradualmente?*
J: Não, pare!
D: *Isso causará algum efeito no corpo se ela simplesmente parar de tomar? Não queremos prejudicar mais o corpo.*
J: Ela pode sentir mudanças extremas de humor se parar completamente. Ela pode escolher qualquer uma das opções. A melhor maneira seria parar de vez, mas pode ser emocionalmente difícil. O efeito, no entanto, durará apenas cerca de uma semana.

Não imaginava que pudesse levar tão pouco tempo para eliminar tudo do sistema.

D: *Então, ela pode notar mudanças de humor nesse período, mas saberá de onde elas vêm?*
J: Sim, e ela vai se equilibrar.
D: *Queremos que ela esteja equilibrada. Há mais alguma coisa que você gostaria que ela parasse de tomar?*
J: A medicação para déficit de atenção. Não há nada de errado com a mente dela. Ela é muito, muito consciente de si mesma.

Descobri que, muitas vezes, quando o cliente toma diversos tipos de medicamentos, eles interagem entre si e produzem efeitos indesejados. Mencionei que os médicos estavam falando em operar o fígado dela. Isso sempre incomoda o SC, pois ele não gosta de cirurgias. Disse que o fígado se recuperaria se ela parasse de tomar Tylenol e outros analgésicos. — Sem cirurgia... nenhuma cirurgia é necessária! — afirmou.

Pedi ao SC que entrasse no corpo, na área do fígado, e fizesse alguns reparos. Julie tinha uma ressonância magnética marcada para quando voltasse para casa. Pensei que, se os médicos fizessem os exames e vissem que não havia nada de errado, não iriam querer operar. — Não, eles não vão — respondeu.

D: *Você sabe como os médicos são com suas máquinas.*
J: Sim. Elas funcionam para eles.

O SC disse que já estava trabalhando no fígado, e perguntei o que estava fazendo. Sempre fico curiosa para saber como ele realiza esse trabalho. O SC, por natureza, costuma trabalhar em silêncio, mas já me disse no passado que eu poderia falar com ele enquanto operava.

J: A pressão dentro do fígado está aumentando e empurrando. Estou girando ao redor dele com energia de cura. O corpo dela vem acumulando energia enquanto conversamos, para que eu possa realizar o trabalho.
D: *Quando ela voltar ao médico e fizer os exames de imagem, eles perceberão que há algo diferente?*
J: Ah, sim.
D: *Claro que eles não vão entender, não é? (Risos)*
J: Não, mas ela terá uma maneira muito perspicaz e engraçada de contar a eles. O corpo dela está muito quente por causa da quantidade de energia. Eu precisava que ela acumulasse essa energia para que pudéssemos fazer isso. Isso nunca deixa de nos surpreender.
D: *Então, está curando o dano que o Tylenol causou?*
J: Sim.
D: *Eles estavam até falando em tirar o fígado e colocar outro... um transplante.*
J: E ela disse que isso fez seu fígado tremer. (Eu ri.)

Isso mostrou que o fígado tem consciência e percepção próprias. Ele reagiu à ideia de ser removido do corpo.

D: Não gostou da ideia. Essa é a única solução que eles têm: operar.
J: Sim. Para mutilar o corpo. Este corpo já passou por tanto. Já foi mutilado o suficiente.
D: Não queremos que eles o mutilem mais, não é?
J: Não. Ela não precisa disso. Ela é teimosa.

Perguntei se poderia examinar outras partes do corpo dela com problemas, principalmente a lombar. Ele disse: — Claro que posso. Perguntei a causa daquele problema.

J: Sinceramente? (Sim) Seu passado... mas, infelizmente, ela escorregou e caiu na vida e no espírito.

Enquanto trabalhava no corpo, perguntei se havia alguém daquela vida que ela conhecia agora, em sua vida presente. Disse que o irmão mais novo era James, um bom amigo nesta vida. Claro, eu me perguntei se o Padre era alguém que ela conhecia. Isso confirmou o que eu estava pensando: o Padre era seu avô nesta vida. Durante nossa entrevista, Julie me confidenciou que o avô a havia molestado quando criança. Aparentemente, eles haviam feito um contrato para se encontrarem novamente em papéis diferentes, para que ele pudesse compensar o que havia feito ao menino. Mas parece que ele ainda não aprendera a lição e havia levado aquele problema sexual adiante. Em vez de retribuir, acumulou mais dívidas.
Perguntei ao SC sobre o carma.

J: Ela já completou o dela no passado. Este homem tem muito carma. E ele se repetiu novamente. O problema é dele, não dela.
D: A Julie não precisa mais participar disso. Você disse que ela já resolveu a parte dela.
J: Muito. Ela o amava.
D: Então, em um caso como esse, assassinato e suicídio não são considerados negativos?

J: Não, num caso como esse. Parecia ser a única resposta para um garoto de quatorze anos. As coisas foram cruciais para ela aos quatorze também.
D: Estava relacionado de alguma forma?
J: De certa forma, ela encontrou amor em vez de ódio... graça em vez de raiva.
D: Ela fez uma mastectomia aos quatorze anos.
J: Sim, fez.
D: Existe alguma conexão aí?
J: Não para essa vida em particular, além da dor, do sofrimento e da mutilação de si mesma. Não importa o quão necessário você acredite que seja, nem sempre é necessário. Mas isso tinha a ver com a mãe também. Ela queria o melhor para a filha. Queria ajudá-la. Mesmo sabendo que a massa era benigna, insistiu. E esta pobre menina perdeu o seio, mas não estava apegada a esse corpo. A deformidade assimétrica obrigou-os a reconstruir a mama. Sua mãe lhe disse que o tumor era cancerígeno, e não era. Julie não percebeu a diferença. Ela nunca teve câncer. Sua mãe pediu que a mama fosse reconstruída após a remoção do tumor. E a própria mama teve uma infecção estafilocócica depois, que foi horrível... quase a matou. Ela não se lembra disso. Só recorda de estar muito doente e de passar muitas horas no hospital.

Achei interessante que isso tenha ocorrido na mesma idade em que o jovem havia vivenciado o trauma na vida passada. Mas, agora que ela entendia tudo, não deveria ter mais problemas físicos. O SC insistiu que ela já tinha passado por problemas físicos suficientes.

Em seguida, fiz a pergunta inevitável: "Qual era o propósito dela?". Ela deveria estar escrevendo, mesmo achando isso difícil. Tinha interesse em cura, mas o SC não achava que...fosse uma boa ideia para Julie. "Acho que, às vezes, funciona para as pessoas, mas, para que funcione, ela deve estar conectada em um nível muito profundo." Ela é muito empática e absorve, como um ímã, as doenças e a energia das pessoas.

Fiquei surpresa quando perguntei sobre o marido dela. Eles estavam com problemas, e ele estava pensando em se aposentar ou ir para outra base militar, em Washington. "Acho que a aposentadoria ainda está longe. Cedo demais."

D: Você consegue ver o que vai acontecer com ele?
J: Sim. Ele se casa novamente. (Isso foi uma surpresa.)
D: Você quer dizer que eles não vão ficar juntos?
J: Não. No final, mesmo que ela pense que é isso que quer, ainda assim ficará muito triste quando acontecer. Ele assumirá o cargo em Washington, e ela ficará na Virgínia.
D: Como Julie conseguirá se sustentar?
J: Ela vai começar voltando para a escola e fazendo algumas aulas; nada muito extenso. Educação... não em uma universidade. Isso vai abrir uma porta para ela conhecer novas pessoas... conexões. Ela conhecerá um cavalheiro mais velho, que a ajudará a ganhar confiança para escrever.

Eu estava ficando sem tempo, mas ela tinha outra pergunta. Muitas vezes, enquanto dormia, falava em outras línguas. O marido dela até havia gravado. Ela queria saber o que estava acontecendo.

J: Ela está canalizando outras vidas. Memórias... memórias celulares. Ela fala a língua.
D: Eu estava pensando que, quando ela tomou aquele veneno, talvez fosse isso que a estivesse afetando nesta vida. Causava dor de estômago naquela vida.
J: Não. Há um contraste entre tomar algo que você acha que vai te ajudar e morrer. Ele pensou que isso o ajudaria no final, mas isso só te mata nesta vida.

A mensagem final antes de partir: "Pare de tomar os medicamentos. Saiba que você está psiquicamente aberta para nós. Sempre lhe enviaremos as informações amorosas sobre as quais você escreverá."

Não costumo receber resposta dos meus clientes depois das sessões, mas, no caso de Julie, ela me enviou um e-mail para me contar o que aconteceu depois:

Primeiro, no caminho para casa naquela noite (após a sessão), na saída da cidade de volta para a Virgínia, adormeci enquanto meu melhor amigo dirigia. Ele me acordou mais tarde, querendo saber se eu estava bem, porque eu estava pingando — ou melhor, encharcada — de suor. Era como se meu corpo físico tivesse desligado e estivesse tentando se desintoxicar de todos os remédios que os médicos estavam me dando. Nunca suei tanto antes, nem imagino que vou suar novamente. Eu conseguia torcer meu vestido, literalmente!

Em maio, tive um ducto biliar aberto com cicatriz de 14 mm, o que fez com que a bile fosse despejada no meu intestino. Uma cirurgia preventiva foi necessária e, em seguida, entrei na lista de transplantes de fígado para receber um novo órgão com ductos de tamanho saudável. (Nossa sessão foi realizada em junho.)

No mês passado (setembro), finalmente fiz a segunda ressonância magnética, e os médicos ficaram surpresos com os resultados — tanto que disseram que parecia que estavam olhando para o fígado de duas pessoas diferentes. Eu tinha um ducto biliar de 14 mm, com cicatrizes que não conseguiam se fechar devido ao acúmulo de tecidos. Agora tenho um ducto biliar de 9 mm, sem nenhum sinal de esclerose ou cicatrização em qualquer lugar. Nem preciso dizer que um transplante de fígado não é mais necessário. Não estou mais em estado terminal. A única outra coisa que mudou foi que parei de tomar todos os medicamentos e o Tylenol para dor, exatamente como meu Eu Superior instruiu enfaticamente a fazer. Sem Tylenol! Era veneno.

Ao mesmo tempo em que tivemos esta sessão, houve avisos na CNN e nos jornais alertando as pessoas sobre o uso de medicamentos que contêm paracetamol. Tylenol e outros analgésicos possuem o mesmo ingrediente nocivo que danifica o fígado. Desde esta sessão, tenho tentado alertar as pessoas sobre os perigos desses medicamentos.

Também tive outros clientes que apresentaram reações de purgação após sessões como esta. Alguns tiveram vômitos, diarreia e suor excessivo. Cada cliente apresenta sintomas diferentes. O interessante é que o cliente raramente se preocupa: percebe que os venenos estão sendo liberados do corpo e que os sintomas não duram muito tempo. É um processo de purgação.

Capítulo 17
UM SUICÍDIO

Após sair da nuvem, Evelyn se viu em uma montanha, olhando para um grande vale abaixo dela. Havia muitas árvores, e o vale era tão profundo que o sol não tocava o solo. Era um lugar lindo e imaculado. Ela estava parada ao lado de um edifício em estilo chinês, com telhados curvos, que percebeu ser algum tipo de mosteiro. Lá dentro havia pisos de madeira e a impressão de muitas coisas brilhantes, incluindo um Buda. Era uma sala grande, com outras salas adjacentes. A luz vinha de cima, como se estivesse aberta para o céu. Havia tapetes de bambu no chão e um pequeno jardim em miniatura, com um bonsai no centro.

Houve confusão quando ela olhou para seu corpo pela primeira vez, pois não tinha certeza se era homem ou mulher; apenas notou que usava uma longa túnica com intrincado bordado roxo e dourado, como o brocado chinês. Tinha pouco mais de vinte anos, cabelo preto, liso e grosso. Sua pele era de um amarelo pálido — não oliva, mas também não branca. As mangas eram muito largas, e ela viu que usava uma pulseira de jade, como um círculo, na mão esquerda. Ficou surpresa ao notar que tinha unhas compridas. O lugar tinha a sensação de um mosteiro, pois não havia famílias lá. Cada pessoa tinha seu próprio quarto, muito simples. Quando comiam, reuniam-se em grandes mesas, sentando-se no chão. Ela os viu comendo tigelas de sopa.

Perguntei a ela se havia algo específico que fazia com seu tempo. Ela se viu escrevendo canções e manuscritos em papel comprido e retangular, de cor branca.

E: Parece um bloco de notas, mas não estou usando um pincel. É uma caneta. Não estou escrevendo na horizontal, e sim na vertical. Estou fazendo manuscritos iluminados.

Perguntei o que queria dizer com "iluminados".

E: Com figuras no canto. É tão bonito... É quase todo sobre palavras, mas há bordas belas, ou letras decoradas. Acho que fiz tudo, tanto os desenhos quanto os escritos. Os desenhos são a parte divertida. Não sei se é religioso ou se somos estudantes. Agora todos estão juntos naquele refeitório, e todos parecem ter a mesma idade. Eu poderia ser uma estudante, mas não quero sair daqui.

Ela então se emocionou, e eu não consegui entender o motivo. Começou a chorar:— Não quero sair daqui. Estou com tanto medo... Estou tão feliz aqui. Ela morava lá havia vários anos.
Em seguida, levei-a para um dia importante.

E: Estamos todos entrando nesta sala de reuniões. Acho que vão nos dizer alguma coisa. — Tem um homem falando. Acho que ele é um guerreiro. Ele tem uma espada. Acho que é uma tomada militar. Não vai ser como era antes. — De repente, ela falou alto, agitada e assustada: — Não gosto deste homem! Ele é tudo o que vejo, mas é um exército.

Então, pela primeira vez, ela tomou consciência do próprio sexo:

E: Somos todas meninas que moramos aqui. Pensei que fosse um mosteiro porque vivíamos juntas, mas temos todas a mesma idade e somos todas do mesmo gênero.
D: *Mas agora esse exército chegou? Os soldados?*
E: O chefe deles está aqui e está mandando que assumam o lugar... tentando nos dizer que tudo vai ficar bem, mas não vai. Porque ele é um mentiroso. Dá para ver na cara dele. Nós não somos... estúpidas.
D: *Como vocês estão isoladas, eles acham que não conhecem nada diferente.*
E: Certo. É uma escola e um lugar lindo, no topo de uma passagem. É difícil chegar até aqui e você não vê muita gente, mas isso não significa que não possamos perceber o que está escrito na parede. Não somos burras. — Eu sinto que isso é algo ruim. Acho que ele pretende trazer seus tenentes para ocupar nosso espaço e ficar onde estamos. E o povo dele, o exército, ficará na linha de frente. Sei que vão se impor sobre nós. Por que mais viriam aqui? Temos

tudo o que eles poderiam precisar e, além disso, há todas essas mulheres. Este não é o destino final deles; estão a caminho de outro lugar. Mas agora acho que vou me matar!

Eu sentia o medo crescendo dentro dela. Ela tinha dificuldade para falar sobre o assunto. Precisei encorajá-la, dizendo que podia me contar qualquer coisa, porque eu entenderia.

E: Acho que eles vão nos estuprar, e não vai ser nada bom. Eles são uns animais. Podem se vestir bem e parecer simpáticos, mas não são gentis. É diversão para eles. (Ela estava obviamente vendo a cena.) Quanto tempo isso vai durar? O que vai acontecer? Talvez eu devesse ir para a borda e simplesmente pular! — Acho que vou fazer isso. Eu vou fazer isso. — É horrível. Não vai melhorar. Acho que vou sair bem rápido. Tem um ponto na borda que é afiado e avança. É por isso que o vale desce tanto. Está escuro lá embaixo. Acho que vou correr bem rápido. Não terei tempo para pensar e então o impulso tomará conta de mim. E... vai ser uma longa descida. Aí eu vou ficar bem.
D: *Isso é uma solução?*
E: É isso que eu vou fazer. Acho que vou fazer. — Ok, é isso!
D: *Então, o que você fez?*
E: (Com um ar confiante) Eu pulei! Não queria viver assim.
D: *Como foi cair daquele jeito?*
E: Acho que foi assustador. O ar subia muito rápido, não é? Minhas pernas batiam, me levando de um lado para outro, mas eu sabia que, quando chegasse ao fundo, estaria morta, porque era uma queda muito longa. — Estou esmagada no chão lá embaixo. Vejo um corpo ali. Está quieto, e estou sozinha. Não há nada para me perturbar. Agora não dói. Está tudo bem.
D: *Agora que você está fora do corpo, pode olhar para toda aquela vida de uma perspectiva diferente. O que acha que aprendeu com aquela vida?*
E: No geral, era lindo. — Mas talvez eu tenha aprendido a não resistir às coisas. Se você resiste, elas só ficam mais difíceis.
D: *Mas você sentiu que essa era a única saída para a situação, não é?*

E: Eu poderia ter vivido e ajudado os outros, e poderia ter construído uma vida depois que eles partissem. Mas nunca se sabe... talvez eu não estivesse viva depois que eles se fossem. Talvez tivessem matado todo mundo. Mas eu não tinha como saber. — Bem, eles eram apenas homens, e aqueles corpos eram apenas coisas.

D: *Você estava com raiva deles?*

E: Eu estava com raiva. Fiquei horrorizada, mas, depois que morri, passou. Foi apenas algo que aconteceu. Não imagino que poderiam ter feito diferente. Eles eram um produto do próprio ambiente. (Ela começou a rir.) Estou me perguntando se exagerei em tudo isso. Fui bem dramática.

D: *Sim. Mas para onde você vai agora? Você sabe?*

E: Posso me virar, e há algo atrás de mim... algo leve, suave, acolhedor. Há uma sensação... posso entrar neste lugar com pessoas que já conheço. Pessoas que eu conhecia antes de ir para lá. — É como voltar para minha mãe. Não sei como explicar. Eu os conheço. É como na escola: você chega e dizem "O que achou disso?". Aí você pensa: "Bem, eu fiz o que queria?".

D: *Quer dizer que conversaram sobre o que acabou de vivenciar? (Sim.) E o que eles dizem sobre o que você viveu?*

E: Eles não fazem julgamentos. Deixam você falar. Isso ajuda a entender que nada é bom ou ruim. Foi lindo, mas também havia uma feiura intensa. — Não sei o que vamos fazer agora. Acho que este é um lugar de espera, tranquilizante. Acho que vou ter outra vida. (Ela começou a chorar.) E ainda não sei o que é. — Conheço essas pessoas e fui com elas, e eles disseram: "E aí, como foi?". Todos sabiam. Acho que existe um lugar onde podemos discutir essas coisas.

D: *Como é esse lugar?*

E: As pessoas usam túnicas brancas. Não há diferenciação, nenhum status entre elas. Você percebe que alguém é mais maduro apenas pela sensação que transmite, não pela maneira de se vestir.

D: *E você avalia o que fez?*

E: Eu sabia que era isso que íamos fazer quando entrei lá pela primeira vez, mas foi com alegria. É estranho dizer isso depois de uma experiência como aquela. — Ah, é bom estar de volta. Sinto-me em casa. É um bom lugar. O outro foi apenas uma experiência. As pessoas de branco... aqui é meu lar.

D: *Você disse que iria discutir o que faria em seguida?*
E: Não sei. Acabei de ter um vislumbre de que terei outra vida. Posso ver isso chegando. É como se um círculo estivesse vindo em minha direção.
D: *Alguém deles vai com você?*
E: Acho que alguns podem, mas não quero ir ainda. Acredito que tenho essa escolha. Acho que eles me dão conselhos.
D: *O que eles estão lhe dizendo?*
E: Ouço a palavra "limitações", como se tivéssemos que conhecer as nossas.
D: *O que isso significa?*
E: Bem, eu me matei. (Risos) A discussão era sobre a vida que terminou. Essa era uma opção. Não acho que seja considerada a ideal, mas, se você for escolher experiências difíceis, tem que ter certeza de que consegue superá-las. Tratava-se de conhecer suas limitações. Porque, se você entra em uma situação muito intensa, que não consegue lidar, quando se fecha, esse é o seu limite. Isso significa que você ultrapassou o que podia fazer. Você pode levar com mais leveza, passar por tudo e conseguir sair com uma atitude diferente. Eu poderia ter continuado e, talvez, tivesse chegado a um lugar diferente. Mas eu queria que aquilo acabasse. Eu queria sair dali.
D: *E quanto à sua próxima vida? Estão lhe dizendo como será?*
E: Vai ser completamente diferente. Não tenho certeza... Pode ser esta de agora. Acho que sim. Eu só vejo vislumbres. Não sei a história toda. Estou vendo a vida em que estou agora.
D: *O que eles querem que você aprenda no próximo programa?*
E: Algumas coisas são óbvias: não ser tão impulsiva, deixar as coisas acontecerem e não resistir a elas.

Evelyn estava obtendo algumas respostas, até mesmo identificando algumas pessoas de sua vida atual que estiveram naquela vida. Mas pensei que poderíamos conseguir mais trazendo o SC. Perguntei por que lhe foi mostrada aquela vida.

E: Para que ela entendesse que o vazio que a levou a se matar não é real, e o vazio que ela sente agora também não é real.

D: *Por que ela sente vazio agora? (Evelyn ficou emocionada e começou a chorar.)*
E: Porque todas as pessoas com quem ela veio já foram embora. Combinamos que viessem juntos.
D: *Naquela vida, Evelyn cometeu suicídio porque estava em uma situação da qual sentia que não conseguiria sair. (Sim.) Eu sei que você não condena ninguém... nunca existe certo ou errado. Mas estou sempre tentando entender a parte do suicídio. Sei que o suicídio é frequentemente condenado por ser considerado quebra de contrato.*
E: Neste caso, foi uma opção. Não foi uma coisa ruim. Pareceu ter sido, mas não foi. Minha sensação é que talvez não tenha sido a decisão mais inteligente, mas ela fez, e então...
D: *Como isso se aplica à vida atual dela? O que deveria aprender com isso?*
E: Resistência. Não desistir. Ela já desistiu muitas vezes nesta vida. Precisa parar com isso. Não há sentido em estar neste lindo lugar chamado Terra se não for para viver plenamente. A vida é tão linda. Ela precisa ser feliz... feliz com tudo... todos os dias. — Você escolhe vir aqui. Há mais dimensões do que imagina, e você pode sentir alegria. Não é o fim. Você pode sentir alegria.

Físico: Asma a vida toda.

E: Ela não quer respirar. Está resistindo às coisas agora. Prendeu a respiração durante todo o caminho quando pulou. Não precisa mais fazer isso. Às vezes, penso que ela se sente mal quando não consegue lidar com as limitações. Podemos tirar isso dela. Não está realmente lá. Não há nada de errado com os pulmões. Ela cria esse problema no corpo. Está acostumada, mas não precisa continuar. O tempo todo se preocupa se as coisas vão machucá-la. Ela acha que vão, mas nada vai machucá-la. É medo. Ela fica esperando que aconteça. Mas não precisa sentir medo. Tem que entender que não há nada a temer.

Sobrepeso:

E: Ela queria isso. Ela queria! (Risos) — Porque se sentia segura. Gostava. Mas não deveria fazer isso consigo mesma. Vai passar. Ela sabe que somos muito leves por dentro e que podemos nos erguer do chão se quisermos. — Acho que o problema dela é que não imaginou que sua vida seria tão longa, e meio que desistiu. Mas ainda falta muito mais. Ela não está considerando suas realizações.

Capítulo 18
UM SUICÍDIO DE CORAÇÃO PARTIDO

Quando Helen saiu da nuvem, percebi, pelas suas expressões faciais, que algo a incomodava. Ela sussurrou que estava sozinha, entre muitas lápides, à noite, em um cemitério. Havia neblina se formando e ela sentiu frio.

H: Eu simplesmente não gosto daqui. Me dá vontade de chorar.

Ela parecia muito triste e solitária.

H: Estou procurando, mas não consigo encontrar o que estou procurando. Eu só quero ficar triste... como se alguém tivesse morrido. Alguém morreu. Estou tentando encontrar algo.

Ela então percebeu ser uma jovem de vinte e poucos anos, usando botas pretas e um vestido longo, coberto por uma capa. Sua voz assumiu um sotaque inglês:

H: Estou perturbada. É como se eu estivesse procurando alguém e não conseguisse encontrá-lo. É uma criança... Acho que estou procurando meu bebê.

Ela começou a chorar.

H: Um menino. Acho que perdi meu bebê. Perdi meu bebê!

Mesmo que estivesse soluçando, eu a encorajei a falar comigo sobre o assunto.

H: Ele estava doente, mas eu também estava doente. Com febre. Acordei e ele tinha sumido. Estou tentando encontrá-lo no cemitério. Ele tinha menos de cinco anos. Muito triste... muito triste. Acho que perdi um bebê também.

Ela havia perdido dois filhos ao mesmo tempo, por causa de uma doença. Havia apenas uma pequena quantidade de remédios, então nada podia ser feito. Seu marido não ficou doente — só ela e as crianças. — Aconteceu muito rápido — disse.
Eles moravam em uma cidade pequena, que parecia chamar "Siking" (?) na Inglaterra. — Uma cidade pequena... muito úmida, fria e escura — disse.
Ela então teve um flash de reconhecimento de que seu marido Rob, em sua vida atual, era o mesmo de então.

H: Eu só vejo aquele cemitério e estou olhando ao redor... muito perdida sem meus bebês. Eles os levaram. Eu não estava lá (ela não estava consciente). Eu estava doente e não vi quando aconteceu. Eles estão nas sepulturas... nas sepulturas.
D: *Então aconteceu enquanto você estava doente? É por isso que você não sabia onde eles foram enterrados? (Sim) Seu marido sabe?*
H: Ele está vindo até mim. Ele está me mostrando... Estou completamente fora de mim... completamente fora de mim. (Chorando) Eu não consigo... Eu simplesmente não consigo suportar.
D: *É um grande choque. (Sim) Então você ficou bem e eles lhe contaram?*
H: Eu simplesmente sabia... Eu simplesmente sabia. Sim. Ah! Acho que tive um bebê dentro de mim. Parece que era um bebê que morreu dentro de mim.
D: *Foi este que eles enterraram ou outro?*
H: Era um feto e um menino... um menino loiro.
D: *Então a febre matou o bebê dentro de você.*
H: Sim, foi por isso que fiquei doente.
D: *Eles os pegaram e os enterraram, e agora estão mostrando onde eles estão?*
H: É um monte de terra. E uma lápide... uma pequena cruz.
D: *Diz alguma coisa na lápide?*
H: Talvez sim... Thomas... diz "Thomas C." e uma data: 1873.
D: *Mas não havia nada que você pudesse fazer, não é?*

H: Eu me sinto muito mal. Eu o decepcionei. É dever... é meu dever ter filhos. Parece que decepcionei meu marido.

Passei algum tempo consolando-a e dizendo que não era sua culpa e que não havia nada que pudesse fazer a respeito. Isso é importante porque, às vezes, essas situações se prolongam para a vida atual e podem ser a causa de todos os tipos de problemas físicos e emocionais.

D: *Como isso está afetando seu marido?*
H: Ele está triste e decepcionado, mas ainda me ama. Ele se sente culpado porque acha que poderia ter feito algo mais.
D: *Há momentos em que ninguém pode fazer nada. Você disse que havia pouquíssimos remédios. (Exato) Pelo menos você sabe onde eles estão. Você os encontrou, não é?*
H: Sim... no Céu.
D: *O que seu marido faz naquela cidade?*
H: Clero. Ele cuida da igreja. Uma espécie de clero. Vejo roupas pretas e brancas.
D: *Ele é como um padre?*
H: Sim, ele está segurando uma Bíblia e uma cruz católica... sim... um homem muito piedoso. Piedoso, piedoso... Ele é muito respeitado e as pessoas o admiram. Sinto que não sou nada.
D: *É assim que ele a trata?*
H: Não. Ele só me trata como uma mulher... só como uma serva.
D: *É assim que as mulheres são tratadas naquele lugar?*
H: Sim... e eu falhei. Porque não lhe dei um filho.
D: *Mas você deu filhos a ele.*
H: Eu sei, mas... é isso que acontece... crianças morrem. É muito frio aqui... muito úmido. (Pausa) Acho que simplesmente perco minha sanidade. Não quero mais ficar lá. Eu simplesmente não quero viver depois disso.
D: *Você não acha que pode ter mais filhos?*
H: Não. Ele simplesmente me ignora. Ele me deixa em paz. Ele se fecha.
D: *Mas ele deveria estar lá ajudando as pessoas na cidade.*
H: (Com convicção) Ah, ele faz. É só fachada... apenas o trabalho dele. Entre nós, não há contato.

D: Então realmente não foi um casamento por amor. (Não) Só para ter filhos e cuidar dele? (Sim) Então não havia mais razão para continuar, é isso que você quer dizer?
H: Não... e eu simplesmente morro na minha cama.

Levei-a para aquele dia para que pudéssemos ver o que aconteceu. Eu sempre digo às pessoas que podem participar como observadoras, se quiserem. Não precisam vivenciar nada fisicamente.

D: O que aconteceu com você?
H: Só raiva... (Pausa) Eu... eu me matei. (Ela ficou chateada.)
D: Você pode assistir como observadora. Não precisa participar.
H: Eu apenas me vejo me esfaqueando.
D: Você disse que havia muita raiva?
H: Sim. Como se eu não fosse adequada para ser aquela pessoa... e, com ele, eu sabia que simplesmente não queria mais estar ali. Eu estava tão brava comigo mesma... Eu me vejo esfaqueando meu estômago e meu coração. Eu estava gritando. Não havia ninguém lá, mas Robert entrou e me viu morta daquele jeito logo depois. Eu o vejo cobrindo os olhos e ficando triste, mas sem emoção... nenhuma emoção. Acho que ele ficou melhor por eu ter ido embora. Eu era inútil para ele.
D: Se você não pudesse ter filhos, não teria valor algum.
H: Sim. Eu não era adequada para aquela vida. Depois que perdi o bebê, eu simplesmente não queria mais estar ali. Não sabia como havia entrado naquela situação. Eu não entendia a vida.
D: Então você está fora do corpo agora?
H: Sim. Vejo um corpo... mas sou muito mais feliz fora dele. Eu tinha apenas uns vinte anos.

Ela observou enquanto levavam o corpo para o mesmo cemitério, cavavam uma cova, colocavam-na lá dentro e cobriam com terra. Havia uma pedra branca acinzentada. " Becca. Rebecca".

D: Existe um sobrenome?
H: Começa com C. É só um corpo. Graças a Deus que estou fora disso. Quando entrei naquela vida, eu queria trazer luz para a escuridão.

Aquele lugar era tão escuro... Era tudo muito difícil... muito difícil de fazer.

D: *Então você planejou fazer uma coisa, mas não deu certo. É isso que você quer dizer?*

H: Sim. Acontece muito. Simplesmente não é seguro. Meu coração continua se machucando toda vez que venho a esta Terra. (Ela estava chateada.) Eu deveria ser simplesmente... amor... e ajuda.

D: *Essas são coisas boas. Você também teve experiências ruins em outras vidas? (Oh, sim!) Diga-me o que consegue ver ou lembrar.*

H: Hum... tantas. Muitas guerras. Somos tão estúpidos.

D: *Você se envolveu com guerras?*

H: Sim... mas desonra a morte.

D: *Mas, quando entrou nessas vidas, você tinha a intenção de estar em guerras? (Oh, sim.) Você fez planos para isso?*

H: Sim. Eu continuei pensando que poderia ser mais forte. Que poderia fazer a diferença.

D: *Mesmo em uma situação como essa, mesmo em uma guerra?*

H: Sim. Eu me sentia tão sozinha... e havia aqueles momentos em que não conseguia me conectar com as pessoas que eu queria.

D: *Então você fez planos que não saíram como queria?*

H: Sim. Não como eu queria. Só vejo muito sangue... muita morte. Isso não aconteceu todas as vezes que vim à Terra. Tive várias vidas boas. É por isso que pensei que conseguiria fazer o que tentei fazer. Porque eu sabia que a luz era boa e necessária.

D: *Você tinha boas intenções.*

H: Sempre.

D: *Mas é isso que acontece quando você desce aqui no corpo?*

H: É como lama... é tão pesado, e as pessoas simplesmente não me entendem.

D: *Quando você entra no corpo, você esquece seu plano, não é?*

H: Sim, e eu simplesmente quero me esconder. Eu me escondo. Acabei de ver o Rob (o atual marido dela). Ele era o cara! Ele era aquele cara!

Eu a movi adiante até que ela estivesse fazendo seus planos de entrar no corpo como Helen.

D: *Você pode observar aquela parte, onde você está fazendo seus planos?*
H: O que você quer saber?
D: *Qual era o seu plano quando entrou no corpo conhecido como Helen? É através desse corpo que você está falando, não é? (Sim.) Vamos ver qual era o seu plano, o que você queria realizar. Não queremos cometer os mesmos erros novamente.*
H: Ah, mas ela fez de novo mesmo assim. Ela é muito sensível. Guarda uma energia muito forte dentro dela. É como se não importasse o que ela faz em particular, ela ainda tem energia para segurar esse espaço... desse novo tempo...
D: *Que tipo de energia?*
H: É para a Terra.
D: *A Terra durante o tempo em que Helen estava viva?*
H: Sim. O plano era muito simples. Tudo o que ela precisava fazer era ser ela mesma. Só para aproveitar a vida. É tudo o que ela precisava fazer.
D: *Isso parece simples.*
H: Ela torna tudo tão complicado.
D: *Então, ela deveria apenas entrar e curtir a vida dessa vez?*
H: Sim... sim... sim... sim.
D: *Ela carrega essa energia da qual você está falando? (Sim.) Ela deveria fazer alguma coisa com a energia?*
H: Ela diz que é um farol de luz, e é isso que ela é.
D: *Como ela pode compartilhar esse raio de luz? Qual era o plano original?*
H: É para a área em que ela mora. A matriz... perto da rede... agora.
D: *Então, quando ela planejou vir para cá, ela sabia que moraria naquela área?*
H: Ela sabia de antemão, sim... mas não conscientemente.
D: *Como ela vai espalhar a luz se está apenas se divertindo?*
H: Ela adora ajudar as pessoas.
D: *Ela sabe que é limitada aqui na Terra?*
H: Ela luta com isso. Com a ideia de saber de onde veio e o que precisa fazer aqui.
D: *De onde ela veio? Talvez fosse bom que ela entendesse.*
H: Muitos lugares. Sirius é o seu favorito. Ela é uma viajante. Vai a todos os lugares. Tem a capacidade de viver onde é necessária.

D: *E ela não deveria fazer nada... apenas estar lá... ser um farol de luz?*
H: É importante que ela faça isso. É difícil compartilhar tudo com ela porque queremos que ela continue do jeito que está. Sabemos que ela está frustrada. Simplesmente tem que ser assim. A personalidade dela é tão forte que precisamos manter o ego sob controle. E ela está muito protegida. Não precisa se preocupar.

Helen parecia uma das integrantes da Segunda Onda que vêm espalhar sua energia para ajudar as pessoas. Eles geralmente não precisam fazer coisa alguma; só precisam ser. E, para muitas pessoas, é difícil entender como elas podem influenciar outras apenas existindo.

D: *Ela também quer realizar coisas nesta vida.*
H: Isso realmente não importa porque está tudo em movimento. Ela deveria somente aproveitar a vida. Esse é o propósito dela... aproveitar. Ela teve muitas vidas que não foram prazerosas.
D: *O que você nos mostrou não foi nada agradável, foi?*
H: Não... isso está causando dor nela agora. Está preso no corpo dela. É por isso que já estamos trabalhando nela.

Eles estavam se referindo ao coração (região do peito) e ao abdômen, os lugares onde ela se esfaqueou.

D: *(Eu me referi a uma de suas perguntas físicas.) Ela disse que tem um mioma no útero. Você consegue ver?*
H: Esta não é minha área.
D: *Foi lá que ela se esfaqueou, não foi?*
H: Sim. Uma pena. (Suspiro profundo.)
D: *As pessoas cometem erros quando acham que não aguentam mais. Os problemas físicos foram causados pelo trauma do esfaqueamento?*
H: Parcialmente.
D: *Ela disse haver uma massa do lado direito. O que é isso? Você consegue ver?*
H: Esta não é a minha área. Esta não é a minha área.
D: *Qual é a sua área?*

H: Eu não sei. (Risada curta.) Mas não é isso. Eu só sinto isso por ela. Eu não sou o subconsciente.

Eu não pensei que fosse, mas estava dando algumas respostas, então deixei-o falar. Antes de invocar o verdadeiro subconsciente, queria enfatizar o que essa parte já havia nos dito.

D: *Você quer que ela se divirta? Era esse o plano... que ela se divertisse?*
H: A maneira como ela sabe espalhar alegria é muito boa. E é isso que queremos que ela crie. É muito necessário neste momento.

Tentei obter respostas para algumas perguntas mais específicas de Helen, mas, novamente, disseram que aquela não era a área deles e que não conseguiriam responder.

D: *Então, tudo bem se chamarmos o subconsciente e deixá-lo responder mais perguntas?*
H: Por favor, faça o que você precisa fazer.
D: *Agradeço muito as informações que você tem dado a ela. Acho que ela vai ouvir e talvez faça a diferença.*
H: Eles estão trabalhando nela.
D: *Quem está trabalhando nela?*
H: Seus guias.

Quando tentei invocar o subconsciente pela primeira vez, eles disseram que Helen estava resistindo.

H: Há medo à espreita. É difícil para ela se libertar. As expectativas dela são muito altas.

Expliquei que ela já havia permitido que a maioria das perguntas fossem respondidas e que restavam apenas algumas.

H: O cérebro dela não para de pensar.

Expliquei que ele já estava parado há mais de uma hora, e ela nem sabia disso. Então, tudo o que ela tinha que fazer era continuar distante e deixar-nos terminar. Ela poderia assistir, se quisesse. A lógica foi persuasiva e, aparentemente, ela percebeu que muita coisa já havia sido feita sem o seu conhecimento. Então, concordou em nos permitir prosseguir.

A primeira pergunta que fiz foi por que escolheram aquela vida para Helen ver.

D: Esta, onde as crianças morreram e ela cometeu suicídio.
H: Para curar... para curar... (mais alto) para curar!
D: Ela ainda carrega isso com ela?
H: Sim. Reviver aquilo foi uma libertação. Foi uma libertação para ela, aquela lembrança.
D: Ela nem sabia que estava carregando isso, sabia?
H: Não. Mas ela tinha uma ideia.
D: Houve alguém naquela vida que ela conhece agora?
H: Sim, o marido dela... o marido dela agora.
D: Por que eles voltaram a ficar juntos nesta vida?
H: Ter amor. Terminar... fazer com que seja do jeito que ela imaginou... com amor.
D: Porque ele era muito indiferente naquela vida, não era? (Sim) Então, era para ele voltar e resolver seu carma?
H: Dela! Não gostamos quando as pessoas tiram a própria vida. Foi um verdadeiro desperdício e então... como ela sentiu que foi um desperdício naquela vida.
D: Claro que ela passou por muita coisa. Ela sentia que não aguentava mais.
H: Nós entendemos.
D: Então ela teve que voltar para esta vida com o mesmo marido?
H: Sim. Ele é um bom homem. As coisas estão muito melhores... ela ainda se preocupa demais.
D: Com o que ela se preocupa?
H: Ser provida.
D: Sim, essa foi uma das perguntas dela. Ela está preocupada com dinheiro.
H: Todo mundo está. É uma coisa humana. Não vai ser a preocupação que ela pensa.

Eles então continuaram a responder às perguntas que ela tinha sobre seu trabalho e o desenvolvimento do centro. Queriam que ela relaxasse e parasse de se preocupar, porque tudo estava prestes a acontecer e sua vida iria florescer.

H: Entendemos que ela está em uma situação desafiadora. Ela precisa estar lá por enquanto. Está aprendendo a confiar em si mesma e a estar na orientação divina... o verdadeiro conhecimento requer esses testes. Ela deve confiar em si mesma. (Ela começou a chorar.) Estamos apenas liberando energia para ela. Ela é tão cheia de energia. Viajou pela América e tem tanta energia. Ela simplesmente a espalha por toda a Terra. A Terra precisa muito dela. É muito boa. Sempre queremos ser gentis com ela. Queremos que ela fique nesta Terra. Ela tem muito trabalho a fazer.

Então, eu quis saber sobre o tumor fibroide que ela disse ter no útero. Essa era a pergunta de saúde que os outros não conseguiam responder. No meu trabalho, encontrei uma resposta interessante e inesperada para tumores fibroides que realmente me surpreendeu quando começou a aparecer nas minhas clientes. Tumores fibroides são bebês ainda não nascidos!

Já tive vários casos em que as mulheres fizeram abortos. Em alguns casos, elas sentiram ser um ato justificável: muitas crianças que não conseguiriam cuidar ou gestações inconvenientes. Disseram que isso não as incomodava; no entanto, seus corpos diziam o contrário. Elas estavam tentando substituir o bebê que haviam perdido. Outros casos eram de mulheres que desejavam desesperadamente ter filhos e sentiam que seu relógio biológico estava se esgotando. Estavam envelhecendo e sabiam que não tinham muitas outras chances. Elas também desenvolveram miomas. Seus corpos estavam tentando gerar um bebê.

Disseram-me que, muitas vezes, quando um tumor fibroide é aberto, o médico encontrou dentes e cabelos dentro dele! Não é notável o que o corpo humano pode fazer?

Em uma das minhas aulas recentes, recebi a informação sobre algo que um fitoterapeuta..Um chinês havia descoberto algo interessante. Ele disse que, desde que a China promulgou a lei do "filho único", a taxa de tumores fibroides em mulheres chinesas triplicou. Isso mostra que elas ainda desejavam ter filhos e que seus corpos estavam tentando produzi-los.

A maioria dos casos que observei trata de eventos ocorridos em suas vidas atuais. No entanto, Helen parecia trazer um resquício da vida passada que examinamos. Ela perdeu os filhos naquela vida e agora estava simbolicamente tentando trazê-los de volta. Neste caso, o problema pertencia ao passado da outra mulher e não tinha lugar nesta vida. Então, poderíamos deixá-lo no passado. Eu ainda queria a confirmação do subconsciente (SC). Perguntei:

D: *O que causou o tumor?*
H: Muitas coisas. Aquela vida foi a única em que ela teve problemas. Ela estava disposta a experimentar coisas dolorosas por amor. (Em outras vidas também.) Algumas coisas ficaram presas. — Posso absorver e dissolver.
D: *É o que eu já vi você fazer antes... dissolvê-lo e absorvê-lo, para que possa ser eliminado do corpo com segurança.*
H: É como uma pequena bomba.
D: *Você vai dissolvê-lo lentamente ou como vai fazer isso?*
H: Não, AGORA!
D: *É hora de soltar. E ela também está pronta? (Sim.) Então, você está tirando isso?*
H: A maior parte. É uma bagunça. (Ela gemeu de dor.)
D: *Mas ele pode ser liberado do corpo com segurança?*
H: Ah, sim... ah, sim.
D: *Essa é a coisa mais importante a ser trabalhada no corpo dela?*
H: Todo o seu sistema nervoso e seu coração... (Ela estremeceu.)
D: *O que há de errado com o coração dela?*
H: Nada. Só precisava ser ativado, por assim dizer.
D: *Porque foi lá que ela se esfaqueou. Deixou uma marca traumática ali, por assim dizer?*
H: Não muito. Ela só se lembrou disso. — Começamos a trabalhar nela há muito tempo.
D: *Quando começamos esta sessão?*
H: Antes.
D: *Que maravilha! Fico feliz que você esteja fazendo isso por ela.*

H: Eu sou somente uma pessoa, uma entidade, não uma energia. Ela segura muitas, muitas energias.

Eles disseram que continuariam trabalhando nela pelos próximos dias, especialmente quando ela estivesse dormindo, para que o tratamento pudesse ser feito de forma suave.

H: É terrivelmente horrível. Ela está aprendendo ao mesmo tempo, então preciso que ela esteja dormindo. Ela é tão forte às vezes.

Eles responderam a mais algumas perguntas, mas que não são pertinentes à história, então não as repetirei aqui.

Mensagem de despedida: Ela precisa aguentar firme. Continuar. Ela é muito... muito amada, mais do que consegue conter. Ela não consegue nem conter o amor que carrega dentro de si. Nós estamos com ela e sempre estaremos. — Agradeço por este tempo, e ela está pronta para encerrar sua sessão.

A questão do suicídio sempre foi questionável em meu trabalho. No meu livro Entre a Morte e a Vida, dizia-se que o suicídio nunca é justificável, que nunca tem um efeito positivo e que a pessoa deve sempre voltar e reviver as mesmas circunstâncias com as mesmas pessoas.
As sessões desta seção e de alguns dos meus outros livros me fizeram questionar se isso era verdade. O suicídio tem justificativa? Ele sempre carrega carma negativo? Ou existem circunstâncias atenuantes?
Encontrei muitos casos em que a pessoa, na outra vida, foi colocada em uma situação insuportável, sem saída, onde o suicídio era a única maneira de acabar com o sofrimento. É justificável nessas circunstâncias? Nesses casos, eles disseram que era uma opção embutida no plano projetado para a vida toda.
Em minha pesquisa, parece que as principais circunstâncias em que isso não seria considerado favorável são quando contratos são quebrados. Quando fazemos nossas avaliações de vidas passadas do lado espiritual e revisamos (com nossos conselheiros) o que precisa ser resolvido na próxima vida, fazemos contratos com as almas

participantes. Elas concordam em voltar e nos ajudar a resolver os erros do passado. Esses compromissos e contratos são levados muito a sério e fazem parte do nosso plano. Existem muitos tipos de contratos. Alguns são de longo prazo, como casamentos, nascimento e criação de filhos. Outros são de curto prazo, com amigos e conhecidos que estarão lá para nos ajudar por um determinado período.

Um exemplo de contrato curto seria um encontro sexual de uma noite que resulta no nascimento de uma criança. O pai concordou em estar lá apenas para fornecer um caminho para a criança vir ao mundo, e então o contrato termina. Dessa forma, fazemos diferentes tipos de contratos de graus variados. Esses contratos são levados a sério porque as outras almas concordaram em se afastar do seu próprio desenvolvimento para ajudar você a progredir. Claro, talvez eles também tenham concordado em avançar com você.

Quando a pessoa enfrenta o que considera obstáculos intransponíveis em sua vida (e lembre-se, esses são apenas obstáculos que ela concordou em colocar ali para aprender com eles) e comete suicídio como forma de escapar, ela está quebrando contratos. Isso interrompe todos esses outros planos das pessoas. O suicida ainda tem que retornar e repetir aquela "série" ou tarefas. É como se tivesse sido reprovado no exame e não "escapa" até voltar e interpretar o papel novamente, nas mesmas circunstâncias, com os mesmos personagens. Só que, da próxima vez, é ainda mais difícil. Mas, como a pessoa quebrou todos esses compromissos, todos esses contratos, será que as almas participantes estarão dispostas a ajudar novamente? Talvez não.

Eles dizem: "Parei minha progressão para te ajudar nas aulas, e você me decepcionou. Você desistiu. Por que eu deveria fazer isso de novo por você? Você vai ter que esperar a sua vez agora, enquanto eu continuo com a minha própria evolução. Te dei uma chance, agora não sei se posso confiar em você novamente para cumprir com seus compromissos." Neste caso, o crescimento do suicida é fortemente impedido. O que deveria ter sido resolvido em uma vida, agora levará muitas.

O Universo Convoluto, Livro Quatro

Capítulo 19
UM SUICÍDIO COMPENSA O KARMA

Quando Joan entrou em cena, estava de pé, mas não havia chão sob seus pés. Sentiu que estava em cima de uma bolha. Pedi que ela descrevesse.

J: Meio opaco. Não está muito claro. Está me segurando facilmente, mas parece uma superfície expandida, então fica tensionada. Parece apenas um material esticado. Sinto como se estivesse flutuando em algum lugar do espaço. Não estou vendo nada, somente o céu e as nuvens. Mas acho que estou sendo levada a algum lugar. Agora, de alguma forma, deslizei para dentro da bolha e estou apenas flutuando suavemente para baixo, dentro dela. — Sinto como se estivesse descendo por um poço. Não vejo nada, apenas caindo suavemente em algum lugar.

D: *Tome consciência de si mesma. Como é o seu corpo?*

J: (Pausa) É transparente, quase como se estivesse assumindo um tom cinza-esbranquiçado de uma nuvem. Não há muita substância nele. Sinto-me como um observador, apenas olhando ao redor. É como se eu estivesse realmente esperando que algo aconteça... para que eu me revele. Outro ser simplesmente apareceu. Acho que você diria que simplesmente surgiu na minha frente. Tipo, isso vai me levar a algum lugar. Mais uma vez, apenas mais uma forma cinza-esbranquiçada. Sinto como se o fundo da bolha se abrisse. É mais um vazio, mas acho que é como um escorregador. Outra parte do universo, eu acho. Abriu-se agora, e é como se eu estivesse no céu, flutuando.

D: *Então você saiu da bolha agora? (Sim) Talvez fosse apenas uma maneira de chegar onde você deveria ir?*

J: Essa foi a sensação que eu tive, como se fosse uma passagem.

D: *E agora esse outro ser sem forma está a levando para algum lugar? (Sim.) O que você vê enquanto viaja?*

J: Apenas céu azul e nuvens.

D: *Deixe que ele a leve para onde você deve ir. Você consegue se comunicar com ele?*
J: (Longa pausa) Você quer que eu me comunique com ele?
D: *Se puder.*
J: Eu simplesmente sinto que ele veio para me guiar a algum lugar. A mensagem que estou recebendo é que ele quer me mostrar algo.
D: *Tudo bem. Você quer continuar? (Sim.) Então deixe que ele a leve e lhe mostre o que quer que seja. E podemos fazer isso bem rápido também. — O que ele quer lhe mostrar?*
J: Muitos anjos.
D: *Onde eles estão?*
J: É como uma cidade no céu. Uma reunião de todos esses seres.
D: *Como é a cidade deles?*
J: Eu não vi, mas tenho a sensação de que é isso. É como deslizar, flutuar. E eu estou cada vez mais visível à medida que vou chegando lá.
D: *Como você se sente?*
J: Muito carinhosa e bem. Muito simpática. — Ele está me levando através dos grupos, acho que é como eu poderia explicar. Estou apenas me movendo através deles agora. (Pausa) Vejo a imagem de um grande livro aberto. (Ela, de repente, ficou emocionada e começou a chorar. Não conseguia entender o porquê.) Sinto-me muito emotiva.
D: *Tudo bem. Emoção é bom. Isso significa que é algo importante.*
J: (Chorando) Ele está me mostrando algo no livro. Eu não sei o que é.
D: *Peça para ele lhe dizer o que é. (Pausa) O que ele quer que você saiba do livro?*
J: (Pausa, ainda emocionada) Estou apenas sentindo, mas ele está me mostrando esta vida e os eventos, as dores que tenho enfrentado. É como assistir a um filme, tudo novamente.
D: *O que você pensa sobre sua vida quando a vê dessa maneira?*
J: Como se eu tivesse esquecido o quão doloroso foi, e vê-la novamente está trazendo isso de volta.
D: *É importante tocar nesse assunto novamente?*
J: Sim. Porque acabou agora.
D: *Pergunte a ele por que você teve que assistir novamente.*

J: Para reconhecer o quão longe cheguei. Foi uma passagem, a conclusão de tudo o que a precedeu.

D: *Então era algo que você tinha que passar para concluir? (Sim) Pergunte a ele: toda essa dor e tudo mais, isso tem a ver com carma?*

J: A dor era encontrar o equilíbrio. O equilíbrio não estava lá. A dor existia porque eu não estava em equilíbrio. E foi através dela que continuei buscando esse equilíbrio. Ele continua dizendo que é disso que se trata a vida na Terra: obter equilíbrio. E agora eu o tenho.

D: *(Risada) Foi difícil, não foi? (Sim) Mas houve carma envolvido enquanto você buscava seu equilíbrio? (Sim) Ele pode lhe dizer de onde veio, para que você possa entender? (Longa pausa) Talvez ele possa mostrar para você.*

J: Sim, ele está me mostrando. É mais como uma visão interior de momentos em que eu era horrível, terrível e tomava decisões péssimas.

D: *Em outras vidas? (Sim.) O que foi que você fez?*

J: Tenho a sensação de que fui realmente má, mesquinha e nervosa.

D: *(Pausa) Então, em outra vida, você machucou outras pessoas?*

J: Sim. É quase um modelo de quem eu era. É estranho. Estou vendo como um modelo plano. É como uma pintura, você pode dizer, mas é um esboço. E o horror é... não há muitos detalhes nele. É como uma camada, do jeito que está vindo para mim. É quase como uma sobreposição. O poder e a energia que eu carregava e a sensação de horror que isso criava... não tenho detalhes, apenas a sensação do horror que causava.

D: *Talvez seja melhor não entrar em detalhes. (Sim) Os detalhes não são necessários, mas você fez muitas coisas negativas? (Sim) Havia alguém envolvido naquela vida que você reencontrou nesta vida, para pagar qualquer carma? Será que consegue enxergar isso?*

J: Ela está incorporada através do meu pai nesta vida. Ele criou muitos cenários que me causaram dor e angústia pessoal, para que eu me tornasse sensível à maneira como outras pessoas se sentem.

D: *Então esse era o propósito dele?*

J: Sim, mas ele próprio era tão sombrio, e eu nunca entendi isso. O desafio era que ele se mantinha nessa negatividade para que eu desenvolvesse sensibilidade, superasse isso e não me deixasse levar por ela — o que consegui fazer. Não havia alegria nele.

D: *Mas esse era o trabalho dele: fazer isso para que você pudesse crescer.*

J: Sim, como se uma parte dessa camada negativa estivesse incorporada, se assim posso dizer. (Ela estremeceu.) Entre outras coisas, eu torturei... e, em uma vida na qual fui torturada, eu não consegui suportar.

D: *Você quer dizer que também torturou?*

J: Sim, e é por isso que fui torturada em outra vida.

D: *Isso sempre acontece, não é? (Sim) Mas como isso se relaciona com a sua vida agora? Não teria sido recompensado? As outras vidas, quando você também foi torturada?*

J: Era disso que se tratava. Foi uma questão de vingança e eu não conseguia suportar. Foi aí que me suicidei. Eu não conseguia suportar a tortura que me foi infligida.

D: *Quem estava torturando? Foi alguém que Joan conheceu nesta vida?*

J: Sim. Era o ser que se chama Richard nesta vida.

Richard foi seu marido por trinta anos, antes de ela se divorciar dele.

D: *Isso significa que ela o torturou em outra vida?*

J: Não sei. Era algo como uma fatia que representava tudo o que eu já fiz de negativo ou maligno. É como se pequenas coisas borbulhassem daquilo, encarnando em outras vidas para que eu pudesse obter a experiência do que fiz. Não sei até onde isso se conecta, mas não preciso saber. É como um padrão, um "caminho".

D: *Você quer dizer que, em outras vidas, Joana cometeu muitos atos de tortura e, por ser muito negativa, teve que ser torturada e tratada cruelmente em outra vida, para que fosse vingada?*

J: Para saber como era, o que eu tinha feito.

D: *E foi muito difícil para ela e, por isso, cometeu suicídio? (Sim) Como ela se matou naquela vida?*

J: Sinto um incêndio. Comecei algum tipo de fogo... é como um celeiro ou algum tipo de prédio, e entrei nele. Sendo queimada.

D: Então, me parece que ela teria retribuído tudo. Por que teria que voltar com a mesma entidade, Richard, novamente?
J: Porque ela se matou.
D: Mas ela tinha muitas coisas acontecendo que eram muito difíceis de aceitar.
J: Mas não compensou o carma.
D: Ela poderia ter superado se tivesse persistido por mais tempo? É isso que você quer dizer? (Sim) Foi uma vida inteira para compensar esse carma? (Sim) Mas, em vez disso, ela cometeu suicídio. Explique a ela o que acontece depois, porque é como se ela repetisse a mesma coisa.
J: Ela não pôde transmutar a experiência em uma compreensão clara do real significado; não pôde evoluir. É por isso que cometeu suicídio: porque nunca conseguiu entender o propósito superior de tudo isso, evoluindo de volta à Fonte.
D: Ela não entendeu que não deveria cometer suicídio. É isso que você quer dizer? Não estava no contrato?
J: Isso mesmo. Ela deveria alcançar a iluminação por meio da experiência.
D: Então, quando voltou para esta vida, teve que passar pela mesma coisa novamente?
J: Dessa forma, me deu uma oportunidade de ir além de mim mesma, já que eu estava naquele nível... para a vida?
D: E com a mesma pessoa... a mesma entidade?
J: Sim. (Sussurrado.) E me deram um pai que tinha um campo energético muito parecido com o do Richard. Realmente ecoava isso, mas foi do pai dominador e controlador que consegui escapar quando cresci e saí de casa. Mas eu não tinha obtido totalmente a compreensão e a força que nascem do saber, da experiência de superação. Richard me ajudou a me tornar mais compreensiva com os outros que passam por dificuldades. Eu teria deixado essa parte para trás. No estado sensível em que me encontrava durante a minha infância, passei por outra situação e, ainda assim, nunca senti isso, porque sabia que tinha uma missão.
D: Mas você sabia que precisava resolver tudo isso primeiro.
J: Sim, mas também foi vital para o meu próprio crescimento e fortalecimento, para o propósito maior de guiar os outros mais rapidamente, porque entendi no final. E para dar-lhes

compreensão e ajudá-los a avançar ainda mais rápido do que eu, porque eles não tiveram tanto tempo quanto eu tive para trabalhar.

D: *Então Joana teve que retornar a esta vida com a mesma entidade para repetir a mesma circunstância? (Sim) Agora é seu trabalho continuar e ajudar as pessoas.*

J: Elas não têm o mesmo tempo que tive. Tudo está acelerando. Há oportunidades para as quais devem se preparar rapidamente.

D: *Não podemos mais perder tempo trabalhando em todas essas coisas?*

J: Isso mesmo. Não na Terra.

D: *Temos que equilibrar o carma rapidamente para tirá-lo do caminho? (Certo. Sim.) O que normalmente teria levado muitas vidas?*

J: Sim. Existe a oportunidade. Ela entende agora. Ela pode abrir muitas portas para as pessoas por meio da compreensão sobre o que elas estão passando — algo que não teria sido capaz de fazer de outra forma.

D: *A menos que você mesmo passe por isso, não consegue entender o que as outras pessoas estão passando.*

J: Sim, e nem é a mesma experiência. É uma sensibilidade para sentir a angústia delas, embora possa ter causas diferentes. Sentir a angústia delas e saber que é possível superá-la.

D: *Sim. Muitas pessoas se sentem presas, não é mesmo? (Sim) Elas sentem que não conseguem sair de algo. — Foi por isso que você escolheu mostrar isso a ela, em vez de levá-la para vidas passadas?*

J: Sim, é um modelo. Acho que é por isso que é como uma fatia. É como uma pizza, se é que isso faz algum sentido. Nem tudo está coberto por toda aquela mistura de cores desagradáveis quando você analisa bem. Mas são como ingredientes soltos, então a fatia representa a essência, e há muita clareza nela. Há mais clareza do que qualquer outra coisa. Esses ingredientes soltos são como uma gosma que representa as vidas negativas em que houve algum tipo de desequilíbrio. E é como limpar o que resta disso, o que resta desta vida.

D: *Porque não sobra tempo para repassar essas coisas repetidamente?*

J: Isso mesmo, sim. E, ao fazer isso, esclarece aquele último detalhe para mim, mas também, a maneira como escolhi fazer, em vez de apenas superar, é eu entendendo o que outros estão passando. Isso também os ajuda a passar por suas resistências mais rápido, para que não precisem ficar angustiados. Se pudessem apenas entender como é fácil sair disso... consigo avançá-los rapidamente nesse processo.

D: *Ela começou em um ciclo de vidas negativas e acabou ficando presa nele?*

J: Não. É como se estivesse na mistura de todas as vidas. Ela é como uma grande fatia totalmente limpa e clara, e tem essas manchas de molho com todas essas cores desagradáveis. E você pensa ser essa pizza, com o vermelho, o marrom, o laranja e tudo mais espalhado. E saindo disso, estava essa vida em particular, na qual, devido às coisas que eu tinha feito, tive a oportunidade de sentir como é ser torturada — mas eu não consegui suportar.

D: *Ela estava em uma vida em que machucava outras pessoas, então tudo tinha que voltar ao normal.*

J: Eu tive que vivenciar isso para saber como é, para saber e perceber.

D: *É por isso que Joana passou tantos anos naquela situação, até ter certeza de que era o suficiente. É isso que você quer dizer?*

Joana teve uma infância abusiva e casou-se com um marido igualmente abusivo. Descobriu, finalmente, a metafísica após 25 anos de casamento e teve a coragem de se divorciar dele.

J: Sim... que ela conseguisse superar tudo sozinha. Isso era o mais importante: que tivesse a força interior para superar tudo.

D: *Tinha que ser uma decisão dela?*

J: Sim. Sem culpar, sem depender, apenas cavar fundo e encontrar a força e a compreensão interiores.

D: *Porque culpar alguém só cria mais carma, não é?*

J: Sim, como renascer.

D: *Agora ela chegou a um ponto em que acabou com isso. Acabou. É passado. Não precisamos passar por isso de novo. — E o Richard? Ele ainda carrega carma pelo que fez com Joana? Ele está fora da vida dela agora?*

J: Aquilo era apenas um pedaço dele, como aquela coisa da pizza. Ele tem suas próprias questões. Aquela coisa da pizza era tipo: "Me dê um empurrão ou me dê uma chance de resolver isso, aconteça o que acontecer." Mas ele tem suas próprias coisas.
D: *Isso significa que Richard não carregará carma pelo que fez?*
J: Não, ele não vai.
D: *Porque ele fez isso por um motivo?*
J: Sim, mas, infelizmente, ele tem outras questões que ainda não enfrentou. Ele poderia ter lidado com isso, mas simplesmente não estava pronto. Ficou preso e não conseguia se soltar.
D: *Você acha que é tarde demais para ele mudar agora, nesta vida?*
J: Sim, por causa dos hábitos e atitudes. Ele fechou muitas portas em vez de atravessá-las.
D: *Então, ele terá que trilhar o próprio caminho, mas isso não tem nada a ver com Joana.*
J: Isso mesmo.
D: *Ele seguirá seu próprio caminho.*

Percebi que estava falando com o subconsciente de Joana, que havia assumido em algum momento ao longo da conversa. É sempre óbvio quando ele entra no diálogo. Perguntei se eu estava falando com ele, e confirmou. Então, eu sabia que não precisava chamá-lo, pois já estava ali. Eu sabia que podia seguir adiante e fazer perguntas a ela.

D: *Sempre pensamos que vamos voltar a vidas passadas quando fazemos esse tipo de sessão. Mas você não a levou para uma, você a levou para o Livro dos Recordes. Por que escolheu isso em vez de levá-la para uma vida passada?*
J: Porque é mais do que uma vida. É a essência de tudo o que ela é. Ela sabia que a maioria de suas vidas foi muito boa, e é por isso que lhe foi mostrado que... a cor é como manchas no branco.

O objetivo principal era mostrar a ela que estava desequilibrada e que as experiências negativas desta vida a reequilibraram. Richard não teria mais nenhum papel em sua vida, pois tudo já havia sido resolvido (da parte dela, pelo menos). Ele havia desempenhado seu papel e feito o que deveria. Agora era hora de seguir em frente. Claro, a principal questão que ela queria saber era sobre seu propósito. Ela tinha muitos planos e queria saber sobre o futuro. O que a Suprema Corte queria que ela fizesse agora que estava livre?

J: Ajudar o maior número possível de pessoas a se mudarem para a nova Terra. Tocá-las onde elas estão e movê-las adiante com o entendimento que ela adquiriu. Muitas pessoas continuam tropeçando no escuro, mas estão perto de conseguir. Elas precisam de pessoas como Joana para ajudá-las. Esse é o papel dela agora.
D: *Como você quer que ela ajude outras pessoas?*
J: Sendo alguém em quem se pode confiar ao adentrar o desconhecido. Confiar na luz que ela emana e dar esse salto de fé, acreditando que existe integridade, que as pessoas respeitam e confiam nela. E, agora, dar coragem para romper o que as está segurando. Elas podem ter a oportunidade de sentir a paz que as espera e a beleza que permite se libertar e avançar além de onde estavam. É como se um pouco da nova Terra estivesse ali para elas vivenciarem e dizerem: "É isso que eu quero". Ela conseguirá manifestar tudo o que quiser e está começando a entender como fazer isso.
D: *Ela achava que já havia cumprido a maioria dos seus contratos. (Sim) Ela achou que receberia um novo contrato. É verdade?*
J: Ah, sim. É isso que ela está fazendo agora, atraindo pessoas porque a intenção é tão pura, não contaminada com seus próprios problemas. Ela superou tudo isso.
D: *Eu sei que, quando entramos em uma vida, fazemos contratos. (Sim) Eu não sabia que era possível criar ou fazer novos contratos à medida que avançamos.*
J: Ela também não sabia disso.
D: *Então, se você fez tudo o que deveria e os contratos terminaram, pode fazer um novo?*
J: Ah, sim. E novas visões continuam surgindo. Ela achava que era muito limitador, mas está começando a perceber o oposto.
D: *Vocês (as pessoas desse lado) ajudam na formação dos novos contratos? (Sim) Porque podem ver o que a pessoa deveria estar fazendo? (Sim) O mais importante é se livrar primeiro dos contratos antigos, das coisas antigas. Depois, seguir em frente? (Sim)*

Voltei-me para as perguntas físicas. A mais importante dizia respeito a problemas na coluna. Pedi ao SC que analisasse aquela área. "Foi destruída muitas vezes em suas outras vidas. Oh, meu Deus, o preço que ela pagou. Está tudo remendado, mas isso teve seu custo. Agora que ela entende, todos podem se consertar e ficar alinhados. — Estou empurrando. As peças estão desalinhadas. Estou alinhando-as novamente. Elas não têm força suficiente sozinhas para se manterem estáveis. Ela não esteve em total alinhamento com tudo e, então, foi girando e virando ao longo do caminho."

Deixei atuar na coluna e perguntei se havia terminado. "Quase... preciso de um pouco mais de tempo." Fiquei em silêncio enquanto concluía seu trabalho e, logo, anunciou que o alinhamento estava completo. Dei sugestões para que permanecesse em condição estável. Eu sabia que, assim que a pessoa descobrisse a causa e o trabalho que deveria realizar, a condição seria removida e a cura permaneceria enquanto ela seguisse no caminho que deveria.

J: Este é o último alinhamento que ela queria: o alinhamento do seu propósito. Isso facilitará todo o resto. Essa é uma das coisas que fazem parte do avanço: desafios, traições, destruição da autoestima... Mas, pelo seu acordo em tornar-se sensível, esse era o único caminho. Foi assim que foi planejado para acontecer nesta vida.

Mensagem de despedida: Torne-se muito forte na confiança e no conhecimento de que a missão que você concordou em cumprir é parte de todo o universo e que há muitos trabalhando com você em todos os reinos.

O tema do assassinato também é um conceito interessante quando visto de maneira objetiva. No meu livro Entre a Morte e a Vida, falamos sobre várias maneiras de compensar um assassinato. Nunca é: "Você me matou, então eu vou te matar!". Isso apenas mantém a roda do carma girando. Há uma maneira "suave". Por exemplo: ter que cuidar da sua vítima na próxima vida e dedicar toda a sua existência a ela, sem ter a oportunidade de se concentrar em si mesmo e em seus desejos. Estes serão colocados de lado enquanto tudo se concentra na outra pessoa. Pode ser uma criança, alguém com deficiência, um pai que precisa de cuidados, talvez até um chefe exigente. Se você está em uma situação como essa, esta pode ser uma maneira diferente de encarar o que acontece. Nunca faz sentido na vida presente, mas, quando se examina a vida passada, fica claramente justificado.

A seguir, transcrevo o trecho de uma sessão que tive com uma mulher — uma excelente praticante de cura nesta vida —, mas que também enfrentou grandes dificuldades com relacionamentos e abuso parental na infância.

Monique passou por duas vidas passadas. Na primeira, foi morta ainda pré-adolescente por um exército invasor: esfaqueada no estômago por uma espada. Na segunda, era um soldado romano que matava. Morreu como guerreiro, novamente com uma espada atravessada no estômago. Isso explicava os problemas estomacais persistentes que Monique apresentava nesta vida. Ela veio, naquela encarnação como soldado, para experimentar o outro lado.

M: Foi parte do aprendizado para lembrar como ela foi morta antes e como se sentia desta vez ao matar. Ela não queria viver uma vida de violência, mas era o que se fazia naquela época. Aprendeu a lição de que era errado assassinar daquela forma, e as pessoas que foram mortas também aprenderam suas lições. Todos sabiam que passariam por isso antes mesmo de entrarem naquela vida. — Mais que uma lição: vivenciar o que o outro sentiu e, assim, perceber que não quer aquilo — complementou.

Ela acumulou carma por causa do que fez como soldado.

M: Ela não deu ouvidos à voz interior que dizia que não deveria fazer aquilo. Poderia ter deixado o orgulho de lado e não agir assim. Poderia ter ido para outro lugar, mas, veja, naquela época os pais pensavam ser uma honra. Agora, teria de trabalhar aquele carma.
D: *Com as pessoas que ela matou?*
M: Não, não necessariamente com as pessoas que ela matou, mas com pessoas que foram mortas dessa forma. Então, talvez ela pudesse

ser um médico, um curandeiro, para tratar pessoas que foram feridas tão horrivelmente ou que perderam uma perna ou um olho. Assim, poderia ajudá-las e compreender como sofreram.

D: *Então, não precisa ser a mesma pessoa que ela matou.*

M: Não, apenas alguém.

D: *Depois de aprender uma lição, você pode transformá-la em vantagem e seguir um caminho diferente. Isso faz sentido?*

M: Sim, é verdade. Está muito distante daquela onda de guerra de onde ela veio.

D: *O que ela decide fazer quando voltar? Vai ser alguém que ajuda?*

M: Vai ser alguém que ajuda, mas também será alguém que tem entes queridos que se machucam e morrem.

D: *Qual é o propósito de ter entes queridos que se machucam?*

M: Porque passará pela mesma experiência que os entes queridos daqueles que ela matou.

D: *Você sempre tem que ver os dois lados de tudo, não é? (Sim)*

Esse é um conceito interessante que ocorreria naturalmente em tempos de guerra, quando muitos são mortos. Seria difícil e levaria muito tempo para compensar cada uma das vítimas da matança. Portanto, as circunstâncias teriam de se repetir, e a retribuição poderia ser ajudar outras pessoas que estivessem em situações semelhantes às das vítimas. Também haveria a reviravolta de ter entes queridos feridos ou mortos. Isso sempre parece tão injusto quando visto apenas da perspectiva desta vida presente: "Por que Deus foi tão injusto? Por que aquela pessoa, que era tão boa, foi ferida ou morta?".

Talvez possamos olhar para isso da perspectiva de outras vidas e dos envolvidos no cenário. Não importa se lembramos ou não dessas encarnações. Tudo o que se faz, se paga.

É claro que, no meu trabalho, descobri que é possível se livrar de qualquer carma remanescente perdoando os outros por suas más ações contra você. Mas, ainda mais importante, é necessário perdoar a si mesmo. Sempre existem dois lados. Sempre há duas versões de cada história. Nada disso é fácil de fazer, mas, se quiser parar a roda do carma, é preciso realizá-lo.

PARTE DOIS

O UNIVERSO CONVOLUTO CONTINUA SE EXPANDINDO

O INÍCIO DA TERRA

Capítulo 20
DE VOLTA AO COMEÇO

Naomi se viu em um ambiente estranho e alienígena quando entrou em cena. O chão era negro como carvão ou obsidiana, e ela estava de pé na plataforma superior de uma formação rochosa semelhante ao Grand Canyon, observando plataformas de rocha que desciam até um abismo. Quando olhou sobre o abismo profundo, não havia vegetação, apenas ar cinzento, como nuvens cinzentas.

Perguntei se ela queria descer.

N: Não, eu só preciso ficar contra a rocha e tomar cuidado. O solo não é de terra; é como obsidiana moída, muito fina. Mas estou olhando para as nuvens cinzentas... é como uma névoa cinzenta.

Quando pedi que descrevesse a si mesma, ela disse que não tinha um corpo. Isso já aconteceu tantas vezes que não me incomoda mais.

N: Acho que sou mais como a nuvem. Estou em cima, contra a montanha. Estou contra a obsidiana. Sinto que faço parte da névoa. Parece que mantenho as coisas frescas. Eu mantenho as coisas frescas.
D: *Esse é seu trabalho?*
N: Sim. Eu mantenho a temperatura baixa. Tem calor ali do meu lado, então eu apenas mantenho o frescor.
D: *De onde vem o calor?*
N: Vem do centro desse lugar. Parece um tipo de calor vulcânico. Eu não faço parte disso. Eu sou simplesmente parte da névoa.

Aqueles que conhecem meus livros entenderão que não há nada de extraordinário em ela não ter um corpo e estar em uma forma aparentemente gasosa. Descobri que isso é parte do ciclo de reencarnação que devemos percorrer antes de entrarmos em um corpo humano. Esses casos foram relatados em muitos dos meus outros livros.

O Universo Convoluto, Livro Quatro

Para explicar em um sentido linear (embora agora estejamos aprendendo que isso não é exato, pois tudo é realmente simultâneo), primeiro existimos em uma forma gasosa, depois em parte da terra e das rochas, depois em plantas, animais e espíritos da natureza, antes de estarmos prontos para tentar a forma humana, mais complexa. É claro que agora estamos descobrindo que as três ondas de voluntários estão ignorando esses requisitos, mas eles são um grupo especial que não está vinculado ao compromisso com o ciclo de reencarnação na Terra.

D: Você faz parte da névoa que esfria o solo, o ar ou o quê?
N: Que esfria toda a região. Tenho que manter tudo fresco. É um trabalho enorme, mas é fácil.
D: Eu pensei que seria difícil.
N: Não. Há algo nisso que me deixa triste: manter fresco quando há muito calor. Se houver calor demais, ele destrói.
D: Então pode ser perigoso se o calor aumentar muito?
N: Sim. Este é o meu trabalho... apenas a névoa. Porque, se eu não mantiver a temperatura baixa, o planeta vai explodir.
D: Tem mais alguém ajudando você a fazer isso?
N: Sim, são todos os seres da névoa. É um grupo.
D: Então vocês se autodenominam "seres da névoa" e mantêm a temperatura fresca para que o planeta não exploda.
N: Sim. Porque o planeta é novo, recém-formado. O núcleo do planeta é quente, e nossa função é manter a névoa. Ela esfria para que outras formas de vida possam se instalar nele.
D: Elas não podem vir se estiver muito quente?
N: Isso mesmo.
D: Então seu trabalho é manter tudo fresco para que, eventualmente, a vida se forme?
N: Sim, está correto.
D: Você gosta do que está fazendo?
N: É o que eu escolhi fazer. Todos nós nos mantemos unidos porque é o nosso caminho escolhido.
D: Quer dizer que você poderia ter escolhido outra coisa?
N: Sim, mas é o principal. O mais difícil de fazer. Os seres da névoa podem fazer isso. É que é tedioso conter o calor.
D: Mas esse é um planeta novo?

N: Sim, está apenas se formando.
D: *Não tem nenhuma planta ou vida nele?*
N: Não. Só tem o calor, que está esfriando, e a obsidiana negra, resfriada pela névoa.
D: *Você estava lá quando ele estava sendo formado?*
N: Sim, concordei em fazer parte da equipe original.
D: *Você observou o planeta enquanto ele estava sendo formado? (Sim) Você pode me dizer como foi isso?*
N: A bola de luz se aproxima e, então, fica cada vez mais quente. Ela se transforma em fogo. Ao redor do fogo, formam-se moléculas de matéria que se unem e formam a obsidiana negra. A obsidiana negra se forma ao redor do fogo. O fogo permanece dentro e continua construindo o planeta, mas precisa da névoa para resfriar a matéria e formar matéria sólida.
D: *Se continuasse esquentando, explodiria?*
N: Sim. Não se formaria. A luz não se tornaria calor intenso. O calor não formaria as moléculas para criar a matéria. Teria sido simplesmente luz.
D: *De onde veio originalmente a bola de luz?*
N: Da Fonte. A Fonte envia a bola de luz.
D: *Então a bola de luz gera o calor e as moléculas por si só?*
N: Sim. E, então, diferentes seres escolhem — eles não são pessoas, na sua terminologia —, seres com energias diferentes, que vêm se formar em torno do que é necessário.
D: *Cada um tem seu trabalho específico?*
N: Sim, está correto.
D: *O que alguns dos outros escolhem fazer?*
N: Alguns deles escolheram se tornar o ponto de luz original, para serem os pontos de calor ao redor da luz, formando uma intensidade vibracional cada vez maior, tentando expandi-la em calor, em fogo, para fora da matéria, atraindo a matéria. Há os seres de energia que vieram para fazer parte da matéria; os seres de energia que passaram a fazer parte da solidez negra; e os seres que passaram a fazer parte da névoa. Há também outros seres esperando para fazer parte de outras formações que ocorrerão.
D: *Os que virão depois que esfriar?*
N: Correto.

D: Depois que o planeta é formado e esfria, os outros seres vão embora?
N: Alguns, sim. Outros, não. Alguns ficam em casa. Alguns se tornam outras formas de vida. Cada um tem escolhas sobre o que pode se tornar. Alguns precisam se tornar matéria vegetal; alguns se tornam outros aspectos do ar, outros aspectos da água, outros aspectos dos minerais, outros aspectos de coisas desconhecidas que este planeta não possui.
D: Então alguns não saem imediatamente. Eles ficam para ajudar no desenvolvimento?
N: Sim, está correto.
D: E você fica lá até esfriar o suficiente?
N: Sim, até que possa haver formação de água no planeta. Então estou livre para me comprometer a fazer outra escolha.
D: Os planetas devem ter água, não é verdade?
N: Alguns planetas têm, outros não. Este planeta escolheu ter água.
D: Então a água nem sempre é necessária para a formação da vida? (Não) Alguns lugares vivem de outras coisas?
N: Sim, isso mesmo. Muitas variedades.
D: Mas você não tem nada a ver com a formação da água?
N: Não, nem com a definição de para onde a água irá. Eu poderei escolher fazer parte da água que permanecerá e formará outras formas de vida, se assim escolher, no momento oportuno.
D: Você tem que esperar até esse momento para decidir, então.
N: Sim, está correto.
D: Você sempre fez esse tipo de trabalho?
N: Não. Eu fui calor. Eu fui luz. Eu vim da Fonte muitas vezes, para muitas regiões diferentes, em muitas formas diferentes.
D: Quando você termina o trabalho, você retorna à Fonte?
N: Às vezes, sim. Às vezes, vou diretamente para outros lugares.
D: Para continuar progredindo? (Correto) Tudo isso levaria muito tempo? (Sim) Embora me tenham dito que o tempo realmente não existe.
N: É simplesmente o que se faz, sem medidas.

Era óbvio que isso poderia ter levado um tempo inimaginavelmente longo — eras. Então eu a fiz avançar para quando ela tivesse completado seu trabalho de ser parte da névoa e resfriar o planeta.

D: O que você está fazendo agora?
N: Agora estou me tornando parte de uma poça de água que está em um pequeno lugar na parte sombreada da rocha. É uma formação inicial da poça d'água. Outros seres podem vir comigo e se tornar parte dessa poça também. Esta poça crescerá. Seus coletivos começam como uma gota. Eu não fui a gota original; fiz parte da formação da água.
D: Eu estava me perguntando de onde vem a água.
N: Vem da névoa que se forma em gotas. Depois, forma uma poça.
D: Começam como pequenas piscinas?
N: Isso mesmo.
D: Você acha que ela vai crescer mais?
N: Sim, e seres da névoa estão vindo para formar corpos d'água maiores. Eles estão trazendo outros seres com eles, que formarão partes da cadeia hídrica que dará origem à vida vegetal e animal neste planeta.
D: Então a água tem que estar lá primeiro para que as plantas e os animais possam se desenvolver? (Sim) Você gosta de fazer parte da água?
N: Sim, gosto da sensação da água. Não é diferente da névoa. Tudo simplesmente é, mas é uma sensação agradável.
D: Nenhum é mais importante que o outro, porque todos têm um papel a desempenhar.
N: Isso mesmo.
D: Alguém lhe diz o que fazer?
N: Não. Você sabe. Você recebe sua marca quando chega.
D: Sua marca lhe diz qual será seu trabalho?
N: Sim. Quando me tornei a névoa, no final do período da névoa, fiz a escolha de me tornar a gota. A gota caiu na piscina. Agora tenho a escolha de me tornar uma forma animal, uma forma vegetal ou uma forma evaporativa de ar.
D: Vamos em frente. O que você decide fazer a seguir?
N: Eu decido me tornar o ar, o ar evaporativo. Quero estar ao redor do planeta.

D: *No começo você estava criando a água; agora você está evaporando-a? (Sim) Qual é o propósito da evaporação?*
N: É formar uma atmosfera ao redor do planeta.
D: *Então tem que haver atmosfera e também água.*
N: Este planeta tem, sim. Nem todos os planetas precisam ter. Existem muitas variações diferentes. Cada uma é adequada para aquele lugar.
D: *O que você faz quando se torna parte da evaporação?*
N: Eu formo um escudo ao redor deste planeta, que se expande para fora, proporcionando o crescimento do planeta. Sirvo como barreira a outros seres do ar que poderiam estar chegando para afetar o ar deste planeta. Outros seres do ar... diferentes... diferentes... você diria gases... gases diferentes.
D: *Entendo o que você quer dizer. Esses seriam gases que não seriam propícios ao que você está tentando criar aqui?*
N: Isso mesmo. O que este planeta precisaria para sua operação máxima. Precisa ser a combinação certa de materiais evaporativos que vêm do planeta e alguns que vêm de fora. Assim, forma-se a mistura para a atmosfera do planeta.
D: *E vocês são os que impedem a entrada do tipo errado de gás?*
N: Sim, correto. Na barreira externa, entre este e outros tipos de ar. Para manter a barreira protegida. "Blindado" é a terminologia mais apropriada, na linguagem disponível.
D: *A linguagem é sempre difícil. (Sim) Esses parecem ser trabalhos muito importantes que você teve no começo.*
N: Eles não são diferentes dos outros.
D: *O que você faz depois que a atmosfera é formada e sua participação nela é concluída?*
N: Esta tarefa específica está concluída, então agora volto para um local de descanso.
D: *Você não precisa continuar em outras formas?*
N: Eu poderia... eu posso... mas escolhi ir para um lugar de descanso. O lugar de descanso é onde a Luz está.
D: *Você pode me falar sobre a Luz?*
N: A Luz é apenas uma luz onde nada precisa acontecer. Nós simplesmente somos a Luz. Não há nada mais que você precise fazer, ser, imprimir ou trazer à tona a partir do Ser. Você

simplesmente é um com o Todo, então há uma sensação de completude.

D: *Você descansa por muito tempo? (Sim) Certo. Vamos avançar para o momento em que você decide deixar o local de descanso. Qual é a sua próxima tarefa?*

N: Eu estou nas correntes que levam as coisas de um lugar para outro. Eu sou uma corrente. É semelhante a uma corrente de ar, mas não é ar. Você... não tenho uma palavra, mas diria ser como uma corrente de combinação de eletricidade, luz, ar e pensamento. É uma combinação.

D: *Eu estava pensando em correntes como o vento.*

N: Sim, funciona de forma semelhante, mas é diferente. É o auxílio ao movimento da consciência, da percepção. É uma corrente de evolução, para usar o seu termo. É para ajudar uma galáxia a evoluir, então a corrente tem que fluir para dentro da galáxia e ao redor de todo o seu entorno.

D: *Eu estava pensando que você estava falando sobre o vento no planeta.*

N: Não. Esta é a galáxia e o cosmos que precisam de ajuda para se mover. E a corrente ajuda a movê-los na direção desejada.

D: *Mas você disse que também é para ajudar no movimento da consciência? (Sim) O que é a consciência que ela move?*

N: É entrar em uma consciência espiritual, por falta de uma palavra melhor, uma consciência de harmonia, uma consciência de entendimento, onde o amor é a vibração principal.

D: *Então ainda estamos lidando com galáxias e corpos maiores neste momento?*

N: Sim. É para proporcionar um nível diferente de experiência; um nível mais amplo de experiência para a galáxia.

D: *O que você quer dizer com outro nível de experiência?*

N: Dentro da galáxia, todos os planetas, todos os seres, todas as formas de pensamento, toda a consciência têm um certo nível, de modo que, quando a galáxia estiver quase completa com esse nível, outro deve ser trazido. Outra corrente deve ser trazida para que o movimento possa ser feito além do limite de onde o outro movimento está.

D: *Isso tudo faz parte da criação de outras coisas? (Sim) Que tipo de coisas podem ser criadas dessa maneira dentro da galáxia?*

N: Tudo o que as formas de pensamento produzem. Qualquer coisa que a matéria queira trazer à tona. Qualquer coisa que contenha a linha... é uma linha de luz que pode ser formada. É como uma luz que pode ser trazida para criar forma. Pode formar qualquer coisa que as formas de pensamento produzam.
D: Então os outros espíritos como você são aqueles que trazem as formas de pensamento?
N: Sim, está correto.
D: Então eles podem criar o que quiserem?
N: Isso mesmo. Tudo o que precisam fazer é conectar-se à linha de luz.
D: Ninguém lhes diz o que fazer?
N: Não. Eles trazem a consciência da galáxia para que outros saibam como fazer isso, mas ela precisa ser trazida para um nível mais alto antes que possam tê-la disponível.
D: E quanto à criação da vida nesses planetas? Você tem alguma coisa a ver com isso?
N: Não. Eu só trago a corrente. Eu sou apenas a corrente.
D: Você prefere assim?
N: Sim, porque consigo ver mais. Consigo ver como mais se encaixa no Todo.
D: Você acha que, ao entrar no corpo físico de uma planta ou de um animal, você restringiu sua percepção?
N: É uma visão diferente. Não é tão abrangente quanto é dentro da galáxia. Ser capaz de ter o ponto de vista da galáxia dentro da operação dos planetas, ver como tudo se encaixa dentro de uma galáxia e como essa galáxia se conecta com o cosmos é mais interessante no momento. As visões são diferentes.
D: Eventualmente, você deixa de ser a corrente? (Sim) O que acontece nesse momento?
N: Posso escolher outro lugar para estar.
D: Há tanta coisa para escolher, não é?
N: Sim, há.
D: Qual é a próxima coisa que você escolhe fazer?
N: Eu escolho ir para um lugar de aprendizado. É um lugar para onde todos vão... todos os seres vão. Quem escolher pode ir para lá quando precisar aprender mais... não tem outra fonte.
D: Conte-me sobre esse lugar.

N: Tem tudo o que precisamos saber.
D: *Que tipo de forma você tem quando vai a um lugar de aprendizagem?*
N: Apenas consciência.
D: *É disso que se trata? Aprender e criar?*
N: Sim, evoluindo. Você simplesmente pede para aprender e isso lhe é dado. Você simplesmente sabe disso automaticamente.
D: *Nenhum professor?*
N: Não. É dado a você... dado à sua consciência.
D: *O que você prefere aprender neste lugar?*
N: Prefiro aprender sobre a vastidão do que a Fonte criou. Aprendi sobre partes e pedaços de galáxias, de universos, planetas e formas de vida, mas quero aprender a vastidão da totalidade da criação, para que eu possa ir além do que vejo agora. Porque meus níveis atuais do cosmos incluem galáxias, planetas e seres menores — não inferiores —, mas o que é minúcia. Por isso, quero a vastidão maior.
D: *Você aprendeu que existe algo maior?*
N: Sim, nunca para. Toda a criação se expande, então a vastidão que recebo em meu ser neste momento será ainda maior a ser reconhecida em outro momento.
D: *Então existe algum momento em que você pode aprender tudo?*
N: Você pode retornar à Fonte para descansar.
D: *E, quando você estiver lá, poderá saber de tudo? (Sim) Aquilo é uma vasta quantidade de conhecimento. Você passa muito tempo no local de aprendizagem?*
N: Sim. Quero saber neste momento de todo o tempo.
D: *E você está absorvendo todas essas informações?*
N: Isso está correto.

Isso vai de acordo com o que o SC disse muitas vezes: você tem todo o conhecimento e todas as respostas dentro de si. Você realmente não precisa buscar fora de si mesmo; pode aprender a acessar essa incrível fonte de informação.

D: *O que você vai fazer com todas essas informações depois de absorvê-las?*

N: Vou transmiti-las para outros lugares onde as diferentes partes delas são necessárias. Deve haver disposição da parte deles. Deve haver abertura. Também deve haver seu nível de receptividade e disponibilidade.

D: *Então você simplesmente transmite?*

N: Sim, aqueles seres que estão nos níveis receptores, para promulgar, receber ou transmitir mais, captam isso.

D: *É como um farol transmitindo para todos os lugares.*

N: Isso mesmo.

D: *Então você não tem desejo de entrar em um corpo físico?* (Não) *Isso seria limitante, não é?*

N: Não seria limitante, porque eu não saberia da limitação. Mas não seria na amplitude que tenho acesso neste momento.

D: *Você tem consciência de que está falando através de um ser humano, um corpo físico? (Pausa) Você está ciente de que está se comunicando comigo?*

N: Estou enviando os raios que são transmitidos ao ser, para que ele possa comunicá-los a você.

D: *Você não está neste ser através do qual está falando?*

N: Não. É mais como suas torres de transmissão para seus sistemas telefônicos ou de rádio... suas ondas. É diretamente para este ser.

D: *Descobri que a única maneira de fazermos essa comunicação é quando os coloco nesse estado de consciência. Aí, eles ficam receptivos.*

N: Sim, está correto. Uma fisicalidade não consegue manter o nível.

D: *Por que você escolheu vir até ela hoje?*

N: Ela está disposta a receber as informações.

D: *Claro, com o volume de informações que você tem, não queremos sobrecarregar os sistemas dela.*

N: Isso mesmo. Ela tem tendência a se sobrecarregar. Não queremos isso.

D: *Então, você acha que é hora de ela saber mais e ter mais informações?*

N: Sim, o veículo está pronto. As linhas de transmissão foram conectadas. Ela será uma transmissora, uma transmissora humana. Não importa o que ela faça ou em que forma; a transmissão será através dela.

D: *Para que ela possa seguir com sua vida normal?*

N: Correto. Ela passa por ela como se fosse um veículo em torno da atmosfera. O veículo é semelhante ao planeta Terra, pois há vibrações, matrizes, atmosferas e todo tipo de coisas ao redor da Terra que alimentam a transmissão.

D: *Você quer que ela transmita apenas sendo ela mesma, ou o quê?*

N: Sim, está correto. Ela transmite isso através da essência do "eu", da essência da fisicalidade e da essência da atmosfera ao redor da fisicalidade.

D: *Então, ela não precisa escrever ou falar sobre isso?*

N: Ela não precisa. Pode fazê-lo, se quiser, mas será transmitido, pois o nível de transmissão é tal que muitos não conseguem compreender a palavra falada ou escrita. — Este é o caminho que ela escolheu: ser um farol. Ela é como uma torre de sintonia que refina o planeta e todos aqueles que estão nele, dentro dele e ao redor dele.

D: *Existem outros seres na Terra fazendo a mesma coisa?*

N: Sim.

D: *Eles estão cientes disso?*

N: Alguns sim, poucos sim; a maioria, não.

D: *Essa é uma das coisas que ela queria saber: qual é o propósito dela, o que está fazendo aqui na Terra?*

N: Ela é um dispositivo de sintonização de transmissão. Faz isso como um dispositivo que refina a fisicalidade e a atmosfera ao redor dela, bem como outros corpos ou aspectos conhecidos neste planeta: o físico, o mental, o astral e o espiritual. Foi a escolha dela. Ela continuará a servir como dispositivo enquanto estiver no corpo. Esteve neste papel por toda a sua vida e foi colocada em vários lugares para que as transmissões pudessem ser sintonizadas. Foi enviada a diversos locais para que as transmissões se tornassem "animadas".

Ela se assemelha a uma das voluntárias da Segunda Onda, descritas como faróis, transmissores, geradores e canais para transmitir energia positiva aos outros. (Confira meu livro As Três Ondas de Voluntários para mais informações.)

D: *Você já me disse antes que, em todos os lugares que vamos, deixamos um pouco de nossa energia.*

N: Sim. Não é energia no sentido estrito da sua terminologia. É uma combinação de elementos que acendem e produzem mais do que deve ser produzido. Vocês chamam isso de "energia" neste planeta. Pode ser chamado assim, mas é algo mais refinado — uma sintonia e uma transmissão mais sutis, que ajudam a tornar tudo ao redor mais harmonioso e permitem mais luz.

D: *Qual é o propósito de fazer isso neste momento da história da Terra?*

N: Permitir que a Terra atinja um nível mais elevado em sua evolução e elimine corpos ou energias mais pesadas, escuras, densas e menos luminosas — como quiser chamá-las —, essências que estão retendo o planeta.

D: *Então, são esses que estão saindo?*

N: Sim, está correto.

D: *Para que possamos ter mais luz, mais conhecimento e mais informação?*

N: Sim, está correto. Mais transmissões podem refiná-lo a uma taxa maior e mais rápida.

D: *Há mais pessoas chegando agora para fazer isso?*

N: Sim, está correto. Fazem isso através de suas risadas, brincadeiras, músicas e métodos menos estruturados de ser.

D: *Mas fazem isso sem perceber.*

N: Sim. Muitos sabem, mas outros não podem saber por causa de onde estão. Se soubessem, certos seres ao redor tentariam bloquear isso.

D: *Seria aconselhável que ela não falasse sobre isso?*

N: Ela saberá quando falar e quando não falar. Não pode falar sobre isso com a maioria das pessoas com quem convive atualmente, pois elas não entenderiam. Há seres mais sombrios e densos que fariam tentativas significativas para interromper as transmissões.

D: *É por isso que a maioria das pessoas faz isso em segredo?*

N: Sim. Elas parecem solitárias, na terminologia deste planeta, mas, na verdade, são luz. Vêm da Fonte em transmissão direta e, na sua terminologia, seria "alta tensão".

D: *Mas todos somos da Fonte, não somos?*

N: Sim. No entanto, há aqueles que, por livre-arbítrio, não desejam trazer mais luz.

D: *Então, tudo depende do livre-arbítrio do indivíduo?*

N: Sim, neste planeta.

D: E alguns recusaram.
N: Sim.
D: Fiquei surpresa em retornar à vida na criação do mundo. Pensei que voltaríamos às vidas passadas normais. (Risos)
N: Isso é normal para esse ser.
D: Isso vem acontecendo cada vez mais quando trabalho com as pessoas: elas voltam para o inesperado.
N: Sim, faz parte da sua evolução.
D: Minha evolução?
N: Sim, é preciso, porque você é um transmissor da Fonte.
D: Um tipo diferente dela.
N: Sim, isso é exato.
D: Sei que as informações que tenho recebido são muito, muito diferentes de quando comecei.
N: Sim, isso é verdade e continuará assim.
D: Eu sempre digo que vocês não vão nos dar mais do que podemos suportar.
N: Isso mesmo.
D: E eu devo continuar dando isso ao mundo?
N: Sim. Você falou muito sobre a ignição, a ativação e a evolução das almas, bem como sobre a essência planetária.
D: O trabalho continuará crescendo?
N: Sim. Então, deixamos vocês com uma transmissão para ambos: para uma leveza do ser e a essência da graça.

Mensagem de despedida: Ela deve manter o Eu, para que o Eu esteja ciente de si mesmo em todos os momentos, e não permitir que o Eu seja monitorado, dominado, manipulado ou usado de qualquer outra forma que não seja para caminhar ao lado de um ser. E nós estamos com ela sempre.

D: Eu te chamo de subconsciente. Você disse que não se importa com o nome. (Risos)
N: Correto. Sabemos que o Eu precisa dos nomes para se conectar.
D: Mas hoje não precisei te chamar, porque você já estava aqui.
N: Isso mesmo. Estamos sempre aqui.

Capítulo 21
"AJUSTES"

Ellen estava tão ansiosa para entrar na cena que nem esperou eu terminar a introdução. Ela imediatamente caminhou por jardins extraordinários, repletos de lindas flores e pássaros coloridos nas árvores. Então, viu uma construção de estilo romano que sabia ser uma biblioteca enorme.

E: Parte dela é uma biblioteca e, ah, você pode fazer todo tipo de coisa lá.

O lugar parecia muito familiar, e ela sabia já ter estado ali antes. Estava ansiosa para subir os degraus e entrar no prédio.

E: Um amigo meu está abrindo a porta. Alguém que conheço há muito tempo. Ele é muito bem informado.
D: *Ele sabe por que você veio?*
E: Ele sempre parece saber tudo sobre mim. É muito atencioso e gentil. Acho que estava me esperando.
D: *Tem alguma coisa aí que você veio ver?*
E: Vim para discutir. — Parece que o plano de fundo mudou agora. Estou na presença dos "meus doze". Meus conselheiros. São três abaixo, sete no meio e dois acima. Eles se sentam, e eu estou à frente deles. Meu amigo está à minha esquerda e me incentiva a falar com o conselho.
D: *São doze, incluindo seu amigo, ou ele é separado?*
E: Ele é separado.
D: *Ele está encorajando você a falar com o conselho?*
E: Sim.
D: *O que você quer conversar com eles?*
E: Ah, são tantas coisas... Tantas coisas! Com quem eu tenho a oportunidade de trabalhar. Sinto que estarei atuando com aqueles que não nasceram aqui, neste planeta. Estou desenvolvendo relacionamentos e laços com pessoas diferentes, buscando mais

conhecimento sobre isso. Existem três abaixo, sete no meio e dois acima. Enquanto olho para o conselho, o que está no topo, à esquerda, acaba de abrir a boca e uma faísca de luz saiu. Algo está acontecendo.

D: Mas você está perguntando a eles com quem irá trabalhar ou com quem deveria estar trabalhando?

E: Acho que é com quem tenho a oportunidade de trabalhar na minha vida presente. Quando eles abrem a boca, é como se coisas acontecessem. Como se uma porta estivesse se abrindo.

D: Então você quer dizer que eles não precisam se comunicar verbalmente com você?

E: Os de baixo, eu meio que consigo entender. Os do meio, realmente não consigo compreender o que dizem. E os que estão no topo se comunicam de maneiras diferentes que não entendo. Os três abaixo estão comigo na maior parte do tempo. Estou diante do conselho como se pedisse permissão para fazer coisas diferentes. Eles discutem, pensam ou aconselham sobre isso. Mas esses são os meus conselheiros.

D: Você disse que os três de baixo estão com você na maior parte do tempo. Como assim? Eles são guias?

E: Não sei dizer. Só sei que são energias. O do meio, na parte inferior dos três, se comunica comigo de maneiras que geralmente consigo entender. É algo elétrico.

D: Quando ele se comunica? Enquanto você dorme ou em outro momento?

E: Acho que a qualquer hora.

D: Você disse que queria saber com quem iria trabalhar?

E: Certo. Aqueles que foram liberados para que eu possa atuar em conjunto. — Eu já tenho a permissão, mas não percebo ou não confio em mim mesma para saber disso.

D: Bem, quando você está em um corpo humano, percebe as coisas de maneira diferente.

E: Certo. Eu já sei disso — e eles sorriem. (Risos) Eles estão comunicando amor. — Agora estou sendo levada para algum lugar.

D: Quem está levando você?

E: Não sei. É como se eu estivesse sendo um pouco empurrada para trás e para a direita.

O Universo Convoluto, Livro Quatro

D: *Vamos ver para onde está sendo levada.*
E: Estou em um lugar, mas não sei no que estou pisando. Nem sei se estou em pé, mas estou olhando para onde irei trabalhar. Vejo vários planetas. Vejo diversos sistemas estelares. É vasto. Estão me mostrando para que eu possa lembrar, mas eu já sabia. São vários planetas diferentes. Dois sistemas estelares... uma estrela binária e planetas ao seu redor. Esse não é o único lugar, mas é onde estou mais focada. Interessante. Ah, existem muitas criaturas diferentes. Algumas acabaram de chocar.
D: *Chocar? Você quer dizer que acabaram de se formar?*
E: Certo. Apenas começando... apenas começando. Estou vendo formas de vida muito pequenas.
D: *Onde estão essas formas de vida?*
E: Nos vários planetas. Cada planeta tem formas de vida diferentes. Há muitas vidas para acompanhar e ajudar. Muitas vidas para observar. Introduzimos seres em diferentes lugares, fazemos experimentos, observamos e vemos o que pode funcionar. Com a permissão do corpo, introduzimos isso na atmosfera daquele corpo planetário específico. O corpo planetário faz parte do processo. É uma dinâmica total.
D: *Então você quer dizer que o próprio planeta tem que dar permissão para que as diferentes formas de vida vivam nele?*
E: Sim, e os sistemas solares também fazem parte disso.
D: *Os sistemas solares precisam dar permissão ou apenas o planeta?*
E: Todos têm que estar de acordo.
D: *Mas você disse que existem muitas formas de vida diferentes?*
E: Sim. Trabalho com muitos tipos diferentes para realizar esse trabalho. Tem alguns que parecem aranhas muito estranhas, mas que são excelentes em matemática. Tem outros que... ah, quase parece a cena do bar em Guerra nas Estrelas. (Risos)
D: *Mas tudo está vivo. Não precisa ter a mesma forma, precisa?*
E: Ah, não.
D: *O que for adaptável à atmosfera?*
E: Exato. Mas os que estão trabalhando nisso estavam em uma nave, ou em muitas naves. Há uma em particular para onde vamos, observamos, calculamos e experimentamos o que funcionaria naquele planeta e quais formas diferentes podem evoluir com base em nossos experimentos em outros planetas. E todos nós na nave

conversamos. Tentamos coisas diferentes. Temos muitas abordagens, pois temos origens distintas.

D: Tudo isso é feito nessa nave espacial?

E: Sim. Temos muitas naves, mas esta, em particular, é a que mais gostamos. Há uma no centro e outras sete ao redor. É de tamanho razoável. Podemos fazer quase tudo nela, embora, às vezes, quando descemos ao planeta, estejamos em naves menores. Ou, às vezes, simplesmente levamos um pouco da nossa compreensão ou do nosso ser para lá... apenas um pouco da nossa consciência.

D: Então você não precisa levar toda a consciência?

E: Não. Apenas uma parte, para descer ao planeta e observá-lo. É possível viajar dessa forma apenas com a consciência, ou levar tudo com você — seus instrumentos ou o que tiver a bordo. Pode ser de qualquer maneira, ou até das duas formas. Não importa. O que for necessário. Somos muitos. Somos uma brigada inteira, com membros de diferentes origens, e estamos aqui para expandir a luz. É isso que fazemos: expandimos a luz. Adentramos partes desconhecidas e, com base em nossa formação e experiência, ajudamos uns aos outros a acrescentar vida em várias formas, nesses diversos planetas.

D: Mas vocês não vivem nesses planetas? Vivem em naves espaciais?

E: Certo. Não é de onde eu venho, mas é onde trabalho e o que gosto de fazer. Gosto da camaradagem com todos eles. Há um que parece... o mais próximo seria um louva-a-deus. Simplesmente majestoso, muito antigo, muito culto. Uma fonte incrível de conhecimento e informação.

D: Esses seres são todos diferentes e têm trabalhos diferentes?

E: Sim, mas todos nós conversamos. Todos trabalhamos juntos.

Perguntei a ela como percebia seu corpo.

E: Eu posso ser o que eu quiser.

D: Você tem essa habilidade de mudar de forma?

E: Sim.

D: Alguns dos outros também?

E: Não sei. Cada um é diferente, mas sim, eu posso ser o que eu quiser. Há algo de que particularmente gosto. Acho que você chamaria de vestido longo; ele tem muitas opções diferentes de cores brilhantes, mas essas cores são energias. Há uma razão e um propósito por trás disso: são energias diferentes. Você não precisa ter um corpo; pode simplesmente ser uma consciência, se quiser.

D: *Como você se percebe em sua forma normal, se não se transforma em nada?*

E: Sou relativamente alta, muito alta, esguia, nada parecida com meu corpo terrestre. Eu queria experimentar e ver a diferença. Você pode ser o que quiser ser.

D: *Então esta não é sua casa, mas é aqui que fica seu trabalho?*

E: Sim, porque me traz alegria. Mas eu visito minha casa. Ela fica em uma dimensão diferente. É bem diferente. Você vai através de um portal para lá. Ah, como você diria?... Diferentes rodovias de energia. Você pode fazer assim ou simplesmente pensar e estar lá.

D: *Eu estava me perguntando se levaria muito tempo para chegar ao seu planeta natal.*

E: É instantâneo. Na verdade, você pode estar nos dois lugares ao mesmo tempo. Pode estar em vários lugares. E você se conhece e transita entre seus diferentes "eus", o que quer que lhe traga alegria. Mas você pode ser chamado para lugares diferentes por pessoas diferentes. A energia o chama de volta. Ainda assim, você pode continuar onde está, e uma parte de sua energia retorna para lidar com qualquer coisa, para se comunicar, para fazer parte dessa vida. Há tantas possibilidades, mas isso me traz alegria. A camaradagem... somos muitos, mas há aqueles que são mais hábeis, mais avançados, mais experientes. Há os que são mais aventureiros que outros. Alguns fazem isso há eras. Eu sou relativamente nova nisso.

D: *Mesmo aqueles que estão lá há eras ainda gostam do que fazem?*

E: Sim, gostam. Senão, estariam em outro lugar. Podem ir para onde quiserem.

D: *Esse é o trabalho principal que você está fazendo atualmente?*

E: Com base na minha experiência, e nos lugares que tenho visitado, eu trago vivências e emoções. Então, quando as formas de vida chegam a um ponto em que podem incorporar isso, suponho que essa seja minha especialidade: incutir emoções. Assim como acontece aqui na Terra, somos todos combinações de muitas variações diferentes. E, com base na minha experiência, levo esse conhecimento e o discuto com meus colegas, porque eles querem criar formas de vida que experimentem mais emoções do que estão experimentando. Eles veem isso como um dualismo. Pode ser muito difícil, mas também muito gratificante.

D: *Então alguns dos seres na nave não sentem emoções?*

E: Não na mesma medida que nós... não a gama completa.

D: *Por que você tem esse histórico, esse sentimento de emoções?*

E: Porque estive na Terra. Eu experimentei a Terra.

D: *É daí que vêm as emoções?*

E: Sim. Bem, esta parte da minha cadeia de DNA... é parte do meu entendimento. Isso faz parte da minha codificação e decodificação, e expressa minha transformação. Minha codificação mudou e nós incorporamos nossas diferentes codificações em diferentes formas de vida. Pegamos fitas de DNA dos vários grupos dos meus colegas e também do nosso... A maneira mais fácil de explicar é "codificação". Eu entendo isso como algo além do DNA. É um processo de codificação: pegamos uma parte dele, misturamos variações e depois as instilamos em formas de vida em vários planetas que atingiram determinado estágio.

D: *Então você quer dizer que não tinha emoções antes de assumir corpos terrestres?*

E: Eu tinha emoções, mas não chegava nem perto dessa amplitude. — Eu vejo um leque, e você abre o leque inteiro; em cada pequena dobra, sente uma emoção diferente. Em alguns planetas, o leque está aberto apenas um pouco; em outros, um quarto, metade ou três quartos. Aqui na Terra, ele está aberto — não é exatamente um círculo completo, mas está bem aberto — e temos todas as emoções diferentes que, enquanto vivemos aqui, superamos. Aprendemos essas energias, aprendemos a aproveitá-las e aprendemos a controlá-las. E só quando aprendemos a extrair ou controlar essas emoções é que temos acesso a mais ou menos, para continuar.

Foi dito que o principal motivo que nos trouxe à escola da Terra foi aprender emoções e limitações. É isso que faz deste o planeta mais desafiador do nosso universo.

D: *Porque as emoções são muito complexas na Terra, não é?*

E: Ah, incrivelmente... incrivelmente. De onde meus colegas vêm, há lugares em que eles têm algumas emoções, mas não a gama completa. Não há exatamente compreensão — há perplexidade. Eles veem tudo o que aconteceu aqui e tudo o que acontece em todos os lugares. Basta concentrar sua atenção e você poderá ver, sentir e saber.

D: *Você disse que eles não têm toda a gama de emoções, mas quais são as emoções básicas que a maioria teria?*

E: Eles entenderiam o amor e a raiva... amor ao próximo, amor pela família e raiva. Pensando em um "reptiliano"... há compreensão para o amor, e facilidade em se irritar. Pode haver ambos, mas não existem as formas mais refinadas de compaixão, nem a capacidade de sentir múltiplas emoções simultaneamente. Nós, na Terra, podemos estar com raiva, tristes, felizes, encantados, alegres e ressentidos, tudo ao mesmo tempo. E isso é estranho para eles, porque vivem principalmente uma emoção por vez.

D: *Porque os humanos são criaturas muito complicadas.*

E: Sim. Pode ser muito difícil, mas também absolutamente emocionante estar aqui.

D: *Se esses seres têm essas duas emoções básicas, essas são emoções muito fortes.*

E: Eles também têm emoções como o ciúme, embora o vejam como uma doença mental. Além disso, têm maior compreensão da unidade — de que somos todos um — e experimentam essa unidade. Aqui na Terra, passamos por uma longa fase de nos sentirmos separados. E aprendemos muito nesse período, ao encarar a vida dessa maneira.

D: *Isso significa que o ser que você é, ali na nave, existe ao mesmo tempo que esta pessoa na Terra com quem estou falando? (Sim) Porque você sabe que está falando através de um ser humano? (Sim) Vocês dois estão existindo ao mesmo tempo? (Sim) Então você está existindo na nave espacial ao mesmo tempo em que fala através de Ellen? (Sim) Pode explicar como isso acontece?*

E: Diferentes partes da consciência.

D: *Então isso significa que Ellen teve outras vidas passadas na Terra? (Sim, sim) A emoção que ela vivenciou nessas vidas é transferida de volta para você? (Sim) Então você não precisa realmente viver*

uma vida? (Correto.) É isso que estou tentando entender. Você está recebendo a emoção dela por osmose ou algo assim?
E: Correto. Essa é uma das razões pelas quais ela está a bordo da nave. Ela é, como você disse, "ajustada", então sua codificação é baixada e transmitida simultaneamente a outros.
D: Isso tudo é feito em um laboratório ou algo assim?
E: Há diferentes maneiras de fazer isso.
D: É mais ou menos colocado em um banco de dados ou algo assim? Estou tentando usar os nossos termos.
E: Como um computador... pense em um grande banco de dados acessível a todos no universo. Qualquer um que queira essa informação pode acessá-la. Tudo é compartilhado. Tudo é uma só coisa.
D: Então essa parte emocional é baixada para outros seres em outros planetas?
E: Se assim o desejarem, sim.
D: Os humanos têm livre-arbítrio; esses outros também têm livre-arbítrio dessa forma?
E: Sim, claro.

Uma das perguntas da lista de Ellen tinha a ver com uma experiência que aconteceu quando ela era pequena. Ela estava no carro que sua mãe dirigia e viu uma enorme nave espacial. Perguntei se poderiam contar a ela sobre essa experiência.

E: Sim. (animada) Na verdade, era uma nave menor. Ela achava que era grande.
D: Ela era uma garotinha, então talvez seja por isso que as coisas pareciam maiores para ela.
E: Isso é verdade. Era pequena em comparação com outras que temos. Há outras que pareceriam imensas para os padrões humanos.
D: Ouvi dizer que algumas são tão grandes quanto uma cidade.
E: Ah, maiores... muito maiores.
D: Ela realmente viu isso quando estava no carro com a mãe?
E: Sim, ela viu.
D: A mãe dela também viu? (Sim) Aconteceu mais alguma coisa naquele dia? (Sim.) Você pode contar a ela sobre isso?

E: Estou tentando mostrar a ela o que quer ver. Só um minuto. Ela viu o interior da nave. Existem vários compartimentos — ou "quartos", como você diria —, cada um com funções diferentes e variedades de cientistas a bordo. Ela conhece essas pessoas.
D: *Por sua causa ou por causa dela?*
E: Por causa dela mesma. Ela sabe. Ficou confusa quando criança, e não queríamos machucá-la. Ela tem muito a fazer nesta vida.
D: *Como ela entrou nessa embarcação?*
E: Foi apenas uma parte de sua consciência.
D: *Então ela não precisou ser fisicamente retirada do carro?*
E: Pode ser feito das duas maneiras. Ela já esteve fisicamente a bordo e também em consciência. Você "divide" os segundos, como vocês dizem, porque o tempo não é o que pensam que é. É possível, em essência, fracionar um segundo; ao fazer isso, congela-se o momento em que ela está e, assim, ela fica livre para estar em outra dimensão.
D: *Então acontece muito rápido? (Oh, sim.) Quase simultaneamente, na verdade. É isso que você quer dizer?*
E: Sim, mas isso foi feito mais tarde. Desta vez, ela teve permissão para ver porque isso despertaria uma memória que ajudaria em seu processo de despertar. Ela precisava ver isso.
D: *A mãe dela também foi levada?*
E: Não. A mãe não era necessária.
D: *Então isso não fez parte da experiência da mãe dela?*
E: Não. Mas a mãe viu, para validar para Ellen, mais tarde na vida, que ela não estava inventando aquilo. Ela teve a validação, e isso deu mais credibilidade e compreensão a essa lembrança.
D: *Você disse que essa não foi a única vez que isso aconteceu com ela? (Não.) Aconteceu antes ou depois?*
E: Antes e depois... muitas vezes depois.
D: *Você disse há algum tempo que ela foi levada e "ajustada"?*
E: Ajustada, no sentido que vocês devem entender: significa que a consciência foi alterada, não reformulada. Foi acrescida, para que ela pudesse lidar com a vida aqui na Terra e realizar o que veio fazer.
D: *Você também mencionou algo sobre o DNA.*
E: Da forma como os humanos entendem, quando procuram conhecer os componentes do que são, observam principalmente o DNA.

Mas não entendem que há muito mais do que isso. É como uma codificação de um processo matemático. Há também o magnetismo ao redor, que interage: o magnetismo da Terra, o magnetismo humano. Para que a centelha da vida se conecte ao corpo e funcione, tudo isso precisa estar alinhado. Às vezes, o alinhamento precisa ser modificado, ou "ajustado", como diriam. Isso para que o corpo humano volte ao equilíbrio, pois ele pode sair do alinhamento. Não se trata de melhor ou pior, apenas de manter essa entidade, pessoa ou unidade equilibrada. É como um check-up: vocês vão ao médico na Terra para se certificarem de que estão funcionando corretamente e, se não estiverem, recebem ajustes — sejam tratamentos, recomendações ou medicamentos. Vocês têm muitos medicamentos aí, ao contrário das ervas e métodos naturais. Nós, porém, não usamos isso. Realinhamos para que sejam uma entidade equilibrada, capaz de cumprir o que precisa ser feito.

D: *Parece que vocês provavelmente também usam energia.*
E: Sim, energias, cristais... muitas modalidades diferentes, como você disse.
D: *Porque, se o corpo fica desalinhado, é aí que a doença entra, não é?*
E: Este não precisa se preocupar com doenças.
D: *Ela parece estar saudável, mas geralmente, quando a pessoa sai do alinhamento, é aí que as doenças ocorrem, certo?*
E: Sim. Mas também há questões mais elevadas que podem ter sido escolhidas antes de vir para esta vida.

Ellen queria saber se fez um contrato ao vir para esta vida. Disseram: "Foi um acordo". Quando perguntei qual era o acordo, disseram que não poderiam revelar ainda.

D: *Certo. Ela está cumprindo o acordo?*
E: Sim. A vida dela mudará de maneiras que nem imagina. Ela queria muitas mudanças.
D: *Mudanças positivas?*
E: Não é uma questão de positivo ou negativo. São mudanças com as quais ela concordou. Tudo está bem... tudo. Ela ficará satisfeita.

D: *Mas você não quer contar mais nada a ela agora? (Não.) Tudo bem. Vamos deixar como surpresa.*
E: Ela entenderá à medida que tudo se desenrola. Ainda não é a hora. Ela reconhecerá o desdobramento quando for o momento certo.

Chegamos então à pergunta "eterna", aquela que todo cliente quer saber: "Qual é o meu propósito? Por que estou aqui? O que devo fazer?" A resposta foi a mesma que já ouvi muitas vezes: "Ela está aqui para ajudar". Eles nunca dizem que estamos aqui para festejar, transar, beber e ganhar muito dinheiro. Ah, droga! Eles sempre dizem que estamos aqui para ajudar as pessoas, para ajudar uns aos outros.

D: *Você disse que, quando ela voltou à nave, foi para ajustar o DNA e fazer melhorias no corpo. Isso está correto?*
E: Ajustar a codificação. Vocês interpretariam como DNA, mas pensamos mais como a codificação. Há outras coisas que...
D: *Disseram-me que o DNA está mudando em todos nós agora.*
E: Sim, sim. É por causa das energias. Elas estão mudando.
D: *As vibrações e frequências estão mudando, certo? (Sim.) Disseram-me que o DNA — ou a codificação — precisa ser alterado para acompanhar isso. (Sim.) Porque a própria Terra está evoluindo.(Sim.)*

Eu estava tentando percorrer a extensa lista de perguntas. A maioria tratava de possíveis associações com ETs. Ela se lembrava conscientemente de fragmentos de possíveis experiências.

D: *Por que ela teria que ir para outras embarcações?*
E: Por diferentes razões, diferentes entidades com as quais interage... propósitos diferentes. Ela expandiu seu propósito.
D: *Ela tinha a sensação de que conhecia as pessoas que encontrava nessas embarcações há muito tempo.(Sim.) Quase como se fossem amigos ou familiares.*
E: São, sim.
D: *Ela teve outras vidas em outros planetas?*
E: Ah, sim. Muitas formas de vida, muitos planetas diferentes. Todas as vidas são a mesma; não é linear. Isso está acontecendo agora.

D: Por que ela escolheu vir para a Terra? O corpo humano é bem diferente.
E: Para ajudar a trazer luz a este planeta e a seu povo... para ajudar.
D: Muitos estão vindo, não é?
E: Sim. Vêm para ajudar, cada um de uma maneira diferente.
D: E quando Ellen terminar seu trabalho aqui, ela retornará para o lado espiritual?
E: Vai além do que você consideraria o lado espiritual. É mais como a luz indo em direção à luz.
D: De volta à Fonte?
E: Se ela quiser, mas isso é quase como se estivesse além da Fonte. Você passa pela Fonte para ir a essa outra dimensão.
D: Essa é a luz enorme e brilhante que algumas pessoas relatam ter visto?
E: O Criador, sim. Ir além disso, expandir.
D: Então há mais do que podemos entender, não é?
E: Ah, sim, muito mais do que o cérebro linear pode concatenar.

No meu trabalho, disseram-me que, eventualmente, teremos aprendido todas as nossas lições na escola da Terra e nos formaremos, por assim dizer. Formar-nos-emos em todas as escolas (na Terra e em outros lugares) e retornaremos à Fonte. Eu pensava que esse era o destino final — o destino final.

E: Entenda que existem vários níveis de Criador. Existem Criadores e, então, existem, como você disse, as mães e os pais desses Criadores. E existem mães e pais daqueles Criadores. Há tantos níveis diferentes que é difícil conceituar para o cérebro humano. Na capacidade que ele escolhe usar no presente, é difícil conceituar. Existe além do Criador — e isso significa ir além do Criador para a criação do outro lado.
D: Esta é uma das perguntas que as pessoas me fazem quando falo sobre Deus ou Fonte. Elas perguntam: "Quem O criou?". É disso que você está falando? (Sim.) Dessa forma, a história continuaria até o infinito, não é mesmo? (Sim.) Então, realmente, não houve um "começo" lá atrás. (Risos.) Estou tentando entender.
E: Sim, mas o começo também é o fim, que também é o meio. Também é agora.

Isso estava começando a confundir minha mente. Disseram-me que todas as nossas perguntas nunca seriam respondidas, porque a mente humana não tem conceitos para compreendê-lo.

E: Os conceitos em que se baseia para afirmar que isso é verdade... Mas também entenda que, nesta forma humana, você usa somente uma parte muito, muito pequena — conscientemente — do que carrega consigo. Você carrega isso em cada célula do seu corpo. Você carrega tudo em cada célula.
D: *Disseram-me que não há conceitos que realmente nos permitam entender isso.*
E: Certo, mas você vai entender em algum momento.
D: *Disseram-me que algumas informações funcionariam mais como veneno do que como remédio, porque não as entenderíamos e chegaríamos a conclusões erradas.*
E: Isso é verdade.
D: *Eles também disseram que deveriam ter muito cuidado com a forma como formulavam as coisas, pois poderiam ser mal interpretadas.*
E: Isso é verdade. Isso é verdade.

É hora de parar de filosofar e retornar ao tópico da sessão.

D: *Mas, se você estiver na nave espacial, você vive o quanto quiser? (Sim.) Você não tem limitações como os humanos? (Não.) E você disse que era como uma consciência que podia criar qualquer forma que quisesse. (Sim.) Dessa forma, não haveria como você morrer, por assim dizer.*
E: Nenhum de nós morre.
D: *Eu sei que não. Nós apenas mudamos. Entramos em uma forma espiritual quando deixamos o corpo. Então não é realmente morrer, é apenas mudar de forma. Mas você não tem um corpo físico. Um corpo físico tem suas limitações.*
E: Correto. A caixa em que você se coloca — a consciência — tem suas limitações. E é com isso que estamos trabalhando: essas limitações, para torná-la uma caixa melhor e que dure mais.
D: *Precisamos ter um veículo para morar.*

E: Na verdade, não. Você pode viver sem o veículo, se for esse o caso que escolher vivenciar. Essa é uma escolha sua.
D: *Estou pensando que, na Terra, temos que ter um veículo.*
E: Existem muitas consciências. Algumas são vistas como "orbes". Essas são consciências. Às vezes, o que você considera um orbe individual é, na verdade, uma civilização inteira, tudo dentro do mesmo orbe. A forma de um círculo, ou de uma esfera, é o veículo perfeito, a forma perfeita pela qual você pode entrar nesta atmosfera, entrar nesta densidade e não ficar preso. A forma é perfeita para esta densidade específica, permitindo visualizar, olhar, viajar, experimentar, sem ficar preso. Porque a maioria não quer ficar presa na atmosfera e nas energias pesadas e letárgicas que existem neste planeta. Somente os mais fortes se aventuram. Somente os mais fortes têm permissão para estar aqui.
D: *Porque, quando eles ficam presos, eles têm que voltar sempre, não é?*
E: É a escolha deles. Isso está chegando ao fim, mas é a escolha deles.
D: *É isso que estou descobrindo, que muitas pessoas não têm mais carma.*
E: Tente visualizar uma forma grande — digamos, um diamante — com muitas, muitas, muitas facetas. Cada vida é semelhante a uma faceta diferente daquele diamante e, uma vez concluída essa faceta, você não precisa mais lidar com ela. Mas algumas superfícies, algumas facetas, levam muitas vidas para serem alcançadas. Você trabalha em muitas facetas ao mesmo tempo. É mais rápido fazer dessa forma, e também as almas são bastante ansiosas para experimentar muitas coisas diferentes simultaneamente. Uma vez que você tenha completado o que está em uma faceta, não precisa mais lidar com aquilo. Você pode voltar e ajudar outros com a mesma faceta, mas não é algo ao qual esteja vinculado ou carmicamente ligado. Pense nisso também como um círculo — e é isso que muitas pessoas neste planeta pensam em termos cármicos, no que diz respeito a um círculo cármico. Elas veem, de um lado do círculo, experiências difíceis na vida, desafiadoras. E, do outro lado do círculo cármico, veem experiências mais gratificantes e agradáveis para elas. À medida que os humanos aprendem, percebem que a maneira de sair desse círculo é voltar-se para si mesmos, para o próprio centro. Então,

se você tem um círculo girando e girando, percebido como "bom" de um lado e como "dificuldades" do outro, vá para dentro, onde você é neutro. Você não é nem bom, nem mau. Você não faz julgamentos sobre nada que acontece em sua vida. Você é neutro. Quando você é neutro, entende que tanto as percepções boas quanto as ruins virão a você em um estado neutro. Permaneça neutro em qualquer coisa que venha à sua vida, e assim você se moverá para fora desse círculo cármico.

D: *Eu chamo isso de "roda cármica", mas é a mesma coisa.*

E: Roda, sim, mas poderia ser uma esfera, poderia ser uma bola. Você poderia vê-la bidimensionalmente, unidimensionalmente, tridimensionalmente. Mas, à medida que você se aprofunda — o que, simbolicamente, significa aprofundar-se em si mesmo, pois você é o universo — volte-se para dentro e seja neutro. E, ao ser neutro, você se afasta desse ciclo cármico. Somente sendo neutro você pode seguir em frente.

D: *Tenho muitos clientes que vêm me consultar tão atolados no carma das coisas que acreditam ter sofrido ao longo da vida, que não conseguem sair. Não conseguem deixar para lá. Estão simplesmente presos ali.*

E: Eles podem se desvencilhar em questão de segundos, mas isso tem a ver com a mudança de percepção de que não são mais vítimas. Se eles se percebem como vítimas de algo que aconteceu no passado, estão presos por um motivo. Eles estão aprendendo com isso. Eles estão se alimentando dessa energia. Eles estão vivenciando o que querem vivenciar, e farão isso até perceberem que existe um caminho diferente — e então irão experimentar o outro caminho. É apenas uma questão de percepção, e você pode mudar a percepção em questão de segundos.

D: *Meu trabalho é fazê-los ver que eles próprios se adoeceram ao se apegarem ao que sofreram no passado.*

E: E isso consome tanta energia... Por que desperdiçar energia dessa maneira?

D: *Eu tento fazer com que eles vejam e olhem para isso, para que possam se desapegar.*

E: Certo. Mas, à medida que eles se conscientizam, irão liberar e assumir uma perspectiva diferente. Todos nós já passamos por isso. Todos nós já fizemos isso. Todos nós já vivenciamos isso.

Mensagem de despedida: Muito amor. Ela vai ajudar muita gente. Falaremos com ela mais tarde. Estamos sempre aqui. Comunicamo-nos com ela com bastante frequência enquanto ela dorme. Ela está no processo em que o sonho dela é a realidade e a realidade é o sonho. Isso vai mudar.

Capítulo 22
A CRIAÇÃO DOS SERES HUMANOS

Tim era um jovem operário da construção civil que dizia nunca se sentir seguro, sempre se colocando no papel de vítima. Carregava consigo muitos medos irracionais, o que, naturalmente, atraía eventos indesejáveis e negativos para sua vida. A explicação que o SC deu foi algo que ele jamais poderia ter previsto ou imaginado.

Quando Tim saiu da nuvem, parecia estar em algum lugar no espaço.

T: Eu vejo luz... o universo. É como uma nebulosa. É lindo, muitas cores. Vejo muitas luzes, estrelas e o espaço. Não consigo dizer se estou realmente no espaço ou em uma nave. Talvez eu esteja apenas em um ponto no espaço. — Há um lugar aqui para onde desejo ir. — Agora desci para um lugar muito verde. Eu não sei exatamente como cheguei aqui. Realmente gostei das luzes. Estou chegando através da névoa e das nuvens... neblina... difícil ver além. Agora que estou lá embaixo, é difícil enxergar muita coisa. Está verde, com uma neblina densa.
D: *O que você sente quando pisa no chão?*
T: Macio e úmido, meio musgoso. Tem também agulhas de pinheiro, algo crocante... talvez galhos. — Há algo muito tranquilo neste lugar... muito familiar. Parece que aqui o nevoeiro está sempre presente.

Quando pedi que ele olhasse para o próprio corpo, veio a surpresa: era grande e poderoso, coberto de pelos.

T: É grande, parece um gorila. Não acredito que seja um gorila, mas não é algo que eu reconheça. Eu diria que é semelhante a um gorila... talvez tão grande quanto um Pé-Grande. Mas, por mais primitivo que seja esse ser, ele também está altamente sintonizado com seu próprio ambiente, muito mais do que outros corpos. Ele tem uma unidade com este lugar. Outras formas que conheci não estão nem perto de estar tão em sintonia com o seu entorno quanto este. Ele sente a vibração da terra. É muito agradável. É muito tranquilo e está em extrema harmonia com a vibração deste lugar.

D: Você não consegue ver muita coisa ao seu redor?

T: Não, este é um lugar enevoado. É interessante. Há muito mistério aqui, mas esta casca, este corpo, parece conhecer esses mistérios. Eu não estou em contato o suficiente para entender o que ele sabe.

D: O que você quer dizer com "há mistérios aqui"?

T: Eu sou uma pessoa bastante visual, mas é difícil ver aqui. A visão não é necessariamente o melhor dos sentidos para usar. Este corpo não depende tanto da visão; depende mais de aspectos intuitivos.

D: Você acha que aqui é sempre nublado e com neblina?

T: Predominantemente, acho que sim. Neste corpo, neste lugar, eles interagem muito bem, e ainda assim não consigo compreender o que este corpo está sentindo. — Esta terra está viva. A vibração aqui está viva, e este corpo sabe o que isso significa. Eu estou tendo dificuldade em entender o que essas vibrações querem dizer. Estou tão confortável aqui que não persigo nenhum desses mistérios. Estou confortável e não sinto necessidade de me aprofundar nisso.

Sua alimentação consistia principalmente de frutas que encontrava na floresta.

T: É basicamente isso que este lugar é: montanhas e floresta densa, principalmente envolta em uma neblina estranha. Há coisas para comer na floresta que são como frutas.

D: E você consegue encontrar essas coisas mais por instinto do que pela visão?

T: Sim. É como se elas me chamassem, e eu sei que estão lá, mas não as vejo propriamente. Quer dizer, eu poderia, mas esse não é o sentido principal.

D: Você tem um lugar onde mora?

T: Na verdade, existem vários. Um é como uma casa na árvore, bastante natural, por assim dizer, e o outro é mais como uma caverna. Ambos servem a dois propósitos, dependendo das estações do ano ou do tempo. Se estiver bom, fico na árvore; se estiver mais rigoroso, passo um tempo na caverna.

D: Então tem clima aí?
T: Parece que é principalmente chuva ou neblina.

Ele não tinha ninguém morando com ele. Vivia praticamente sozinho. Havia outros como ele naquele lugar.

T: São raros, mas existem. É um território físico enorme.

Então, ele não precisava de ninguém.

T: Acho que este lugar, no físico, é muito tranquilo e me permite tempo para contemplar meu ser interior, meu tempo gasto na luz. Este corpo, embora difícil, é muito intuitivo, muito poderoso e também muito em sintonia com a energia superior.
D: Você disse que gosta de estar em sintonia com a luz. O que quer dizer com isso?
T: É fácil simplesmente se acalmar, focar no interior e estar em alinhamento com meu eu superior.
D: Imaginava que um animal não pensasse em coisas assim.
T: Essa é uma resposta humana típica. Humanos também são animais e, na maioria das vezes, não são muito iluminados. Muitas vezes, há conflitos demais para realmente estarem em sintonia com o que realmente são. Portanto, esse ser é muito mais contemplativo e tem menos necessidade de se nutrir, se proteger ou se defender fisicamente neste lugar. Ele tem tudo de que precisa.
D: Parece que há outros tipos de seres lá também, não é?
T: Existem outros neste lugar. Existem outros seres como eu, mas, como disse, somos bastante solitários e não costumamos estar juntos. Novamente, este ser e a maneira como interage com seu ambiente são totalmente estranhos para mim, e não estou acostumado com isso. Ele interage de forma totalmente intuitiva e não como nós normalmente fazemos. Então, estou tendo dificuldade em descrevê-lo. Ele sabe onde os outros seres estão e como interagir com eles, se assim o desejar, mas geralmente escolhe a luz. Precisa ficar sozinho.
D: Como são os outros tipos de seres, aqueles que não se parecem com você?

T: Eu realmente não os vejo, mas os intuo. Sinto-os, mas não sei o que são. Não tenho muito a ver com eles. Existem criaturas que talvez sejam parecidas com pássaros, mas, em termos de descrevê-las, não trabalho dessa forma. Eu não as vejo como tal.

D: *Porque a visão não é o sentido primário. (Sim.) Eu só queria saber se você precisa de algum tipo de companheiro.*

T: Isso ocorre e, novamente, é intuitivo. É algo que, quando necessário, se resolve sozinho.

D: *Mas vocês não precisam ficar juntos? (Não.) Mas essa luz de que você estava falando, como você percebe isso?*

T: Está em todo lugar. É como se meu corpo físico soubesse o que precisa e quando precisa, e cuidasse disso. Mas essa luz é realmente o que eu sou. É minha conexão com o universo, se preferir. Consigo ver através de tudo. Não preciso me concentrar em uma coisa só. Consigo ver tudo.

D: *Isso acontece sempre que você trabalha com a luz?*

T: Sim. Acho que você diria que isso abre minha capacidade intuitiva. E estou estudando agora mesmo. Estou olhando para ela e é linda! É como se eu estivesse em um corpo físico em algum lugar, e eu também fosse o universo.

D: *Então, sempre que você pensa na luz, você se torna o universo?*

T: Sim. Posso concentrar minha atenção em qualquer lugar e estou lá. Eu tenho este corpo físico, este ser silencioso nas mortalhas, e ainda assim sou do universo. Não apenas do universo físico, mas também daquilo que está além do universo físico. É só uma questão de onde escolho direcionar minha atenção. Eu posso me concentrar lá, mas ainda assim, era isso que eu estava aludindo anteriormente: há muitos mistérios aqui. Há muitas coisas em que posso focar, e ainda assim não pareço estar interessado em muita coisa, exceto na luz em si, absorvendo-a, bebendo-a e sendo um com ela.

D: *Você pode descrever a aparência da luz?*

T: Abrange tudo. Ela se concentra, mas, por falta de uma maneira melhor de entendê-la, acho que posso descrevê-la como sendo o terceiro olho, e ainda assim está em toda parte. Se você estivesse olhando para o espaço profundo com um grande telescópio, haveria muitas coisas em que poderia focar, e ainda assim não haveria nada em que pudesse focar. Depende de como você quer olhar.

D: *Você também disse conseguir ver além do universo físico. O que quis dizer com isso?*

T: O universo físico, por mais vasto que possa parecer para aqueles com corpos físicos, na verdade é bem pequeno. Não há muito a se pensar. Há muitos que são muito mais vastos do que o físico, e temos essências de cada um desses universos dentro de nós. Temos emoções, capacidades mentais e capacidades etéricas, e todas fazem parte desses outros universos e também do nosso ser. Na verdade, essa é a parte principal da nossa existência. Ficamos tão presos no modo de sobrevivência... e é isso que é bom aqui: a sobrevivência é apenas uma garantia neste lugar.

D: *Não há necessidade de fazer nada ou ser nada. (Certo.) Isso é raro né.*

T: É. E este corpo físico praticamente cuida de si mesmo. Sabe exatamente como e onde obter seu sustento sem esforço.

D: *E você está muito próximo dos outros sentidos.*

T: Correto, e é muito reconfortante ser um com essas outras partes, se preferir.

Era uma criatura interessante, mas eu estava pensando em como levar a história adiante. Num lugar como aquele, um dia seria muito parecido com o outro. Mesmo assim, decidi movê-lo para um dia importante. Eu não sabia se ele seria capaz de encontrar um em que algo diferente estivesse acontecendo. Mas ele me surpreendeu quando perguntei o que conseguia ver.

T: Eu estou sendo transportado. Parece que, no geral, não é contra a minha vontade, mas é como se eu tivesse concordado em ser transportado.

D: *O que você quer dizer com "transportado"?*

T: Não sei... num navio com destino à Terra.

D: *O navio veio ao lugar onde você morava?*

T: Parecia fazer parte da civilização que existia ali; parte da tecnologia que era da nossa raça.

D: *Mas você não estava envolvido com isso na área onde morava?*

T: Correto.

D: Então havia outras partes do planeta que eram mais evoluídas?
T: Sim, e, de uma forma ou de outra, concordei em ser transportado para outro lugar.
D: Aqueles que estão levando você sabem o quão inteligente você é?
T: Somos todos iguais nesse aspecto. Somos todos altamente inteligentes, altamente em sintonia com o universo. E isso faz parte de uma missão. O que eu gostava neste corpo era o quão intuitivo e livre ele era em seu próprio ambiente. Mas temos a capacidade de mudar de forma. O corpo pode assumir qualquer forma física que desejar. No nosso ambiente original não há necessidade disso, mas, longe de casa, é preciso assumir formas diferentes. Também temos essa capacidade.
D: Para sobreviver e se adaptar? (Sim.) Alguém veio e levou você?
T: Sim. Faz parte do acordo que tínhamos; foi mais como um chamado. Eles não vieram me buscar propriamente, pois concordamos mutuamente em assumir uma missão, e estávamos indo a algum lugar. Isso faz parte do que fazemos com nossos criadores. Às vezes, também ajudamos a gerar novos lugares e novas formas de vida.
D: Mas você não se lembrava do acordo até o momento de ir com eles?
T: Não, porque não é necessariamente um tempo linear. É mais uma espécie de experimentação holística. É isso que fazemos. Existe o tempo da contemplação, e depois o tempo de manifestar essa contemplação — e nós nos ajudamos a realizar isso. Mas parte do processo, acredito, foi voltar para a caverna, ou para a morada, para me purificar e obter clareza. E, como tive meu tempo de clareza, agora é minha vez de ir e cumprir minha missão com os outros.
D: Você estava tão feliz lá, era tão confortável e perfeito... você se importa em partir?
T: Sim, eu me importo. Essas missões são muito divertidas e frutíferas, mas muitas vezes também estão repletas de perigos.
D: De que maneira?
T: Pelo simples fato de que existem energias e formas de vida que não são tão evoluídas, sendo programadas para ter medo. Nós fazemos grande parte dessa programação. Na verdade, programamos alguns dos corpos físicos que outras essências assumem,

justamente para que possam ter experiências com esses outros tipos de energia. Mas nem sempre são experiências desejáveis.

D: *Isso faz parte do processo de criação do qual você está falando? (Sim.) Mas, agora que você está na nave, precisa mudar de invólucro ou permanece na mesma forma?*

T: Mantemos o mesmo invólucro, na maior parte do tempo. A forma é grande e peluda, por falta de uma palavra melhor. Não exatamente peluda como um gorila — essa é apenas minha descrição.

D: *E como são os outros seres na nave?*

T: Muito parecidos comigo. Entramos em lugares e mudamos nossa aparência física para não perturbar a programação dos seres que encontramos. Na maioria das vezes é assim que acontece.

D: *Então eles também parecem peludos como você?*

T: "Peludo" não seria exato... é apenas a minha descrição. Agora é mais como uma luz cintilante, muitos fragmentos de luz. Não é pelagem.

D: *Você sabe qual é a sua missão na Terra?*

T: Faz parte de um coletivo. Todos temos coisas a serem trabalhadas individualmente em nossa própria classe de visão, por assim dizer. Onde vivemos, contemplamos o que o universo precisa para se desdobrar, e assim todos temos nossas missões e destinos individuais. Mas também há uma missão coletiva que foi decidida.

D: *Você sabe o que fará quando chegar à Terra?*

T: Sim. Vamos colonizá-la.

D: *Essa é a missão maior ou apenas uma parte individual?*

T: Esta seria a maior parte da missão, mas também há uma parte individual.

Decidi avançar para o momento em que a nave chegou ao planeta Terra e perguntei por que ele havia escolhido aquele planeta.

T: Alguém, outra forma de vida, juntou tudo de uma maneira que seria mais fácil para nós. Assim, não precisaríamos começar do zero. Já existia um processo que dava suporte às formas de vida: um planeta e uma atmosfera. Não precisávamos criar isso, embora fôssemos capazes. Normalmente, não entramos nesse assunto.

Isso coincide com partes de outros livros meus. Um tipo de ser criador formou as galáxias, os planetas e, eventualmente, outras coisas essenciais à Terra, a princípio. Outros seres chegaram quando o planeta esfriou o suficiente para iniciar o processo de semear a vida (em qualquer forma). Alguns estabilizaram a atmosfera e desenvolveram os mares. Depois, iniciaram o processo com organismos unicelulares simples e vida vegetal. Muitas coisas precisavam estar prontas antes que a vida animal pudesse ser introduzida.

T: O planeta em si é uma entidade viva, e trabalhamos com ele para criar vibrações que funcionarão neste lugar. Deduímos que tipo de radiação e vibração essa entidade (a Terra) possui e, então, criamos conchas físicas que protegerão as essências dessa radiação, entre outras coisas. Não apenas da radiação, mas de muitas outras vibrações que existirão e se perpetuarão aqui.
D: Existem outras formas de vida lá?
T: A vibração superior... além do físico... é viva. Mas estamos aqui principalmente para colonizar com a forma humana. Poderíamos criar tudo. Já fizemos isso algumas vezes, mas não aqui na Terra. Aqui, trabalhamos com outras espécies para criar a forma humana.
D: Eu estava pensando sobre plantas, uma fonte de alimento que deveria estar presente.
T: Sim. O planeta foi povoado com formas de vida inferiores, como células e bactérias, até formas vegetais, bem como alguns peixes e seres marítimos. Mas, principalmente, trabalhamos com outras espécies para criar formas físicas superiores para essências mais elevadas. Trabalhamos principalmente com humanos.
D: Eles já foram trazidos para o planeta?
T: Nesta fase, não. Mas acontece muito rápido. Uma vez que a base do planeta esteja estabelecida para suportar vida, somos capazes de povoá-lo rapidamente com tudo o que for necessário.
D: Então os animais são trazidos de outro lugar, ou como isso aconteceu?
T: Algumas espécies são criadas, outras são trazidas de outros lugares e algumas são hibridizadas. São um tipo familiar que se pode encontrar em muitos lugares. Depende da espécie.

Essa história já foi relatada em Guardiões do Jardim e Sob Custódia. É sempre interessante ouvir a mesma narrativa repetida por vários clientes. Isso valida a ideia de que deve haver verdade em nossa origem.

D: *Parece que você faz isso há muito tempo. Há alguém que lhe diga para onde ir e o que fazer?*
T: Ninguém especificamente. É como um coletivo. Temos uma conexão muito estreita uns com os outros. Não somos tão isolados quanto os humanos estão em suas conchas.
D: *Eles acham que estão sozinhos. (Sim.) E é diferente para você?*
T: Correto. Existe um senso de identidade, mas não é tão isolado quanto a existência humana.
D: *Então, quando você vem à Terra e trabalha com a criação das formas humanas, você permanece lá por muito tempo? (Sim) Consegue ver muitas mudanças — animais, plantas, tudo? (Sim) E, quando os humanos se estabelecerem, existe um plano para isso?*
T: Sim. Há muita programação sendo feita. Eles recebem uma enorme capacidade de conhecimento interior, mas esse conhecimento é organizado em um design que não permite acesso total, como imaginavam. É outro — não conheço uma forma educada de dizer isso — experimento cósmico. Estamos sempre trabalhando com a criação, tentando coisas novas em todos os lugares. É isso que o universo é: sempre em expansão.
D: *Uma vez criadas as formas humanas, elas não podem viver sem almas. Isso está correto?*
T: Isso está correto.
D: *O que você pretende fazer a respeito? Há planos? Uma forma pode adquirir alma?*
T: Sim. Isso depende da essência individual, aquilo que chamamos de "alma". Elas frequentemente determinam como uma forma se desdobra e se molda. Ajudam a criar a vibração de cada concha.
D: *Bem, depois de tudo isso, você fica na Terra ou decide voltar?*
T: Na maioria das vezes, voltamos. Fazemos isso o tempo todo, e alguns são "observadores" e apenas ficam para trás, permanecendo no planeta. Mas, geralmente, isso ocorre por um acordo inconsciente de que eles farão tal coisa. No meu caso, eu

não sabia se ficaria para trás. Eu não esperava por isso. Houve um ataque e alguns conseguiram escapar, mas não puderam voltar para procurar por aqueles que ficaram. Foi isso que acredito ter acontecido.

D: *Diga-me o que aconteceu.*

T: Havia alguns primitivos, humanos programados, se preferir, humanoides, com uma programação desfragmentada, e eles atacaram. Não sabiam como usar a tecnologia que ficou para trás. Muitos de nós escaparam, mas eu não.

Isso me pareceu familiar. Acredito que seja o mesmo evento que Bartolomeu descreveu sobre os primeiros humanos, no primeiro volume do livro O Universo Convoluto. Eles queriam para si as máquinas e a tecnologia milagrosa, mas, depois de matarem os seres criadores, descobriram que não tinham o conhecimento necessário para usar os dispositivos. Então, seu progresso estagnou e começaram a retroceder.

D: *Então você ficou para trás?*

T: Sim. Na rotação da Terra, no tempo terrestre, no tempo linear, fiquei para trás por muito tempo. Eu seria quase eterno em anos terrestres.

D: *Não havia como você voltar? (Não?) Como você se sentiu em relação a isso?*

T: Não gostei nem um pouco. Passei muito tempo contemplando a luz e sendo capaz de criar. Passei ainda mais tempo lutando contra os primitivos. Não apenas lutando contra eles, mas tentando ensiná-los. Tentando reprogramá-los para que sua programação não fosse tão destrutiva. Consegui, em parte, compartilhar alguns dons que tenho, mas nem sempre foi fácil. Eles não confiavam, por causa da programação que carregavam. A falta de confiança gerava ataques. Era mais fácil não pensar de onde eu vinha.

Era hora de trazer a sessão de volta para Tim, o humano na cama em quem tudo isso estava acontecendo.

D: *Você percebe que está falando comigo através de um corpo humano? (Sim). O corpo que chamamos de Tim? (Sim). Essa é uma das formas que você assumiu quando ficou?*
T: Não. Minha forma física desapareceu há muito tempo. Em anos terrestres, seria inimaginável dizer quanto tempo permaneceu.
D: *Você ficou na Terra e passou por muitas outras formas físicas em outras vidas. Isso seria correto?*
T: Eu voltei desde aquela primeira vida aqui, sim.
D: *Então sua essência eventualmente entrou em Tim.*
T: Isso é correto.
D: *Por que você decidiu entrar no corpo físico de Tim? Você tinha um contrato ou algo assim?*
T: Havia muitas coisas que ficaram por fazer, coisas que precisavam ser terminadas — não apenas concluídas, mas também iniciadas.
D: *Então você decidiu entrar no corpo do Tim quando ele era um bebê?*
T: Sim. Na verdade, antes da formação do corpo. Escolhi sua situação e este corpo porque sabia que seria forte, e foi.
D: *É um corpo que você poderia usar para cumprir seus propósitos? (Sim). Este corpo acumulou carma? Essa é uma das questões que nos perguntávamos: se ele tinha carma a ser compensado.*
T: Não, não necessariamente. Acho que os humanos estão tentando entender, mas a programação original é bastante limitante. Uma das coisas que ele poderia fazer, se quisesse, é apenas reescrever a programação — e isso é tudo o que o carma é. Não é, para usar o vernáculo, tão intenso quanto os humanos acreditam. E acho que ele deveria saber disso porque, por alguma razão, absorveu a intensidade das crenças religiosas de outras pessoas.
D: *Então ele tem o poder de criar. Ele pode criar qualquer coisa que quiser na vida. Você sabe que isso é possível, não sabe?*
T: Com certeza.
D: *Mas ele esqueceu que pode fazer isso.*
T: Sim. Parte da jornada de se tornar humano é o acordo com a amnésia.
D: *Acho que seria muito complicado de outra forma. (Risos)*
T: Não necessariamente. É apenas uma programação, e poderíamos organizá-la de outra forma. Mas torna as coisas mais simples dentro do design original.

O Universo Convoluto, Livro Quatro

D: Mas seria possível trazer de volta essa capacidade de criar?
T: Ah, com certeza!
D: Porque há muitas coisas que ele quer fazer com sua vida.
T: Sim. Há uma sensação de perigo em que ele acreditou, parcialmente baseada em algumas das lições pelas quais precisou passar.
D: Nas outras vidas?
T: Sim. Mas isso também faz parte do presente, e somente os corajosos e aventureiros podem levar o processo adiante. Ele é corajoso e aventureiro, mas definitivamente guarda medo em seu coração em relação a algumas dessas coisas.
D: Não é hora de despertar essas habilidades?
T: Sim. O momento é maravilhoso, mas ele carrega algumas coisas que vão além do que sua história registrada poderia compreender. Algumas dessas coisas poderiam ser interpretadas como ameaças.
D: Mas ele quer construir uma vida boa para si, uma boa carreira. E não há nenhuma ameaça nisso. Ele só quer uma vida feliz.
T: Parte do contrato dele é ser mais do que isso. Acho que precisa superar seus medos. Esse é o maior obstáculo de um humano. Ele estará seguro. Está sempre preocupado com o perigo, com a descoberta de algumas dessas verdades e com o que isso pode significar, mas isso não é algo com que realmente precise se preocupar. Podemos cuidar disso. — Se ele passasse mais tempo contemplando a luz, entraria em contato com ela. Ela realmente o chamaria, mas ele tem dificuldade em confiar que esse contato será feito. E não cabe a mim dizer isso a ele. Ele precisa descobrir sozinho.

Era hora de fazer a pergunta inevitável:

D: Qual é meu propósito?

Tim tinha uma carreira, mas sentia que deveria estar fazendo outra coisa. Ele queria conselhos. Foi-lhe dito que havia muitas possibilidades que poderia seguir.

T: Se ele se dedicasse, se entregasse ao que sabe em seu coração, poderia abrir caminhos em seu espaço e tempo, em sua cultura. Se simplesmente decidisse, se realmente decidisse que faria isso, e faria de qualquer jeito, essas outras coisas... simplesmente desapareceriam suavemente.

D: *Agora ele vai perceber que essa é outra parte dele, que ele já criou no passado. Ele pode criar o que quiser. Só precisa de confiança, não é?*

T: Sim. Há um aspecto que tive dificuldade em resolver: meu tempo como criador, quando acreditei ter sido traído e deixado aqui. Mas, na verdade, era algo com o qual eu havia concordado, de uma perspectiva mais elevada da qual não me lembrava. Eu acreditava saber de tudo. Eu acreditava ser onisciente. Mas isso me passou despercebido. Quando fiquei aqui, na verdade, fui o último da minha espécie e vivi muitos anos na Terra sozinho. Concentrei-me muito no que considerava uma traição por ter sido deixado aqui. Levei muitos, muitos anos para superar esse sentimento e perceber que, na verdade, havia concordado com isso. Criei minha própria realidade, e Tim ainda carrega essa memória de traição. Por isso, atraiu algumas traições em sua vida atual. Acho que ele precisa apenas se concentrar no que quer criar, em vez de focar no medo ou no que não deseja. Em vez de se concentrar na traição, deve compreender que a criou para aprender as lições necessárias. Só então poderá seguir em frente, focando no que realmente deseja, em vez do que não deseja. Porque, como nós dois sabemos, qualquer coisa em que você se concentra, você atrai — queira ou não.

D: *Isso faz parte do medo que ele sente no fundo do estômago?*

T: Sim. De alguma forma, ele acredita que não deveria usar o que aprendeu desde os tempos antigos, que, de alguma forma, isso não seria apropriado. Em algum momento, fez um acordo de não usar habilidades que levou vidas inteiras para adquirir. Como se a necessidade de amarrar um braço atrás das costas fosse algum tipo de medalha de honra. Ele precisa apenas desamarrar os braços e usar todos os recursos disponíveis. — Ele não gosta de tomar decisões. Mas, se decidir que pode fazer algo funcionar, ele consegue fazê-lo. Não há muito drama em relação a isso, mas ele gosta de acrescentar bastante dramatização a algumas dessas decisões. E costuma esperar muito tempo. Acho que, em certo sentido, ele sabe que é eterno quando não está em seu corpo físico.

Mas, estando em outro, tende a esperar demais antes de tomar decisões. Às vezes isso o beneficia, mas, em outras, não.

Pedi ao SC para dar uma olhada dentro do corpo de Tim, a fim de verificar se havia algo com que precisássemos nos preocupar. Ele não tem nenhuma queixa física, mas achei que não faria mal conferir. No entanto, eles não conseguiram encontrar nada de errado. "Ele é um belo espécime. Uma boa concha também. Essas coisas não foram projetadas para ter longa duração. Isso fazia parte do design original. Porém, podem ser programadas para durar muito mais do que a maioria imagina nesta era atual. Você pode criar o corpo que desejar habitar."

Mensagem de despedida: Ele sabe muito, mas, quanto mais sabemos, menos sabemos. E há certas coisas que ele aprenderá se simplesmente ousar buscar; às vezes, o maior fracasso é não fazer nada. Ele só precisa seguir em frente.

Capítulo 23
SEPARANDO-SE DA FONTE

Quando Brenda saiu da nuvem, estava visivelmente emocionada. Naturalmente, questionei o que ela poderia estar observando para causar tal reação. Ela descreveu uma cidade que nunca havia visto antes. Muito bonita, branca e pura, com prédios lisos que quase brilhavam, como se fossem de mármore. Ela concentrou o foco em um prédio mais alto, que se destacava dos outros.

B: Lindo. De aparência bem fluídica. Não vejo bordas angulares, são todas lisas.

Não havia vegetação, apenas esse prédio muito branco, quase perolado.

B: É muito grande. Agora estou vendo de um ponto de vista diferente. Há duas colunas enormes e brancas na frente. Eu olho para dentro e é um grande espaço aberto. Tem quase a forma de uma folha, pontiaguda em ambas as extremidades, mais oval! Lindo, com um aspecto muito fluido. O teto é uma cúpula aberta no topo, o que não faz sentido. Arquitetonicamente, não sei como ficaria.

Logo, ela estava dentro da sala, onde viu luzes por toda parte, quase como orbes. Então, pedi que ela prestasse atenção em seu corpo. Ela suspirou:

B: É interessante. Não tenho a sensação de estar em cima ou embaixo quando você diz isso. Não tenho noção de mim mesma. Sinto como se estivesse em uma esfera. Não entendo.

Eu a encorajei a dar mais informações, pois, à medida que o cliente descreve, a situação se torna mais clara.

B: Estou em uma esfera de cores; é muito... espiralada. Há muitos azuis, verdes e alguns amarelos. Sinto como se pequenos impulsos elétricos estivessem passando através do meu corpo. Não é desagradável, mas sinto que não há um senso de direção — acima ou abaixo —, então é um pouco desorientador. (Pausa) Estou indo para algum lugar. Este é um lugar de passagem. É uma estação de transporte. Você vai lá e, então, vai para outro lugar.

Ela, então, ficou emocionada e começou a chorar baixinho. Perguntei o que estava causando aquela emoção.

B: Não tenho certeza. Não estou chateada; não estou com medo ou triste, é só... A emoção é muito grande e chega a oprimir meu coração. Tudo está em esferas; são todas esferas. A sala em que estou não é perfeitamente redonda, é oval. Agora estou olhando mais ao redor. Nas laterais, existem muitas dessas esferas. Elas quase parecem bolas de cristal, mas são muito fluidas. As esferas têm, provavelmente, 60 cm, talvez 90 cm de diâmetro. Estão ao redor de toda a sala, ocupando a mesma linha de plano. Elas ficam mudando constantemente. Isso não faz sentido para mim, mas essas esferas são como amplificadores. É uma fonte de poder, ou uma fonte de energia. Interessante... eles estão tentando ser bem gentis, tipo: "Ok, olhe só para as esferas."Agora, esse lugar parece diferente. Tem o mesmo formato, mas o teto não é aberto. Não é mais branco; é um cômodo mais escuro. Não que isso seja algo ruim, só que não é tão iluminado. Então, parece mais fechado. Essas esferas brilhantes estão por toda a sala e, para onde quer que eu olhe, estão no mesmo nível. Todas elas transmitem de maneira cruzada, uma para a outra, e você está no meio. (Respira profundamente.) É definitivamente uma estação de transporte.

Eu estava tentando descobrir se havia alguém no comando. Haveria alguma maneira de diferenciar todas essas esferas? Como você saberia para onde ir? Ela disse que não conseguia distinguir nenhuma e suspirou quando teve uma revelação. Em um sussurro, disse:

B: Nossa, é como se você soubesse! É como quando você vai aqui e fica de pé nesse local, então parece que já sai programado.

Seu corpo começou a tremer.

B: Quando você me pergunta algo, tenho uma resposta na cabeça, mas não consigo vê-la nesta sala. Então, quando você perguntou o que deveria fazer, ouvi: "Nós te levaremos lá."

D: *Pergunte a eles para onde irão te levar.*

B: (em voz alta) Para onde estamos indo? (Pausa. Depois, emocionada.) Em direção ao Sol! O Sol não é exatamente o que nós achamos que é. Você realmente entra no meio dele e depois sai do outro lado, e não é o nosso Sol. É o Sol de todos os sóis. É o Sol central de todos os sóis. (Soluçando baixinho) É de onde todos nós viemos. (Soluçando) É meu lar!

D: *Bem, se esse era seu lar, o que você está fazendo neste lugar?*

B: Eles são como estações externas, como são chamadas. Você vai para a estação externa.

D: *E você veio de outro lugar?*

B: Sim, do Sol. Quando você está no Sol, é como uma piscina. Você tem que ir até a estação externa para tomar forma. Não é nem "deixar". É tão interessante, porque quando você diz "eles deixam você", é como se todos nós decidíssemos e fôssemos. (Risos)

D: *Então, quando você sai do Sol e vai para a estação externa, você é apenas essas esferas?*

B: (sussurrando) — Oh, meu Deus! Sim! Isso porque você não tem forma. Eu estava vendo da outra direção. Mas sim, sim, é isso. Quando você está no Sol, você não tem forma. É como em estágios: quando você sai, não tem forma; então há certas coisas que você tem que fazer. É quase como se todos se unissem, se juntassem. (Tudo isso foi dito com a sensação de surpresa, de descoberta.) As peças se juntam e formam algo ao qual você pertence. E você não pode fazer tudo de uma vez. É quase como se fosse em etapas. Você tem que ir para esse primeiro lugar, e, depois, ele se aglutina. E aí você vai.

D: *Então, quando você está com essa luz, esse Sol, você não tem nenhuma forma?*

O Universo Convoluto, Livro Quatro

B: Não. É como o mar. É engraçado porque é muito brilhante, mas não é quente. Mas está se movendo. Você poderia pensar que seria caótico, mas não é.
D: Você disse que não é o Sol do nosso sistema solar.
B: Não. É o Sol dos Sóis.

É assim que muitos dos meus clientes descrevem a Fonte ou Deus.

D: *Então, por que você deixou esse lugar para ir para as estações externas?*
B: Porque queremos. (Risos) Isso é tão engraçado... é porque queremos. É quase como se fôssemos crianças pequenas ou algo semelhante. Leves e muito prazerosos. Sim, é quase como quando você é criança e quer explorar. Há tanta emoção em torno disso! Faz seu coração dançar como o de uma criança. É brincar, então você quer ir brincar.
D: *E eles deixaram você fazer isso? Deixaram você ir embora?*
B: Não é nem "deixar". É tão interessante, porque quando você diz "eles deixam você", é como se todos nós decidíssemos e fôssemos. (Risos)
D: *E então você vai para a estação externa e se torna essa esfera como sua primeira forma?*
B: Na verdade, você começa a tomar forma antes mesmo de atingir a estação externa. É tão interessante! Eu vejo o Sol, e há como esses lindos dedos de luz saindo. E eles são simplesmente lindos! É como se esses dedos de luz viessem para fora e, então, começassem a se juntar nessa incrível forma de cor em movimento. E, então, eles se transformam nessas esferas de luz.
D: *Então, finalmente, ele se transforma em uma esfera.*
B: Exatamente! Sim.
D: *E então você está lá na estação externa, e eles dizem que é hora de ir para outro lugar?*
B: Exatamente. E é aí que a energia começa a...

Ela parecia estar observando algo interessante. O problema era sua capacidade de descrevê-lo.

B: A primeira vez que você começa a se sentir separado. Com uma sensação de você mesmo. É tão interessante. É estranho. É quase como se você sentisse uma sensação de limite, enquanto antes você se sentia sem limites — era tudo pura expansão. E, então, você se sente quase como se estivesse nas bordas externas de si mesmo.

D: *Você começa a se sentir separado?*

B: Bem, porque você se sente menor. (Risos) É tão interessante, porque não tenho uma noção de "nós", ou de "você", ou de "mim". Mas é quando o senso de identidade começa a despertar para uma individualidade. O que não é bem assim; é uma ilusão. É quando a ilusão começa, mas é como uma ferramenta necessária que você precisa ter. Nunca me senti assim antes. Quando você está no Sol, você se sente como criança. É sábio — o maior sentimento de sabedoria que poderia existir —, mas também é alegre e inocente. É uma combinação de sabedoria e inocência e, por isso, é quase como uma forma de proteção. É quase como: "Ao saírem, crianças, vocês precisam de alguma proteção". E, para isso, precisamos ter algum senso de identidade. Eu não tenho noção de quanto tempo isso vai durar, mas é um processo. Então, você vai e começa a sentir uma sensação de identidade. Sério, para mim parece a primeira vez.

D: *Então isso faz parte do processo antes de você poder sair da estação de transporte.*

B: Exatamente.

D: *Então você vai explorar.*

B: Você pode ir a qualquer lugar.

D: *Você sabe para onde vai?*

B: Onde estou? Agora mesmo? Eu fui para a Terra. Eu escolhi a Terra. Ah! Mas não imediatamente! Primeiro fui a um lugar azul. Azul? Oh, meu Deus! Não vejo a localização. Eles estão dizendo: "Você foi ao lugar azul para reunir conhecimento primeiro". Oh! É tão interessante! Existem todos esses níveis diferentes em todos esses lugares diferentes. E não há realmente nenhum nível, mas o lugar que escolhi era muito físico. Mas, para ir lá, havia certas coisas que eu tinha que saber. Como ferramentas. É como se você fosse para a escola. E tudo o que eu estava vendo, quando perguntei, era azul, como o planeta azul. É um lugar físico, mas não se referem à Terra. É o planeta azul. Oceano, é o que parece.

Muitos outros clientes descreveram que vieram de um lindo planeta aquático, onde vivenciaram vidas como diferentes tipos de criaturas marinhas. Eles não tinham responsabilidade e eram tão livres que não queriam sair.

B: Estou observando como se estivesse assistindo a um filme. Não sinto que estou lá, parece que estou assistindo a algo. Eu não sinto nenhuma emoção ligada a isso, mas vejo oceanos, vejo baleias e vejo golfinhos. Estou respirando debaixo d'água. Não parece água, parece mais espesso que água. Parece uma espécie de meio. É muito fluido, é mais pesado que o ar, mas não tão pesado quanto a água. Não é frio, parece suave, sedoso e, quando você olha ao redor, ele realmente brilha um pouco. Eu me sinto fluido e não sinto minha forma. Não me sinto como um golfinho ou uma baleia. Vejo golfinhos e baleias. É estranho, mas é quase como se um pano de seda fosse puxado pela água — esse seria eu. Tenho alguma substância. Sou um pouco mais denso que o que está ao meu redor, mas tenho dificuldade em descrever. Não consigo me ver, mas me sinto muito fluido. E tudo está nadando. Não há nada andando por aí sobre duas pernas.

D: *Você não vê nenhuma terra? (Não.) Então, o que você tem que fazer naquele lugar azul?*

B: O que eles disseram foi: "Você está codificado". Usaram a palavra "código". Codificado com o quê? E eu ouvi: "É tudo uma etapa na criação da forma. Precisa ser codificado, e precisa ser codificado em um lugar fluido. E tudo é por meio da vibração". Eles não disseram "vibração", disseram que é tudo "energia".

Ela começou a ter dificuldade em encontrar as palavras certas para descrever isso. Isso é comum. Eu disse a ela para fazer o melhor que pudesse.

B: Você é codificado, eles disseram. E, então, tudo é construído a partir do fluido. Conforme você avança, você passa pelo lugar fluido. E esse lugar fluido é muito azul. Eu posso ver formas que parecem baleias; mas não é realmente uma baleia, somente se parece com uma. E eu consigo ouvir tons, como o som dos golfinhos. Certo, um está vindo até mim agora. E eles estão jogando os tons para lá e para cá. E eu estou sendo construído. Essa é uma palavra interessante para nós: "construído". Isso parece muito técnico quando digo isso, e não estou apegada à palavra. É tão interessante, é como se meu corpo estivesse sendo construído.

D: *Isso faz parte da codificação da qual você estava falando? (Exatamente.) Então eles têm que pegar a essência que você era, em outras palavras, e transformá-la em algo mais sólido?*

B: Exatamente! E é aí que sou feito. É quando sou construído, ou onde sou construído. É tão interessante a maneira como estou vendo isso, porque é muito prático, como se fosse assim mesmo. Tudo é feito por meio de tonificação, como esses tons vão chegando.

Ela teve dificuldade em explicar o que estava vendo. Disse: — É tão estranho que parece um filme de ficção científica. Aparentemente, eles estavam construindo uma forma humana, e isso era feito com tons. Ela se viu com outros saindo da água como pessoas de tamanho normal, não como bebês. Eles estavam saindo da água como pessoas totalmente desenvolvidas, e havia muitos deles. A exceção era que eles não tinham todos os "detalhes" ainda. Todos pareciam iguais: pernas, braços, corpos, mas sem características definidas.

B: Agora estou realmente testemunhando seu amadurecer diante dos meus olhos. Agora as pessoas estão ganhando cabelo e olhos. Elas estão sendo criadas. — Mas não vejo ninguém fazendo isso.

D: *Então, o que você vai fazer com essa forma, agora que foi criada?*

B: Agora obtemos o conhecimento. Agora entramos nisso que parece mais uma estrutura; não parece estar na natureza mais. Tem gente ali, um prédio, mesmo que eu não reconheça o edifício. Parece muito prático, e sim, é assim que se faz. Você entra aqui e parece que tudo acontece muito rápido, mas não tenho a mínima noção de tempo.

D: *Deixe-me fazer uma pergunta antes de prosseguir. Por que fizeram sua forma parecer humana? Poderia parecer qualquer coisa, não é?*

B: Porque escolhi a Terra. Sim, poderia ter sido qualquer coisa.

D: Mas, nesse caso, todos pareciam humanos?
B: Essa é uma ótima pergunta. Deixe-me olhar de verdade. Eu disse imediatamente "humano" porque é do mesmo tamanho e altura — braços, pernas, cabeça, tronco. Mas não, não somos. Parece como se pudesse ser humano, mas eles não assumem a forma de um humano. É a maneira como são feitos. Então, eles são feitos de forma diferente, como vimos. Eles não nascem como um humano, então não são humanos. É interessante... é quase como se essa fosse a melhor forma para assumir, de acordo com o que você está fazendo — o que eles estão fazendo.

D: Tudo bem. Então, agora você está dentro desse prédio e disse que é onde se obtém conhecimento.
B: Sim. Aqui há uma mesa onde vejo papéis e pessoas sentadas ao redor. É como se houvesse um plano ou algo sobre a mesa, que é iluminada por baixo. As pessoas que estou observando parecem de todos os tipos de seres diferentes! Nossa! É interessante porque a forma básica é humana — braços, pernas, tronco, cabeça, olhos. Tudo isso é igual. Mas há certas características que mostram que não são humanos. Como uma pessoa, por exemplo: seus olhos são diferentes, não há pálpebras nem cílios. Há várias pessoas sentadas ao redor dessa mesa e elas estão vestidas. É como se eu estivesse apenas observando, como se isso estivesse sendo mostrado para mim.

D: Qual é o propósito deles com os papéis?
B: É engraçado porque, quando pergunto isso, fica bem claro! Você sabe! É aqui que o planejamento é feito. O plano para onde você irá em seguida. Existem sete de nós que acabamos de entrar na sala.

D: Há sete no seu grupo?
B: Exatamente! Somos sete que saímos da água juntos. E agora vamos para o próximo lugar. O problema é que não vejo para onde estamos indo. (Suspiro) Este é o local onde nos reunimos para discutir o plano. As decisões já foram tomadas, e aqui é o lugar onde eles nos contam.

D: O que eles dizem a você?
B: Que eu iria para a Terra.

D: Você sabia o que era a Terra?

B: Não. Eu me sinto muito estranha porque... não é lógico ir de um lugar para outro aqui. Estou olhando de uma perspectiva, e eles estão sendo muito gentis comigo, percebo isso. É como se estivessem dizendo: "Dentro do seu entendimento, temos que mostrar isso a você dessa forma, para que possa ter uma ideia do que está acontecendo." Ok, então estou em uma forma. E então, de repente, fico sem forma e não tenho certeza de onde estou.

D: *Você pode perguntar a eles por que tem que ir para a Terra? Por que esse lugar?*

B: Eles estão tentando me mostrar de uma forma que eu entenda. É quase como se tudo vibrasse em harmonia e as cores emanassem disso. É como se eu estivesse vendo as coisas de longe. Vejo muitos planetas. E o estranho é que não reconheço nenhum: não reconheço Mercúrio, Vênus ou o Sol. Mas vejo todos esses planetas, e é como uma orquestra — todos vibrando em harmonia. Movem-se fluidamente. Então, eles me mostram como tudo acontece em harmonia. E, quando me mostram a Terra, é como se estivesse desafinada neste momento. É como um piano que precisa ser afinado. A Terra não está afinada, ficou "plana".

D: *Está desafinada, fora de harmonia com o resto.*

B: Muito! Quando vejo de longe, é como se tudo estivesse em harmonia. Mesmo que eu não ouça, parece quase musical. Sim! Parece vibrar, mesmo que não exatamente da mesma forma. Mas todos estão em harmonia, como uma orquestra — diferentes instrumentos tocando, mas todos na mesma melodia. Quando me fazem olhar para a Terra, é como se fosse a orquestra mais linda que você já ouviu em toda a sua vida e, de repente, alguém entrasse e tocasse um piano desafinado. Você notaria imediatamente. É perceptível dentro da orquestra de todas as galáxias e de tudo o que já existiu — há um ponto fora de sintonia. Agora posso ver como é curioso, porque continuo me afastando, cada vez mais longe, e percebo que, em nosso canto desse imenso espaço, a Terra está "plana". Não é o único lugar assim — há outros, bem distantes —, mas agora estou me aproximando. E, em todos os universos próximos de nós, a Terra se destaca notavelmente.

D: *O principal que está causando o problema.*

B: Exatamente! Está desafinada. Fora de harmonia. Parece tão monótona... Então, vamos ajudar a reafiná-la.
D: *O que você acha de fazer isso?*
B: Fico animada. Mas a outra coisa é que o resultado não é claro. Não sabemos se conseguiremos. Em outros lugares onde estivemos, tínhamos certeza: era só entrar, ajustar isso e aquilo, e tudo se alinhava imediatamente. Agora tive um lampejo de que não estamos totalmente certos.
D: *Então, você teve outras vidas onde fez coisas assim?*
B: Sim. Onde afinávamos.
D: *Você sabe como fará isso?*
B: Vejo cores. Está tudo na cor, na vibração da cor. Não sou só eu, é um "nós". Meu Deus! Houve vários antes de mim e haverá vários depois de mim — é um "nós". Agora estou vendo a teia. É como um cobertor, uma rede ao redor da Terra. Há muitas ferramentas. Está tudo na vibração. Há beleza e simplicidade nisso. Não é fácil, mas é como se todos pudessem cantar — esses tons altos e lindos, feitos de cores. Alguns lugares parecem cobertos de alcatrão, como uma lama espessa. Não se trata de limpar esse alcatrão — estão tentando me mostrar isso de forma visual. Algumas pessoas tentam limpá-lo de si, mas não é assim que funciona. O que se faz é entrar por dentro e mudar a vibração. Então o alcatrão se transforma. Não é apagar ou limpar; é transformar uma coisa em outra.
D: *Então você vai para a Terra. Entra em um corpo? Ou como fará essas mudanças?*
B: Nossa, eu não estava em um corpo no início. Estou vendo a Terra, e ao redor dela é diferente do que eu imaginava. É quase como se houvesse um tecido, um cobertor. Mas não é pesado como um cobertor; é entrelaçado, há ordem nele. Parece uma rede ou papel milimetrado, mas é fluido e envolve a Terra. E não é apenas uma camada: há várias camadas desse tecido ao redor do planeta. De onde me vejo, estou dentro dessa trama. E, dentro dela, há como funis saindo em direção à Terra. É como se houvesse um grande tecido sobre a superfície, com funis descendo até pontos sob o planeta. Quando tudo está saudável, esses funis aparecem naturalmente em diferentes lugares. Parece muito orgânico e fluido, como pentes. Eles descem e reciclam energia de volta.

Tudo está em movimento, e a superfície da Terra parece permeável. Mas há certos lugares que endureceram, quase mortos, sufocados.

D: *Lugares onde é difícil penetrar?*

B: Sim! Essa é a palavra. Difícil de penetrar. Como está difícil, agora precisamos descer para dentro da Terra, sob a superfície, e agir dali. Não dá mais para fazer só de cima, mesmo sendo muitos.

D: *Como você fará isso na superfície?*

B: Você traz a energia... Ok, agora consigo ver. Antes, quando estávamos acima, éramos como pontos de luz, amplificadores ou ativadores. A energia entrava, passava por nós e era redirecionada para a Terra. Agora precisamos trazer essa amplificação para mais perto, para ser mais forte. Então esses pontos de luz se movem para baixo, em direção ao planeta, e se tornam mais intensos, porque precisam penetrar mais fundo. Agora estamos dentro da Terra, logo abaixo da superfície. Antes, funcionava de cima. Agora não pode mais: está muito espesso. Ainda existem os que permanecem na rede ao redor, mas alguns de nós já estão no planeta.

Eu queria saber se ela tinha consciência de estar falando através de um corpo humano físico. Relutante, ela admitiu que, às vezes, sim. Então perguntei quando havia decidido entrar em um corpo físico. Se estava realizando um trabalho tão importante sem corpo, por que isso era necessário?

B: Houve um acordo. Eu estava olhando para o corpo humano em que estou e perguntava: "Eu sempre estive neste corpo humano?" E o "eu" que fala nem sempre esteve nele. Vim mais tarde. Foi um acordo. Isso é um pouco confuso para mim.

D: *Vamos ver se conseguimos explicar. Você quer dizer que o "eu" que está falando não é o mesmo que nasceu nesse corpo?*

B: Não. Cheguei mais tarde. (Pausa) A linguagem humana não está preparada para isso.

D: *Eu sei. Já me disseram muitas vezes que a linguagem não é suficiente.*

B: Você perguntou se eu nasci nesse corpo, e sinto que não. Mas tenho memórias dele, desde o começo. Não é como se não houvesse lembranças. Mas não era necessário que eu estivesse ali no início. Cheguei depois. Cheguei quando a consciência... É tão interessante ver isso, porque não é como se fôssemos separados, mas como se uma parte não estivesse tão desenvolvida. Me perguntei por que não desci antes, mas eu estava ocupada em outro lugar. É quase como se você enviasse uma parte de si mesma primeiro. O "eu" não era necessário quando o corpo era criança. Eu precisava dele quando estivesse mais desenvolvido.

D: A outra parte estava lá quando você era criança?

B: Exatamente. É como se uma parte de você descesse — e não quero que isso soe mecânico, como se fosse um robô. Mas é como se a parte menos desenvolvida fosse primeiro, para aprender todas as lições desde o início, vivendo todas as experiências. É como quando você vai ao médico: primeiro ao clínico geral, depois ao especialista. Entende? Então, entra a parte especialista, que é quem fala agora. Essa parte foi chamada porque tem as habilidades. Então, o "eu" que está falando não nasceu neste corpo, mas uma parte minha nasceu. Houve um acordo, e nos fundimos. Não são dois seres diferentes no mesmo corpo. Não é isso.

D: É uma fusão dos dois.

B: Certo. Fusão é uma boa palavra.

D: Quantos anos tinha o corpo quando isso aconteceu?

B: Doze.

D: Então a fusão ocorreu aos doze anos. (Sim) Aconteceu algum incidente nesse momento?

Brenda começou a se emocionar. Quando isso acontece, sei que tocamos em algo importante. Gentilmente, incentivei-a a continuar e contar o que a incomodava. Com um suspiro profundo, ela prosseguiu:

B: Eu entendi errado. É um pouco confuso na minha cabeça porque vejo de duas perspectivas diferentes. Vejo da criança que nasceu. Não entendo essa parte. É tão interessante, porque tento encontrar o "eu", e não há. É como se eu estivesse apenas observando de onde vem a emoção. E é porque eu lutava para definir o Eu e não conseguia. Então recuei e fiquei observando. Vi Brenda criança, e

junto dela estava o ser que era realmente um tipo de guardião — não sei se essa é a melhor definição, mas era esse ser que veio...
D: *Era aquele que ela via como um amigo imaginário?*

Brenda havia discutido isso na entrevista. Quando criança, ela tinha um amigo imaginário que era muito real para ela. Isso não é incomum. Muitas crianças têm esses amigos e, embora sejam invisíveis para todos os outros, elas interagem com eles. Minha filha mais velha tinha um e até insistia que eu lhe colocasse um lugar à mesa, pedindo-me para segurar sua mão quando cruzávamos a rua. Eu não a incentivei nem a desencorajei; sabia que era real para ela. Ela chamava a amiga de "Julia" e, quando minha segunda filha nasceu, dei-lhe o nome de Júlia porque estava tão habituada a ouvir esse nome. A "amiga" desapareceu naquela época. Alguns pais me disseram acreditar que seus filhos estavam ficando loucos quando falavam sobre (e com) um amigo invisível. Eu digo a eles para não se preocuparem: o que está acontecendo é perfeitamente natural, e o "amigo" acabará desaparecendo.

Quando o amigo de Brenda partiu, ela se sentiu muito sozinha e abandonada. Essa era uma de suas perguntas: queria uma explicação sobre o que estava acontecendo em sua infância.

B: Quando ela era pequena. Sim, eu era um deles. Os seres de luz.
D: *Então é como um pequeno guardião?*
B: Exatamente! Mas era mais do que isso. Estava sintonizando o corpo. Muitas formas humanas, quando a alma entra, não estão calibradas em uma taxa que realmente possa suportar um ser de vibração mais elevada chegando. Então, quando o bebê nasceu, foi calibrado desde o início. É quase como se eu estivesse vendo batidas nos pés, o que é muito estranho. É como se esses padrões vibracionais estivessem impressos em todos os lugares do corpo — dos ossos ao sistema celular — desde o começo. Então é uma calibração.

Os corpos são escolhidos com muito cuidado para adquirir as ferramentas necessárias para realizar o trabalho posteriormente. Quando a alma chega (estou vendo isso diretamente), é quando o guardião desce. Há alguma consciência ali, mas não é a consciência plena. O ser de luz ainda não nasceu dentro daquele corpo. Há uma alma ali, sim, mas é apenas uma parte dela. A alma é uma imensa superalma, e apenas um fragmento entra, sendo preparado e moldado. E tudo faz parte disso. Então, aquilo não era eu de verdade. Era parte de mim, mas não era tudo de mim. O guardião desceu... não um guardião, mas um cuidador — um cuidador desceu e ajudou a preparar o corpo. O corpo precisa ser preparado para as vibrações mais elevadas, porque muitas vezes, no passado, quando o ser de vibração mais alta entrava em um corpo, o corpo não conseguia lidar e entrava em curto-circuito.

D: *Já ouvi isso antes: que às vezes o corpo, o bebê, morre.*

B: Isso acontece! Então, temos muito cuidado para calibrá-lo e colocá-lo em um estado quase como se estivesse aninhado. Voltamos para verificar e garantir que o corpo esteja progredindo como deveria, desenvolvendo um determinado tipo de mente. Os impulsos elétricos no cérebro são diferentes. Existem mais áreas. Eu vi a parte de trás do cérebro: ela é diferente. Há mais atividade lá no início, como se impulsos elétricos fossem colocados ali. Então, sua progressão é observada. Gradualmente, começamos a trazer mais luz. Vejo como uma luz azul muito, muito clara sendo conduzida a diferentes partes do corpo: os pés, a clavícula, a parte de trás do pescoço, o topo da cabeça, a área do terceiro olho, pontos abaixo do nariz, próximos às orelhas. E assim, a luz é introduzida lentamente. Os impulsos estão sendo usados e, também, diferentes sequências de símbolos.

D: *Como se uma ativação estivesse acontecendo?*

B: Sim, dentro do corpo. Então chega um ponto em que tudo está decidido, e essa alma é contatada e questionada. Não é algo separado quando digo "contatada"; é um acordo que é feito para seguir em frente. E então entramos.

D: *Qual é o acordo? Permitir a entrada da outra parte?*

B: Tipo: "Você está pronto? Tem certeza?". Quando a alma entra pela primeira vez, e quando fazemos o acordo inicial, tudo está alinhado. À medida que uma alma começa a se desenvolver na Terra, as coisas mudam. A alma pode escolher outro caminho, pode querer ir para outro lugar, pode não querer mais estar aqui. Então, temos que perguntar novamente.

Às vezes esses contratos são quebrados; às vezes acontece algo na vida que não foi previsto. A Terra é um curinga — você nunca sabe o que vai acontecer quando chega aqui.
D: *E eles têm livre-arbítrio.*
B: Eles têm livre-arbítrio, então tudo pode acontecer. Nós voltamos e perguntamos se ainda é apropriado, se ainda estão de acordo.

Muito disso foi explicado no meu livro As Três Ondas de Voluntários. Parte da salvação da raça humana de si mesma foi a entrada de almas novas e puras em corpos humanos — almas que nunca conheceram ou acumularam carma e, portanto, não ficaram presas. Isso pode estar relacionado às experiências extraterrestres que muitas pessoas consideram negativas. A nova alma possui uma energia totalmente alheia à experiência humana, portanto, não pode entrar de uma só vez. No passado, quando isso era tentado, resultava em aborto espontâneo. Por isso, o processo teve que ser feito gradualmente, em intervalos, para que o corpo pudesse se ajustar antes que a energia total chegasse mais tarde.

Isso explicaria as repetidas visitas de extraterrestres: seu trabalho era continuar monitorando os corpos, verificando se estavam funcionando corretamente. Assim, implantes ou monitores foram colocados no corpo para rastrear a pessoa. Isso também explica a diminuição nos relatos de abdução, porque o trabalho agora foi concluído. As almas entraram (as três ondas que descobri) e agora já há o suficiente na Terra para realizar o trabalho, sem necessidade de mais nenhuma.

A maioria dos casos de abdução que você ouve aconteceram há vários anos, ou são apenas exames de rotina, para garantir que o corpo esteja funcionando bem nesse ambiente estranho e frequentemente hostil.

Isso também explicaria o programa de hibridização que muitos descreveram como negativo: a produção de corpos ou veículos receptivos à alta energia das almas que chegam, sem causar danos. Uma combinação de genes, mas, mais importante, uma fusão de energias, para que a alma pudesse viver no corpo.

É curioso que muitas das pessoas com quem trabalho dizem não sentir que pertencem a este lugar, como se a Terra não fosse seu lar. Durante o transe, descobrem ser ou um visitante de primeira viagem vindo diretamente da Fonte, ou um ser de energia/luz alienígena que nunca havia habitado um corpo humano antes.

(Continuando)
D: Foi isso que aconteceu quando ela teve aquela experiência por volta dos 10 ou 12 anos? (Ela relatava visitas noturnas em seu quarto, que achava estarem relacionadas a ETs.) Na época, ela pensou que era uma experiência negativa.
B: Naquele momento, a mente humana dela não estava pronta. Ela não tinha plena consciência. Não estava preparada para receber aquela informação. Trouxemos tudo o que podíamos para deixá-la confortável. E trouxemos de volta a amiga que ela conheceu quando era mais nova.
D: Durante a experiência, ela disse que se lembrava de não conseguir se mover.
B: Sim, é interessante. Fazemos isso com a maior delicadeza possível e, muitas vezes, quando a pessoa está dormindo. No caso dela, estava acordada, como deveria estar. Já era desenvolvida o suficiente para suportar aquilo. Aconteceu como deveria. É quase como uma anestesia: a pessoa fica consciente, mas não consegue se mover. No entanto, é um estado agradável, e quando voltam, não se lembram de muita coisa. Apenas de um sonho bom ou algo semelhante.

Não é para ser assustador. Ela tinha uma mente e uma vontade muito fortes, então, quando começou a acontecer, escolheu permanecer acordada.
D: Às vezes as pessoas percebem isso como algo negativo.
B: Sim, porque, do ponto de vista de uma criança, não conseguir se mover pode parecer invasivo. Mas não era.
D: Ela disse que parecia que coisas estavam sendo feitas em seu corpo físico.
B: Bem, e estavam. O ser de luz estava se movendo. Era uma calibração — não final, mas necessária antes que a outra energia se aproximasse. Há certos ajustes que precisam ser feitos para preparar o corpo.
D: O que ela percebeu como entidades ao redor dela — foram elas que ajudaram nesse processo?

B: Sim. E foram apresentadas de uma forma que ela pudesse compreender naquela época.
D: *Porque, como você sabe, na Terra falamos em ETs. As pessoas não entendem o que eles são.*
B: Não, e eu vejo isso agora.
D: *Faz parte do trabalho deles ajudar em todo esse processo?*
B: Sim. Um deles é muito bom no que faz. Ele consegue sentir o corpo, calibrá-lo e alinhá-lo perfeitamente com o ser luminoso que está se aproximando. O ser de luz entra no corpo humano e, quando a pessoa acorda de manhã, nem percebe a diferença. É uma fusão harmônica perfeita.
D: *Exceto pela sensação de que há algo que precisam fazer.*
B: Sim, porque é quando começa a fazer efeito.
D: *Muitas pessoas se lembram de experiências assim e as percebem como negativas. Não entendem o que está acontecendo.*
B: A Terra é um lugar muito negativo. Não é regra, mas é difícil permanecer no positivo, especialmente para... não quero dizer "poderosos", mas para os mais sensíveis. Num ambiente confuso, se buscarem um fluxo de energia, podem acabar se alinhando a fluxos negativos, que são muito fortes. É preciso buscar conscientemente o fluxo de luz, o fluxo do amor, porque aqui na Terra o fluxo automático é o medo.
D: *Então, o que eles percebem como negativo, na verdade, não é.*
B: Certo. Exatamente.
D: *Há algo mais acontecendo, e é um acordo feito antes da entrada.*
B: Tudo faz parte, e tudo é muito bom.
D: *Muitas pessoas com quem trabalhei disseram sentir-se violadas, como se algo tivesse sido feito sem sua permissão.*
B: Não, não é nada disso. A permissão foi concedida. É um dispositivo de proteção para a criança. Você não mostraria um filme horrível para crianças, porque elas não entenderiam — não saberiam que não é real. Você as protege. Você lhes mostra filmes da Disney. E então, quando tiverem 16 ou 17 anos, poderão assistir a outros porque já entenderão o conceito de ficção. Por isso, certas coisas são colocadas em prática como proteção.
D: *Tudo bem. Mas agora a fusão aconteceu e esse ser de luz está dentro dela, não é? (Sim.)*

Brenda percebeu que suas habilidades psíquicas estavam sendo despertadas. Ela começava a enxergar quem realmente era. Isso era uma das coisas que mais desejava compreender.

D: Demorou muito tempo, não é mesmo?
B: Sim. Havia muitas coisas que precisavam ser feitas primeiro.

Claro, outra de suas perguntas era sobre o propósito. O que ela deveria fazer da vida? Qual era o plano?

B: É a Terra. Ela deve trazer a vibração mais elevada e ancorá-la aqui. Ela está codificada para isso. Ela tem isso dentro dela.
D: Foi por isso que ela recebeu mentalmente a informação sobre os cristais?
B: Sim, eles a ajudam. Os cristais amplificam e facilitam. Os cristais são um com ela; eles a ouvem, e ela os ouve. Os cristais estão vivos e são uma força além. É um mundo totalmente diferente, um campo de força distinto que precisa ser usado. Estão aqui há muito tempo neste planeta. Cristais são uma força energética que vai além da imaginação de vocês. Vocês não sabem como usá-los; esqueceram. Na verdade, esse poder lhes foi tirado. Outras civilizações abusaram dele, então foi retirado.
D: Então agora temos que recuperar o conhecimento.
B: Muitos cristais estão adormecidos. Alguns ainda permanecem ativos neste planeta... Mas eles podem — e devem — ser despertados novamente. Isso é feito através da vibração. A vibração pode ser gerada de várias formas: pela intenção, pelo foco... E ela sabe como fazer isso.Há redes de energia em torno da Terra, muitas delas em diferentes níveis. Ela só viu uma, mas existem inúmeras camadas desses campos ao redor do planeta. A que ela deve alcançar é a mais distante, de cor roxa. Ela precisa se lembrar de trabalhar com o roxo. Já trabalhou com o verde. O branco, claro, está sempre presente, mas o roxo é a transformação. Ao trazê-lo para dentro, ele ressoa com os ossos do corpo e inicia um padrão vibracional direcionado à Terra, despertando as pedras adormecidas.
D: No meu trabalho, me disseram que o corpo também é parcialmente cristalino.

B: Seus professores aqui diriam que o coração é cristalino, o que é verdade. Mas, na realidade, o corpo inteiro é cristalino.

D: *É por isso que ele vibra, como você disse antes?*

B: Exatamente. É por isso que mais deve ser dado a ela.

D: *Mas o caminho dela é trabalhar com pedras que ajudam nas vibrações da Terra.*

B: Certo. E haverá outros que a ajudarão. Enquanto ela trabalha com a Terra, a vibração começa a mudar, e as pessoas podem ficar desorientadas. É interessante: se você der uma tarefa às pessoas — se disser a elas para elevar a vibração da Terra — elas inevitavelmente acabam elevando também a sua própria vibração. Por isso, é importante perceber que algumas pessoas não conseguem fazer isso diretamente por si mesmas. Em vez de dizer: "Eu posso ajudá-lo a elevar sua vibração", pode-se unir as pessoas com um propósito: "Precisamos curar o planeta". Assim, ao ajudar o planeta, elas ajudam a si mesmas.

D: *Você disse que isso pode causar desorientação?*

B: Não entre as pessoas que estão fazendo este trabalho. Mas, à medida que a vibração da Terra aumenta, tudo começa a mudar. Quem não está em ressonância, quem não está no mesmo plano, pode se sentir perdido. Nesse caso, oriente-os a ajudar os outros: um animal, uma planta, outra pessoa. Qualquer gesto de ajuda eleva sua própria vibração. É simples. O foco dela é reunir as pessoas para direcionar à Terra uma vibração que sozinha já não poderia mais sustentar.

D: *Ela estava trabalhando com cura.*

B: Esse é um trabalho paralelo. Quando reúne grupos para trazer essa energia à Terra, o impacto é muito maior do que o de uma única pessoa. Se há uma ou duas no núcleo, e outras se juntam, isso se amplifica ainda mais.

D: *E eles podem ajudar com a energia combinada.*

B: Sim. Todos têm algo único a oferecer. A energia de cada um é diferente. Quando tudo se une, é como uma orquestra: cada instrumento traz seu som, mas juntos formam algo grandioso. Então, na verdade, quanto mais, melhor.

D: *Queremos trazer a Terra de volta à harmonia.*

B: Deve ser assim. O processo acontece em ambas as direções. Quando você faz isso consigo, com sua família, com seu grupo, e depois direciona à Terra, isso reverbera pelo Universo. Tudo está interligado.

D: *Tudo afeta todo o resto. As coisas estão realmente acelerando. Cada vez mais pessoas estão despertando para suas habilidades, não é?*

B: Não há outra maneira. Agora é a hora. Não há mais período de carência. Antes, havia mais tempo. Agora, não.

D: *Trabalhei muito com o que chamamos de OVNIs e ETs, mas está ficando mais complicado do que as pessoas pensam.*

B: Ah, é muito mais. Eles existem há muito tempo. Sempre fizeram parte da evolução deste planeta.

D: *Então, quando essas pessoas estão tendo essas experiências, estão realmente sendo ativadas.*

B: Sim, exatamente. O corpo precisa ser calibrado para um nível vibracional mais elevado, para que outras energias possam entrar e atuar através dele.

D: *Também me disseram que aqueles que se sentem muito desconfortáveis com isso são simplesmente liberados do programa.*

B: Exatamente. Por causa do livre-arbítrio neste planeta, eles podem escolher, ainda jovens, seguir outro caminho. E isso é perfeitamente aceitável. Então, eles são liberados do contrato. E está tudo bem.

D: *Porque alguns dizem que acham isso muito negativo e querem sair.*

B: Eles entram no fluxo de medo ou de negatividade. E, às vezes, isso faz parte do caminho deles.

D: *Foi o que me disseram. Vocês não querem esse tipo de gente no programa de qualquer maneira, e podem liberá-los se quiserem sair.*

B: Exatamente. A qualquer momento, sim.

Capítulo 24
MUDANÇAS ABRUPTAS

Quando Tonya entrou em cena, sentiu-se no espaço sideral, pois não havia nada além do vazio. Não era desconfortável, mas ela não podia ver nada. Decidiu mover-se para baixo em vez de ir adiante no espaço. Nada parecia mudar até que, de repente, sentiu que não conseguia se mexer.

T: Quero dizer que estou em algum tipo de cápsula. Não sei onde estou, mas estou envolvida por algo. Não tenho um corpo e não pareço avançar, subir ou descer. É tudo tão escuro, há manchas. Sinto como se não tivesse nascido. Isso não faz sentido algum. Ainda não decidi o que quero ser. Sinto que estou dentro de algo, mas é algo do qual faço parte — ou eu fiz — e eu... não sei o que quero ser, então não tenho direção.

D: *Você quer dizer que ninguém lhe disse o que deveria fazer ou para onde ir?*

T: Eu ouço você, mas não ouço mais ninguém falando comigo ou me dizendo nada. A decisão é minha.

D: *Então você tem escolha? Pode fazer o que quiser? É isso que quer dizer? (Sim) Isso é importante. Muitas pessoas não têm escolha. Elas têm que fazer o que lhes mandam.*

T: Eu fiz tudo isso. Paguei minhas dívidas. Agora eu tenho escolhas que posso fazer por mim mesma. Mas ainda não sei o que vou fazer.

D: *Como você se percebe?*

T: Eu sou um ponto de algum tipo de energia ou de processo de pensamento... porque estou pensando. Não tenho nenhuma característica física. Estou cercada por essa quantidade de coisas para trabalhar. Mas estou presa. Não sei o que quero fazer. Não sei que direção seguir. (Frustrada)

D: *Você quer fazer algo diferente ou algo que nunca fez antes?*

T: Sim. Algo além do que já fiz antes... algo que signifique mais. Da outra vez, era algo que eu precisava fazer. Agora, quero fazer algo fora de mim. (Chorando) Não sei como explicar.

D: *As outras eram como tarefas que você tinha que cumprir?*

T: Sim. Terminar os materiais ou concluir os trabalhos que não foram finalizados. Fiz a maior parte, sim, acho que já fiz o básico. Estou aqui há muito tempo... muito tempo. (Sussurrando e chorando) Mas ainda há coisas a fazer. Eu simplesmente não sei o que quero fazer.

D: *Você tem alguma ideia, alguma opção em que possa pensar?*

T: Sim, mas isso afetaria muitas pessoas se eu fizesse o que quero. Está clareando. Não está mais tão escuro.

D: *O que você quer fazer que afetaria tantas pessoas?*

T: Quero fazer parte da mudança. Parte da influência... da mudança para melhor. Quero voltar para isso... Tem a ver com um ciclo. Quero estar presente no início do novo ciclo e fazer parte dele.

D: *Alguém lhe disse que isso iria acontecer ou você já sabe?*

T: Ambos. Me contaram, e agora sinto. O fim do ciclo... o começo de um novo ciclo... um tipo de vida totalmente novo.

D: *Isso parece realmente incrível... realmente grande. Eles disseram por que o ciclo tinha que acabar?*

T: Como todas as coisas têm um fim. Quando as coisas são vividas, a vida acaba. É sobre o fim e o começo de um novo ciclo. As coisas nunca permanecem as mesmas. Elas estão sempre mudando, mas esta é uma grande mudança. Estes são ciclos dentro de ciclos.

D: *Diferente dos outros?*

T: Diferente para este lugar.

D: *De que lugar estamos falando?*

T: Da Terra.

D: *Então ciclos aconteceram em outros lugares, mas isso é um grande movimento para esta área?*

T: Sim. Muita coisa aconteceu aqui. Eu vivi algumas coisas. Eu ajudei. Estive através de diferentes fases. Você conhece as fases... e, no entanto, tenho medo de como isso pode acabar. Ainda não está pronto para acabar, mas está quase lá. O ciclo não está completo, e não terminou o que deveria. Muito depende disso. As pessoas precisam mudar, e eu quero fazer parte disso. Quero ajudar com a mudança, e isso me assusta.

D: *Por que isso te assusta?*
T: Porque e se eu não for boa nisso?
D: *Eu acho que, se você quer algo tanto assim, será boa naquilo. Você tem vontade, não é?*
T: (Chorando, sim)
D: *Você disse que esteve lá em outras fases?*
T: Sim, e eu estraguei tudo... desculpe a linguagem.
D: *O que aconteceu? Conte-me.*
T: O ciclo deste planeta. Eu era agressiva em meus desejos de mudar as coisas muito rápido, e é onde estou agora. Tenho medo de ser muito agressiva, e ainda assim fico frustrada.
D: *O que você fez naquela época?*
T: Introduzi as coisas muito rápido. Introduzi mudanças no pensamento... mudanças biológicas.
D: *Que períodos de tempo foram esses?*
T: Quando a vida era jovem, era diferente de agora. São tantos momentos diferentes que não consigo me lembrar de todos os pensamentos. Era possível influenciar o pensamento naquele período. Eu era diferente. Quero dizer que era uma substância leitosa. Um pensamento era como uma substância leitosa. Era mais fácil de influenciar. Estávamos unidos... era uma substância leitosa. Estou fazendo sentido? (Irritada consigo mesma) Veja bem, visualmente, as coisas não eram como são agora. Hoje em dia, existem ângulos, pontos agudos, manchas pretas, e os processos de pensamento são simplesmente horríveis. Isso gera tantas coisas ruins. Não é mais puro como antes.
D: *Pois substâncias leitosas fluem mais suavemente?*
T: Sim, mais completo em si mesmo. Não era individualizado. Processos de pensamento... individuais. Você era indivíduo por si só. Se entendia como indivíduo, não tanto como um jogador de um time. Você era você.
D: *Eles ainda não estavam prontos para entender isso?*
T: Não. Havia raiva. Raiva entre eles. Emoções que não faziam parte do que tinham originalmente. A mudança foi um pouco abrupta.
D: *Você quer dizer que introduziu uma nova maneira de pensar para a qual eles não estavam preparados?*
T: Sim. Não fui só eu. Eu estava com um grupo, mas ainda era eu, porque eu fazia parte do grupo. Isso os tornou conscientes de

coisas das quais não tinham conhecimento antes. Tipo Adão e Eva. De repente, perceberam as diferenças. Eu queria que eles estivessem prontos. Queria seguir em frente. Eu queria dizer que ajudei, mas era muito cedo. Raiva não era algo que eles tinham antes. Havia abuso. Não se dissipou. Transformou-se em algo pior. Eles começaram a se machucar. Deveríamos ter sabido que não estavam prontos.

D: *Como você pôde saber?*

T: Porque éramos muito mais avançados do que eles, pelo menos era assim que nos víamos.

D: *Você não sabia como as pessoas e a natureza humana reagiriam. Entrou nisso com boas intenções.*

T: Sim, mas ainda havia maldade envolvida, agora eu vejo. Foi isso que queríamos fazer. Não foi pensado o suficiente. Não fomos atenciosos o suficiente.

D: *Você era físico naquela época?*

T: Não descemos naquela época. Estávamos em um estado mental. Estávamos fisicamente presentes, mas não descemos. Foi influenciado pelo nosso estado mental. Descemos posteriormente.

D: *Então você decidiu parar porque estava saindo do controle?*

T: Sim, mas era tarde demais. Não podíamos voltar atrás, e com o tempo, isso aumentou.

D: *Então ninguém te puniu ou disse que você não deveria fazer isso?*

T: Você é punido, de certa forma. Quer dizer, quando você sabe que causou algo, isso ainda está lá. Ninguém precisou apontar o dedo e dizer: "Olha o que você fez". Você sabe o que fez. E ainda precisa compensar seus erros. Se você somou dois e dois e obteve cinco, terá que corrigir.

D: *Você disse que em outra ocasião você desceu?*

T: Mais tarde. Foi mais tarde. Acho que, em anos terrestres, foi bem mais tarde, mas voltamos.

D: *Você e o mesmo grupo?*

T: Sim. Naquela época, nos misturamos com eles como éramos. Físicos, sim. Era hora deles aceitarem, e podiam aceitar, então descemos nesse estado. A vida era diferente no tempo da nuvem leitosa. Não era a mesma. Éramos físicos, mas não tanto. Era um estado ligeiramente alterado. Não consigo explicar. Consigo sentir a diferença, mas não consigo explicar. Quando descemos, foi diferente da outra vez. Desta vez, o mundo também era mais físico, não que eles não fossem físicos antes. (Frustrada.)

Acho que ela quis dizer que era mais sólido.

D: *Você cometeu erros de novo?*
T: Sim. Eu me envolvi de uma maneira física. — Sexo.
D: *Por que você fez isso?*
T: Por que você faz alguma coisa? Você não pensa apropriadamente.
D: *Você quis fazer algo que não tinha experimentado antes?*
T: Sim, mas não era a coisa certa a fazer. Não era a hora. Não era apropriado. Não estava certo.
D: *O resto do grupo fez a mesma coisa?*
T: Alguns, mas não todos. A maioria não. Eu acho que éramos três que tivemos que ficar. Não sei onde os outros dois estão.
D: *Por que eles fizeram você ficar?*
T: Porque eu não podia voltar atrás. Eu mudei minha própria vibração fazendo isso... me envolvendo. Porque interagi com as pessoas, elas agora fazem parte da minha vibração.
D: *Ah, agora entendi. Eles diminuíram sua vibração porque eram mais densos? (Sim) Você deveria ajudá-los de uma maneira diferente.*
T: Sim. Demonstrando, mostrando coisas, ensinando. Eu fazia isso, mas depois me envolvi demais.
D: *Então, o que aconteceu naquela vida? Você ficou lá?*
T: Fiquei lá e acabei sendo morta. Alguém ficou com ciúmes. Não sei exatamente. Eu realmente não lembro, mas alguém ficou com ciúmes e me matou. Mas tudo bem. Era hora de ir.
D: *Mas todo mundo comete erros. Ninguém é perfeito. É assim que aprendemos. Você disse que queria ajudar as pessoas?*
T: Essa mudança que está chegando... vai haver uma mudança. Depende muito de quanto as pessoas mudaram interiormente. Pode ser uma mudança enorme para muitas, muitas pessoas, ou pode ser uma mudança para apenas algumas. E os outros não saberão que isso aconteceu porque não estavam cientes. É por isso que é tão importante ter mais pessoas cientes.
D: *Todos têm livre-arbítrio, então isso pode afetar cada um de uma maneira diferente?*

T: Certo. Acho que estou com medo de não saber a maneira certa de fazer isso. Quero que alguém me ajude. Na verdade, há tanta coisa que eu poderia fazer, ou pelo menos acho que poderia. Eu só queria ter alguém para fazer isso comigo.
D: *Você já viveu outras vidas como humano?*
T: Ah, muitas.
D: *Essas outras vidas, vocês apenas viveram vidas normais?*
T: Basicamente normais. Algumas vidas foram muito boas. Algumas vidas foram muito protegidas. Algumas vidas foram simplesmente de trabalho interno, e eu não queria falar com ninguém.
D: *Então você teve que vivenciar muitas coisas. Nem sempre você estava em uma posição em que pudesse afetar as pessoas dramaticamente. (Não.) Então, quando cometi esse erro, tive que continuar retornando à Terra em corpos físicos.*
T: Sim... muitas vezes, em diferentes períodos.
D: *Mas agora está se preparando para algo muito importante. Você acha que está pronta para fazer algo assim?*
T: Quero estar pronta. Sempre quis fazer isso sozinha até recentemente. Agora não sei. Sinto que preciso de alguém para trocar ideias. Alguém com quem eu possa trabalhar, para descobrir se essa pessoa acha que faz sentido ou funciona em determinado momento, e fazer isso comigo.
D: *Você pode perguntar a alguém se ele pode vir conversar com você antes de tomar uma decisão?*
T: Eu perguntei a alguém. Não sei o nome dele. Ele está comigo há muito tempo. Eu o conheço, mas não o conheço. Não vejo um rosto nele, mas sinto uma presença.
D: *O que você está pedindo?*
T: Para ele se tornar físico... descer. Eu passei minha vida inteira falando na minha cabeça... falando e não obtendo respostas dessa forma. Quero alguém com quem eu possa me identificar. Ele vai descer? Não me importa como ele faça isso, só peço que desça, converse e fique comigo.
D: *Então você não estará sozinha. (Sim) Eles lhe disseram como você deveria influenciar as pessoas ou ajudar com essa mudança?*
T: Só para ser eu mesma. Achei que seria mais complicado. Eles acham que eu consigo.

D: *Então o principal é estar na Terra quando tudo isso estiver acontecendo? (Sim) Você disse que muitas pessoas iriam em uma direção diferente.*
T: Depende de onde você está sintonizado. O que você quer? Onde você está sintonizado? Quem você pensa que é? Todas essas perguntas o levarão aonde você precisa chegar. Se você entender todas as coisas que estão lá fora e todas as coisas que você é. Mas as pessoas ainda parecem não entender. Elas ainda estão fechadas. Você não pode fazê-las ver. Não importa o que você faz, você não pode fazê-las ver.
D: *Se você falasse com elas, o que diria que elas precisam ver?*
T: Que não são físicos. Elas não são quem pensam que são quando se olham no espelho. Que são tudo o que podem imaginar. Que são parte de uma vida totalmente diferente daquela que a Terra apresenta. Tão individualizados, tão separados. Quanta separação! Você tem que ir lá, mas tem que voltar. Elas não estão voltando para onde deveriam estar. Estão se mantendo individualizadas. Pensam que são um indivíduo, quando estão juntas novamente. Não consigo explicar.
D: *Elas se veem como um indivíduo.*
T: Separadas. É assim que eu me sinto também, porque me sinto separada, longe do que eu deveria fazer. Então ainda tenho essa parte em mim também.
D: *Então você deve mostrar às pessoas que elas não são indivíduos?*
T: É isso que quero fazer. Que todos sejam parte de um todo. Não sei como fazer isso.
D: *Então como você veio à Terra para fazer essa mudança?*
T: Lembro-me de vir sem hora marcada, por um período muito curto. Acredito que eu estava no corpo de um homem na Inglaterra. Eu trabalho muito do outro lado quando eles fazem a passagem, mas eles têm ideias tão definidas que, às vezes, demora muito para perceberem onde estão. Foi em tempos de guerra... muitos morreram. A confusão deixa você com mais medo quando faz a passagem. Isso torna mais difícil encontrar sua essência. A casca é arrancada, e é tão espessa e pesada de medo que é difícil para eles descobrirem quem são. E demora muito tempo do outro lado para romper isso. Pensei que talvez pudesse ajudar deste lado, por isso vim. Assumi o corpo por, não sei, três meses. A alma original

decidiu deixá-lo e não avançar. Ele não aguentou a morte. Não gostava de vê-la. Era isso que eu queria fazer. Queria ver se poderia fazer a diferença deste lado antes que eles passassem. E alguns, sim, outros não, então voltei. Voltei e vim aqui como pessoa física para continuar. Queria ser algum tipo de luz, algum tipo de ajuda, algum tipo de intérprete. Não sabia exatamente como faria isso, mas queria estar aqui para as mudanças.

D: *Foi quando você decidiu entrar no corpo que se tornou Tonya?(Sim) Você veio como um bebê naquela época.*

T: Sim. Meus pais eram boas pessoas. Eram gentis. Me davam o espaço que eu precisava. A oportunidade estava disponível, e eu estava com pressa. As coisas começaram a acontecer. Mais pessoas estavam cientes da existência de OVNIs, pelo menos. Eu pensei que isso seria certo, mas não foi.

D: *(Rindo) Nunca é, não é?*

Tonya era uma daquelas raras pessoas que se lembram de tudo, desde o nascimento e a infância. Normalmente, essas memórias iniciais do outro lado, do nascimento, etc., são esquecidas quando se entra no corpo do bebê. Seus pais não desencorajaram as memórias e até incentivavam a lembrar-se e falar sobre elas.

T: Esqueci algumas vidas, mas as que lembro geralmente são de pessoas que conheço nesta vida. Algumas das minhas vidas tiveram amigos que tenho nesta vida. Consegui identificá-los. Eu não esqueci porque não quis me desconectar. Queria as aulas. Queria permanecer conectada o máximo possível, e parecia que conseguia.

D: *Você acha que está ajudando a influenciar as pessoas?*

T: Às vezes nem percebo o quanto. Às vezes acho que não, mas acho que estou.

D: *Você percebe que alguma coisa está acontecendo na Terra agora que você está aqui?*

T: Sim. Consigo sentir as mudanças. Muitas pessoas sentem. Eu não sou a única. Muitas sabem que as coisas estão acontecendo. Muitas coisas estão mudando. É disso que quero fazer parte. Sinto que estou perdendo alguma coisa.

D: *O que você quer dizer?*

T: Eu me sinto tão fechada. Não sei exatamente. Me sinto apertada e fechada. (Ela ficou desconfortável.) Eu sei que há outros aqui. Onde estão? (Chorando) Onde estão? Por que estou fechada? É por isso que me sinto fechada. Não sei onde eles estão.

Decidi contatar o SC e perguntei por que escolheram trazer essa informação para Tonya ver.

T: É onde ela sente que está. Se é onde você sente que está, é isso que você vê. Não perca tempo. Condense e termine logo com isso.

Perguntei sobre o propósito dela nesta vida, e a SC indicou que não era o momento certo para saber. Ela saberia mais tarde.

T: Ela está impaciente. É por isso que sua vida tem sido tão difícil. Ela está impaciente para fazer as coisas. Está fazendo coisas, mais do que sabe. Às vezes achamos que não somos nada.

Eles não queriam lhe dar nenhum conselho naquele momento.

T: Continue com o que está fazendo. As respostas de que ela precisa e que busca virão até ela. Os livros que precisa e os lugares para onde deve ir chegarão à medida que for necessário. As mudanças estão chegando. Ela ficará feliz. Ficará satisfeita com as mudanças, mas ainda falta um tempinho. Em anos terrestres, seu tempo parece uma eternidade, mas falta tão pouco. Tudo vai mudar no mundo... mudanças rápidas. Há mudanças vibracionais que alterarão as atitudes e mentes das pessoas. Depende de quais são suas fraquezas. Essas fraquezas, infelizmente, se fortalecerão, assim como seus pontos fortes. Pois a vibração será feita na mesma velocidade em que os afetará, e como eles estão afetando a vibração. A forma como vibram será amplificada, exaltada. Então há muitos... é muito parecido com a morte. Você irá para onde corresponde sua vibração. De onde você vibra é a morte, ou a morte do corpo.

Quando as pessoas morrem e vão para o lado espiritual, só podem ir para os lugares que correspondem à sua vibração. Existem diferentes níveis de aprendizado, e cada um é mais avançado de acordo com seu desenvolvimento. Você sempre espera pelo menos voltar para a mesma vibração que deixou. Você não quer ir para uma frequência mais baixa e depois subir novamente. Mas você nunca pode ir mais alto do ponto de onde está vibrando. Presumi que o SC estivesse fazendo uma comparação entre esse estado e a mudança para a vibração equivalente quando as mudanças ocorrerem. Esta é uma das razões pelas quais as pessoas muito negativas não conseguirão se mover para a Nova Terra. Elas não conseguem mudar sua vibração tão rapidamente. Tem que ser um processo gradual.

D: Há muitos lugares para onde você pode ir do outro lado, não é?
T: Sim, existem. Alguns vão sozinhos, se é isso que veem; outros, em grupos.
D: Você nunca pode ir a um lugar onde não esteja vibrando na mesma frequência. É isso mesmo?
T: Sim, e é isso que acontecerá nesta parte. Neste tempo terrestre também, há vibrações acontecendo, e onde você está, quem você é e qual é a sua vibração afetará o que acontece com você e para onde você irá.
D: Você disse que algumas pessoas estão vibrando em uma frequência mais baixa?
T: Elas passam por momentos difíceis.
D: Mais da frequência negativa?
T: Sim, e isso é triste porque é tão desnecessário.
D: Elas nem saberão o que está acontecendo.
T: Não. (Suspiro profundo e angústia por isso.)
D: Isso afetará a Terra física?
T: Sim. Quanto mais negativamente a Terra responder às mudanças, às mudanças violentas... tão desnecessárias.
D: Que tipo de mudanças físicas? Disseram-me que muitas catástrofes continuarão. É verdade?
T: Sim... lentamente, mas continuarão. A Terra também se purificará. Você sabe disso. Precisa. Ela tem vida própria também. É real. Está assumindo todas essas mudanças em si mesma, assim como cada pessoa que vive nesta Terra e em seu sistema. Ela reagirá a esse sistema... cada sistema... à sua maneira.

D: *Aqueles que estão vibrando em um nível positivo, como suas vidas mudarão?*
T: Se houver morte do corpo, será uma espécie de sensação de alívio. Uma luz... o véu ficará mais fino. Não será algo assustador para eles. Encontrar-se-ão do outro lado com facilidade. Alguns serão levados para outros lugares. Tantas situações diferentes... alguns permanecerão na Terra. Alguns sobreviverão... não muitos. Porém, aqueles que não o fazem e ainda são negativos... (Suspiro profundo)... eles se encontrarão em outro lugar, ou no lado negativo da Terra. É uma mudança, como eu disse; ela se transformará em muitos aspectos diferentes. Haverá um lado mais sombrio e um lado mais claro. Haverá um lado fora desta Terra. Haverá um lado dimensional. Há tantos aspectos, diferentes mudanças que acontecerão. É como uma explosão estelar. Ainda haverá matéria. Existe toda essa energia. Calor intenso e alguma energia fria. Tantos níveis diferentes.
D: *Tantas coisas podem acontecer em vibrações diferentes?(Sim) Ouvi dizer que a parte negativa será para aqueles que a criaram? (Sim) Então outros de nós irão para outro lugar?*
T: Seja físico ou em espírito. O corpo pode morrer.
D: *(Eu sabia que ela estava falando sobre a Nova Terra.) Já me falaram muito sobre isso e ainda é confuso.*
T: É confuso. É confuso para nós também, porque existem tantas possibilidades diferentes. Depende de quantas pessoas estão cientes no momento da transição. Isso pode determinar qual tipo de vida será mais prevalente.
D: *Disseram-me que muitas pessoas, como Tonya, vieram ajudar com isso. (Sim) E só por estar aqui, ela já está fazendo muita coisa, não é?*
T: Sim, e todos são. Todos os jovens são muito mais diferentes dos mais velhos. Os mais velhos, infelizmente, ainda estão em posições que prejudicam não só a Terra, mas também as almas das pessoas.

Passando para as perguntas dela. Algumas foram omitidas porque não eram relevantes para este livro.

D: Ela sentiu que teve contato com ETs. Você pode falar algo sobre isso?
T: Ela já foi uma suposta ET. Ela já foi uma gray, embora não uma das menores, mas uma das maiores.
D: Eu sei a diferença entre os dois. (Sim) Ela sabia desde cedo que tinha contato com eles.
T: Sim. Eles frequentemente faziam contato com ela, e ela com eles.
D: Por que eles ainda estavam entrando em contato com ela?
T: Havia coisas a fazer.
D: Que tipo de coisas?
T: Não podemos dizer neste momento. (Ela estava sorrindo, então eu sabia que isso não poderia ser algo ruim.) Experiências que lidam com o futuro.
D: Ela ainda mantém contato com eles?
T: Ah, sim... não tanto fora do corpo, mas ela consegue pensar com eles, e eles conseguem falar com ela. Ela continuará tendo contato. Disseram a ela: "No fim, voltaremos para buscá-la".
D: O que isso significa?
T: Nós voltaremos para buscá-la no final. (Risos)
D: Você quer dizer que vão ajudá-la quando estiver pronta para atravessar?
T: Não podemos dizer neste momento. (Sorrindo.)
D: Descobri em meu trabalho com os ETs que eles são pessoas positivas e boas.
T: Ah, sim.

Não importa o quanto eu tentei reformular as perguntas, ela não forneceria mais nenhuma informação, apenas que saberá com o tempo.

Físico: Às vezes, há um problema com açúcar no sangue porque ela não come quando deveria ou come demais quando come.
Não lhe fará mal, mas ela deve estar ciente disso.

D: O que acontece quando não comemos nos horários corretos?
T: Isso coloca estresse no corpo... deixa você mais cansado, mais desconectado... ou faz você sair muito e entrar pouco.
D: O que você quer dizer com sair muito e entrar pouco?

T: Às vezes, ela tem uma tendência de não retornar completamente tanto quanto deveria.

D: *Você quer dizer que ela faz isso constantemente durante o dia?*

T: Não, geralmente à noite e depois quando acorda. Não comer na hora certa cria tensão no corpo, especialmente quando você está fazendo certos tipos de trabalho: trabalho físico ou trabalho mental-espiritual. Ambos sobrecarregam o corpo e afetam os níveis de açúcar. Ela come irregularmente. O corpo fica um pouco confuso porque a mente também fica. Como disse, ela é mais ativa do que a maioria das pessoas. Ela ainda está funcionando, mas precisa ter cuidado e prestar atenção.

Mensagem Final: Ela sabe que nunca está sozinha e sempre aceitou, e sabe basicamente quem é... apenas precisa ter paciência. Essa não é uma de suas virtudes. Isso é algo que lhe faltou em muitas vidas: a paciência. A paciência é tão necessária quando as coisas não dependem apenas de uma entidade, e ela sabe disso, mas quer apressar as coisas. Ela não pode apressar as coisas. Pode ajudar a mudá-las, mas não pode apressá-las.

SEÇÃO

ENERGIAS

Capítulo 25
A ENERGIA ROSA DO PLANETA CRISTAL

Quando Anna entrou em cena, ela flutuou até o que chamou de "estrela". Ao chegar à superfície, esta era bastante rochosa, mas com grandes formações de cristais — lindos cristais, enormes e translúcidos, que quase formavam uma montanha.

A: Eles são grandes... maiores que eu. A atmosfera é azul, e o chão parece azul como o céu. Os cristais parecem montanhas, e há grandes cristais aglomerados, com outros menores misturados. Estou em uma superfície plana e azul. Tudo parece ter um tom azul. É como se fosse uma cadeia de montanhas de cristal, e houvesse uma terra plana e azul no chão à minha frente.

Perguntei a ela como percebia seu corpo, e ela respondeu que ele era transparente:

A: É uma transparência muito bonita, clara, não branca. Há algo rosa ao meu redor. Meu interior é uma estrutura rosa, cercada por uma pele suavemente brilhante e transparente. Posso ver o rosa em minhas mãos, e há uma linha rosa subindo pelo meu braço e chegando ao peito, onde se torna maior, e depois desce pelas pernas. Sei que tenho braços e pernas, mas tenho dificuldade em vê-los.
D: *O rosa que percorre seu corpo é como um sistema circulatório?*
A: Essa é a ideia. Parece algo desse tipo, sim. A pele, o exterior, é levemente transparente.
D: *Como é o seu rosto? Como você o percebe?*
A: Parece que não tenho cabelo. (Risos) Posso sentir meu rosto, que parece um pouco diferente. Meus olhos estão mais deslocados para os lados da cabeça. Meu nariz é diferente, e acho que não tenho orelhas.

Mesmo que o corpo parecesse estranho, ela estava confortável com ele, e o lugar de cristal parecia muito familia.

A: Eu sinto o azul. É quase uma sensação sedosa e arenosa no chão azul. E, enquanto estou de pé, sinto que algo no chão sobe pelos meus pés e se conecta com o que quer que seja. O rosa está lá dentro. Energia vindo através dos meus pés, onde eles tocam o chão. É uma sensação maravilhosa. Parece certo, familiar. Sinto que provavelmente deveria me mover. Quero ver mais de onde estou. Tudo o que vejo agora é a área central envolvente deste azul. Não é areia. É mais sedoso, como seda. É mais conectado do que um pedaço de seda seria. Mas não é sólido. Ele se move quando movo os pés, que são transparentes.

Enquanto olhava ao redor, ela percebeu algo:

A: Há outros acima, à minha esquerda e ao redor das montanhas, em volta desses cristais. Outros que estão olhando para mim.
D: *Outros seres como você? (Sim). Então você não está sozinha aí, está?*
A: Não, não estou sozinha. Eles estão um pouco recuados, mas observam-me. Parece que são oito seres.
D: *Você reconhece esses seres?*
A: Sim, são como eu.
D: *Então são seres que você conhece?*
A: Sim. Vejo alguém me observando que parece... oh! O rosa está iluminando. Acho que é uma saudação. Um "olá" dentro deste ser. Sinto que estou me iluminando também. É uma sensação de felicidade. Ele vem em minha direção. Quer me levar aos outros. Estamos caminhando, e o chão está todo azul. Não usamos nada nos pés ou roupas, mas parece normal. Ele segura meu braço esquerdo, e caminhamos felizes. Não consigo dizer se está sorrindo, mas sei que está feliz, porque está rosa-brilhante por dentro. Estou feliz. (Risos) Vamos em direção aos outros, e há um prédio quadrado à frente deles.

Parece uma casa com dois pilares brancos no centro... não, são dois cristais grandes. Agora estou olhando para os outros, e

todos estão acendendo. Sinto que estou mais brilhante que qualquer um deles. (Risos) Sinto que estou em casa! É uma sensação maravilhosa! É como se tivesse ido embora, mas eles me acolhem. E há outros à esquerda. São os oito, e os conheço muito bem.
D: *Eles querem levá-la para dentro do prédio?*
A: Acho que sim. Não se comunicam por palavras; o rosa que corre por nós ilumina uns aos outros, e assim nos acolhemos.
D: *Comunicam-se dessa forma em vez de usar palavras?*
A: Sim. Sinto isso muito fortemente. Por todo o corpo, a parte central está simplesmente brilhante. Estou entrando e observando esses pilares, esses cristais de cada lado da entrada. Não sei a altura deles, mas provavelmente 4,5 metros... retas, não aglomeradas como as montanhas.

Ao entrar no prédio, o chão parecia descer por uma encosta profunda:

A: Parece que estou dentro de um topo que gira... um declive. Estou parado na beirada desta ladeira, e ele segura meu braço. E os outros estão lá. Não sei se devo deslizar por ela. (Risos) Parece que é prata e marrom, que se juntam a um ponto sem espaço para manobrar. Ele me incentiva a deslizar. Quero ter certeza de que ele vem comigo. Ele vem. Nossa! Deslizamos. Achei que ficaríamos presos, mas havia um buraco no meio para passar. Eu caí, e ele caiu atrás de mim. (Risos) Então estamos aqui.
D: *Onde é aqui?*
A: Está azul de novo. Sinto que ele fala comigo, sem usar palavras: "Venha... venha comigo. Está tudo bem. Sejam bem-vindos."
D: *Pergunte a ele onde estamos.*
A: Um corredor? Não sei que tipo de corredor. Ele me leva para dentro. Há muitos outros aqui. Devemos estar abaixo do prédio por onde caí. Há muitos outros. Todos parecem iguais. Agora estão começando a se iluminar também. É um grupo grande. Sinto-me recebida de volta. (Ela começou a soluçar baixinho.) Há muitos, muitos para contar. É uma sala ampla e redonda.
D: *Pergunte a ele: "Que lugar é esse?"*

A: Acho que preciso perguntar a outra pessoa. Ele continua dizendo que voltei. Parece muito animado. Tem muita gente aqui, então farei isso. Agora estão pegando minhas mãos. Oh, todos estamos de mãos dadas. Compartilho com eles através das mãos, e eles compartilham com outros, e assim por diante.
D: *O que você está compartilhando?*
A: Tudo... tudo. Eles têm acesso ao meu interior rosa, minha energia que me torna quem sou. Posso dar isso a eles pelas mãos, mas também meus pensamentos e sentimentos. Vejo-os pulsando em um grande círculo. Estamos de mãos dadas; eu estendo para quem está ao meu lado, e se espalha cada vez mais.
D: *Eles também estão compartilhando com você?*
A: Agora não.
D: *A maioria deles está compartilhando com você?*
A: Sim, estamos compartilhando. Fazer isso me faz sentir bem. Minha energia tem informações que transmito a eles.
D: *O que eles vão fazer com essas informações?*
A: Eles estão usando. Vão mantê-las organizadas para... ah, eles estão aprendendo. Querem conhecer os erros — para saber que tipo de erros poderiam cometer ou evitar com essa informação. O que não fazer, o que evitar.
D: *Erros que você cometeu?*
A: Erros que vi em outras pessoas.
D: *Então não necessariamente o que você fez, mas o que observou?*
A: Sim. Eles procuram algo em escala maior. Não apenas meus erros pessoais... erros do planeta. Não querem repetir os erros que vi. Não querem cometer erros que prejudiquem este lugar.
D: *Onde eles estão? Quer dizer, é um lugar diferente?*
A: Estou em uma estrela e estava observando erros, como erros cataclísmicos. Grandes erros. Querem saber o máximo possível para evitá-los. É um lugar muito tranquilo, lindo, cheio de luz e azul.
D: *Eles se referem a erros que aconteceram na Terra? (Sim) Então eles sabem que você veio da Terra, e você viu muitas coisas.*
A: Sim, e muitas vezes estive na Terra por muito tempo.
D: *Mas você disse que esse lugar era seu lar.*
A: (Infeliz) Sim, e consigo sentir isso.
D: *Por que você foi embora se era um lugar tão bonito?*

A: Eu queria ajudar. Sinto que somos muitos, mas sinto como se todos fôssemos um só, conectados. E a energia rosa que existe dentro de nós está toda conectada. Estamos todos compartilhando-a uns com os outros enquanto damos as mãos.

D: *Mas você decidiu deixar aquele lugar lindo e vir para a Terra?*

A: Sim. Eu queria ajudar. Ninguém quer cometer os mesmos erros que aconteceram na Terra, erros que poderiam perturbar esta paz. Ela precisa continuar assim.

D: *Parece um lugar lindo, onde não haveria erros.*

A: É, sim. É muito bonito e parece que nunca nada vai acontecer. Acho que foi minha própria ideia ir para a Terra. Era isso que eu queria dar a eles.

D: *Alguém lhe disse para ir?*

A: Não, eles me apoiaram. Nós compartilhamos por esta área (apontando para o abdômen). Compartilhamos um apoio.

D: *Como você sabia que a Terra precisava de ajuda?*

A: Os cristais podem transmitir sinais.

D: *Então eles estavam captando sinais da Terra?*

A: Não. Os cristais podem transmitir sinais, mas não da Terra. Eles transmitiram um sinal de algum outro lugar.

D: *Mas você decidiu ir. Os outros também queriam ir?*

A: Não... não. (Risos) E eu tenho dificuldade com isso. Eu sei que tudo ficará bem, e tudo continuará o mesmo. Eles me apoiam. Não estão criando empecilhos. Há um com quem sou muito próxima, e isso será muito difícil.

D: *Mas você disse que, quando começou essa jornada na Terra, viveu muitas vidas?*

A: (Infeliz) Estou na Terra há muito tempo.

D: *Você não poderia simplesmente viver uma vida e relatar o que aconteceu?*

A: Não, é muito longe. A maneira como cheguei à Terra foi através da ajuda dos cristais.

D: *O que você quer dizer?*

A: Os cristais conseguiram transformar o rosa em uma luz branca, brilhante e contínua. Minha energia começou a mudar, e eles me ajudaram nesse processo.

D: *Então toda a energia foi embora?*

A: Não. O fundo azul realmente energiza, mas também pode extrair energia. A energia rosa me preenche e me torna turva, mas translúcida... e brilhante quando o rosa desaparece.

D: *Então apenas uma parte de você foi para a Terra? É isso que você quer dizer?*

A: Sim. Deixei minha energia interior lá para ser preenchida com algo diferente.

D: *E você decidiu que, quando chegasse à Terra, teria que viver muitas, muitas vidas diferentes?*

A: Sim, eu precisava. Queria ter certeza de que não seríamos tão complicados, que nunca seria assim. Mas vejo agora que esse não poderia ser o motivo de eu ter vindo, porque não poderia acontecer o mesmo aqui.

D: *Explique.*

A: Vim ajudar. Comecei a reunir informações da Terra e passei a acreditar que estava armazenando tudo para salvar minha casa, para que ela não se tornasse um desastre como a Terra tem sido. Mas eu não precisava fazer isso. Esse não era o propósito. Eu não sabia exatamente por que estava fazendo, mas era o que eu fazia. O propósito era ajudar.

D: *O verdadeiro propósito era ajudar as pessoas?*

A: Ajudar o planeta. Não sinto necessariamente que fosse pelas pessoas, mas sim pelo planeta.

D: *Você disse que deixou a maior parte da sua energia lá. Você tem acesso para extrair essa energia, se precisar? Ainda existe alguma conexão com ela?*

A: Sim, ainda está lá. Eu me tornei uma concha de luz que viajou e chegou aqui. Mas sim, ainda está lá. Eu ainda a invoco. Ela sempre estará disponível se eu precisar.

D: *Quando você veio à Terra e teve todas essas vidas, todas elas deveriam estar ajudando o planeta?*

A: Eu deveria estar ajudando. É por isso que vim à Terra: para ajudar. Comecei a reunir eventos negativos para trazer de volta por algum motivo. Em certo momento, comecei a coletar eventos cataclísmicos, coisas que não quero que aconteçam em casa. Tenho armazenado essas informações dentro de mim, mas não preciso levá-las de volta para eles.

D: *Quer dizer que, por algum motivo, você começou a coletar os eventos negativos em vez dos positivos?*
A: Não apenas negativos. Sem perceber, eu estava reunindo informações para trazer de volta, porque havia visto coisas terríveis acontecerem aqui — e não quero que aconteçam em casa. Então, comecei a colecionar coisas que achei que ajudariam, para que nunca se repetisse. Mas não precisamos de nada disso. Somos todos um. Eu parti há muito tempo. Conheço muitos eventos traumáticos, e isso me faz temer que algo semelhante aconteça em casa. Eu diria quase em um nível celular, porque não percebia conscientemente. E havia o medo de que isso pudesse acontecer lá. Vi tantas mortes.
D: *Mas você também teve muitas experiências positivas, não? Nem tudo foram coisas negativas.*
A: Sim, e isso tudo está dentro de mim. Eu estava compartilhando tudo com eles. Tudo.

Achei que era hora de trazer a sessão de volta ao cliente.

D: *Você sabe que está falando através de um corpo humano enquanto fala comigo?*
A: Sim, mas me vejo nessa outra forma.
D: *Você passou por muitas outras vidas. Por que decidiu entrar no corpo de Anna?*
A: Foi uma questão de timing. Eu tive que aproveitar a oportunidade para voltar. Foi rápido, mas o momento foi perfeito.
D: *Por que o momento certo é tão importante?*
A: Eu sabia que tinha que nascer exatamente neste momento. O instante exato em que você retorna à Terra precisa ser perfeito. E o meu foi logo depois que deixei a última vida.
D: *Então você deixou uma vida e foi direto para outra? Elas foram muito próximas?*
A: Sim. Não tirei tempo para descansar.
D: *Geralmente é bom descansar entre as vidas, não é?*
A: Sim, principalmente se você passa por algo traumático. Mas eu queria voltar. Eu tinha que aproveitar o momento certo, queria ser eu, e tinha que acontecer ali. Eu queria ajudar as pessoas naquele momento.

D: *Foi apenas uma reviravolta rápida?*
A: Eu sabia o que queria e estava pronta.
D: *Mas Anna passou por momentos difíceis na vida, não é?*
A: Sim. Lições aprendidas. Diferentes. Nesta vida, vim para focar nas pessoas, não no planeta.

Anna trabalhava em hospitais como enfermeira de cuidados paliativos, cuidando de pessoas que estavam morrendo. Mas deixou esse trabalho.

D: *Foi demais, muito difícil, ou o quê?*
A: Não era mais capaz de cuidar. Não conseguia mais tocá-los e acompanhá-los enquanto partiam. Não era o que ela queria.

Ela ficou confusa porque não sabia o que deveria estar fazendo. Isso causava problemas físicos. Eu sabia que o SC havia vindo sem ser chamado, então pedi que enviasse uma mensagem para Anna.

A: Ela precisa se curar, se mover. Se afastar de si mesma e depois voltar-se para sua família, depois para os outros. Primeiro, precisa se curar antes de poder curar os demais. Ela deve parar de se sentir atraída por eventos negativos. Não há problema em sua Estrela. Não há problema em sua casa. Eles ficarão bem. Ela precisa se livrar do medo de que algo esteja errado lá. Ela vem do lugar lindo com os cristais. Precisa aprender a acessar a energia desses cristais. Ela será capaz de fazer isso se desejar.

Anna estava morando na casa da mãe com seus filhos. Disseram-lhe para permanecer lá por um tempo.

A: Ela está em um lugar onde consegue aprender essas habilidades sem que a negatividade do mundo a alimente.

Como o SC havia dito que ela precisava se curar primeiro, pedi que olhasse dentro do corpo e verificasse o que conseguia encontrar. Os médicos haviam detectado muitos problemas. O SC concentrou-se primeiro no coração de Anna.

A: Há uma área principal, no meio do coração, com dificuldade para o fluxo sanguíneo. Ela perdeu o coração quando parou de ajudar as pessoas a fazerem a passagem. Ela precisa estar ciente disso.

O SC afirmou que poderia corrigir e começou a trabalha

A: Estamos concentrando energia no centro. É como se estivéssemos pressionando para baixo. Há uma válvula. O centro do coração está aberto. O sangue está fluindo para frente e para trás. A válvula permite que o sangue flua livremente, mas não deveria. Estamos usando energia para pressionar, curar e fechar essa válvula. Ela não conseguiria fechar sozinha.

Ana começou a respirar fundo.

A: Havia sangue indo de um lado para outro no coração, fazendo com que a parte inferior ficasse maior que a superior. Agora que está fechando, o sangue não circulará mais de um lado para o outro. Está consertado. Não está tão ampliado a ponto de não poder voltar ao tamanho normal.

Perguntei sobre o cérebro dela, pois os médicos haviam dito que havia algo errado. O SC olhou e viu áreas de tecido cicatrizado, causadas pelo fluxo sanguíneo irregular no coração.

A: Nenhuma parte importante do cérebro foi afetada. Ela deve ficar bem com esse tecido cicatrizado. Não deve causar problemas futuros.
D: *Você consegue remover o tecido cicatrizado? Já vi você fazer isso antes.*
A: Estamos tentando. Às vezes, o tecido cicatrizado se desprende. É isso que estamos tentando agora. O tecido deve ser dissolvido no centro do cérebro. Não houve dano que interfira em nada. Ela tem um bom cérebro, tudo funciona. Não precisa se preocupar. Ela sentiu a necessidade de se curar e não usou seus recursos naturais para isso. O que ela deveria fazer é usar suas pedras e cristais. Ela pode perguntar diretamente, pois tem acesso a todo o conhecimento sobre isso. Vem de onde ela vem. Todas essas

informações já estão dentro dela. Quando segurar os cristais, saberá.

Anna trouxe uma longa lista de queixas físicas. Também sentia dores nos quadris e pernas. Eu sabia o que o SC diria, mas queria que contasse a ela.

A: Ela está tomando muita medicação. Continua se recuperando. Não sentirá mais esse desconforto. É apenas um movimento para frente que precisa fazer. Não há necessidade de medicamentos para dor, se ela for em direção ao uso das pedras e cristais. Está fechada há muito tempo. Sua náusea vem do fato de estar doente de si mesma, doente de quem se tornou. Náuseas, dores e outras coisas são sinais nossos. Ela realmente se perdeu e precisa desesperadamente se reencontrar. O resto do corpo está bem. — Sobre os cistos nos ovários: agora que ela deu à luz seu novo propósito, saberá que pode contatar a energia que deixou em casa, e isso lhe dará respostas. A depressão que ela sente é de sua própria criação. Precisa parar a medicação para depressão aos poucos, porque estará pronta para correr atrás de uma nova missão. Ao fazer isso, os comprimidos irão embora. O único que deve ser retirado gradualmente é o antidepressivo. Não há problema em parar os outros. A tireoide não é um problema. Ela está bem. Está pronta para falar e ouvir e pode parar de tomar este comprimido.

D: *Estou sempre hesitante em dizer às pessoas para pararem de tomar medicamentos.*

A: Se ela quiser, pode largar aos poucos. Está tudo bem. Não precisa voltar ao médico. Eles pioram as coisas para ela, trazem negatividade e a fazem falar ainda mais negatividade. Ela precisa falar de forma positiva.

D: *Quando começamos a sessão, por que você não a levou para uma vida passada?*

A: Ela foi para a Estrela. Precisava se aterrar. Precisava ver seu lar. Precisava saber que ele estava seguro. Seu retorno ao lar trouxe uma sensação de segurança que ela buscava há muito tempo. Ela começava a duvidar e a se questionar, e nós a fizemos saber.

Anna tinha uma pergunta sobre uma experiência incomum que acreditava ter a ver com ETs ou algum tipo de ser diferente. Ela e alguns amigos tinham visto seres vindo em sua direção através de um campo à noite.

A: Ela estava em um lugar frequentemente visitado por alguns de nós. É um local de cura, onde coletamos amostras. Viemos aqui — quer dizer, eles vieram. Eu não sou um deles. Viemos para coletar amostras. Ela e os amigos estavam lá por acaso. Então, trocamos de aparência e esperamos que fossem embora.

D: *Eu pensei nisso porque ela disse que primeiro teve um vislumbre de um ser diferente, e eles mudaram de forma para parecer algo menos assustador. Mas ela e suas amigas não deveriam estar lá?*

A: Não. Estavam lá ao mesmo tempo.

D: *Que tipo de amostragens eles estavam fazendo?*

A: Estavam coletando amostras de água. As nascentes onde estavam penetravam quilômetros na terra. Coletavam amostras de rochas que se encontram nas profundezas. Era uma maneira muito acessível de obtê-las. O calor... eles procuram novos lugares para encontrar coisas que todos nós usamos. É um local natural que frequentamos. Há muitas coisas diferentes encontradas na terra naquela área.

D: *Eu sei que, no passado, eles coletaram amostras de humanos para ver como o corpo funcionava. Isso está correto?*

A: Sim. Nunca há qualquer intenção de causar dano. O problema é apenas o medo. Não há ninguém aqui para machucar. Não existe como. Não é permitido. Não podemos ferir. Os únicos seres que você verá estão aqui apenas para monitorar se você está bem. Quando você entra em um estado de transe, podemos curá-lo sem dor. Mas, muitas vezes, precisamos levar as pessoas para curá-las, pois elas têm um trabalho importante e não estão despertando para isso. Ainda não estamos prontos para deixá-las morrer nesta vida.

D: *É o que eu sempre digo: "Eles só estão cuidando dos próprios interesses." (Sim) Para garantir que estejam seguros aqui, porque eles se envolvem com as coisas da Terra, assim como Anna.*

A: Sim. É fácil. Há muitos, muitos que vieram de lares diferentes e também se perderam. Ela precisa se lembrar de quem é e de onde fica seu lar. Isso a manterá com os pés no chão e positiva.

Mensagem de despedida: Lembre-se apenas de lembrar. Lembre-se do seu lar. Lembre-se de que todos estão lá por você. Estamos todos aqui. Você sente como se pedisse e não recebesse, mas isso nem sempre acontece. Nós ouvimos. Você só precisa escutar, manter-se positiva e se abrir para receber as respostas.

D: *Posso te fazer uma pergunta? (Sim) Estamos tendo todas essas tempestades e tornados terríveis, acontecendo um após o outro. Um fenômeno climático da natureza.*

Tivemos o maior número de tornados já registrados em um único mês, e também os mais mortais. Em maio de 2011, Joplin, Missouri, foi devastada. Existe alguma razão pela qual isso está aumentando neste momento? (junho de 2011).

A: Sim. A Terra está se recuperando. Vocês estão vendo pequenos sinais agora. A Terra entrará em modo de recuperação total. O corpo físico da Terra se restaurará depois que sua energia se dissipar.

D: *O que você quer dizer com "depois que a energia se dissipar"?*

A: É como se você fosse um corpo e não quisesse permanecer nele quando morresse. Você tem a opção de deixar seu corpo antes que isso aconteça. A energia da Terra não quer estar aqui quando a mudança começar, após passar por todo o processo de cura. Haverá transformações tremendas, desenraizamento e dor para a Terra. A energia dela partirá para outro plano antes de sofrer mais ferimentos. Ela não quer mais esse corpo. Já basta.

D: *Isso está de acordo com o que você me contou sobre a Nova Terra?*

A: Esta é a Nova Terra.

D: *Então ela está indo embora? Eu sempre digo às pessoas que a Terra está evoluindo, entrando em sua próxima encarnação.*

A: Sim. Ela vai se restaurar sozinha. Haverá tornados, haverá terremotos. Tudo será completamente reorganizado, e quando esse processo terminar, a Terra já estará exausta. Ela não quer permanecer nesse estado. Ainda existirá, mas não deseja continuar em um corpo que está sofrendo enquanto morre.

D: Mas se ela vai permanecer, não será necessária uma energia para manter a Velha Terra viva, se estou usando as palavras certas?

A: A energia que está partindo não planeja retornar para aquela antiga Terra. Será um lugar habitável, mas não será como antes. A Velha Terra será uma área mais adormecida, sem vida.

D: A parte da Terra que está morrendo (Sim) E aqueles que ficarem para trás naquela parte?

A: Eles sofrerão aquilo que a Terra decidiu que não quer mais sofrer. Serão deixados. Não serão punidos, não serão julgados. Apenas seguirão em frente quando partirem.

D: Porque me disseram que eles não conseguem mudar rápido o suficiente para acompanhar a Nova Terra.

A: Não, eles não podem.

D: Tudo isso é tão complicado.

A: É. É um processo que a Terra deseja há muito tempo. Ela está cansada de ser importunada. Então, aqueles de vocês que habitarão a Nova Terra precisam ser gentis e cuidadosos — e vocês serão, porque não haverá outro jeito. Isso é o que levarão consigo.

D: Então é por isso que temos tido todas essas tempestades e danos?

A: Isto é apenas o começo. Vai piorar muito e, quando isso acontecer, a energia da Terra irá embora. Naquele momento, aqueles que estiverem prontos para partir, partirão com ela. Os que estiverem conscientes poderão se mover junto com a energia da Terra. Eles partirão. Não precisarão ficar para trás, contanto que não criem dúvidas ou medo. É isso que os manterá presos. Vocês já estão sentindo as mudanças na energia da Terra. Ela está se acelerando e tentando ir embora. Não quer mais sofrer. Somos parte dessa Terra, fomos moldados para ela e também continuamos a acelerar para acompanhá-la.

D: Quando isso acontecer, quando a energia da Terra se mover para o novo plano, notaremos alguma diferença ao irmos com ela?

A: Sim. Será uma energia mais espiritual, mais leve. Você sentirá mais leveza, sem negatividade. Não haverá mais terremotos, nem tornados. Ficará evidente que houve uma mudança.

D: *Mas muitas pessoas nem vão perceber que isso está acontecendo, não é?*
A: Não. Os que ficarem para trás não perceberão. Eles sofrerão com o corpo da Terra.
D: *Você já me disse antes: "Ninguém sabe realmente o que vai acontecer, porque nunca aconteceu antes".*
A: Não, nunca aconteceu. A Terra teve tantas formas de vida e sempre foi um planeta capaz de suportar inúmeras existências, mas sofreu muito abuso. Ela está viva, como nós, um ser vivo, e está cansada. Está pronta para partir. Ainda existirá, como sempre existiu, mas não mais como um ser físico. Todos estão animados. Todos sentem por esta Terra. Todos que a observaram testemunharam sua dor. Todos desejam que a Terra tenha sucesso, mas também se preocupam com as pessoas. O melhor cenário seria que todos pudessem seguir juntos. Mas aqueles que estão em sintonia já percebem a mudança. Eles sentirão a Terra mudar e poderão partir com ela.
D: *Disseram-me que será um lugar lindo.*
A: Sim. Não haverá mais dor na Terra... não haverá mais dor para nós.
D: *Acho que continuaremos nosso trabalho.*
A: Sim, mas de um ponto de vista completamente diferente. A negatividade não existirá. Muitos se perguntam, querendo saber "quando". Está acelerando. Estamos vendo essas tempestades, os efeitos nos oceanos e no solo. Esses são sinais de que a Terra vai se intensificar cada vez mais.
D: *De qualquer forma, isso não nos afetará?*
A: Não.
D: *Então não há motivo para medo.*
A: Não, de jeito nenhum. O medo é o que impedirá você de ir junto com a Terra.

Escrevi muito sobre a Nova Terra em meu livro As Três Ondas de Voluntários e a Nova Terra.

Capítulo 26
CRIANDO ENERGIA

Esta sessão foi feita no meu próprio quarto de hotel em Laughlin, Nevada, durante a Conferência UFO em 2008, onde eu era uma das palestrantes.

Connie não esperou o fim da indução e já estava lá, imediatamente. Ela começou a descrever um grande edifício abobadado, com belos padrões em seu interior.

C: Estou de pé no chão, olhando para o teto. Vejo formas de estrelas e padrões dourados que aparecem através do vidro verde. Agora está mudando e em movimento. Estou em algum lugar no espaço, onde todos esses padrões continuam entrando e saindo. Desenhos e ondas de movimentos, cores e luzes. É como se eu fizesse parte disso. Ah, parece maravilhoso! É lindo.
D: Você faz parte dos desenhos ou do espaço?
C: É como se eu estivesse criando todas essas diferentes cores, desenhos, padrões e ondas que fluem para dentro e para fora. Mas sinto que também é meu corpo.
D: O que você quer dizer?
C: É como se fosse parte do meu corpo, o que eu sou. Meu corpo é leve, e ondas passam para dentro e para fora. Mas há sempre uma cor de céu azul-claro que permanece no centro. É como pulsos subindo, e eu estou criando os padrões. Eu sou o padrão e o criador ao mesmo tempo. Ah, é uma sensação maravilhosa! Tem até arco-íris aparecendo. É lindo.
D: Você tem alguma vontade de ir e fazer alguma coisa?
C: Não. Eu só quero brincar com isso.

Eu estava tentando fazê-la ir a algum lugar e ver uma vida passada, mas ela estava gostando disso.

C: Veja quão brilhantes consigo fazer as cores azuis descendo. É lindo. E, de vez em quando, há algumas piscadas. Tem uma luz branca e clara que entra, parece uma lanterna. Sou eu. Estou enviando ondas e luzes.

D: *Você tem a sensação de estar sozinha ou há outras pessoas com você?*

C: Sinto-me sozinha, mas não estou sozinha. Não sinto mais ninguém. Não há vozes ou sons, embora pudesse haver. Tenho a sensação de que outras energias podem criar a mesma coisa. É uma sensação maravilhosa. Tranquila. Silenciosa. Como se você fizesse parte dela e estivesse cercado por ela. Sem pensar. É só deixar acontecer, vem e vai como quer.

D: *Você poderia direcioná-la se quisesse?*

C: Acho que posso. Mas não estou com vontade de fazer isso. Somente deixo ser. Como ondas do oceano vindo sobre você, ou o vento.

D: *Apenas uma parte de tudo. (Sim) Você sente como se estivesse lá há muito tempo ou o quê?*

C: Sim, sinto que sempre foi algo assim. Sempre foi algo que você pode tocar e sentir.

Eu sabia que tinha que mudar isso de alguma forma porque ela estava bem contente em ficar ali.

D: *Mas você não tem nenhum desejo de ir e fazer qualquer outra coisa. (Não) Então você não tem nenhum tipo de corpo, tem?*

C: Não. Não há corpo. É como se as cores, as ondas e os padrões fossem o que você é. Você sabe o que é. Você sabe o que você é. Sabe que não há limites para isso. Sem restrições. É como se você estivesse suspenso, mas não está. É muito difícil de explicar.

D: *Mas o principal é que é uma sensação boa, e você pode usá-la, se quiser. Fora isso, é apenas um bom lugar para estar. (Pausa) Chega um momento em que você quer ir embora daquele lugar?*

C: Acho que, se eu começasse a pensar em alguma coisa, "isso" sente o desejo de mudar. Não sou eu. (Pausa) É quase como se estivesse constantemente em movimento e, ainda assim, você estivesse parado.

D: *Como uma quietude dentro do movimento ou o quê?*

C: Sim. Como se você estivesse em movimento e, ao mesmo tempo, estivesse parado.

D: *Mas você disse que é possível que isso queira mudar?*

C: Bem, se você começar a trazer para si e jogar de volta, é diferente.
D: *Mas você disse que isto quer mudar. Eu estava me perguntando por que você usou essa palavra.*
C: Bem, porque não há nada nele. Não há massa nisso. É só um vazio. Não há identidade.
D: *É por isso que você chama de "isso"? (Sim.) Mas você disse que, se você enviasse algo em uma direção, ele continuaria sozinho? (Certo) O que você quer dizer com isso?*
C: Porque assim ele começa por algo e continua criando com essa energia.
D: *Caso contrário, ele apenas flui e não tem direção.*
C: É como uma ideia, e você começa a desenvolver essa ideia.
D: *De onde vem a ideia?*
C: Já está lá. Basta você agarrá-la.
D: *Então todas as possibilidades existem? Seria uma boa maneira de dizer isso?*
C: Acho que sim.
D: *Então você disse que, se algo começa a ir em uma nova direção, você pode segui-la?*
C: Sim, porque você pode ir em qualquer direção que quiser. Pode andar em círculos. Não há limite. Acho que você poderia dizer que é algo que simplesmente é, e você pode dar sequência a isso. E, quando terminar, pode voltar e fazer outra coisa.
D: *Você retorna para aquele lugar, então.*
C: Onde quer que seja. Ou cria um novo lugar.
D: *Mas se você ficar curiosa, o que você cria?*
C: Bom, você pega algo, e é como a argila. Começa a moldá-lo e vê no que se transforma. Mas, se for uma cor que você pensar, ela se torna aquela cor. E você pode simplesmente moldá-la.
D: *Vamos fazer isso e ver o que acontece. (Pausa) Você pensa em alguma cor ou o quê?*
C: Sim. Tenho uma cor amarela, meio amarelo-claro. E estou fazendo um leque com ela. Estou moldando-o... como um leque de penas. É luz, e há pequenas listras brancas. Agora ele simplesmente se apaga. Agora estou usando isso para fazer ondas. Como se estivesse jogando para a frente e para trás. E agora quero remodelá-lo em asas de borboleta. Agora há um pouco de laranja.

D: *Parece divertido poder criar coisas. (Sim.) Quando você cria essas coisas, elas permanecem?*
C: Contanto que eu queira.
D: *Se tornam sólidas?*
C: Hum, um pouco. Entreguei para a luz.
D: *Ele fica lá o tempo que você quiser? (Sim.) Então o que acontece?*
C: Então eu simplesmente deixo ir para onde ele quiser.
D: *Então permanece sólido dessa forma.*
C: Não é sólido como um objeto pesado seria, mas entra em uma dimensão onde seria visto por outros.
D: *Então não se dissipa simplesmente?*
C: Não, porque eu criei e, por isso, quero enviá-lo como um presente. Quero enviá-lo para que outros possam ver que eu criei. É isso. É lindo. Amarelo. Um lindo leque de penas. E agora está indo embora. E eu não estou triste sobre isso porque posso fazer de novo.
D: *Eu estava pensando que, ao criá-lo, se você desviasse sua atenção, ele se dissiparia.*
C: Pois é, é isso que você faz quando deixa pra lá. Você simplesmente diz: "Chega".
D: *E não se dissolve no nada novamente.*
C: Eu poderia fazê-lo dissolver. Mas, já que eu o criei, quero que outros o vejam.
D: *Então você fica feliz em fazer isso. (Sim.) Você apenas pensa nisso, e tudo se torna real a partir de toda essa energia?*
C: O que estou sentindo é que há uma parte da onda... você é onda. E você vê a onda. Surfa na onda de todas as cores, padrões e movimentos. E, quando decide que quer transformar alguma coisa, você simplesmente entra em uma jornada com isso e cria algo a partir disso. Mas não pode ficar com isso porque é algo a ser compartilhado. Você envia e deixa que se torne o quanto quiser.
D: *E essas ondas são as energias?*
C: Sim. As ondas estão em constante movimento. São cores e luzes. Ah! E agora estou criando uma galáxia! Nossa! É uma roda. E tem esses braços que se estendem como pequenos riachos. Está fazendo um círculo e se apaga como luz. Então, à medida que se

move para dentro... um movimento circular, está pegando outras cores de ondas que estão ao redor disso.

D: *Você decidiu que seria algo interessante de criar?*
C: Ah, sempre esteve lá. Vi esse movimento e decidi fazer algo diferente a partir dele. E isso se tornou uma galáxia.
D: *Oh. Uma galáxia é difícil, não é?*
C: Não, não quando você está criando. Você pode começar do zero e pronto... não é uma questão de tamanho. É só uma questão de pensar em como você quer que fique. Então você simplesmente deixa ir. Se você quer que cresça grande ou pequeno, você apenas... não se trata de tamanho.
D: *Mas, quando você cria a galáxia, você cria todas as pequenas partes que estão nela?*
C: Não, ela pode crescer como quiser.
D: *Ah, ela assume o controle sozinha?*
C: Sim. Ela se torna luz própria.
D: *Porque eu estava pensando que uma galáxia tem planetas e estrelas.*
C: Bem, existem tamanhos diferentes. Mas você não determina o tamanho quando cria essas galáxias. Elas se tornam sua própria luz e o que mais desejarem ser.
D: *Pensei que talvez fosse necessário criar todos os pequenos planetas e as estrelas.*
C: Não, outros fazem isso.
D: *Você quer dizer que você começa com a galáxia e outra pessoa assume o controle? (Sim) E você disse que ela se torna viva e pode fazer o que quiser.*
C: Isso mesmo, porque se torna seu próprio pensamento. E sua própria maneira de aprender o que quer fazer. É como se você fosse o iniciador, e ela cria seu próprio desenho. Você dá a ideia, e então ela se expressa no que quer ser e no que deseja conter.
D: *Ela assume vida própria? (Certo) Então você não controla mais nada?*
C: Não. Não se trata de controlar nada. Trata-se apenas de seguir, se divertindo e curtindo as ondas. E é só isso que está lá. Eu vejo o programa. Você pode ir a qualquer lugar, a qualquer hora, e fazer qualquer coisa que desejar. É maravilhoso.

D: Então você disse que outra pessoa, ou alguma outra energia como você, cuida da outra parte?

C: Bem, quando se trata de galáxias, porque há tanta coisa nelas, cada um tem um papel diferente. Então você começa e deixa outra pessoa fazer o que quiser.

D: Ah, então eles podem entrar e brincar também.

C: Sim. Quando você cria pequenas nuvens de experiências, é uma coisa. Mas, quando você está criando algo que vai envolver outra vida... outras energias... outras... oh, é difícil de explicar. É como se você estivesse criando uma comunidade e não fosse o único a contribuir com ela. A galáxia é, na verdade, uma comunidade, e outros devem contribuir para isso. As galáxias nem sempre são feitas. Mas, quando são, é uma responsabilidade adicionar... É como as cores do arco-íris. Cada um tem uma energia diferente.

D: Mas, quando você cria algo como isso, então você tem responsabilidade por isso.

C: Ah, claro. Você tem a responsabilidade de garantir que tudo será enviado e compartilhado. Mas você está sempre enviando-o como amor, como um presente que veio de você, sem colocar necessidade nisso.

D: Então outros pensam: "Bem, esta é uma boa ideia. Vou fazer algo mais com isso."

C: Sim. Porque é isso que você faz. Você deixa ir. E não é sua responsabilidade saber quem, o que ou como foi recebido, onde quer que vá. Não há limites, e outra pessoa pode remodelá-lo depois que você o deixar ir.

D: Mas as galáxias contêm planetas e eventualmente...

C: Bom, eu estava falando do grupo que fez tudo. Eu não estava falando sobre as galáxias. A galáxia, novamente, é um enorme esforço das outras mentes que estão por aí. Assim, quando uma galáxia de repente se torna disponível para criar para os outros, todos têm um papel fundamental a desempenhar nela.

D: Porque eu estava pensando: quando você começa a ter planetas dentro de galáxias, então há formas de vida individuais, não é?

C: Isso é verdade. Mas nem todas as galáxias têm planetas. Algumas galáxias são apenas enormes entidades espirais que giram e giram e giram. Elas não precisam ter planetas.

O Universo Convoluto, Livro Quatro

D: *Elas são uma entidade por si só? (Sim.) Qual seria o propósito, então? Ou será que elas têm um propósito se estão apenas girando?*
C: O objetivo pode ser mostrar que as galáxias podem existir sem vida. Pode ser apenas como um padrão de estrelas. Como um cometa que cruza o céu. Pode ser uma galáxia. Não precisa conter vida. Pode conter outras coisas.
D: *Que outras coisas ela pode conter?*
C: Bem, pode conter outros começos de ondas, de movimento, que podem sair e criar novamente um universo em outro lugar.
D: *Mas parece que está viva.*
C: Está viva, mas não é a vida como você a conhece.
D: *Então, quando você cria isso, você está, na verdade, criando algo vivo. Isso faz sentido?*
C: Sim, faz sentido para quem estava fazendo. (Risos)
D: *Então, quando você cria algo, ele se torna vivo e você o deixa ir.*
C: Eu me torno a força. Uma força. Eu disse "galáxia" porque também são espirais, como as espirais de uma galáxia. Mas é uma força em si mesma. E tem mente própria, mas não precisa ter vida. Existem galáxias que contêm formas de vida que querem continuar porque estão se desenvolvendo e se redesenvolvendo o tempo todo. Mas uma galáxia que tem mente própria pode simplesmente ficar sem fazer nada. Não precisa de vida, porque ela é a própria vida.
D: *Entendo. Isso significa que você faz parte da força criadora? Seria uma boa maneira de dizer isso? (Sim) Mas há todos os tipos de forças por aí.*
C: Ah, todos os tipos. O que você puder imaginar, é isso que você oferece.
D: *Mas, quando algumas pessoas criam coisas assim, às vezes elas podem ser usadas de maneira errada, não é?*
C: Não existe certo ou errado. É tudo uma questão de criar e gostar de brincar com a energia. Mas a energia é como ondas, como ondas do oceano. Correntes que te levam para todos os lados. Elas estão constantemente se movendo e viajando. Mas você está sempre em casa porque você nunca sai.
D: *O que você considera "lar"?*
C: A Fonte.

D: Como você vê essa Fonte? (Pausa) Como você compreende isso?
C: A Fonte é como... você é a soma e a substância dessa Fonte. Você é parte da Fonte. E, quando você está surfando nas ondas do movimento das ideias, você está sempre conectado à Fonte. Então você sabe que está sempre em casa, quando quiser, mas também está sempre saindo e surfando nas ondas da vida. E não é vida, é movimento. Está vivo, mas não é a vida como na sua vida, pois isto não tem fim. Pode continuar e continuar e continuar para sempre.
D: Então é isso que você considera ser a Fonte? (Sim) E você sai disso quando quer criar?
C: Sim. Você sai e cria algo para si mesmo. Você cria um lugar onde quer ficar. Ou pode não criar nada. Pode fazer o que quiser, onde quiser.
D: Alguém lhe diz quando é hora de deixar a Fonte?
C: Não. Você é a soma e a substância de tudo o que é. Portanto, você escolhe como quer que seja, ou não escolhe nada, apenas faz as coisas que "ela" quer fazer. Mas você não precisa criar. Não existe "ter que fazer" nada.
D: Então você disse que, quando cria, não há certo, não há errado. (Não) É só a forma como é usado, ou o quê? Estou tentando entender. (Pausa) Porque você sabe que estou falando de uma perspectiva humana. Você sabe disso, não é?
C: Sim. Mas eu não estou presente em uma humanidade. (Risos)
D: Eu sei. É isso que estou tentando entender.
C: (Risada alta) Bem, somos todos soma e substância uns dos outros. E não existe certo ou errado. Existe apenas existir. Existe apenas ser. Você pode escolher não ser, mas... Não está errado. Você pode escolher criar. Isso não está errado. (Enfático) Não existe certo ou errado. Existe apenas uma constante. (Teve dificuldade em explicar.) Existe uma constante eterna, que permite que quem ou o que quer que esteja nessa constante faça o que quiser. Mas ainda assim não há... Eu não quero dizer "julgamento". Quero dizer que tudo está em ordem perfeita.
D: Mas você sabe que, quando as pessoas se tornam humanas, elas usam energia de maneiras que não são tão boas, não é?
C: Certo. Mas isso é porque tudo tem o direito de ser o que quer ser. Tudo tem um propósito. Tudo o que existe, cada onda de criação.

O Universo Convoluto, Livro Quatro

Toda criação energética está dizendo: "É isso que eu quero ver, é isso que eu quero ser". Mas é tudo energia. E, portanto, nunca pode estar certo ou errado, porque toda energia é a soma e a substância de tudo. É apenas o julgamento dos seres humanos que o torna certo ou errado. Eles colocam um rótulo nisso. E não existem rótulos no Todo, no universo, na criação, no lugar. No lugar onde todos estão em casa.

D: Mas e quando os humanos se machucam? Quando estão em corpos físicos?

C: Foi isso que eles decidiram criar.

D: Eles têm que pagar alguma coisa quando machucam outras pessoas? Existe alguma regra sobre coisas assim?

C: Se eles estão estabelecendo regras assim para dar-lhe criação, sim. Quando você cria, se você cria regras, então, é claro, você tem que segui-las.

D: Então você tem que jogar de acordo com essas regras.

C: Sim. É por isso que nem toda galáxia criada contém formas de vida ou planetas, porque a galáxia quer ser pura luz, pura energia. Expressar-se como humanidade é a forma mais densa de expressão em muitos aspectos.

D: É uma forma muito baixa?

C: Sim, é uma forma baixa. E ainda assim é uma imagem perfeita voltando para casa. A Fonte sempre quer ver como ela é. E então ela dá tudo de si, para sair e ser o que quiser. Quando você cria formas de vida com regras, é aí que os problemas surgem. O problema é criado no momento em que as regras e condições são estabelecidas.

D: Mas os humanos acham que tem que haver regras e regulamentos, não é?

C: Isso mesmo, porque é assim que eles criam sua situação álmica.

D: Mas, se ser humano é o mais denso, o mais baixo, por que energias como a sua decidem ser humanas?

C: Acho que você poderia dizer simplesmente porque queremos ver como é. (Rimos)

D: Porque vocês entram em corpos e se tornam humanos, não é?

Eu estava tentando levar a sessão para Connie, a humana.

C: Sim, e isso faz parte do que você criou. Quando você molda o barro, você pode moldá-lo (suspiro longo) no que você chama de "alienígenas", mas eles não são alienígenas e não são ETs. Eles são apenas uma forma-pensamento que quer ser vista. É uma ideia.

D: *Então eles não precisam ser todos iguais.*

C: Não, não. As flores não são parecidas. As árvores não são parecidas. É apenas uma onda de padrão de energia diferente que alguma onda de energia criou. Ondas de energia criam umas às outras.

D: *Mas eles trabalham juntos para fazer isso, não é?*

C: Certo. Principalmente quando você quer criar algo enorme, como uma galáxia com planetas.

D: *Sem cooperação, acho que seria um caos, não é?*

C: Bem, tem que haver caos também.

D: *O que você quer dizer?*

C: Quando você está criando algo e o envia, e outra ideia pensada decide desmontá-la e realmente adicionar coisas a isso, isso é meio caótico.

D: *Então está em fase de formação. É isso?*

C: Certo. E, quando acabar o caos, alguma outra onda de luz pode pegá-la e remodelá-la em algo mais. Não é sólido, mas é mais contido. Tem sua própria forma. Entende o que estou dizendo?

D: *Sim, acho que entendi.*

C: Muitas vezes, por ser uma mistura de tantas coisas, não sabe que forma quer ter em última análise nessa vida.

D: *Ainda está tentando decidir.*

C: Certo, certo. Ela quer somente existir a partir da Fonte, então você pode ser e fazer. É tão emocionante! (Risos) E então é por isso que não há julgamento do certo ou errado. A Fonte diz: "Apenas crie e me deixe ver todas as possibilidades do que pode ser imaginado. Todas as possibilidades do que pode ser projetado."

D: *Não há limitações para nada.*

C: Não. Não há limites para isso. É o círculo ininterrupto.

D: *Bem, eu já ouvi a expressão: "O sonhador sonha o sonho". Isso está de acordo com o que você está dizendo? (Sim, sim.) Porque me disseram que toda a Terra e todas as pessoas nela são somente um sonho.*

O Universo Convoluto, Livro Quatro

Isso é discutido nos outros livros da série O Universo Convoluto.

C: (Presunçosamente) É isso mesmo! É isso mesmo.

D: *Estou tentando entender melhor isso. (Pausa) Eu sempre quis saber: "Quem é o sonhador?"*

C: (Risos) Bem, você pode ser o sonho ou o sonhador. Você pode ser os dois, ao mesmo tempo.

D: *É por isso que é mais complicado.*

C: Isso mesmo, porque o ser humano, a forma mais densa de compreensão, não consegue entender. Isso porque tem sido permitido não entender. Mas tudo está sendo permitido ser qualquer coisa que qualquer coisa deseja ser. Veja, é por isso que não existe aprendizagem, porque tudo é tudo. Tudo é tudo. Tudo existe dentro e fora. E, portanto, tudo o que já foi mostrado, já foi conhecido, é sempre desejado e apreciado. Não importa o que seja.

D: *Porque sempre que me diziam que o sonhador sonha o sonho, eu tentava descobrir: "Quem era o sonhador?" (Risos) Então nós somos ambos.*

C: Nós somos a soma e a substância de toda expressão.

D: *Uma pergunta que sempre fiz e que eles nunca responderam foi: "O que aconteceria se o sonhador acordasse?"*

C: Essa é uma boa pergunta.

D: *Se todos nós fôssemos apenas um sonho. O que você acha?*

C: Porque o sonho não é um sonho no sentido em que você o percebe ser. (Pausa) Nós somos, novamente, a soma e a substância do Todo. Digamos que uma onda surge da Fonte porque é assim que a Fonte envia seus pensamentos. Uma onda. E essa onda diz: "Desejo criar uma certa coisa". E essa onda diz: "Quero ser um sonhador. E eu quero ser um sonhador pelo tempo que eu desejar sonhar." Você poderia ter estabelecido um padrão de limite. Não tempo, mas um limite.

D: *Dessa forma, o sonhador é como um criador.*

C: Isso mesmo. E, quando essa onda terminar de ser um sonhador, então, de certa forma, ele acordará.

D: *Então, o que acontece com o sonho que ele criou, se ele acordar?*

C: Bem, o sonhador acorda e então começa tudo de novo. Tudo tem um começo, no sentido de que a onda se dissipa. Esse é o começo da onda da Fonte. E poderia continuar para sempre, desde que queira sonhar. Até que ele queira voltar e começar tudo de novo. Mas é sempre um círculo. E então os símbolos no círculo mostram que você pode ficar, então você deseja começar como uma nova onda. E você sai e se limita a uma coisa. Esse é o sonho do sonhador.

D: *Então, o sonho continua existindo, ou ele se dissipa e se dissolve quando o sonhador tem seus limites e acorda?*

C: Depende de como o sonhador queria terminar e renovar-se. Não precisa ser um sonho.

D: *Mas todas as partes, os componentes do sonho, simplesmente retornam a outro tipo de energia. (Certo) Então nada jamais é destruído. (Não, não.) Acho que é com isso que as pessoas se preocupam. Será que elas simplesmente deixam de existir?*

C: Não. Nada é... O que significa criação... você começa como uma onda, novamente. E então você decide que isso é uma limitação. Novamente, é a mente universal e cada pequena onda que sai — e digo "pequeno", porque, na verdade, começa como uma pequena onda de "ideia". Acho que se pode dizer assim. Então, você assume as cores e tudo o que estiver criando à medida que avança. Você é, de certa forma, o sonhador. Você impõe um limite ao quão longe quer ir com aquela ideia específica. Quando decide acabar com essa ideia, você também pode dizer: "Quero começar de novo aqui mesmo". E partir daí em uma direção diferente.

D: *Você pode ir fazer outra coisa então.*

C: Certo. Cada onda é um sonhador. E diz que está projetando. Sonhar e projetar são quase a mesma coisa. Digamos que dez ondas saiam. Cada uma tem sua própria ideia de como quer sonhar o sonho, e onde quer parar. Porque, para recriar, você precisa ter uma espécie de conclusão para aquela onda específica. Mas então ela se reforça, e você a coloca em movimento de outra maneira.

D: *Era isso que eu estava tentando entender. Acho que eu estava pensando se um sonhador estivesse sonhando, e nós fizéssemos parte desse sonho e de sua existência, que ele tivesse controle sobre nós. É um sentimento de vulnerabilidade, eu acho.*

C: Certo. Em certo sentido, você poderia dizer isso. Mas talvez, enquanto esse sonhador está sonhando você, você já havia decidido fazer parte desse sonho antes mesmo de sonhá-lo.

Eu ri. Decidi que tínhamos nos aprofundado o máximo possível naquele atoleiro, sem forçar ainda mais a minha pobre mente. Então, decidi me concentrar em Connie, a cliente, e, com sorte, nos trazer de volta a um terreno familiar.

D: Mas você está ciente de que está falando através de um corpo físico agora?

C: Sim, de certa forma, porque sinto o tremor que isso causa.

D: Mas por que você decidiu descer e entrar num corpo físico? Se você tinha todo esse poder, se essa é a palavra certa?

C: (Suspiro) Porque é uma decisão... um momento decisivo. Veja, na Fonte do Todo, na onda de toda a energia, na verdadeira matriz da verdadeira luz de tudo — não sei se serei capaz de explicar isso. É novamente sobre: "Como seria isso?" Porque a Fonte, em sua infinidade, diz: "Quero que esta onda saia e me mostre algo diferente." Ela lhe dá a ideia: "Vá criar e vá criar o que vier até você." E, quando você cria o que vem para você, a Fonte diz: "Ah!" Você realmente nunca repetirá, mesmo nos mínimos detalhes, a mesma coisa novamente. É disso que se trata a criação. É criar. É como um mundo humano, onde estamos neste momento. Você poderia sentar no mesmo lugar todos os dias, olhando para a mesma montanha, e nunca, nunca a veria da mesma forma todos os dias pelo resto da sua vida.

D: Hmm. Mesmo que a gente pense que sim.

C: Isso mesmo! Mas isso é porque você está nessa densidade que te limita a pensar que esse é o seu limite. E o seu limite não é esse. É ilimitado. Você é eterno!!

D: (Risos) Mas, neste caso, você decidiu entrar no corpo que chamamos de "Connie"? (Sim.) E experimentar algo através dela? (Sim.) E você também já experimentou outros corpos humanos?

C: Ah, sim! Muitas vezes.

D: Cada um para uma lição diferente?

C: Bem, veja bem... acontece. Mas não são exatamente lições. São expressões de tudo o que pode existir. São expressões na forma mais densa, mais densa. E é por isso que este corpo, Connie, gosta de miniaturas, porque ela vê, na escala miniatura, a realidade da

Fonte. Porque é isso que os seres humanos são. Em algum momento, a Terra tinha gigantes, porque era isso que os gigantes queriam ser. E você poderia andar em um planeta maior. A Terra é um planeta muito, muito pequeno.

D: *Eu ouvi isso.*

C: Ah, sim, sim, sim. E então, para os humanos, como a Terra é pequena, a Terra é tudo. A Terra é densidade. É, de certa forma, uma luta para você. Mas isso é porque, novamente, foi isso que todos vocês projetaram para ser. Raramente alguém, ou seria mais apropriado dizer um onda, pois é o que somos. Raramente uma onda projeta esta Terra para uma pessoa experimentar. É uma comunidade.

D: *Uma comunidade de seres ou energias.*

C: Isso mesmo. E então, quando há galáxias lá fora que não têm planetas, é porque existe uma comunidade que está concordando que isso deva ser uma galáxia que não tem seres, ou humanos. Caso contrário, deveria ser apenas pura luz circulando e circulando. Até que alguém decida fazer uma galáxia com planetas a partir dela. Nós a moldamos. Você já brincou em uma caixa de areia?(Sim) Você pega uma grande caixa de areia e cria todo tipo de coisa. O que você quiser fazer. Você sai da caixa de areia e outra pessoa vem e a remodela. Você curtiu suas experiências e agora você terminou. Quando você sai, vem outra pessoa e aproveita da maneira que ele desejar. É como os padrões do universo. É por isso que uma onda pode sair e dizer: "É isso que estou criando por um tempo". E enviar aquela ideia, deixando a oportunidade para outra onda, outro alguém assumir o controle.

D: *Com nossas mentes limitadas, tentamos entender essas coisas.*

C: E você não pode pensar com a mente.

D: *Mas você disse que é por isso que Connie gosta de trabalhar com miniaturas?*

C: Exato, porque ela vê o mundo como ele pode ser, quando em outros lugares ele é em pequena escala. (Risos) Existem seres que vivem em um mundo menor que este humano.

D: *Já ouvi isso. Dizem não haver limitações. Simplesmente vai do macrocosmo ao microcosmo, e vice-versa.*

C: Certo. Mas o seu planeta Terra é único porque mostra, por exemplo, o reino das fadas, os devas. Eles são muito pequenos, mas vivem em um mundo igual ao dos humanos. Só que vivem de forma diferente porque são mais leves, mas são menores, não são?

D: *Sim, são.*

C: Ela acredita nos devas e no reino dos anjos. Todo mundo sabe que eles realmente existem e estão começando a aceitá-los agora. E ela mostrará às pessoas que é seguro acreditar, porque ela sempre acreditou neles desde criança. Então o planeta Terra, em sua forma mais densa, dá pistas sobre tudo o que está aqui, como realmente é. E é por isso que você sempre foi ensinado a prestar atenção à natureza porque a natureza tem as pistas para suas respostas.

D: *Não sei se devo chamá-lo de subconsciente. Tudo bem se eu me referir a você assim?*

C: Tudo bem. Eu não tenho nome.

D: *Mas eu sempre tenho que dar um nome.*

C: Tudo bem. Nós sabemos. Dolores, nós entendemos muito bem como você trabalha. E você está trabalhando perfeitamente na sua expressão. Você é a expressão de uma luz linda e você vai ficar por aqui por muito tempo porque não está apenas fazendo o que é necessário ao redor do mundo, mas onde quer que você vá, você deixa um depósito de sua essência.

D: *Já me disseram isso antes. Disseram que é por isso que é importante que eu viaje para certos lugares.*

C: Você deve sempre continuar devido à sua essência. Você está carregando o que chamaríamos de "A energia de luz branca". Onde quer que você vá, quem quer que você toque, quem quer que você trabalhe nas sessões, você está dando a eles mais do que você imagina. Mais do que eles percebem. Você está transmitindo um sonho. Você é o sonhador sonhando. E você está totalmente desperto. Quando você dá sua presença a eles, a todos que você toca, quando você os abraça ou aperta suas mãos, você está transmitindo algo especial.

D: *Estou fazendo meu trabalho.*

C: Você é... não é um trabalho. É o seu amor, e você está plantando sementes. Você sabe o que é uma semente?

D: *Bem, eu continuo dizendo que talvez eu plante algumas sementes.*

C: Você está plantando sementes. Quando você deu sua palestra ontem, ou quando quer que tenha sido, e você hesitou. O universo, nós chamamos isso de universo, estava dizendo a você: "Vá em frente". E lá havia uma certa quantidade de pessoas sentadas ali que diziam: "Sim." Lá estava uma voz de consciência, enviando de volta para você o pensamento: "Vá em frente. É seguro para você dizer isso agora."

D: *É hora de saber dessas coisas.*

C: Certo. E estava correto. Você estava fazendo o que lhe mandavam fazer. Você é uma luz linda para o mundo. E você vai plantando suas sementes. E adivinha? Você é o guia para aqueles que virão logo depois de você, e continua com um método de trabalho diferente que ajudará porque você está plantando sementes. Eles poderiam colhê-las para você.

D: *É por isso que estou tentando ensinar o método.*

C: Isso é exatamente certo.

D: *Nem todos entenderão, mas alguns entenderão.*

C: Certo. E não é somente o que você está ensinando. São os outros que virão e realizarão que você está fazendo um nome para si mesmo que está sendo reconhecida, não apenas pelo tipo de trabalho que você está fazendo, mas está permitindo que outros o façam o tipo de trabalho deles. Não é o mesmo caminho que o seu, mas é o deles. E eles colherão suas sementes. Você entende isso?(Sim) Ah, que bom! Estou tão feliz! Mas terminamos.

Já tinha passado tempo suficiente e eu pretendia trazer Connie de volta de qualquer maneira. Mas o SC me informou que o corpo estava desconfortável. Mas primeiro eu queria agradecer pela ajuda e pelas informações.

C: Seja muito bem-vindo. Por favor, continue sempre com seu trabalho. Sabemos que você tem uma agenda muito ocupada, mas estamos cuidando de você. E manteremos seu corpo saudável enquanto for possível continuar este trabalho. Mas é bom que você esteja compartilhando suas lições e ensinando as pessoas, porque o trabalho precisa continuar.

Capítulo 27
UM SER DE ENERGIA

Quando Luanna saiu da nuvem, viu uma paisagem estranha. O terreno era formado apenas por picos recortados, alguns muito altos e outros baixos. Todo o espaço estava coberto dessa maneira, nada além disso.

L: A cor é marrom-claro, com brilhos, como se fossem cristais. Todos irregulares e afiados.

Eu me perguntava como alguém seria capaz de se mover ou andar sobre tal superfície. Ela disse que não estava de pé, mas sim voando, flutuando e olhando para baixo.

L: Os picos são muito afiados. Tudo é muito afiado. É como se os cristais fossem picos sobre outros picos, e eles têm o mesmo formato irregular. São longos, brilhantes e pontudos. Há alguns pequenos e outros maiores, e muitos reflexos de luz se espalham por toda parte. Alguns dos picos são tão altos que chegam até as nuvens.

Pedi que ela tomasse consciência de seu corpo, ou de como se percebia.

L: Acho que devo ter um corpo, porque não quero pisar nesses picos afiados. Consigo perceber a sensação. Consigo perceber pontos quentes e pontos frios, consigo sentir a brisa e consigo perceber a visão. Estou prestando atenção agora para olhar entre os picos e cristais. Se eu observar a superfície mais de perto, ela não é estática... há coisas que se movem. É como pedaços de uma nuvem, só que não são brancos nem cinzentos. Quando brilham mais e quando se movem, meio que deslizam e mudam de forma, mas não são uma nuvem.
D: O que você acha que eles são?

L: Quando cheguei aqui, pensei que estivesse vazio, mas estou vendo que não está. São quase como bolhas brilhantes. Elas não são definidas e podem rolar entre as coisas, mas também podem flutuar. São como bolhas: algumas pequenas, outras maiores, e não têm um formato definido. São como uma nuvem, só que mais tênue.

D: *Essas são as únicas formas de vida que você consegue detectar?*

L: Não. Na verdade, existem coisinhas pequenininhas que rastejam nas superfícies. São como as bolhas, mas bem menores. Há movimento por toda parte.

D: *Você acha que consegue se comunicar com essas bolhas? Você acha que elas são seres sencientes, capazes de saber coisas?*

L: Sim, eles sabem coisas. É como uma lembrança do interior de bolhas de sabão. Só que todas têm formatos e tamanhos diferentes... mas são integradas.

D: *E você? Acha que se parece com um deles?*

L: (Risos) É isso que eu me pergunto. Eu certamente posso flutuar e mudar de posição. Não tenho noção da minha aparência. Sinto coisas como quente e frio. Posso mudar de forma e de tamanho facilmente. Os outros estão flutuando ou rastejando. Alguns deles estão tão perto da superfície que a tocam. Eu não sei se sou como eles ou não.

D: *Você pode descobrir. A informação está lá. Você é como os outros? (Não.) Em que você é diferente?*

L: Eles são como uma forma de vida mais simples... é como uma transição. Não é como um corpo. Também não é luz pura. E eu simplesmente parei aqui, e não sou exatamente assim. (Uma revelação repentina.) Estou em uma missão! Isto é como um lugar de descanso. É um lugar de transição. Estou a caminho de casa, e este é apenas um lugar de descanso.

D: *Vocês são mais evoluídos e eles são mais simples? (Sim.) E você acha que está no caminho de casa? (Sim.) O que você quer dizer?*

L: (Sussurrando) É onde eu moro.

D: *Você esteve em outro lugar? (Sim.) Conte-me sobre isso. Onde você estava?*

L: Na Terra. Não vou voltar para lá. É por isso que estou neste local de descanso antes de voltar para casa, para me purificar. Finalizei tudo na Terra.

D: *Você está feliz por ter saído de lá?*
L: Não. Sinto falta da beleza, mas não quero voltar. Sinto saudades de casa. Casa... não há nada irregular, nem dureza. Todos sabemos, todos amamos. Sinto falta de casa, mas não tem problema estar neste lugar. Este é apenas um lugar de descanso. Não sei exatamente por que parei aqui, exceto para cuidar de uma curiosidade. Eu não conhecia lugares como este. Você sabe que na Terra eles os chamam de "ameba". Exceto que alguns deles são muito pequenos e outros são enormes e inteligentes, podendo se fundir uns com os outros. Eles podem mudar de forma, crescer e encolher. É bom ser assim. Talvez seja por isso que gosto tanto de água.
D: *Mas é bom não ser nada por um tempo, não é?*
L: Sim. É definitivamente bom.

Decidi condensar o tempo e movê-la para quando ela chegasse ao seu lar. Perguntei como era.

L: É muito bonito e brilhante. Muitas coisas são azuis, verdes e douradas.
D: *Objetos ou apenas cores?*
L: Bem, os objetos são cores. É como se qualquer coisa pudesse ser tocada e sentida, então não há diferença. É sólido, mas você também pode atravessar por ele, então existem todos os tipos de espaços. Pode-se fazer uma nave que viaja muito longe, feita de uma luz específica. Eles podem criar coisas lindas se tivermos memórias de onde estivemos. Podemos criar.
D: *É preciso ter memórias antes de criar alguma coisa? (Sim.)*

Ela estava encantada e maravilhada com as coisas magníficas que via sendo criadas. Suspirou profundamente: "É tão seguro e tão bonito aqui. Eu senti falta disso." E começou a chorar.

D: *Mas você foi à Terra por um motivo, não foi?*
L: Nós queríamos isso, e todos nós fomos para aquele lugar lindo, lindo. Gostaríamos que eles soubessem o que sabemos e sentissem o que sentimos.

D: *Mas você sabe que quando as pessoas vêm para a Terra, elas esquecem, não é?*
L: Alguns esquecem. Outros não.
D: *É mais fácil quando eles esquecem?*
L: Não, é mais difícil, porque ficam tão envolvidos com tudo. Sofrem e se prendem. Seria mais fácil se lembrassem, se fossem corajosos o suficiente para contar às pessoas. Mas alguns ficam com medo. Alguns acreditam que ninguém vai acreditar. E alguns simplesmente esquecem. Mas é tão lindo lá... e também vamos à Terra e aproveitamos esses lugares, para que possamos coletar memórias, ser mais criativos e fazer mais pelos outros.
D: *Então você tem que ir e vivenciar o físico para ter as memórias? (Sim.) Sem isso, você não conseguiria criar? É isso que você quer dizer?*
L: Nós podemos criar. É isso que somos: criadores de luz. E, ainda assim, podemos enriquecer o máximo possível do planeta. Veja, há conexão com todos os lugares lá. Não é como as pessoas pensam. Na Terra, elas aceitam, mas existem planetas diferentes que não são iguais, onde todo mundo sabe que é fácil enviar mensagens e se conectar. É fácil seguir em frente. É fácil viajar. Tudo é fácil.
D: *Porque eles não se esqueceram do que deveriam fazer. (Sim.) Mas não faz parte do teste esquecer quando você chega à Terra?*
L: Não. Na verdade, acho que quando aumentarmos a consciência na Terra, cada vez mais pessoas irão se lembrar. É isso que todos nós queremos fazer por eles. Assim, eles vão se tratar melhor e não terão que sofrer para aprender suas lições. Não é necessário, mas é o que tem sido feito. Não precisa ser assim.
D: *É mais fácil simplesmente lembrar, sem sofrimento. É isso que você quer dizer? (Sim.) Mas os humanos não escutam, não é?*
L: Não, nem sempre.

Decidi que era hora de mudar de cena. O único outro lugar para explorar seria o lado espiritual, mas eu queria seguir para a terapia que exploro com o SC.

D: *Você sabe que está falando através de um corpo que vive agora como Luanna?*

L: Sim. Mas esta é a minha casa nesta vida.
D: *Eu queria saber se isso foi antes de entrar no corpo de Luanna.*
L: Isso é antes e também depois.
D: *Então, depois que ela terminar aqui, ela vai voltar para o mesmo lugar? (Sim.) Mas se ela era tão feliz lá e era tão lindo, por que decidiu voltar como Luanna?*
L: Antes de Luanna foi um voluntariado para ir à Terra.
D: *Então ela voltou novamente.*
L: Sim, mas Luanna será o último. Sei disso. Porque depois de Luanna ela pode voltar para casa, assim como eu estou em casa.
D: *Então você acha que até lá ela já terá terminado todas as lições?*
L: Na Terra, sim... mas não todas as lições.
D: *Ela sabia que esta seria a última vez? (Sim.) Tem sido difícil, não é? (Sim.) Ela criou essas dificuldades por algum motivo?*
L: Querendo ser o mais completo possível.
D: *O que você quer dizer? Como podemos ser completos?*
L: Quando partimos deste lugar de luz e deixamos esta galáxia, como a chamamos, vamos para outras civilizações — como poderiam ser chamadas — e então assumimos parte do carma delas. Assim, completamos todo o nosso carma humano desta jornada.
D: *Então Luanna também esteve em outros lugares além da Terra, e você está dizendo que carrega carma de outros lugares?*
L: O carma que Luanna está completando é apenas de sua vida humana.
D: *Então é hora de encerrar esse capítulo? (Sim.) Ela aprendeu tudo o que podia aprender nessas vidas.*
L: Não apenas aprendeu, mas também contribuiu?
D: *Porque o motivo da viagem era contribuir. O que ela deveria contribuir?*
L: Ensinar as pessoas a pensar, ensinar as pessoas a amar... e a cuidar umas das outras. Ensinar as pessoas a ter fé... e a criar paz. Ensinar as pessoas a superar doenças e a se conectarem com a natureza. Ensinar que a essência do desespero é a conexão, e que podem estar umas com as outras. ...em harmonia. Ensinar as pessoas que a guerra é algo que pode acabar com uma vida.
D: *Todas essas coisas são maravilhosas, mas, quando chegamos à Terra, fica difícil, não é?*

L: Certo. Mas há tantos outros. Veja, alguns de nós esquecemos, mas os outros não eram nós. Esses são novos. Estão apenas aprendendo. Diferentes níveis, diferentes coisas para contribuir e diferentes lições para aprender. Também há alguns de diferentes áreas; alguns tiveram vidas mais humanas. E, na verdade, também existem outros, de outras galáxias, que vieram.

D: *Também há aqueles que voltam uma e outra vez? (Sim.) Eles são os que estão mais presos na roda do carma?*

L: Sim. E é por isso que os "estranhos" vêm para ajudá-los. Muitas pessoas querem ser ajudadas, mas se colocam em seus próprios nichos. Elas sabem que querem ajuda, mas ficam tão presas ao seu ponto de vista e às suas limitações daquele momento no tempo e em seus corpos, que não acreditam ter nada além disso. Querem obter ajuda sem fazer nada diferente. Acham que é tudo o que existe: o corpo, aquela comida, aquele lugar, aquela visão. Luanna fica presa às vezes. Ela teve outras vidas das quais também se lembrava. Desta vez, lembrou-se de quem era e do que podia fazer. Está fazendo um bom trabalho, mas não tão bom quanto gostaria.

Parecia que alguns dos voluntários eram almas realmente antigas que decidiram vir aqui para ajudar também. Eles também pareciam ser novos nas vibrações da Terra, e isso lhes trouxe problemas. Uma das principais coisas que os diferenciava dos novatos era a maior experiência. No entanto, Luanna reconheceu que todos precisavam trabalhar juntos para ajudar aqueles que estavam na Terra e que permaneciam "presos".

Capítulo 28
ENERGIA DESCONHECIDA

Joyce hesitou em sair da nuvem. Depois de muita insistência, ela o fez, entrando em uma sequência de visualizações que durou alguns minutos, nas quais identificou formas, cores, estruturas, vibrações etc. Nada fazia sentido para ela, pois não havia continuidade. Assim que se concentrava em um objeto, forma ou cor, este mudava para outra coisa que, da mesma maneira, não conseguia identificar. Tive dificuldade em acompanhar o início dessa experiência porque estava tentando fazê-la se concentrar em algo para que pudéssemos progredir. A única coisa da qual ela tinha certeza era que não estava na Terra — talvez até em um universo diferente.

J: Não estou em um lugar. Estou no meio de uma espécie de vibração flutuante, como uma frequência vibracional."

Ela continuou movendo-se para frente e para trás, como se estivesse tentando se transformar em algo, mas sem sucesso. Quando finalmente solicitei que percebesse seu corpo, disse não ter nenhum.

J: Sinto que tenho uma presença. Sinto que tenho uma entidade de alma, mas não consigo ver um corpo. — Sou uma energia-Fonte."

Ela estava tentando sentir ou encontrar vida em alguma forma, mas tudo o que conseguia perceber era movimento — um movimento em forma de energia que conhecia.

J: Vejo movimento... algum tipo de coisa se movendo. Tem algum tipo de energia que vai para algum lugar, fazer alguma coisa. Está em andamento. — Agora estou vendo o lado de trás disso, e é algum tipo de campo de energia. Parece a ponta cortada da base de uma árvore que tem todos esses anéis ao redor. E agora estou no meio desta enorme formação que parece a base de uma árvore e está cheia de energia e anéis. Eu não sei por que estou aqui. Está abrangendo todo o meu campo visual. É um campo de energia e estou tentando me conectar com esse novo design estranho, essa coisa que está aqui. O que você é? Por que estou olhando para você? Não sei por que está me mostrando isso. Tenho alguma conexão com você? Por que estou aqui?"

Quando o cliente começa a fazer perguntas, as respostas surgem. Às vezes também faço as perguntas, mas geralmente apenas deixo acontecer por si só.

D: *O que você ouve?*
J: Eles estão me mostrando o campo de energia e me contando coisas. É como se estivessem me jogando ondas dessas diferentes cores. E essas cores são coisas que eu entendo. Agora estão se tornando um outro design.
D: *Por que tudo isso está sendo mostrado a você?*
J: Estou recebendo a "cola" da Terra. Como ela se mantém unida. Está mostrando seus sistemas e respostas.
D: *O que isso significa?*
J: Uau! Parece uma área vasta onde há ar azul se acumulando. — Por que você está me mostrando isso? — Você está vendo o campo de energia como ninguém ainda pôde vê-lo.
D: *É isso que significa? A cola que mantém tudo unido?*
J: Sim. Um campo de energia que ainda não é conhecido. — Como deveríamos chamá-lo?
D: *Peça para eles explicarem para que possamos entender.*
J: (Ela respirou fundo.) Os campos aleatórios de substâncias ainda desconhecidas que geram a física quântica.
D: *Então podemos entender melhor a física quântica?*
J: Sim. Um tipo de energia. — Diga-me!
D: *O tipo de energia que sustenta a Terra e tudo mais junto?*
J: Sim. Eles estão me mostrando uma forma visual. Será que... alguém sabe disso?
D: *Você quer dizer que as pessoas nunca viram como isso é?*
J: Isso é diferente, eles dizem. — Os campos de energia que emanam à minha frente são tão minúsculos... estruturas tão pequenas e microscópicas. Eles estão dizendo que é aqui que você precisa saber... o quê? O que eu preciso saber? (Respira fundo, como se

estivesse frustrada.) Ciclos de energia neste ponto. As frequências estão em um ponto ainda desconhecido. Bem, me diga!
D: Você não mostraria a ela se não quisesse que ela entendesse.
J: Eles estão realmente mostrando ser somente uma sinfonia de tecidos de energias, campos e vibrações se sobrepondo. É só minuto a minuto. (Perguntando para alguém.) Mas e quanto a isso? Eles estão me mostrando um cone. Os cones que atingem o pico... e eu estou dentro dele, e estou sendo movida ao redor dele. Eles estão me mostrando o interior deste campo de energia e agora as estruturas estão se interligando, como se meus dedos estivessem aqui nas laterais. (Gestos com a mão.)
D: Entrelaçando?
J: Sim, entrelaçando.
D: O que isso representa?

O que se seguiu foi uma série de simbolismos complexos e difíceis de entender. Decidi que era hora de invocar o SC para obter mais respostas. Esperava que ele não respondesse com simbolismos, mas com palavras que pudéssemos compreender. Perguntei por que ele escolheu aquelas cenas para ela ver.

J: Monopólio de esforços.
D: Como assim? Não fomos para outras vidas. Só entramos em campos de energia. O que isso tem a ver com Joyce?
J: Diz aqui: você não entende.
D: Estamos tentando entender. É para isso que servem essas perguntas. Joyce tem algo a ver com as energias?
J: Elas são a fonte de informação que ela pode usar.
D: Esse é o propósito de mostrar a ela como são os campos de energia?
J: Elas estão além da compreensão neste momento. A hora chegará. Farão sentido.
D: Você quer que ela aprenda a usar essas energias?
J: O objetivo dela é permitir que outras pessoas entendam primeiro. O fator secreto precisa ser descoberto. Ele escapa da maioria das investigações atuais.
D: Mas era como se estivessem mostrando a ela diferentes campos de energia.

J: Esse foi um exemplo magnífico da Fonte.
D: *Há outros que estiveram na Fonte e a descreveram como uma luz brilhante. É a mesma coisa?*
J: A Fonte evita comparações.
D: *Esse é um tipo diferente de Fonte ou é algo que eu conheço?*
J: Eles são unificados. Eles são os mesmos.
D: *Mas você quer que ela saiba sobre essa energia e sobre a Fonte?*
J: Elas são as bênçãos da vida dela. As formações lhe escapam. São infinitas. Ela as entenderá logo. — A fonte da informação é inacreditável, ainda não descoberta. Ela usará isso de uma forma até hoje desconhecida.

Nenhuma vida passada foi mostrada a ela porque o SC considerou isso uma história antiga, e ela deveria se concentrar em seu novo trabalho.

Quando chegamos às perguntas físicas, pedi ao SC que fizesse uma tomografia corporal, pois ela tinha muitas queixas. A primeira coisa na qual se concentrou foi o sangue dela. Estava muito espesso, causado por infelicidade nesta vida. O sangue precisava ser diluído. Então o SC passou pelo sistema.

J: Estou viajando pelas células... através de todos os ligamentos, fazendo círculos por toda parte. Estou passando por todos os capilares possíveis, circulando, capturando o que está errado e removendo-o. Removendo qualquer coisa que cause desarmonia. Estou passando por todos os órgãos e por todas as células. Deve se mover rápido. (Ela já tinha passado por cirurgia e partes foram removidas.) Poderia ter sido consertado. — O coração está sendo sobrecarregado. Ele está danificado. — Os capilares... órgãos precisando de suporte. Consertando tudo. Limpando essas coisas.

Ela estava com problemas na perna desde que a quebrou. Eu queria saber por que aconteceu.

J: A velocidade com que você prossegue deve ser reduzida. A velocidade máxima não deve ser continuada. Nós a desaceleramos. (Eles trabalharam na perna.) Estou passando pelos ossos porosos. Eles precisam de ajuda. Eu os farei como uma árvore: estruturalmente fortes.

Eles também trabalharam no quadril e na coluna. O coração foi reparado. A origem da lesão no coração era "falta de alegria". Esse era um dos motivos pelos quais ela trabalhava tanto: para disfarçar, para se manter ocupada.

Capítulo 29
O SOL

Terry tinha várias queixas físicas porque estava negligenciando seu corpo enquanto cuidava dos outros. Disseram-lhe que precisava amar o seu corpo.

T: No fundo, ela concordou em vir, mas ainda não estava completamente convencida. Ela ainda queria partir.
D: *É um trabalho muito grande? É por isso que ela quer ir embora?*
T: Às vezes.
D: *Porque ela disse que nunca se sentiu em casa aqui. Ela realmente não quer ficar.*
T: Ela sente isso, mas às vezes ama este lugar. Às vezes ama o trabalho dela.
D: *Ela veio por um motivo, não é?*
T: Ela entende isso, mas, para ter sucesso, precisa estar 100% na luz e na felicidade.

Eles queriam que ela continuasse com sua prática de cura. Disseram que, às vezes, ela trabalhava com uma energia universal muito poderosa, que produzia resultados intensos.

T: No entanto, corpo dela não está forte o suficiente para isso agora. Pode destruí-la. Ela precisa ficar mais forte. É muita energia. Ela irá usá-la eventualmente, e muito em breve. Mas pode destruí-la porque é muito forte.

Ela então recebeu conselhos sobre como deixar seu corpo em melhor forma. O texto falava sobre sua dieta.

T: Ela precisa passar mais tempo ao ar livre, na natureza. É quando recupera energia. Ela precisa parar de comer carne. Não faz bem para o corpo dela. Deveria iniciar uma dieta de líquidos e alimentos crus. Muitos líquidos.

Este é o mesmo conselho que o SC dá a todos quando perguntamos sobre dieta.

D: Ela disse que queria chegar ao ponto em que não precisasse comer nada.
T: Isso será bom para ela. Enviaremos orientações que a ensinarão a fazer isso. Nem todos conseguem. Para algumas pessoas, pode ser prejudicial, mas para ela será benéfico. Líquidos.
D: O corpo dela será capaz de se manter dessa maneira? (Sim) Não queremos fazer nada que possa prejudicá-la. Mas aí ela vai emagrecer, não é? (Terry estava acima do peso.)
T: Não se trata do peso. Trata-se da energia, de como o corpo vai sentir a vibração. A comida que ela ingere hoje faz com que sua vibração caia. É por isso que ela não consegue lidar com a energia de cura superior agora.
D: Ela disse que, quando nasceu, durante todo o primeiro ano, teve problemas no sistema digestivo. Por que isso aconteceu?
T: Porque, em algum momento de sua vida, ela estava com a luz. Ela sabe como tirar energia do universo.
D: Então, quando entrou nesta vida, pensou que poderia fazer a mesma coisa?
T: Sim. (Risos) Quando chegou, os pais não entendiam isso. O primeiro ano foi difícil, e foi quando ela ficou doente, e tivemos que nos adaptar ao corpo dela. Entendemos perfeitamente que ela consegue viver sem comida, mas a mãe dela... havia tanta preocupação.
D: Isso é natural. Os humanos sabem que é preciso ter comida. Eles não gostariam que o bebê morresse de fome. Então, agora, ela acha que pode ficar sem comer?
T: Ela consegue, mas tem que começar tudo de novo. Precisa adaptar seu corpo primeiro, fazer dieta, exercícios.
D: Ir devagar?
T: Sim, ela precisa fazer isso devagar. Não pode ser rápido. Precisa levar a frequência do todo para os órgãos em diferentes níveis, onde eles possam absorver tudo o que o corpo precisa de fontes externas.

D: *Ela vai gradualmente equilibrando o corpo. Disse que gosta de estar ao ar livre para obter energia do Sol.*
T: Sim, o Sol é muito bom. Ela morava no Sol, na verdade.
D: *Foi o que me disseram, que é a Fonte. É isso mesmo?*
T: Sim, é a Fonte. Esta também é energia universal que vem da Fonte.
D: *Quando ela morava no Sol, era algo diferente?*
T: Sim. Quando vivia no Sol, não tinha comida. Ela não entendia.

O volume desta fita era irregular e difícil de transcrever.

D: *Ela tinha um corpo físico quando morava lá?*
T: Sim. É possível viver no Sol.
D: *Ah? Não é na superfície?*
T: Não. Não.
D: *É por isso que as pessoas conseguiam viver lá sem se queimar?*
T: Sim. Não é quente. É muito confortável.
D: *Achamos que é quente o tempo todo.*
T: Não, isso é tudo criação da mente, ilusões quando pensamos que está quente. A frequência é muito alta na superfície, mas temos uma frequência diferente em nosso corpo. Por isso não sentimos seu calor. Não vivemos na superfície; vivemos na parte interna, e isso é muito bom.
D: *Eles não precisam de comida porque vivem de energia?*
T: Sim. E eles têm corpos físicos que podem fazer isso.
D: *Mas é apenas uma frequência diferente?*
T: Uma frequência muito alta.
D: *Existem cidades subterrâneas?*
T: Existem civilizações, mas não são os edifícios altos. São pequenos, perto de Deus. Eles têm luz, e o céu é roxo. É lindo. Não precisamos comer porque vivemos de energia de fora. Lá tem muito amor.
D: *Então ela será capaz de se lembrar da maneira como o corpo existia naquela época?*
T: É isso que quero dizer.
D: *Contanto que não a machuque. Não queremos que nada prejudique este corpo. É por isso que ela não quer estar aqui?*
T: Sim. Podemos voar até lá. Posso voar se quiser. Posso andar se quiser.

D: Como pode existir um céu lá dentro do Sol?
T: Lá dentro não é dia nem noite.
D: Pensamos no céu como tendo uma atmosfera.
T: É roxo, e não consigo ver as estrelas. Adoro assistir às estrelas.
D: Seria como se fosse dia o tempo todo? (Sim) Então, quando ela veio para a Terra, sentiu falta daquele lugar. Mas tem que viver aqui agora e terminar sua tarefa, não é?
T: Foi o que ela concordou. Ela tem que fazer isso. Se a Terra não existir, o Sol também será destruído. O Sol é a estrela da órbita da Terra. Todos os planetas do sistema solar serão afetados. O que acontece na Terra afeta tudo, destruindo o equilíbrio entre os planetas. Mas ela concordou em vir à Terra para salvar seu planeta.
D: Então, quando terminar esse trabalho, não precisará voltar?
T: Isso vai depender dela.

Eles trabalharam em seu corpo. Os médicos queriam operar o joelho dela, mas "eles" disseram que ela ficaria curada antes que qualquer cirurgia pudesse ocorrer.

Mensagem de despedida: Ame seu corpo e acredite em si mesma. Conecte-se à Fonte e ouça mais a si ao ensinar as pessoas, porque há uma mensagem para você também. Estamos sempre aqui. Ela nunca está sozinha. Precisa meditar e lembrar de cada momento em que passa pela escuridão. Pode vir até nós a qualquer momento. Precisa encontrar um tempo para parar, se conectar conosco e então ficará bem.

Já tive vários casos em que os clientes disseram que não amamentaram quando nasceram. Claro, os médicos tiveram que alimentá-los por via intravenosa até que o bebê cooperasse. Nesses casos, o SC sempre diz que eles vieram de um planeta ou dimensão onde não precisavam de comida, então não estavam acostumados a consumir nada para sobreviver. É assim que muitos extraterrestres vivem. Eles não precisam consumir nada, portanto, seus órgãos atrofiaram por falta de uso. Vivem de luz, e essa luz vem diretamente da Fonte.

Em Legado das Estrelas, conto a história de alguns seres que precisam tomar "banhos de luz" regularmente. Eles mantêm um recipiente semelhante a um sarcófago, onde a intensidade e a cor da luz indicam quanta energia seus corpos necessitam. Esse método também é usado em naves espaciais durante viagens, e a luz é armazenada em cristais. Portanto, é fácil entender como uma alma vinda de tal ambiente fica confusa ao entrar em um corpo terrestre que precisa consumir alimentos sólidos.

Alguns dos meus clientes (incluindo este) ouviram falar de pessoas que não precisam comer. Elas vivem da respiração. Acredito que sejam chamados de "respiradores". Tenho certeza de que pessoas acostumadas a meditar e viver uma vida austera aprenderam a existir sem comida, mas não seria possível para o ser humano médio.

Durante esta sessão, Terry foi informada de que isso é possível, mas exige muita disciplina, e que ela ainda não estava pronta para isso. No entanto, depois que terminei de dar uma palestra na Irlanda, em setembro de 2011, uma jovem veio falar comigo. Ela era bem magra e não parecia diferente de ninguém. No entanto, havia uma exceção: disse que nunca havia consumido comida ou água em toda a sua vida, nem mesmo quando bebê ou criança. Não sentia necessidade disso. Gostaria de ter passado mais tempo fazendo perguntas a ela, mas havia muitas pessoas querendo contar suas próprias experiências: "Por favor, assine meu livro. Por favor, apenas uma foto." Então perdi a oportunidade.

Parece que, quando tenho uma pergunta, o universo me dá a resposta. Eu me perguntava se esse tipo de pessoa existia, e me enviaram uma. Tenho certeza de que, se havia uma, deve haver mais. O SC disse nesta sessão que elas existem. Um dos nossos amigos na palestra disse depois que isso certamente tornaria a vida mais fácil (e mais barata), se você não tivesse que se preocupar em comprar e preparar comida. De repente, pensei que também evitaria a eliminação de alimentos: urina e evacuações. Será que os órgãos deles atrofiaram por falta de uso, como os ETs? A mulher me disse que nunca ficou doente, então não havia motivo para ir ao médico. Portanto, seria difícil para a equipe médica sequer saber sobre esse tipo de pessoa. Tenho certeza de que, se eu precisar saber mais, mais informações serão fornecidas no futuro.

Imediatamente após terminar minha palestra e excursão de estudos pela Europa, fui à Índia para palestrar em uma conferência no Vale das Pirâmides, nos arredores de Bangalore. Uma das palestrantes disse que conseguiu parar de comer na década de 1990, mas que a meditação profunda foi essencial para isso. Ela afirmou que havia pelo menos 30.000 pessoas na Terra que também não precisam consumir alimentos.

No entanto, não recomendo isso para a pessoa comum, pois acredito que circunstâncias especiais precisam estar envolvidas para que o corpo físico sobreviva.

Capítulo 30
ATIVAÇÃO DA NOVA ENERGIA DE LUZ

Quando Sherri saiu da nuvem, começou a descrever uma cena que se tornava cada vez mais familiar. Muitos dos meus clientes já não estão mais voltando para vidas passadas durante a sessão. Eles estão retornando a uma luz linda que também parece ser uma energia poderosa. Para mim, isso acrescenta validade, pois muitas pessoas descrevem as mesmas coisas enquanto estão em transe profundo, sem terem ideia do que estou revelando.

S: Vejo uma luz muito bonita. É dourada, amarelada, mas, à medida que me banha, torna-se mais como uma luz violeta-lavanda. Permeia meu corpo... meu coração. (Ela estava ficando emocionada.) É uma sensação tão boa.
D: Onde a luz parece estar?
S: Nos meus olhos... na frente do meu rosto e mais alto. Em todos os lugares. Tudo o que consigo ver é a luz das estrelas. Como descrevi para você, foi tão bom que tive vontade de chorar. — Agora estou totalmente na luz. Ela simplesmente me permeou e agora está em mim. É uma sensação muito calma e suave, e todo o meu corpo brilha.
D: Como você percebe seu corpo?
S: O corpo é como um pequeno invólucro na superfície, como a pele, mas não há mais nada. É realmente interessante porque tudo meio que derrete, então, quando olho para o meu corpo, só há luz. Ainda assim, sei que tenho um corpo, mas é luz das estrelas... é luz do sol intensa. Neste ponto, são muitas cores, não apenas uma. — É só luz, mas sei que há seres aqui, embora não consiga ver nada além de luz, nem sentir qualquer coisa que não seja luz. Seria interessante vê-los. Sei que eles estão lá.
D: Se você pudesse vê-los, como seriam?

S: Eles se pareceriam com seres de luz. Seriam como eu. Haveria essas pequenas bolhas com luz dentro e ao redor delas. (Ela ficou emocionada e começou a chorar.) Oh, a luz é muito poderosa! (Com admiração.) Oh, é linda. É tão pura. Ela atravessa tudo. Nada pode resistir a ela.

Ela disse que também parecia familiar, como se já tivesse passado por isso antes.

S: Estou meio que navegando aqui porque parece que esse derramar de energia dura para sempre. Mas, em termos deste corpo, continua indo mais fundo, além do corpo. Então, estou apenas ciente da luz no meu corpo, mas há outras lá, e eu estou apenas absorvendo essa luz. Eu sinto como se ela passasse por mim e estivesse indo para algum lugar, como a Terra ou algo assim. Isso flui através de mim. (Soluçando.)
D: *Por que isso a deixa emocionada?*
S: Porque isso é tudo o que eu realmente faço: ter energia fluindo. E eu pensei que fosse diferente. (Chorando.) Eu já estive aqui antes, mas não via isso como eu. Isso é muito maior. Isso está em todo lugar. Eu consigo sentir. Sinto que penetra na Terra.
D: *Você sente que essa é uma energia que você usa?*
S: É isso que eu sou. (Sussurrando.) Eu sou luz. Eu sou energia. Eu não sabia disso antes. Eu podia sentir, mas eu sou essa energia. Eu conhecia essa luz, mas parecia que era algo externo, vindo através de mim. Mas isso é diferente. É apenas luz pura. É para sempre.
D: *Você acha que seria capaz de usá-la?*
S: Eu poderia usá-la de qualquer jeito. Eles me confiaram esta luz.
D: *Pergunte a eles o que isso significa.*
S: Eles me amam muito e confiam em mim para usar esta luz. (Soluçando, atônita.) Eles são puro amor. É maravilhoso vê-los.
D: *Como eles são?*
S: São colunas de luz, mas parecem muito, muito grandes, poderosas e eretas. E sabem tudo sobre nós. (Chorando.) Estou tão grata por poder estar com eles. Eles estão dizendo: "Queremos ajudar você, e estamos ajudando você." E eu posso sentir um deles, com uma voz muito mais baixa, querendo falar através de mim.

Garanti a ela que não haveria problema em permitir que fizessem isso, se ela concordasse, porque é sempre mais fácil se comunicar diretamente. A voz ficou mais forte à medida que começou a falar.

S: Estamos pulsando luz através de você.
D: *Qual é o propósito de pulsar a luz através de Sherri?*
S: Ela é capaz de fluir livremente e irradiar essa luz livremente. É tudo perfeito. Temos um grupo de estrelas, mas parece uma única luz. Canalizamos essa luz em formas que fluirão através das pessoas. Sherri é uma delas. A energia está fazendo seu corpo formigar. Tínhamos que prepará-la. Tínhamos que fazê-la se sentir bem para que pudéssemos passar por essa forma, como estamos agora. Ela está sentindo isso e é uma sensação maravilhosa. — É tão estranho falar e sentir o corpo. Temos um grande coração. Falamos através do coração. Ela sente isso como paz no coração. Sem preparação, ela jamais conseguiria lidar com tanta luz... nunca... não, nunca. (Pausa.) Estou vendo o planeta e não apenas a luz entrando na Terra. Sou uma das pessoas que fala através dela agora, e estou particularmente interessada na atmosfera. Essa luz entrará na atmosfera. Há muita coisa na atmosfera que precisa de correção e ajuste, especialmente a luz violeta que ela vê, a luz azul e a luz branca. E todas as cores que já estão na Terra serão ajustadas com essa luz. Então, estou ajudando a ajustar as frequências da luz atmosférica, para que o trabalho que ela está fazendo tenha muito mais consciência. Mas eu queria mostrar a ela essas coisas maiores que esta luz está fazendo além do mundo pessoal com o qual ela acha que está trabalhando.
D: *Porque estamos envolvidos com os indivíduos. (Sim.) Mas você está envolvido com o panorama geral? (Sim.) Há algo de errado com a atmosfera que precisa de correção?*
S: É muito mais do que todos os tipos de poluições, pensamentos e coisas do tipo. É muito mais uma perturbação. Essas perturbações existiram por muito tempo para manter as coisas em determinada frequência, permitindo que as pessoas aprendessem. Mas essas coisas estão sendo dissipadas e a luz está literalmente dissolvendo a espessura, a poluição, o congestionamento e a negatividade. E, assim, é capaz de liberar completamente os sons de dissidência no planeta, que estão aqui há muito tempo.

D: Então é mais do que poluição causada pelo homem? Pensamentos e outras coisas também são poluição?
S: Sim. Eles estão sendo purificados. Usamos frequências sonoras e luminosas. Falamos com ela através do som, e ela entende o som melhor do que outras modalidades. Ela pode usar o som com mais liberdade para ajudar os outros.
D: Porque o trabalho dela não é melhorar a atmosfera. O trabalho dela é ajudar os indivíduos?
S: Sim. Tivemos que limpar algo na atmosfera para ajudá-la a usar essas energias, e é isso. Por que entrei agora? Isso tornará muito, muito mais fácil trabalhar com as energias. Era um ajuste atmosférico que precisava ser feito através de você, Dolores.
D: Ah, ela não conseguiria fazer isso sozinha?
S: Não. Teria demorado mais.

Eles então passaram a dar instruções sobre como Sherri deveria usar a energia para a cura:

S: Ela pode colocar as mãos em ou acima do corpo, fazer os sons, e nós chegaremos para ajudar.

Ela instintivamente reconheceria os sons que deveria fazer. Seria muito natural para ela, e então eles trabalhariam através dela e a usariam como instrumento. Percebi que o corpo de Sherri estava se sacudindo e pulando. Eles disseram que estava se limpando e se ajustando, para que pudesse lidar e direcionar a energia. Enviaram energia de luz pura, entrando em todas as células e em todo o tecido ósseo, enchendo-o de luz, e era exatamente disso que ela precisava. Sherri estava tendo alguns problemas com seus órgãos internos, especialmente na bexiga, então perguntei sobre a causa.

S: Ela teve uma entrada difícil e entrou em pedaços. Havia um aspecto de nave espacial de metal incrustado nela, que gostaríamos de remover. Era como um peso, uma pressão sobre ela.
D: Você quer dizer quando ela chegou a esta vida? Aconteceu alguma coisa com a nave espacial?
S: Sim... antes de ela vir a este corpo. Ela foi entregue e... chegou em pedaços. Quando havia um problema para passar, isso criou uma

pressão em sua bexiga, fisicamente registrada em seu corpo como metal pressionando contra ela.

D: *O que você quer dizer com "ela chegou em pedaços"?*

S: No seu tempo e espaço, ela foi entregue em pedaços, em caixas, em cubos, em cubos de luz. Instalações, como você diria, e houve um problema em uma dessas instalações.

D: *Estou tentando entender informações novas, que nunca ouvi antes. A alma não entra inteira?*

S: Isso é verdade. A alma entra inteira. A alma é... estou tentando transmitir isso em termos de linguagem.

D: *A linguagem é sempre um problema.*

S: É isso. É como essa luz que ela está vivenciando. Ela flui por toda parte. É radiante. Não tem limites. Mas essa coisa de que estou falando é o invólucro humano. Ele não pode lidar com tanta luz, então a entregamos em parcelas. E algumas das energias físicas do planeta, das quais ela fazia parte, tiveram que se adaptar a essas novas energias. Havia um problema na região pélvica, e ela não conseguia aceitar totalmente tanta luz, o que causou problemas físicos em toda aquela área.

D: *Essa é uma das razões pelas quais ela não pôde ter filhos? (Sim.) Você disse que está trabalhando agora para remover o metal de lá?*

S: As condições. O metal era o recipiente para essa luz. Isso se foi, mas a impressão do metal no recipiente físico ficou gravada com essa experiência.

D: *O peso que era a pressão.*

S: Sim. É só uma lembrança.

D: *Você pode levar isso embora?*

S: Sim, claro que podemos.

D: *Acho que agora entendo do que você está falando. Eu já ouvi isso de outros seres como você, embora eles usassem termos diferentes. Dizem que às vezes a energia não estava no corpo físico, no corpo humano, antes. Isso está correto? (Sim) E então é uma energia muito forte?*

S: Entregamos isso a muitos seres ao mesmo tempo. Não era uma energia única.

D: *Já ouvi explicações antes de que o corpo não conseguia lidar com a energia, então teria de ser feito gradualmente.*

S: Aconteceu, e às vezes não aconteceu como esperávamos, para ser refinada e refeita. Mas foi um problema para o corpo físico dela.

D: *Ouvi dizer que, às vezes, quando essa tentativa acontece, o bebê aborta porque há muita energia.*

S: Sim. Isso também fazia parte da experiência dela, mas ela não escolheu partir. Ela chegou com uma luz muito brilhante e conseguiu permanecer no corpo, mas era demais. Tem que haver uma adaptação com o corpo da mãe também. Esperamos lidar com a energia que está chegando.

D: *Em outros casos que você me contou, foi preciso ajustar para que, da próxima vez, o bebê não abortasse. Ele conseguiria nascer, mas não teria toda a energia de uma só vez. Isso faz sentido? (Sim) Já ouvi isso em termos diferentes. Nunca ouvi falar disso em partes ou parcelas.*

S: Você fala sobre walk-ins, e walk-ins são porções de energia.

D: *Mas descobri agora que existem muitos tipos diferentes de walk-ins. (Sim.) Nada é tão simples quanto as pessoas pensam. Mas isso significa que Sherri não teve vidas em corpos físicos na Terra antes?*

S: Ela nunca teve vidas antes na Terra. Ela teve outras experiências. Muitas experiências, e possui uma vasta, vasta memória de lugares belos e diferentes. Ela conheceu o planeta-água, vivenciou outros sistemas estelares e transcendeu sistemas solares. Ela compreende a luz e outros reinos, e conhece, além da criação física, as origens turbilhonantes do indescritível.

D: *Parece que ela era muito avançada. Ela realmente não precisava ter a experiência na Terra.*

S: Ela chegou em um período difícil para esse tipo de energia, mas queria muito fazer isso. Queria ajudar e veio com outros. Há outros como ela aqui na Terra.

D: *Conversei com muitos. Acho que os entendo melhor do que a maioria das pessoas.*

S: (Sussurrando.) Isso é verdade.

D: *Ela decidiu sozinha ou outras pessoas a ajudaram a tomar a decisão?*

S: Não. Eles vieram como um grupo. Uniram-se e vieram juntos, embora tenha sido ao longo de vários anos. Eles eram um grupo só, e há muitos grupos surgindo agora.

D: *Mas eles estão todos espalhados e não se conhecem.*
S: Não. Eles vão se conhecer novamente muito em breve.
D: *É por isso que tiveram dificuldade, porque sentiam estar completamente sozinhos.*
S: Sim, isso é verdade.
D: *Mas por que ela escolheu a Terra? O que a fez decidir vir para cá?*
S: Era uma tarefa. Era algo acordado. Somos um conselho, e essa energia estava além da galáxia. Era um reino de consciência que desejava ser gerado e pulsar em estágios nas muitas galáxias. E, à medida que surgia através dela, uniu-se a algo existente que tinha uma história que ainda não havia sido contada. Continha informações que ainda não haviam sido vivenciadas. Era nova e trazia informações que ajudariam a mudar o que todos vocês estão entendendo agora sobre o que está acontecendo na Terra. Mas é uma mudança muito maior, que está acontecendo em muitas, muitas galáxias e em muitos lugares. Esta é uma mudança enorme.
D: *Então não é só aqui na Terra?*
S: Correto.
D: *Que mudança é essa que está acontecendo? Você disse que é nova e que nunca aconteceu antes.*
S: Sim. Não consigo descrever. Simplesmente não está disponível.
D: *Eu sei que é sempre difícil encontrar as palavras. Apenas faça o melhor que puder com o que tem.*
S: Certo. O que está sendo criado nunca foi experimentado antes, e haverá seres de compreensão que serão colocados com cada ser na Terra. Eles estarão ouvindo essa incrível amplificação, que conhecem profundamente através de seus próprios sistemas, e estamos fazendo isso agora, enquanto falamos. Esta é uma grande implantação... se é que existe tal palavra. Estamos implantando e incorporando. Esta luz está, na verdade, entrando no próprio plexo solar e no chacra raiz de cada ser, e está formando uma voz. É por isso que é uma forma de "V" no corpo. Veja isso como algo positivo, pois podemos perceber como isso está se espalhando, e todos os seres terão essa nova facilidade de vivenciar a luz através de seu sistema de ser da corporeidade. Poderão falar com todas as coisas por meio dessa nova energia. É uma forma de cone colocado na parte inferior do corpo; a mesma área em que Sherri

apresenta muita dificuldade. O que ela sentia era a expectativa daquela colocação.

D: É naquela área?

S: Sim, através dos chakras. É uma grande colocação de uma nova comunicação, como um cone de luz colocado no corpo de cada ser do planeta. Esse era o propósito de hoje: permitir que sejamos conscientemente percebidos como uma das coisas que as pessoas estão ajudando a trazer para a Terra. É leve, mas também tem uma forma. É basicamente um vórtice.

D: Está sendo colocado em todo mundo?

Essa definitivamente era uma informação nova. Eu queria entendê-la, para não interpretá-la de maneira negativa.

S: Sim... em todos... animais também.

D: Qual é o propósito de colocar isso em todos?

S: É um novo sistema de comunicação. Uma maneira mais avançada de usar a luz.

D: No passado, havia sistemas de comunicação, como instintos.

S: Sim. Intuições. Essas velhas maneiras não são mais tão eficazes. Isso é tão novo que... sim, os antigos sistemas serão úteis, mas não tão eficazes quanto este.

D: Então era hora de mudar?

S: Sim. Uma instalação de sistema totalmente novo.

D: Como o indivíduo perceberá isso?

S: Temos visto muita perturbação naquela parte do corpo em muitas pessoas. Isso foi em preparação para isto, e agora que está sendo adaptado e implementado, muitas coisas poderão acontecer com mais facilidade. E as pessoas não sentirão tanto desconforto físico, como medo ou insegurança financeira. Está aliviando o antigo sistema da pressão acumulada. Esta é uma forma muito mais avançada de incorporação humana no uso desta informação que está sendo enviada.

D: Estou tentando entender como funciona e se a pessoa média notará alguma diferença.

S: Sim. Ele é ativado.

D: Então está lá, mas não é ativado em todas as pessoas?

S: Não. Ele já vem ativado. É que tudo já foi preparado e agora foi incorporado no local.
D: *Mas a pessoa não saberia quando aconteceu?*
S: Simplesmente aconteceu. Os preparativos já vinham de longa data, mas o evento em si só ocorreu nos últimos dias. (Esta sessão foi realizada em 11 de julho de 2009.)

Isso foi uma surpresa. Eu sabia que não me sentia diferente. Pelo menos eu achava que não.

D: *Aconteceu alguma coisa para que isso fosse ativado agora no planeta?*
S: Era hora de acontecer. Estamos trabalhando há muito tempo... para este tempo.
D: *Isso foi bem recente. É por isso que me perguntei se algo desencadeou isso.*
S: Foi planejado.
D: *Você disse que todo mundo terá um. Todos vão saber que ele existe? Será que vão reagir?*
S: Entendo. Entendo. Eu vejo que sim, mas, do ponto de vista humano, vai levar algum tempo.
D: *As pessoas notarão algo diferente?*
S: Será uma sensação muito diferente. Elas não ficarão irritadas e serão capazes de estar aqui na energia do planeta. Não que não amem estar aqui agora. Mas não será mais tão difícil, porque terão pequenas estrelas e pequenos planetas dentro de si que as farão sentir-se em casa. E, ainda assim, poderão estar aqui e estar plenamente nesta luz... nesta energia. Todos terão isso.
D: *Então não vão sentir que este é um lugar diferente? Não terão mais aquela vontade de voltar para casa?*
S: Certo. Elas estão em casa.
D: *É mais fácil de se ajustar.*
S: Sim, isso será maravilhoso.

Claro que a minha curiosidade me fez perguntar se isso já tinha sido feito em mim também. Ela sorriu ao responder: "Claro." Eles então perguntaram se eu conseguia sentir. A única coisa da qual eu tinha consciência era uma sensação de energia se movendo através de mim, enquanto eles estavam colocando isso em prática por meio dela. Eu não sabia se era isso que eles quiseram dizer. Perguntei: "Vamos ter consciência da energia?"

S: Você sentirá. Sentirá mais plenamente. Sentirá como ela sentiu aquela energia solar estelar, mas, ao mesmo tempo, de maneira única, como cada pessoa sentirá. Mas parecerá estar em casa. É como se cada um tivesse sua própria experiência dessas energias.
D: Você disse que isso preenche as células de todos, ou é só com ela?
S: A luz preenche cada célula, mas o cone é um dispositivo de conexão da alma.
D: É uma forma de comunicação?
S: Certo. Não haverá mais separação da Força ou de Deus.
D: Isso pode ser usado para cura ou é algo diferente?
S: A energia é a mesma, mas a forma como cada pessoa a utiliza pode ser muito diferente. Ela pode ser usada de muitas maneiras.
D: É isso que estou tentando entender. E as pessoas negativas por aí?
S: Estamos trabalhando nisso. (Pausa) O que estamos fazendo com pessoas negativas? Para essas, pode parecer inicialmente perturbador, mas o que isso faz é fundir a negatividade. Elas não conseguem controlar isso. Esse é um aspecto de Deus e, portanto, são transformadas pela rotação desse cone em seu sistema, até que liberem aquela energia que não pode mais permanecer nesta luz.
D: Significa que a negatividade não pode existir sob essa luz?
S: Não pode existir.
D: Você disse que, no começo, seria um pouco estranho e perturbador para eles?
S: Para eles, seria apenas uma sensação, mas é muito mais forte do que o próprio desejo. Eles ficariam incapacitados e começariam a sentir que tudo o que podem fazer é seguir com a corrente positiva. Não conseguirão lutar contra isso. Não conseguirão controlar isso.
D: Isso vai contra o livre-arbítrio do indivíduo?
S: É aqui que a negatividade é eliminada e dispersada. É aqui que ela evapora pela luz, e o livre-arbítrio é esta luz. (Pausa) Ah, entendi o que você está dizendo: o livre-arbítrio. Isso foi acordado muito antes de qualquer pessoa tomar forma ou qualquer coisa se manifestar. Eles estavam interessados em experimentar isso (o livre-arbítrio) e o levaram muito longe, a muitos lugares e

possibilidades. Mas é um momento... você sabe como um pião gira e parece que está parado, mas está girando muito rápido? (Sim.) É assim que parece no sistema. Esse sentimento é tão poderoso que permanecerá equilibrado, e a consciência acumulada dessa negatividade não pode desequilibrá-lo. Então, o livre-arbítrio para explorar é uma coisa, mas a capacidade de tudo ser lembrado e reter essa energia é muito mais forte do que o livre-arbítrio para explorar e desenvolver o que você chama de "carma, negatividade". Foi acordado, há muito tempo, numa época em que tal desequilíbrio havia sido criado, que colocaríamos em prática algo que o equilibraria novamente.

D: *Então você acha que agora é a hora, devido a toda a negatividade que o mundo criou? (Sim.) Está definitivamente desequilibrado. Agora é hora de fazer isso para restabelecê-lo? (Sim.) O mundo foi criado com livre-arbítrio para ser experimentado, mas isso só poderia ir até certo ponto. — Bem, isso significa que o carma não existirá mais?*

S: Certo. Ele não existirá mais. Não pode continuar se recriando indefinidamente. Foi apenas uma exploração.

D: *E quanto ao carma que as pessoas têm e ainda não pagaram?*

S: Foi isso que eu quis dizer sobre a evaporação. Ele irá se dispersar e evaporar. Não existirá.

D: *No meu trabalho, estou sempre dizendo a eles para perdoarem e esquecerem.*

S: Isso é muito bom.

D: *Não é mais necessário dizer isso a eles?*

S: Eu venho de uma perspectiva em que vejo como isso muda tudo, mas, em nível individual, isso ainda pode afetar a maneira como você ajuda as pessoas. Você pode se lembrar de que isso foi colocado em todos, e talvez seja ativado de tal maneira que encontrará novas formas de... Não acho que você verá muito da forma antiga. Ela está desaparecendo. O que você fará é ajudar as pessoas a entrarem na nova forma, e elas não conseguirão manter a antiga por muito mais tempo.

D: *Isso significa que será o fim das guerras e de todas as coisas negativas que assolam o mundo?*

S: Com certeza. É um plano muito grande e está em andamento, e essa grande mudança... Vamos ver... está acontecendo em todos os lugares. É isso. Não é só na Terra. Isso é tão grande. Está transformando tudo. Esta é a maior mudança de todos os tempos. É muito maior que a Terra, mas a Terra é uma parte muito importante dela.

Perguntei sobre as informações que me haviam sido dadas sobre a Nova Terra e a Velha Terra, sobre a divisão e a mudança do novo mundo para uma nova dimensão, e também sobre o fato de que algumas pessoas iriam querer permanecer com os velhos costumes e não mudar.

S: Eu não vejo isso. Talvez outra pessoa precise entrar para falar com você sobre isso. Somos muitos aqui. — Essa energia está em toda parte. Não consigo imaginar nada capaz de existir de forma destrutiva, violenta e negativa. Ela não pode permanecer. Talvez seja essa a Nova Terra a que você está se referindo, mas eu simplesmente não vejo nada sobre uma Terra velha.

Achei que era hora de voltar às perguntas de Sherri, e muitas delas lidavam com doenças físicas. O SC passou pelo corpo corrigindo todos os problemas, mas deixou um conselho para ela: "Ela precisa deixar de lado a tristeza." Eu quis uma explicação.

S: Tristeza. Neste momento, o coração dela está triste. Ela não entendeu sua experiência e levou isso a sério.
D: *Que experiência?*
S: Que ela era um ser de luz em uma experiência humana. Ela não conseguiu compreender a experiência humana e foi muito dura com seu coração emocional. Ela não pode entender tudo isso. — É mais sobre ela compreender a luz, e como ela tem essa luz disponível e pode usá-la de todas as maneiras que puder imaginar, nós estaremos trabalhando com ela completamente. Sempre estivemos, e ela tem sido muito disposta a nos ajudar, mas agora, em particular, por causa desta sessão, ela poderá estar mais aberta. Muitas portas se abrirão e poderemos derramar essa luz em muitas das interações que ela terá ao longo do dia e com as pessoas. Ela está aqui para ajudar. Precisa deixar a tristeza de lado e aceitar seu

papel. Ela nunca deve perder a esperança. Sempre há novas possibilidades.

SEÇÃO

TEMPO E DIMENSÕES

O Universo Convoluto, Livro Quatro

Capítulo 31
A ESTAÇÃO

Quando Chandra emergiu da nuvem pela primeira vez, viu uma floresta de árvores altíssimas à beira de um prado. Ela notou um duende ágil correndo por entre as árvores. Mas, em vez de descer, sentiu a necessidade de voar para longe da Terra, rumo ao espaço. Lá, viu escuridão e estrelas enquanto flutuava sem peso. Sentiu como se fizesse parte do espaço, pois se identificava totalmente com ele.

C: É uma sensação boa. Estou indo a algum lugar. Vejo algo, mas não consigo entender. Está escuro. Vejo estrelas e vejo algo flutuando no meio delas. A forma... de algum tipo de galáxia, mas parecem partículas marrom-alaranjadas, e estou olhando para elas de bem longe. Elas estão girando. Cheguei mais perto das partículas e agora sinto que sou parte delas no espaço.
D: *Qual é a sensação de fazer parte disso?*
C: Eles parecem estar se movendo na mesma direção. São muito pequenos, como areia. Sinto como se estivesse sentada em cima deles e estou sendo movida pelas partículas. É como estar girando em um carrossel. Está se movendo em círculos... — Vejo algo nele. — Vejo um bebê ou uma criança com cabelos escuros que, de alguma forma, faz parte das partículas de poeira voadoras. Tem cabelos muito longos e escuros, como cabelos de adulto... mas parece um bebê. Está sentado nas partículas de areia e parece feliz. Ele me conhece e está dizendo: "Olá! Sou seu guia espiritual. Estou aqui para você, como você realmente quer."
D: *Ele quer que você o veja como um bebê?*
C: Ele quer que eu veja dessa forma.
D: *Seu guia pode aparecer da maneira que quiser, da forma que for mais confortável para você.*
C: Sim, é o menos ameaçador, eu acho. — Diz para segui-lo. Estou pegando na mão dele, mas parece tão bobo seguir um bebê.
D: *Não faz diferença. É uma maneira segura de encarar a situação. Você consegue enxergar alguma coisa enquanto viaja?*

C: Luzes. Está ofuscante agora, muito brilhante. E nós estamos nos movendo através delas. Meu guia vai comigo, bem à minha frente. Eu me sinto feliz e sinto que estou me movendo muito rápido. Bem, ele diz que chegamos.
D: *Onde vocês chegam?*
C: Estou no espaço novamente e ele está apontando para um planeta. Eu me pergunto se, ao chegar mais perto, ficará mais claro. Parece verde, um planeta com manchas verdes e brancas. E agora estamos nos aproximando, e parece uma bola de luz verde-acinzentada. Meu guia quer que eu vá lá. Tem alguma coisa para eu ver. Agora vejo areia cinza e escura, pode haver outros seres. Ele está caminhando comigo na areia cinza e preta em direção a um lugar ali. — Não tem muita coisa para ver aqui. Até o céu está meio escuro... não tem sol. Não é como se fosse noite...

Havia alguns prédios cinzentos feitos de granito, e ela entrou. O chão era como mármore, com muito vidro e alguns espelhos. Mesmo parecendo vazio, ela sabia que havia pessoas ali que não conseguia ver. Pedi que ela tomasse consciência do seu corpo.

C: Eu vejo um corpo. É de carne, mas é cor de pêssego e tem braços longos, pernas longas... não sou eu. Parece humano, mas tem uma aparência meio estranha. Parece esticado. Minhas mãos são muito grandes... grandes como salsichas... como mãos grandes e inchadas.
D: *Você está vestindo alguma coisa? (Não.) Você tem cabelo?*
C: Isso é estranho. Eu realmente não consigo ver minha cabeça. É como este corpo nu, longo e esticado, e acima do pescoço não consigo ver. Mãos grandes... pés pequenos... acho que não têm dedos. E não há partes femininas ou masculinas.
D: *Você sente que pertence àquele prédio?*
C: Sim, como se eu soubesse que deveria estar lá. Eu trabalho lá.

Quando perguntei que tipo de trabalho ela faria, respondeu:

C: Não sei. A sala é muito alta e há esses consoles ao longo da parede. É uma sala circular e há algo como computadores, algum tipo de máquina. Parece que sou um guia. Eu apenas embaralho as pessoas para dentro e para fora daquele lugar. Esse é meu trabalho: ajudá-los a chegar onde devem ir. Isso é como uma estação de trem. Você vai lá antes de ir para outro lugar.

D: *Essas pessoas se parecem com você?*
C: Todo mundo parece diferente. É como um lugar intergaláctico para pessoas que viajam.
D: *E você sabe para onde eles devem ir?*
C: Na maioria das vezes, não decido para onde eles vão, mas ajudo a chegarem onde deveriam ir. Então, eles entram desorientados, e eu os cumprimento. De alguma forma, sei para onde eles devem ir em seguida. Sinto algo em sua energia e os levo para a sala de que precisam, seja para cumprir alguma tarefa, seja para encontrar outra pessoa... amigos, seria mais apropriado. — Todos parecem diferentes. Alguns parecem seres de luz, e estes estão no conselho, como se estivessem no comando. Outros são completamente diferentes... como uma cena de ficção científica. Mas às vezes fica muito lotado lá dentro. Há muitos seres que entram e saem, mas de alguma forma é organizado.
D: *Então você tem que processá-los e dizer para onde ir?*
C: Sim, mas não é minha decisão. Eu apenas os ajudo a chegar onde eles devem ir.
D: *Você simplesmente sabe disso? Você sente? É isso que você quer dizer?*
C: Sim. De certa forma. É tudo diferente. Você apenas os cumprimenta e os ajuda a chegar ao próximo passo.
D: *Então outra pessoa assume a partir daí? (Sim.) Você trabalha lá há muito tempo?*
C: Ah, um tempo... por um tempo.
D: *Parece que é uma posição de responsabilidade.*
C: Sim. (Indecisa) Às vezes prefiro ser aquele que viaja.
D: *Você tem alguma escolha sobre isso?*
C: Eu não pergunto. Não ouso perguntar. Esta é a minha tarefa e este é o meu trabalho, e não me importo. Estou numa estação de trânsito, como uma estação de trem.
D: *E todos eles estão entrando e saindo de outro lugar? (Sim) E você se pergunta o que mais existe? (Sim) Existe alguma maneira de você descobrir?*
C: Tenho que perguntar a um dos seres de luz.

D: *Tudo bem se falarmos com eles? (Sim.) Não há nada errado com a curiosidade, não é? (Não.) Ok, pergunte a eles o que você quer saber.*
C: Eu gostaria de saber se há pessoas lá fora. Eles disseram: "Sim". Disseram que eu faço um bom trabalho ajudando pessoas. Eu me importo e sou um bom trabalhador. E terei uma chance, mas ainda não.
D: *Então você terá a chance de descobrir o que há lá fora?*
C: Foi o que eles disseram. Estou muito feliz.
D: *Isso significa que você descobrirá como é viajar?*
C: Sim. Mas mais do que viajar... é uma existência diferente. Eu só sei que, quando você vai para dimensões diferentes ou uma existência diferente, você é... como se diz? Como, por exemplo, você pode ter uma forma diferente ou até mesmo o nada. Outras dimensões têm maneiras diferentes de perceber e conhecer. Então, não é só viajar, é existir de forma diferente, com parâmetros diferentes. Depende de onde você for, e eu adoraria ir.
D: *Você já esteve em algum lugar?*
C: (Sussurrando) Eu já estive em algum lugar? (Em voz alta) Além daqui? Além da estação? Ele diz: "Sim. Em alguns lugares... mas em épocas diferentes."
D: *O que querem dizer?*
C: Eles explicam que eu já existi em tempos diferentes. Simultaneamente.
D: *Mas você não está ciente dessas coisas?*
C: Agora eu estou, o ser carnudo e macio que eu sou... agora sei... (Confusa) Isso é difícil de explicar.
D: *Tudo bem em saber?*
C: Sim, tudo bem saber... eleva sua vibração ao saber.
D: *Porque não queremos fazer nada que interfira em alguma coisa.*
C: Eles disseram que está tudo bem agora. Aquele ser de luz está contando sobre mim. (Um pouco confusa) Que sou eu... que uma de suas existências agora sou eu... Chandra.
D: *Por que ele está dizendo isso?*
C: Chandra está tentando chamá-los... o ser de luz e a coisa carnal. Ele meio que consegue sentir isso, então eles estão se comunicando. Eles não estão falando, estão compartilhando ideias.
D: *Tudo bem se Chandra souber dessas coisas agora?*

C: Sim. Acho que ela precisa saber que está em todo lugar.
D: *Porque nunca queremos fazer nada que possa causar problemas, mas eu estava pensando que informação não é dada a menos que seja hora.*
C: Sim, é verdade.
D: *Por que é importante que ela saiba disso agora?*
C: Há sempre uma vontade de saber tudo o que está por aí, e isso a distrai do que está fazendo no momento. A curiosidade inata que ela possui a faz desejar muitas coisas ao mesmo tempo. Ela só precisa saber que tudo o que deseja experimentar já existe, e o desejo de experimentar tudo está sendo realizado, mesmo que ela não tenha consciência disso. Assim como sua existência no que chama de "estação", a sensação de estar presa ali não é a única realidade ou existência que possui. Há outras partes dela, pode-se dizer, vivendo vidas diferentes.
D: *Uma coisa que ela queria saber: ela já fez parte da natureza?*
C: Sim. A pequena colina gramada que ela viu antes era ela. (No início, quando iniciamos a sessão.) Ela era a energia que fazia parte daquilo. Um pequeno ser. Uma cuidadora, de certa forma, mas também aquela própria colina. Separados, mas também da mesma energia. Uma energia da natureza.
D: *Porque ela disse que se sente muito próxima da natureza. (Sim.) Achávamos que iríamos vivenciar uma vida passada. Por que isso não aconteceu?*
C: Ela conseguiu ver o que queria ver antes e ainda tem uma imagem muito clara disso. Ela pode voltar a essa lembrança quando quiser, quando precisar de conforto. E precisa saber que, embora aquela fosse uma existência muito agradável, era hora de acabar. Para evoluir, teve que deixar aquilo, ou existir como outra coisa. Ela vivenciou e desejou isso também. — Então ela quis ser humana. Há uma parte dela que estava muito curiosa para saber como seria ser humano.
D: *Estou tentando descobrir como expressar isso. Ela teve várias vidas fazendo parte da natureza antes de se tornar humana? (Sim.) Claro, estou me perguntando se ela morreu ou não. (Riso) Você entende o que quero dizer?*

C: Bem, aquele duende (a pequena criatura que ela viu correndo entre as árvores) ainda existe e ainda é ela. Ele nunca morre. Ainda é ela aqui.
D: *Ele só existe nessa forma?*
C: Sim. É difícil de explicar.
D: *Faça o melhor que puder.*
C: Eles estão todos lá. O duende ainda está lá, o que é ela. E o ser da estação continua lá, ainda é ela. Ela está em todos os lugares que desejar, em muitos lugares, em certos níveis ou em qualquer existência que escolher. Às vezes tem consciência disso e às vezes não.

Tive dificuldade em formular as perguntas para tentar entender melhor.

D: *Ela só se dá conta deles quando se concentra neles?*
C: Depende da existência. Por exemplo, o duende... como duende, ele escolheu ser humano. E o duende está ciente desse desejo e, sendo um espírito da natureza, sabe que isso ocorreu, digamos assim.
D: *Ele é mais consciente que Chandra?*
C: Sim. Existem diferentes níveis de consciência, e isso depende da existência. É o mesmo ser, mas cada um tem permissão para saber o que precisa saber.
D: *Mas eles não conseguem ter consciência de tudo, de todo o panorama. É isso que você quer dizer? (Sim.) Seria muita coisa para lidar?*
C: Sim. Por exemplo, ao ser da estação foi dito que ele existe em dimensões diferentes devido ao seu desejo de experimentar outros níveis. Então, foi-lhe dito que ele já existe. Se não tivesse perguntado, não saberia.
D: *Isso é ser capaz de entender?*
C: Era mais para apaziguar ou confortar o ser. Era para elevar sua existência. Sua frequência agora está um pouco mais leve ou mais alta por saber disso. Mas você não pode forçar... só pode responder às perguntas quando elas são feitas. Se não tivesse perguntado, não saberia que já existia em outros lugares.
D: *Então seria melhor saber que ele não estava preso ali? (Sim) Então ele pôde continuar com seu trabalho sabendo que também era*

capaz de vivenciar outras coisas? (Sim.) Portanto, um pouco de conhecimento ajuda à medida que cada um continua sua própria vida. Portanto, o que chamamos de "outras vidas passadas" não é apropriado conhecer.
C: Nem sempre é assim.
D: Porque eles não estão nesse nível de desenvolvimento?
C: Exatamente. O ser no depósito, você diria, era de frequência mais baixa.
D: Eu interferi no seu desenvolvimento por...?
C: Não. Na verdade, foi ajudado.
D: Porque não quero interferir na evolução de ninguém.
C: Não. Um dos propósitos ou objetivos de todos os seres é elevar suas vibrações para se aproximarem da Fonte. E, no conhecimento que foi dado a esse ser, a vibração mudou.
D: Então isso ajudou na evolução? (Sim) Então estou correto em pensar que, para eventualmente retornar à Fonte, todas essas partes precisam se juntar em algum momento? (Sim) Então todos eles teriam que, eventualmente, elevar suas vibrações, não é mesmo?
C: Sim, assim como o duende. A vibração dele era diferente, uma frequência diferente. Mas ele pediu a experiência de ser humano porque sabia que isso ajudaria em sua evolução.
D: Sabe, no meu trabalho costumo levar as pessoas à vida passada apropriada para encontrar as respostas para suas perguntas. Foi isso que pensávamos que iríamos vivenciar, e não aconteceu. (Riso) Pelo menos não uma vida passada "normal".
C: É muito importante saber que todas as frequências precisam ser criadas por todos os seres, não apenas pelos humanos, mas por tudo o que é o Todo.
D: Nesse momento?
C: Particularmente.
D: Por que é importante que Chandra tenha essas informações hoje?
C: A vibração dela está aumentando.
D: Então as respostas dela não podem ser encontradas voltando e revivendo uma vida passada?
C: Não, no momento não. Ela quer saber o que fazer. Ela está perguntando sobre sua situação de trabalho.

D: Essa era uma das principais perguntas dela. Ela não está feliz no emprego que tem.
C: Bem, você sabe que ela teve uma vida muito boa como duende. É muito diferente ser humano. Às vezes é mais difícil, de certa forma. Era muito mais fácil ser um duende. Ela tem nostalgia da natureza e se conecta com ela porque sabe que originalmente é parte daquilo e anseia não apenas pela reconexão, mas também porque seu tipo de vida era muito mais fácil. Muito mais simples. Menos complicada. E duendes não precisam trabalhar da mesma forma que os humanos.

O SC pensou sobre que conselho dar a Chandra e finalmente decidiu aconselhá-la a trabalhar com cura:

C: Ela pode trabalhar com a natureza, mas eventualmente eu a vejo como uma curandeira. Ela está resistindo, mas, no final, ela é uma curandeira. Ela sabe disso. Quando simplesmente fala com as pessoas, elas se sentem melhor. Ela pode dizer a todos onde há algo errado. Há energia em torno de uma pessoa que ela consegue ler. Ela precisa desenvolver essa habilidade. Se puder desenvolver a habilidade de ver a aura de uma pessoa, será capaz de ajudá-la com maior capacidade. Se desenvolver essa habilidade, será uma grande curadora. Ajudará muitas pessoas. — Ela também poderia trabalhar com a Terra. Seria muito fácil para ela fazer isso. Ela já faz parte da Terra, e seus amigos e outros espíritos da natureza trabalhariam com ela. Seria muito fácil para ela.
D: Ela tem algum contrato para ter filhos? (Uma das perguntas dela.)
C: Não, e precisa parar de se preocupar com isso. Ela tem outro caminho desta vez.

Chandra queria saber sobre um incidente incomum que havia vivenciado. Estava dirigindo na rodovia e, ao olhar pelo retrovisor, viu um acidente de carro. Quando olhou em volta, não havia nada lá. Perguntei se "eles" poderiam explicar o incidente.

C: Ela estava vivendo temporariamente em uma outra existência paralela. O tempo havia se sobreposto naquele momento, e ela viu algo que aconteceu em outro plano que simplesmente foi, digamos, "cruzado". As duas partes da existência se cruzaram naquele ponto. O carro se moveu de um ponto de existência para o ponto onde ela estava, mas depois se... dissolveu. Hum, essa não é a palavra certa.

D: *Dissipou?*

C: Sim. Obrigado!

D: *Porque não pertencia a esta dimensão? (Sim) Isso se parece com algo que outras pessoas me disseram sobre dimensões que às vezes se sobrepõem.*

C: Sim. Todos eles acham que estão inventando.

D: *Mas não havia nenhuma conexão com ela? Ela simplesmente estava no lugar certo?*

C: Isso está correto.

Físico: Quando ela nasceu, tinha um problema de pele por todo o corpo (algo como eczema ou psoríase). Isso persistiu por toda a vida, mas agora ela tem apenas algumas pequenas manchas no corpo. O que causou a doença? Por que nasceu com isso no corpo todo?

C: Ela tem uma matriz desse corpo crivada de... estou vendo... é um tipo de energia que afeta o corpo físico dela. Ela se apega à matriz e isso faz com que a psoríase apareça... quase como uma erupção cutânea.

D: *É muito pior do que uma erupção cutânea.*

C: Pense em uma erupção cutânea como uma forma de energia e na matriz que cria seu corpo físico...

D: *Você pode explicar o que quer dizer com matriz?*

C: A matriz é uma rede de linhas de energia que se unem e formam o corpo humano. Ela se estende para fora do corpo dela, e você não consegue ver... Bem, algumas pessoas conseguem ver, mas tem cerca de seis ou sete pés ao redor do corpo físico, como um sistema de grade que forma o corpo. E, nesse sistema de grade, ela tem o que seria... uma energia que surge como uma espécie de erupção cutânea que cresceu nessa matriz ou grade. Um sistema que forma seu corpo e se manifesta como psoríase. Quase como uma capa — em termos energéticos, é como a matriz. É muito difícil de explicar. Pareceria um sistema de grade se você o visse.

D: *É assim que o corpo físico realmente se parece?*

C: Bem, em um nível energético. O corpo físico é o corpo físico, mas existem muitos (tenho dificuldade em explicar)... Há uma razão pela qual o corpo físico tem a aparência que tem: por causa da grade ou matriz em que todos nascem. E a matriz é o que determina o corpo físico, como ele aparece em sua dimensão. Neste momento, estamos limpando sua matriz... Só posso descrever para você como uma erupção cutânea.

D: *Quando você disse que essa matriz se estende para fora do corpo, seria isso que as pessoas veem como aura?*

C: Não. É separado. A matriz existe apenas para o propósito de criar o corpo físico. A aura é a energia do corpo. Pense nela como um sistema multitarefa. Você tem um molde e, ao preenchê-lo, neste caso, você tem energia em uma determinada frequência que cria uma forma humana. Nessa natureza, uma grade é como o molde.

D: *Então ele não ganha vida até que a alma entre?*

C: Não. Começa quando a concepção acontece e está sempre mudando, o que é evidente porque o corpo humano está em constante mudança. E não é afetado por outras energias do ser humano, como a aura. Todas elas interagem entre si. O principal objetivo da matriz é criar uma construção... é como a concha.

D: *Então, sempre que a alma deixa o corpo, a matriz começa a se dissolver?*

C: Sim, porque não há mais necessidade do corpo físico.

D: *Podemos ajudá-la com essa psoríase?*

C: Sim. O que descrevi para você como uma erupção cutânea é, na verdade, mais como uma energia que decidiu se agarrar à sua matriz. É quase como pegar carona. E achou sua matriz muito hospitaleira e decidiu ficar por ali, mas se manifestou como psoríase.

D: *Mesmo que esteja causando problemas, ela não sabe? (Sim) Para mim, isso soa como o que chamo de energia "elementar".*

C: Isso mesmo.

D: *Eles não têm emoções ou sentimentos.*
C: Isso mesmo. Mas, por algum motivo, eles gostam de ficar perto da matriz dela.
D: *Eles são atraídos por isso? (Sim) O mesmo tipo de energia é atraído por edifícios e lugares.*
C: Sim, e é muito benéfico para ela saber disso, para que comece a entender como o corpo físico funciona ou existe, e assim possa ser uma curadora melhor.

O SC então rapidamente limpou a energia para que a psoríase pudesse ser curada. "Nós a removemos com uma bênção, para que a energia não retorne. O corpo agora está livre e desimpedido."

O corpo energético ou etérico, que fornece o padrão formativo e sustentador para o corpo físico, é vivenciado como luz. Essa é a matriz?

No livro de Robert Winterhalter, The Healing Christ (publicado pela Ozark Mountain Publishing), ele dá uma explicação muito plausível quando fala sobre os milagres de Jesus na Bíblia:

Pedro, Tiago e João testemunharam a transfiguração de Jesus como um evento real (Marcos 9:2-3; passagens paralelas: Mateus 17:1-2; Lucas 9:28-29. Isso é comumente referido como "A Transfiguração de Cristo"). Eles não conseguiam explicar isso. No entanto, o evento é consistente com as descobertas de cientistas modernos de que tudo o que é visível pode ser convertido em energia e que o universo está inundado de energia. Também concorda com a experiência de muitos de nós, na área da cura, que vimos a luz ao redor das pessoas.
Não podemos mais acreditar que Moisés e Jesus foram os únicos a serem envolvidos por uma luz branca. Tratava-se de fenômenos naturais e não sobrenaturais. Com o avanço do conhecimento, contudo, ganhamos mais do que perdemos. Esses relatos da aparição de Moisés e Jesus são baseados em fatos. O corpo energético ou

etérico, que fornece o padrão formativo e sustentador para o corpo físico, é vivenciado como luz. Isso é o que os apóstolos viram e está intimamente relacionado ao significado do termo grego para "transfigurado".

James Eden, em seu livro Cura Energética, apresenta evidências que corroboram a realidade do corpo energético. Além disso, Kendall Johnson, que trabalhou com Thelma Moss na UCLA, escreve:

"Nossos experimentos com fotografia de campo de radiação e o efeito Kirlian nos levaram à conclusão de que existe em cada organismo vivo uma matriz energética ou molde que fornece uma estrutura subjacente para seu corpo material. O efeito corona, ou de borda, que observamos é a evidência reveladora dessa matriz."

A luz, portanto, sempre esteve presente em todos nós, embora até então desconhecida e irreconhecível. Sabendo disso, algumas das declarações de Jesus assumem um novo significado. Ele não só declarou: "Eu sou a luz do mundo" (João 8:12; 9:5), mas também: "Vós sois a luz do mundo" (Mateus 5:14).

Tanto no sentido literal quanto no figurado, ele sabia como "deixar a luz brilhar".

Capítulo 32
A ALDEIA FORA DO TEMPO

A primeira coisa que Lucy viu foram altas montanhas cobertas de árvores e uma vila aninhada em um vale. Ela anunciou:

L: Estou descendo entre as árvores até o fundo do vale, até o caminho que leva à aldeia. Há um caminho, mas você precisa saber onde ele fica. A vila está escondida. Você não pode vê-la a menos que saiba onde está. É protegida por todos os lados, por altas montanhas. As árvores descem as montanhas e, no vale, a copa das árvores cobre a vila. Você precisa saber onde fica. Eu vou e volto lá. Converso com as pessoas que ficam lá. Eu não fico lá. Descubro o que eles têm feito, seus relatórios, suas investigações e seus estudos. Dou conselhos. Aponto novas direções. Eles não sobem. Não sei por quê. Não sou o único que faz isso, mas eu viajo para cima."

D: *O que você quer dizer com "acima"?*
L: Quando chego à aldeia, desço como de uma nuvem. Quando volto, eu volto como uma nuvem, mas não é uma nuvem. Também não é uma nave. Está apenas lá.
D: *Achei que você quisesse dizer que era do topo da montanha, mas não é bem assim.*
L: Não. É como se eu chegasse a uma nave que não é uma nave. Eu não sei o que é.
D: *Como se parece?*
L: Por fora é meio acinzentado, poroso, mas no interior é outro espaço... outra dimensão. O exterior é apenas uma camuflagem do interior. Uma aproximação de onde eu vou, de fora para dentro. Não é visto facilmente de baixo, mas, se fosse visto, eu acho que pareceria o que alguns chamam de "nave", mas não é uma nave. É uma camuflagem. Parece a forma de algo, mas, quando você passa por isso, não está mais naquela dimensão. Você está neste espaço.

O Universo Convoluto, Livro Quatro

Então, às vezes, o que as pessoas pensam ser OVNIs são, na verdade, portais ou portas para outras dimensões. Eles estão apenas disfarçados para se parecerem com outra coisa.

D: *Então você pode passar sem abrir uma porta ou algo assim?*
L: Sim. É como uma membrana e você simplesmente passa por ela.
D: *É de lá que você vem?*
L: Agora... sim.
D: *Como você percebe seu corpo?*
L: Lá embaixo, humano, mas é como camuflagem.
D: *Outro tipo de camuflagem.*
L: Certo. Lá em cima, lá dentro, tem uma luz. Consigo sentir o contorno de um corpo, mas não é com forma... é luz. Um corpo de luz. Consciência contida na energia.
D: *Então não é uma luz sólida? É isso que você quer dizer?*
L: Muitas luzes coloridas.
D: *Então, quando você vai para a vila, você assume uma forma humana?*
L: Sim. Me cubro com uma forma humana. É uma cobertura muito fina, para que seja mais fácil me entrosar, conversar. A maioria dos outros são como eu também. Eles estão aqui. Alguns são de lá, mas eles não entenderiam.
D: *O que você quer dizer? São essas as pessoas da aldeia de quem você está falando?*
L: As pessoas da aldeia são como eu, mas as pessoas que não são como eu não sabem disso, porque parecemos com eles. Então, quando vou visitá-los, tenho que me parecer com eles para que ninguém tenha medo.
D: *Mas os outros vivem lá entre eles?*
L: Sim, e eles não sabem.
D: *É trabalho deles ficar lá com eles?*
L: Ficar lá, treiná-los, aprender e ensiná-los.
D: *Como são as outras pessoas?*
L: Eles parecem humanos. As mulheres e os homens usam o mesmo tipo de roupa: camisas longas, como tecidos feitos de talos naturais, gramíneas. Mas uma camisa macia e longa até os joelhos, com calças finas por baixo e sandálias.
D: *Essas pessoas são nativas daquela aldeia?*

L: Não, esta vila não é uma vila onde as pessoas se estabeleceram. É como um lugar a que eles vêm compartilhar entre aldeias... entre grupos de pessoas, entre lugares... um ponto de encontro.

D: Eles não moram lá o tempo todo?

L: Sempre há alguém lá, mas as pessoas estão sempre chegando e indo. Isso torna mais fácil para nós convivermos com eles e sermos seus professores. Eles se lembram de nós como seus professores há muito tempo.

D: Eles vêm para lá para ficar por um curto período?

L: Alguns ficam por pouco tempo... outros, por muito, dependendo do que estão aprendendo. Aprender a cultivar coisas, a curar coisas, a fabricar coisas... cada uma leva um tempo diferente.

D: Cada um do seu grupo ensina algo diferente?

L: Todos nós sabemos o que todos os outros sabem, mas alguns são melhores em ensinar certas coisas do que outros. Podemos visualizar melhor o que tentamos ensinar aos outros, porque eles aprendem tanto mostrando quanto contando.

D: Então, quando essas pessoas são ensinadas, elas retornam para suas aldeias? (Sim) Eles têm alguma lembrança do que aconteceu? (Sim) Eles sabem para onde foram?

L: Sim. Eles foram selecionados por suas aldeias para vir aqui. Às vezes, as aldeias enviam as mesmas pessoas; outras vezes, enviam pessoas diferentes, para diferentes épocas do ano. Mas há uma constante ida e vinda. Pessoas diferentes na aldeia vêm para coisas diferentes. É muito parecido com uma biblioteca viva.

D: Essa seria uma boa maneira de descrever. Então, quando essas pessoas voltam para casa, as pessoas de lá entendem o que está acontecendo?

L: Sim. Eles sabem que foram a este lugar como uma escola. Só às vezes eles realmente aplicam as coisas que levam de volta para auxiliar suas cidades, aldeias. Às vezes, são desenhos que eles levam... coisas diferentes.

D: Então eles se tornam como os professores daquelas aldeias?

L: Inventores, professores, ajudantes, médicos, curandeiros.

D: Alguém tentaria ir lá se não pudesse?

L: Não. Ninguém nunca tentou. Eles sabem que, se quiserem vir, basta pedir.

D: Eu estava pensando se alguém tentasse seguir um deles.

L: Às vezes, as crianças tentam segui-los, mas não estão prontas para isso. São adultos... algumas pessoas mais velhas, que estão aprendendo as técnicas da mente para poderem transmitir o que aprenderam. "Mente para mente" não descreve muito bem. Às vezes, as crianças tentam seguir, mas há proteção em torno deste lugar no vale, e somente aqueles que deveriam estar lá podem passar pela porta. Eles não conseguem encontrá-lo de outra forma. Está protegido. Mesmo que estejam parados bem na frente, não saberiam a menos que pudessem entrar. É um lugar especial. É fora do tempo.

D: O que você quer dizer?

L: Existe no vale, mas não está no tempo. Está no espaço, mas não no tempo.

D: Mas esse vale é um lugar real, não é?

L: O vale é, mas a aldeia está fora do tempo. Está naquele espaço e parte deste espaço, mas não naquele tempo. Aqueles que chegam à aldeia, quando passam pela porta, movem-se para fora do tempo. E, quando saem, estão de volta ao seu tempo.

D: Eles não percebem isso, não é?

L: Não. Só aqueles como nós sabem que eles estão fora do tempo. Não há razão para que eles saibam disso. E como você explica isso?

D: Para uma pessoa comum, isso não faria sentido algum.

L: Para algumas pessoas, não. Como os mais velhos que vivem no que eles chamam de "tempos modernos". Todos os tempos chegam aqui. Aqueles que vêm em tempos modernos entendem o conceito de espaço e tempo. Outros... é muito difícil.

D: Eu estava pensando que isso era apenas um período. (Não) Então, quando você disse que eles estavam indo e voltando, você quis dizer que eles vêm de outros períodos de tempo?

L: Sim. Quando eles estão na aldeia, parece que estão todos vivendo no mesmo tempo, mesmo que realmente venham de épocas diferentes. Estão todos vestidos iguais, mas são de épocas diferentes, estações diferentes. Eles existem juntos naquele espaço e, em algum nível, todos entendem isso, mesmo que não compreendam o porquê. "Que lugar é esse?" Não é ameaçador. Não é assustador. É natural. Eles vêm para aprender e, quando terminam, vão para casa e fazem o que aprenderam a fazer.

D: Eles se esquecem de estar lá?

L: Não, mas não conseguem descrever para quem pergunta. Eles apenas dizem: "Sabe, é como uma escola. Eu me encontrei com essas pessoas. Nós aprendemos essas coisas. Fomos ao campo e eles me mostraram como plantar. Fomos a um laboratório e eles me mostraram como usar isso."

D: Algumas pessoas, se viessem de muito tempo atrás, seriam muito primitivas, não é mesmo? (Sim.) Então eles só aprenderam o que conseguem suportar?(Sim) E outras pessoas que vieram de períodos de tempo mais avançados?

L: Eles voltam com desenhos. Eles voltam com amostras do que querem criar no seu tempo.

D: Mas os dos tempos modernos teriam mais conhecimento e seriam mais inteligentes.

L: Inteligência é uma coisa interessante. Os povos primitivos não são necessariamente menos inteligentes. O que chamamos de primitivo não é realmente primitivo. Eles são muito mais conscientes do contexto espiritual, conscientes do mundo ao redor. Eles entendem que "Tudo é um". Não. Aqueles que não estão prontos para esse aprendizado nem saberiam desse lugar.

D: Mas mesmo os mais avançados no tempo...

L: Eles acham que estão tendo um sonho muito vívido. É gentil e engraçado... o sonho dentro do sonho.

D: Eles acordam e fazem desenhos?

L: Sim. Eles voltam com os desenhos, ou a música na mente, ou uma imagem na cabeça.

D: Aha! Então eles podem reproduzir os desenhos e inventar o que quer que seja?

L: Sim. Muito inteligente!

D: Parece um lugar muito bom. (Nós rimos.) Mas você é daqueles que vão lá e dão aula? (Pausa) Ou o que você faz lá?

L: Eu observo. Eu escuto. Eu caminho entre eles e, se há uma pergunta que precisa de resposta, eu a absorvo, e eles entendem o que precisam saber. Mas, na maioria das vezes, eu apenas observo e sinto se há equilíbrio. Aprender é mais difícil quando você está fora de equilíbrio. Então, as pessoas lá, sejam parte de nós ou parte de lá, ainda têm que estar equilibradas. Elas ainda precisam ser suaves, calmas e claras.

D: Você já foi um dos professores?

L: Já... principalmente porque é divertido ser professor, mas apenas para certas coisas.
D: *Você tinha alguma especialidade?*
L: As várias artes de cura que tinham a ver com a conexão mente-corpo. Mergulhar nas camadas mais profundas da consciência e, em seguida, entrelaçá-las, camadas internas e externas da consciência. Às vezes, há obstáculos, canais onde a energia se acumula em vez de se mover livre e suavemente. E o som é dissonante em vez de harmonioso. Você precisa saber como suavizar isso para que o corpo físico e o corpo mental trabalhem juntos. Observo outros trabalhando com as energias e, se ficam presos, especialmente quando se enredam no meio da tarefa de suavizar as energias, então mostro a eles como fazer.
D: *Você costumava ensinar e agora está apenas observando?*
L: Certo. Em algum momento, você pode deixar seus alunos se tornarem os professores. Assim, eles se sentem mais confiantes quando precisam fazer seu trabalho. Mas eles sabem que estou lá se precisarem de mim.
D: *Você disse que às vezes eles ficam presos porque há emaranhados entre as energias da mente e do corpo?*
L: Sim. Às vezes a mente interfere no corpo e cria emaranhados de energia que são muito difíceis de desembaraçar. Estão tão emaranhados que não podem ser cortados. Eles têm que ser suavizados e precisam de ajuda para serem desfeitos.
D: *O que você diz para eles fazerem quando se deparam com coisas assim?*
L: Eu não digo, eu mostro. Eu movo com a mente.
D: *Você pode explicar?*
L: Eu não sei... Eu movo com minha energia. Minha energia alcança a deles, se mistura com ela, dança com ela e docemente a desenrola até que encontre sua semelhante. E então a energia se retira dela.
D: *Então, quando sua energia se retira, ela permanece? Não fica mais emaranhada? Você não precisa ficar lá o tempo todo?*
L: Não, não. Quando eles ficam presos trabalhando com quem quer que seja que veio para curar.
D: *Então você suaviza e dá um passo para trás? (Sim) Mas a energia permanece?*

O Universo Convoluto, Livro Quatro

L: Sim. Continua suave quando termino. O professor às vezes se junta a mim. Às vezes não... às vezes apenas observa para ver como eu faço, e então ele a toca quando estiver pronta, para sentir como fica. É a combinação da energia, da mente e do corpo, onde os dois se misturam... muito complicado. A mente tem um tipo de energia diferente do corpo. Combinar os dois em harmonia é importante para a longevidade: para manter o corpo vivo pelo tempo que se quiser, e para mantê-lo saudável. E, às vezes, coisas acontecem com o corpo. Às vezes, coisas acontecem com a mente. Algo danifica, traumatiza, inflige energia dissonante na mente. E, como a mente está conectada ao corpo, a mente e o corpo se enredam, se enrolam nesses nós que precisam ser desfeitos.

D: E, claro, a pessoa não percebe que nada disso aconteceu.

L: Não. Você tem que saber como ver essa energia... um nível profundo de visão.

D: Como seria se você visse?

L: Fios de energia, cores diferentes, espessuras diferentes... grossos, finos, minúsculos, grandes... mas todos misturados em bolas, como fios emaranhados. Cada um tem um propósito, e quando está emaranhado, sua energia não está indo para onde deveria ir.

D: Então seu trabalho é mais ou menos garantir que eles estejam fazendo isso corretamente? (Certo.) E então usar a energia da sua mente se ela não estiver funcionando como deveria?

L: Certo. Entrar, desfiar, suavizar e então retirar suavemente, sem traumas para a mente ou para o corpo. É complicado, muito complicado, estabelecer esse equilíbrio.

D: Você disse que está observando, mas também aplica a energia?

L: Ambos. Eu aplico a energia nas pessoas que vêm, se os professores que trabalham com elas não puderem. Se eles ficarem presos, vou diretamente à fonte de onde ela vem.

D: Você trabalha com eles há algum tempo?

L: Eu entro e saio. Às vezes estou lá, e parece que o tempo não funciona naquele lugar da mesma forma que funciona fora dele. Então, podem ser apenas alguns minutos, e quando você sai de lá, podem ter se passado dias, semanas, meses.

D: Você disse que estava fora do tempo porque as pessoas vêm de diferentes períodos, como os percebemos.

L: Eu também não conheço o tempo. O tempo é diferente para mim. O tempo existe naquele espaço específico, mas não para mim. O lugar de onde venho não tem tempo. Sei em qual tempo pertenço quando saio de lá, mas, quando volto, não tem mais tempo.
D: Mas você sabia que o tempo existe em outros lugares?
L: O tempo corre de forma diferente em alguns lugares. Alguns lentos, outros rápidos. Alguns pesados, outros leves. O tempo é como um rio. Às vezes é rápido, às vezes é lento, e não é consistente. Há muitos lugares fora do tempo.
D: (Isso foi uma surpresa.) Há? (Sim.) Na Terra ou apenas em outros lugares?
L: Em todos os lugares. Em todos os lugares do Universo existem lugares fora do tempo. De que outra forma chegaríamos lá instantaneamente?
D: Bem, eu sei que dizem que as pessoas viajam pelo pensamento. (Especialmente extraterrestres.) É isso que você quer dizer?
L: Sim, semelhante. O pensamento é energia. Tudo viaja com energia e como energia. É tudo energia. É o ajuste fino da energia, da densidade da energia, de diferentes tempos, diferentes espaços em todo o Universo. Como janelas para o tempo e o espaço, como portais.
D: Você disse haver lugares por toda a Terra que estão fora do tempo?
L: Sim. As pessoas raramente tropeçam neles. Mas, como estão fora do tempo, geralmente são protegidos. É muito difícil. Você pode passar por alguns desses lugares e nem saber que eles existem, porque não está no mesmo ritmo.
D: Não vibrando na mesma frequência?
L: Certo. Como uma vibração: se você não estiver vibrando naquele momento. Há uma montanha em uma ilha. Não tenho certeza sobre a geografia, mas você caminha entre as rochas, um pedaço de espaço nessas pedras enormes. Você tem que saber exatamente onde está aquela lasca. Você passa por ela e entra nessa abertura na montanha — e você está fora do tempo.
D: Eu me pergunto se eles sentiriam ou veriam alguma coisa.
L: Ah, sim. Eles veem e sentem, às vezes, dependendo daquilo com que estão em sintonia. Há lugares que podem levá-los para outros lugares. Eles não ficam lá na montanha. Eles vão para outros lugares, mas, se a sua vibração, a sua energia, não combina, eles

não conseguem ir a lugar nenhum. Eles nem veem. Eles nem sabem que está lá.

D: Eles sabem que algo está acontecendo?

L: Eles sabem que algo aconteceu. Nem sempre entendem. Alguns que se lembram não querem falar sobre o assunto. É estranho para eles.

D: É quase como se eles tivessem viajado para outra dimensão.

L: Sim. O Universo está cheio desses lugares.

D: Mas, se o Universo está cheio dessas "poças" — não é bem uma poça, mas uma janela —, existe algum perigo de entrarem e não conseguirem encontrar o caminho de volta?

L: Nunca. Sua energia está sempre sintonizada com o ponto de partida, então você sempre volta no momento certo. A energia sempre sabe de onde vem.

D: Então você não pode ir lá e se perder.

L: Não, você não pode ir lá e se perder. Se você entrar em pânico e tiver medo... e às vezes as pessoas estão, tudo o que você tem a fazer é dizer: "Leve-me para casa". E, no minuto em que você diz "casa" ou pensa "lar", ou visualiza lar, você volta ao ponto de onde começou. E talvez o tempo tenha passado, talvez não. Depende em que poça você entrou.

D: Qual poça?

L: Que portal.

D: Mas eles podem ir para algum lugar que seria totalmente diferente de onde começaram.

L: Sim, e alguns deles fazem isso.

D: Isso pode ser assustador para alguém.

L: Eles deviam estar prontos para isso, ou não teriam conseguido vibrar com isso. Eles não corresponderiam à energia. Eles não podem ir onde a energia não corresponde. E, mesmo que seja surpreendente, confuso ou difícil de entender, em algum nível eles compreendem. E qualquer desconforto, pânico, seja lá o que for, desaparece quase imediatamente.

Isso soou muito semelhante aos portais através do tempo e das dimensões que foram relatados em meus outros livros da série Universo Convoluto.

D: *Então, em algum nível, eles pediram por essa experiência?*
L: Sim. Às vezes eles acham que tiveram um sonho estranho, porque é mais fácil pensar nisso como um sonho.
D: *Não haveria estabilidade se pudessem fazer isso o tempo todo.*
L: Certo, mas não, ninguém consegue fazer isso o tempo todo. Quando você precisa fazer, talvez quando você quer fazer, se o seu desejo corresponder à sua energia. Você pode fazer isso por curiosidade. A curiosidade é o que te leva adiante, para seguir em frente.
D: *A curiosidade é uma emoção muito boa e forte.*
L: Muito forte, mas a curiosidade é uma emoção muito, muito leve. É luz. Explore. Se a pessoa perguntou em outro nível e está pronta para isso, pode acontecer. Há um acordo entre os outros, bem como entre eles, de que isso seria uma coisa boa. Então, você vê que é impossível abusar ou fazer mau uso deste dom, desta habilidade natural que todos nós temos. Se tentarem pervertê-la, a energia se dissipa neles e não pode ser recuperada até que criem a liberação. Há todo tipo de proteção incorporada a isso. A energia se protege sozinha.
D: *Ouvi dizer que você pode ir a algum lugar e se perder.*
L: Não, não acho que seja possível se perder. Mesmo aqueles que acham que estão perdidos, penso ser mais pânico do que qualquer outra coisa. No minuto em que eles se acalmam e pensam onde estão, de onde vieram, eles estão de volta. O pensamento, a imagem visual, os traz de volta.
D: *Eles não ficam muito tempo nesses lugares, não é?*
L: Bem, você está fora do tempo, então pode levar minutos ou pode ser meses, e, em seu próprio tempo, podem ser apenas minutos. Muito parecido com sonhos que parecem durar uma vida inteira durante uma noite, mas, quando você acorda na manhã seguinte, só passou uma noite. Você se deslocou do tempo. O tempo funciona diferente aqui fora.
D: *Mas aquele lugar de onde você veio, você disse estar camuflado para parecer uma nave. (Sim.) Você disse que entrou em uma dimensão diferente? (Certo.) Apenas atravessando a parede da nave, ou o quê?*
L: Sim, é só camuflagem. No minuto em que você passa por ela, você está em outro espaço.

D: *Isso é muito parecido com o que você está falando. (Sim.) É correto dizer que, quando você retornar para aquela dimensão, aquela seria sua "casa"?*

L: Sim, acho que seria onde eu moro. Eu viajo muito. Lar é onde quer que eu esteja. Nunca estou "fora de casa". Eu viajo através do espaço, através do tempo. Dependendo da energia que eu pegue, é para lá que eu volto. Essa outra dimensão é um lar temporário, mas lar é ainda mais profundo do que isso. O lar é um espaço maior... Ah, como você descreve espaço e tempo? (Frustrado.) Está fora do espaço/tempo. Entro e saio e, quando eu voltar por essa camuflagem e para o espaço, é um bom lugar para estar. É um espaço real. É lindo. É uma sensação boa, um momento em que podemos estar juntos em um corpo um pouco mais consciente, menos físico, mais como um corpo de luz, que vai além. Corpo de luz não é o fim disso. Há mais, mas, além disso, abrange mais do que as limitações de um corpo físico, seja um corpo físico leve ou um corpo físico regular. Isso faz sentido?

D: *Sim, isso faz sentido para mim, mas eu investigo mais sobre isso do que a maioria das pessoas. (Ela riu.) Mas esses lugares seriam o mesmo que "portais"?*

L: Sim. Portais, portas, janelas... buraco de minhoca não é apropriado.

D: *Isso é algo diferente. (Sim.) Como você define um buraco de minhoca?*

L: Eu não sei. Eu não vou lá. Buracos de minhoca são uma bagunça! Eu não lido com eles. São difíceis. São pesados e um tanto amadores.

D: *Certo. (Risos.) Mas portais são muito parecidos com o que você está falando.*

L: Muito parecidos. As pessoas passariam por eles e não saberiam que estavam lá, como passariam por uma porta, um portal ou uma janela. Elas não sabem que está lá porque não estão alinhadas, sintonizadas ou cientes disso. Não pareceria com nada. Elas não saberiam que estava lá.

D: *Também me disseram que a diferença entre um portal e uma janela é que você pode olhar através de uma janela, mas não pode viajar através dela. (Sim, sim.) Ver outra dimensão, outro tempo, mas sem realmente viajar para lá?*

L: Sim. Depende de qual é a sua intenção: se é uma janela ou um portal. Pode ser um portal. Se sua intenção é observar, é uma janela; se a sua intenção é viajar, é um portal. Como se houvesse uma porta.

D: E quando você está lá dentro, é como estar em um lugar físico. (Sim.) Mas também me disseram que você não pode trazer nenhum objeto físico de volta com você.

L: Não. É por isso que você tem que voltar pela mente, ou como em um sonho. É por isso que a maioria das pessoas pensa que é um sonho, uma inspiração. Mesmo que tenham feito uma representação física — como se tivessem criado um novo instrumento ou uma nova pintura lá —, não podem continuar a partir daí. Mas recriam isso quando voltam para casa.

D: Então o que me disseram está correto. (Sim.) Mas é isso que você mais faz, viajar para observar e ensinar?

L: Sim. E depois tenho momentos em que entro em outros grupos, onde estou aprendendo coisas novas nos lugares em que eles já estiveram. Compartilhamos o que aprendemos quando viajamos.

D: Então você nunca sabe tudo?

L: (Enfatizando.) Não! Todos nós estamos sempre aprendendo. É muito interessante. Estamos todos aprendendo e compartilhando juntos. Às vezes alguém quer ir a outros lugares que visitei, para ver com os próprios olhos. E isso é ótimo também. É por isso que digo: "Quando descemos, nos misturamos". Onde quer que vamos, nos misturamos. Eu nem preciso falar sobre essas coisas alienígenas. Algumas são ridículas!

D: Tudo bem, porque eu trabalhei com isso e acho que entendo mais do que a maioria das pessoas.

L: Aposto que sim. Tenho certeza de que sim. Você entende o que está por trás do ser. Você entende os seres. E entende como, às vezes, os espelhos refletem de volta para as pessoas que os veem?

D: Eu chamo isso de sobreposições. Qual seria outra palavra?

L: Máscaras.

D: Algo que faça a pessoa pensar que viu algo que não estava realmente ali.

L: Sim, memórias de tela.

D: Essa é a palavra. Memórias de tela são sobreposições. É isso que você quer dizer?

L: Sim. É feito para proteger. Também é feito porque, às vezes, a visão é ampla... e há pessoas para quem seria amplitude demais.
D: *Elas não conseguiriam lidar com isso. (Não.) A mente delas não está preparada.*
L: Os conceitos, o contexto, as construções, até mesmo as imagens, você tem que construí-los como se estivesse tecendo uma tapeçaria. E quanto mais você trabalha em uma tapeçaria, mais ela passa de bidimensional para tridimensional e quadridimensional. Assim como tecer uma realidade virtual que você vê nos vídeos. É a mesma coisa. Algumas pessoas só conseguem lidar com o bidimensional. Outras conseguem lidar com o tridimensional, o quadridimensional e muito mais.
D: *Disseram-me que os alienígenas, os ETs — ou como você queira chamá-los —, são muito gentis em relação a isso, porque sabem o que a pessoa pode suportar.*
L: Sim. Eles são muito gentis.
D: *E às vezes uma pessoa pensa que viu uma coisa, mas não era nada daquilo.*
L: Sim, e está tudo bem.
D: *Mas às vezes elas se lembram disso com medo.*
L: Sim, e isso é intrigante. É algo que se perde na tradução. Como se a energia entre a mente e o corpo estivesse emaranhada e precisasse ser desfeita. E às vezes precisa ser desfeita durante o sono, para afastar esse medo.
D: *Trabalho com isso há tanto tempo que sei que não há nada de negativo. Tudo depende da percepção que a pessoa tem.*
L: Sim, e é por isso que fica emaranhado: porque a mente não compreende o que não ficou no consciente, e isso torna a experiência amedrontadora. Então se confunde com a memória real e a experiência real, fazendo com que o corpo reaja. É muito sensível. Se as pessoas soubessem o quão sensível o corpo é em relação à mente... É preciso corrigi-lo, movê-lo.

Eu entendo esse conceito no meu trabalho de cura de doenças. O corpo é muito sensível ao que a mente cria, e isso causa doenças e enfermidades. O corpo apenas reage. Os pensamentos são extremamente poderosos.

D: *Pelo que entendi, os alienígenas ou ETs são apenas mais uma forma de vida que a alma está vivenciando.*
L: Sim, sim. E eles assumem a forma que escolhem. Se são físicos, têm a forma de onde vêm. Há tantas pessoas em todo o universo, em diferentes tempos e espaços... Existem muitos tipos diferentes.
D: *Mas você já viveu em um corpo físico?*
L: Muitas vezes.
D: *Então você nem sempre foi apenas o observador, o corpo de luz.*
L: Eu entro e saio. Você sabia que mais de uma consciência pode compartilhar um corpo?
D: *Não tenho certeza.*
L: Existem consciências que têm muitas vidas, muitas experiências — aqui, ali, em todos os lugares. Sua consciência pode entrar e sair dessas vidas, de modo que você esteja vivenciando a vida aqui, a vida ali, em diferentes lugares e tempos. Então, quando você desliza — é como escorregar —, você está entrando naquele tempo. Vive naquele tempo, em um corpo físico ou qualquer que seja sua forma. Mas sua percepção, sua consciência, também pode sair, e a vida continua. Sua consciência está aqui e ali.
D: *As pessoas falam sobre possessão...*
L: Não, não, não, não. Eu não acredito em possessão. Honestamente, acho que as pessoas... sabe o que eu penso? Quando alguém se sente possuído, é o próprio medo dessa pessoa que se manifesta literalmente.
D: *Eu acredito nisso. O medo é muito poderoso.*
L: Você pode literalmente criá-lo. Se pode criar qualquer coisa, também pode criar o medo. Ele toma forma da mesma maneira que o amor toma forma.
D: *Mas você estava falando sobre duas consciências compartilhando um corpo. Já tive casos em que algo simplesmente entrava... só para observar.*

Esses casos são relatados em meus outros livros da série O Universo Convoluto.

L: Observar. Isso é tudo o que eles podem fazer. Eles não são a alma residente que está ali.
D: *Não é permitido que duas almas estejam em um corpo.*

L: Não, não. Eles estão apenas observando. — Sim, vivi em corpos físicos. Vidas físicas, em lugares e tempos diferentes. A forma humana está mais disponível em todo o universo, multiverso, como você quiser chamar. A forma humana é encontrada com mais frequência do que não. Talvez com alguns ajustes e proporções diferentes, mas é o mesmo modelo.
D: *Ouvi dizer que é mais prático: o tronco, a cabeça e os apêndices.*
L: Simétrico? Simetria. Tudo neste mundo tem simetria: plantas, animais, o ar, a água... tudo possui simetria. Quando está fora de simetria, fora de harmonia, está danificado. Precisa ser reparado, renovado e reabastecido.
D: *Isso faz parte do seu trabalho? (Sim.)*

Tudo isso estava muito interessante, mas era hora de trazer a sessão de volta à terapia de Lucy.

D: *Você tem consciência de que está falando através de um ser humano físico neste momento?*
L: Sim, porque eu faço parte desse ser humano.
D: *Nós achamos que estávamos voltando para uma vida passada, e acho que era uma vida passada. (Risos)*
L: Passado, presente, futuro... sem tempo.
D: *Claro, Lucy não sabe da sua existência, não é? (Risos)*
L: Um pouco. O observador, a parte que presta atenção e percebe... há gentileza, totalidade ali, bem ali, onde ela pode sentir. Ela é muito boa em sentir.
D: *Ela fez um trabalho maravilhoso realizando as mesmas coisas que você... ensinando.*
L: Em alguns aspectos, sim, definitivamente ensinando. Ela conhece o que ensina. É por isso que consigo estar aqui: porque estamos entoados, conectados, parcialmente alinhados. Ela ajudou muitas pessoas com seu trabalho, mas ela não sabe. Nunca se sabe. Quando você joga uma pedrinha no lago, não faz ideia de quão longe as ondulações vão chegar — e tudo bem. Ela não precisa saber. Particularmente, ela nem quer saber. Se causa danos, é um problema. Você só descobre quando passa para o próximo nível e olha para trás.

Passamos por algumas de suas perguntas até chegarmos ao questionamento principal: "Qual é o meu propósito?" Disseram que era hora de ela ser a vivenciadora e estar do outro lado disso. Ela foi professora por tanto tempo... agora era hora de relaxar, aproveitar a vida, se divertir.

L: Ela não precisa mais ensinar. Ela pode simplesmente "ser". E algumas pessoas podem aprender apenas por estarem perto dela. Ela realmente é uma ótima ouvinte. Agora vem a diversão. Quanto mais alegria, paz e equilíbrio ela trouxer para sua vida, mais atrairá a "Nova Terra", como você a chama. A Nova Terra já está aí. Ela só precisa se solidificar. Basta trazer a alegria e se divertir!

(Mudando para o físico.) Ela nasceu com uma luxação no quadril que lhe causou muitos problemas quando era muito jovem. Na época, passou por uma cirurgia para corrigir. Mas o problema voltou quando já era adulta, e ela teve que fazer uma substituição do quadril.

L: Dor miserável. Uma vida anterior miserável, sem cirurgia. Não havia saída. A dor era eterna. Nunca passava, e piorava cada vez mais. Ela "pensou" tanto na morte que, eventualmente, aconteceu. Não é o mesmo que suicídio, mas seus pensamentos a levaram à morte. Ela desejou morrer, pois a dor era insuportável. O que não percebeu é que, por estar com dor, quando foi embora, levou aquela dor com ela. É por isso que é muito melhor resolver antes de partir. Você anula o carma. Certifique-se de que não está com dor — seja física, mental ou emocional —, porque você leva essa dor com você. Às vezes é fácil curar-se em outro lugar, mas às vezes ela gruda como cola. Em certos casos, no lado espiritual, pode ser curada muito rapidamente. Outras vezes, é tão incorporada, tão costurada, que um pedaço ou partes dela continuam a viajar com sua consciência, à medida que você se move por diferentes épocas e vidas.

D: *Eu chamo isso de "resíduo" que as pessoas carregam.*

L: Exatamente. O resíduo é carregado com você, e assim a forma física se molda em torno desse resíduo.

D: *É com isso que eu lido. E causa doenças nesta vida. (Exato.)*

O problema no quadril havia sido causado por várias quedas em outras vidas passadas, então não foi apenas um incidente. Perguntei o que o fez voltar nesta vida e recebi a mesma resposta que já ouvi muitas vezes: medo de seguir em frente, principalmente em "território desconhecido". "A Faixa de Möbia", como ela chama, é a tecelagem do físico, emocional e espiritual. A mente subconsciente está, sobretudo, preocupada com o físico. Disseram que era hora de estar curada.

L: Já lhe mostraram diversas vezes, em sonhos, como ela pode literalmente transmutar aquele metal de volta em osso. (A substituição do quadril.) Mas isso é demais para ela agora.
D: *Você já me disse antes que não se pode fazer muita coisa com metal; é muito difícil tirá-lo do corpo.*
L: Sim. O que fizemos foi selar o metal, para que não cause danos ao corpo dela. O metal emite energia que é prejudicial em certo nível. É uma interferência na energia física do corpo. O dela está selado, então não causará qualquer problema. A preocupação dela é que lhe disseram que, possivelmente, teria que fazer outra cirurgia porque a prótese dura apenas de quinze a vinte anos, e a dela está chegando ao prazo. Mas não será um problema.
D: *Os médicos colocaram essa sugestão na mente dela.*
L: Sim. E lá está o subconsciente dela lambendo tudo como um gatinho. (Risos) Tudo bem. Podemos tranquilizá-la. Agora está selado, e não causará problemas. Ela não terá que temer a cirurgia.

Mensagem de despedida: Sem medo, sem dor, sem tristeza, sem sofrimento. Apenas alegria!

Capítulo 33
A PERSONIFICAÇÃO DE UM ASPECTO

Heather foi para uma vida em que era algum tipo de ser alienígena, definitivamente não humano: um anão com mãos e braços curtos e grossos. Ele estava indo para o lugar onde trabalhava ou onde recebia suas atribuições. O ambiente estava cheio de centenas de outros seres de aparência estranha, todos diferentes entre si.

H: A aparência deles não importa. Mal consigo vê-los. Eu os percebo mais pela função do trabalho que fazemos juntos.

O local era um grande auditório com várias fileiras de assentos. Havia um pódio no centro e as fileiras formavam um círculo ao redor.

H: Quanto mais perto do pódio, maior a responsabilidade e mais elevada a taxa vibratória. A posição de ninguém é superior à dos outros. Todos têm o mesmo respeito, a mesma voz. Estamos todos consultando juntos, reunindo nossas ideias e decidindo coisas sobre as quais o conselho atua. O conselho é formado pelas dez pessoas que ficam no centro. Isso vai além do meu próprio país, do meu lugar de origem. É para a galáxia. É por isso que existem tantos tipos diferentes de seres. Mas este é apenas um local, uma organização. Representamos a energia da nossa região, uma parte da galáxia, e outras pessoas se juntam e participam também. Elas representam o conselho e vão para outro lugar, onde o conselho é maior. Assim, elas representam o que decidimos aqui para o conselho mais amplo: as ideias e os acordos.

D: *Esses dez parecem diferentes dos outros?*

H: Quando olho para eles, vejo-os como um pilar de luz. Não consigo ver um ser ali dentro, apenas luz pura. Para mim, isso significa que estão além da corporificação, além da forma. Meu corpo pode armazenar níveis enormes de energia, e eu a utilizo para me deslocar de um lugar a outro, para cumprir meu trabalho. Mas, no meu tempo de folga, não preciso me limitar àquele corpo. É como se eu meditasse, e ele pudesse permanecer sem respirar, comer ou beber. Quando estou de folga, meu corpo apenas fica parado. Eu consigo sair dele muito facilmente, permanecendo fora por longos períodos. Esse é meu estado preferido: estar fora do corpo. Mas, quando realizo esse trabalho, é como se eu vestisse o corpo porque recebi um chamado. Ainda temos uma taxa vibratória em que incorporamos, mas é muito mais leve. As pessoas do segundo nível, na verdade, entram e saem. Nós permanecemos naquele corpo e mantemos a energia. O primeiro nível... nem se preocupe. Eles estão completamente fora de qualquer corpo, de qualquer forma. Simplesmente não têm corpo algum.

D: Então elas são totalmente energia. Seu corpo permanecerá vivo enquanto estiver parado?

H: Parece que não respira, e os órgãos ficam quase dormentes. Você não precisa de água, não gera necessidades. Isso não importa muito para mim. É quase como se eu estivesse desligado, aguardando meu próximo trabalho.

D: Então o corpo se mantém sem ter alma ou espírito nele.

H: Sim. E, ainda assim, posso voltar a qualquer momento e fazê-lo se mover novamente.

D: Quando você estava naquele auditório, perguntei-me sobre o propósito da reunião.

H: São decisões galácticas e intergalácticas. Uma das pessoas no centro sempre começa com uma pergunta, e cada integrante dá sua contribuição. As pessoas nas camadas superiores apenas observam. Elas ainda não estão no nível necessário para participar.

D: Que tipo de trabalho você é enviado para fazer?

H: Trabalho com corpos planetários. Faço pesquisas, medindo a prontidão espiritual e os sentimentos culturais dos planetas — e também do próprio planeta. Preciso ir até lá e sentir a energia daquele lugar, naquele momento. É como uma pesquisa, mas interajo com o planeta e coleto muita informação. Trabalho tanto com planetas quanto com indivíduos. Como trabalhamos muito, muito rápido, percebo cada pessoa com a velocidade de um raio.

D: Esse lugar é próximo da Terra ou tem alguma conexão com ela?

H: Minha nave pode ir a qualquer lugar, então podemos estar perto da Terra. O auditório fica muito distante, em outra galáxia, mas ainda relacionado à galáxia em que esse planeta está. Quando venho à Terra, preciso incorporar um aspecto de mim aqui. Em outros lugares, como são mais leves, consigo ir e obter as informações apenas com meu corpo etérico, indo e voltando. Mas, na Terra, fiquei por mais tempo.

D: *Então você faz isso ao mesmo tempo em que mantém um aspecto de si mesmo em um corpo terrestre?*

H: Sim, e o resto de mim permanece no corpo do anão.

D: *Esse aspecto que está na Terra é aquele com quem estou falando, conhecido como Heather? (Sim.) Esse é o aspecto que você enviou para a Terra? (Sim.) Tem que ser apenas um aspecto porque a energia é muito forte?*

H: Sim. E porque só faço o que preciso fazer. (Risos.) É até engraçado, porque esse corpo que está sentado na nave espacial regula cada parte que se projeta. Assim, acabo realizando muitas pesquisas com diferentes aspectos ao mesmo tempo. Cada planeta precisa de uma energia diferente e de diferentes níveis de incorporação para obter as informações necessárias.

D: *Você pode fazer mais com todos esses aspectos diferentes do que apenas indo individualmente.*

H: Exato. Então, mesmo quando projetamos um aspecto e entramos em nossos pequenos corpos — ou, no meu caso, no meu corpinho na cadeira —, aquele é apenas um aspecto relatado ali. Ao mesmo tempo, ainda existem outras pesquisas acontecendo em diferentes planetas.

D: *Quando foi que seu aspecto entrou no corpo da Heather? Quando você enviou esse aspecto para a Terra?*

H: Isso foi arranjado quando ela morreu.

D: *O que você quer dizer?*

H: Ela morreu logo após nascer, porque o corpo era muito pequeno, e outro aspecto nasceu.

D: *Então você quer dizer que ela realmente morreu naquela época e o espírito original foi embora?*

H: Aspecto. Ainda era eu, ainda uma parte de mim. E essa parte que ficou não queria passar pelo nascimento humano.

D: *Porque às vezes é uma experiência desagradável.*

H: E também foi apenas uma pequena parte do aspecto que nasceu, para garantir a segurança da mãe e do bebê. Então foi como se houvesse cinco seres comprimidos. Não é exatamente assim, mas estavam ajudando. Eles não conseguiram fazer isso enquanto o bebê ainda estava no útero. Assim, quando o corpo foi colocado na incubadora, puderam me ajudar a entrar com segurança. A parte de mim que entrou era o aspecto maior, mais rápido, intenso e brilhante.

D: *Então isso teria sido muito difícil para a mãe.*

H: Quando tentaram antes, os bebês morreram. Eles sabiam que era preciso esperar. A energia era intensa demais. O bebê morria ainda no útero quando tentaram no passado. Era necessário ajustar algo para que a vida pudesse continuar naquele corpo.

D: *Tinha que ser uma pequena parte para entrar no corpo de Heather. Por que você quis que um aspecto viesse para a Terra?*

H: O pensamento que me vem é que era uma tarefa. Não houve questionamento. Eu apenas recebo o chamado e parto para o serviço. E não há dúvidas. É minha glória, minha honra e meu privilégio servir ao Centro.

D: *Continuo pensando em reencarnação. A personalidade que conhecemos como Heather teve outras vidas na Terra? Ou há uma maneira de explicar isso, considerando esse outro aspecto?*

H: Esse ser anão encarnou em momentos "chave" para determinadas tarefas. Em minha consciência, não acesso a vida de outras pessoas. Posso fazê-lo, mas é confuso. Uma vez que vou além disso, não são mais as vidas de Heather. Passam a ser as vidas de todos, e aí deixa de ser relevante para mim. Estive em missão no período em que dizem que Jesus Cristo esteve aqui. Éramos realmente três aspectos, espalhados em diferentes corpos. Também encarnamos quando há grandes mudanças espirituais em andamento. Algumas não são mencionadas na história, mas eu estive presente. Houve uma grande mudança no tempo de um faraó — essa foi uma. Outra ocorreu na época de Buda. Isso tem a ver com as pessoas do círculo. Eu guardo algo, e todos nós também. Muitos de nós, nesses círculos, temos atribuições em torno do momento da encarnação deles, em épocas cruciais. Todos trabalhamos juntos e desempenhamos nossos papéis para sustentar a energia durante uma mudança espiritual na atmosfera de um planeta.

D: É por isso que você enviou esse aspecto agora, por causa das coisas que vão acontecer?

H: Sim. Fazemos isso em outros planetas também. Todos nós vamos juntos porque amplificamos a energia espiritual dos planetas em momentos-chave. Da mesma forma que, neste momento, todo este auditório está encarnado na Terra para transformar a energia espiritual do planeta. Todos estão aqui para trabalhar juntos, para mudar a energia espiritual deste plano. Mais do que apenas deste planeta.

D: Ela queria saber qual era o seu propósito. O que deveria estar fazendo?

H: Não há outro trabalho ou propósito. Conhecemos apenas este trabalho.

D: Ela acha que está usando a energia para mudar o DNA das pessoas.

H: Sim, esse é o trabalho. É o trabalho espiritual. Os humanos e todas as espécies precisam mudar neste momento. Precisam mudar, mudarão ou partirão. A presença dela é necessária, ponto final. Sua luz atrairá mais pessoas, como um farol. Considerando o material com o qual tínhamos que trabalhar, criamos um corpo forte, porque temos corpos muito fortes. Escolhemos este corpo cuidadosamente para que tivesse ossos densos. A maior parte do DNA masculino dela não é DNA humano padrão, o que lhe permite reter a energia. Recebemos assistência de um grupo mais encarnado do que nós, para implantar e alterar fisicamente nosso DNA. O pai foi uma cortina de fumaça para a mãe, de modo que a concepção fosse possível. Lógico, não exigimos muito do material dele. Ele contribuiu apenas com parte da sua força física e do DNA ósseo controlador. Foi por isso que o escolhemos.

Mensagem de despedida: Heather é muito amada. Nós a honramos pela dificuldade da separação que é estar encarnada na Terra. Compreendemos plenamente essa dificuldade e aguardamos seu retorno.

O Universo Convoluto, Livro Quatro

Capítulo 34
MUDANDO O DNA

Ned era um jovem problemático e vivia mais como um andarilho, viajando de um lugar para outro. Estava tentando se "encontrar", mas não se sentia em casa em lugar nenhum. Ele me encontrou no Havaí, onde tivemos esta sessão. Logo que saiu da nuvem, viu água, mas não parecia água normal: era rosa e brilhante. Depois, ele se viu dentro da água, mas continuava a dizer que não parecia nada com a água que conhecemos.

N: Estou na água. Mas não sei onde fica a superfície. É rosa e brilhante, e parece ótima para minha pele também. Parece que está misturada com ar ou algo assim. Não sei como dizer. Talvez, se eu estivesse fora, parecesse molhado. Mas não acho que seja possível estar fora disso.
D: *Por que você não acha que é possível estar fora disso?*
N: Porque ela envolve o planeta inteiro.
D: *Então você não acha que é realmente água?*
N: Não há palavras para descrever. "Água" é uma metáfora bem próxima. Estou nela, mas ela também faz parte de mim. Eu estou em uma experiência individualizada dentro dela, e há algo em mim que me conecta a isso. Mas há uma diferença entre esses dois níveis. É muito bom estar aqui. Sinto muita falta.

Perguntei-lhe como ele se percebia.

N: Tenho pele e uma membrana ao meu redor que é tipo azul-acinzentada.
D: *Então você sente que não faz mais parte daquela substância que você chama de "água"?*
N: Não, acho que ela é responsável por manter tudo como deveria ser, para podermos existir lá como existimos. E minha responsabilidade não é tão alta, mas minha evolução também não.
D: *Então você poderia fazer parte dessa substância rosa e brilhante?*

N: Sim. Eles me amam lá. Eu não sou desenvolvido o suficiente para ajudar a fazer parte do que a mantém unida, para que eu possa vivenciar mais adentro, como o receptor da experiência.
D: *Então você não podia ficar nessa parte o tempo todo?*
N: Parte disso está relacionada ao aspecto físico, mas não é o que eu descreveria como físico. Eu deveria ver isso por algum motivo. Eles me trouxeram aqui para me mostrar.
D: *Quem te trouxe?*
N: (Risada nervosa) Não sei o que são. São meio assustadores e engraçados também.
D: *Como te trouxeram para lá?*
N: Eles me escolheram lá, e eu simplesmente fiquei. Estou animado para ir a algum lugar. Eles estão tentando me dizer que eu não quero ir, e eu estou dizendo que quero ir. Estou pedindo para ir, e eles estão tentando me dizer que eu não quero, e eu estou dizendo que sim.
D: *Para onde você quer ir?*
N: Para a Terra. Eles estão dizendo... eu não sei como vai ser, e eu vou ficar com medo. Haverá experiências de estagnação e não crescimento por um longo tempo. Mas é muito importante que eu tome essa decisão de maneira independente, sem ser influenciado. É por isso que eles estão tentando me desencorajar — eu não acho que eles acreditam que eu realmente quero ir.
D: *Por que você quer ir?*
N: Para ajudar! Há dificuldades lá agora. É complicado.
D: *Como você sabe dessas coisas?*
N: Eles estão me dando esse conhecimento. Eu confio neles.
D: *Mesmo que eles tenham uma aparência estranha, você confia neles.*
N: Sim. (Risada nervosa) Eles são meio assustadores. No entanto, sei que, se pensassem que eu não pudesse estar lá, eu deixaria de existir. Então, há algum tipo de elemento de medo que não é justificável, porque essa é apenas uma parte minha que não evoluiu.
D: Então, este planeta onde você está não é a Terra?
N: (Risos) Não. É muito maior. Tem muitas ordens de magnitude de desenvolvimento dimensional acima do que Ned entende como

"aqui agora". "Dimensão" é o termo mais preciso que ele conhece para descrevê-lo.

D: *Mas, se você está tão feliz lá, não seria um choque, um retrocesso, vir para a Terra?*

N: (Risos) É como pular em água fria. Mas é divertido.

D: *Eles estão tentando te dizer como será?*

N: Sim. Eu não poderei me divertir sempre. Mas acho que poderia fazer disso algo divertido. Eles acham engraçado que eu pense assim. — Meu corpo físico não estará equipado com as habilidades físicas que estou acostumado a aproveitar sem esforço agora.

D: *Alguma habilidade específica que você não terá na Terra?*

N: Desmaterialização. E você não consegue mover coisas com a mente. Isso ainda não existe lá. Se muitos de nós formos, podemos ensinar isso, mas não está lá agora.

D: *É importante ensinar algo assim?*

N: Quando lhe pedem para ser ensinado. Ele quer aprender de novo.

D: *Então você está abrindo mão de muita coisa. Você tem alguma escolha, caso queira ir ou não?*

N: Sim. Não sei por que sei que existe a oportunidade de ir, mas sinto que não estaria na frente deles se não soubesse da oportunidade e não a pedisse. Acho que muitos de nós nem sabemos que isso é uma possibilidade: regredir de volta a um estágio de um molde de DNA inferior.

D: *Porque normalmente você pensa em progredir, não em retroceder.*

N: Sim. Existem muitas dificuldades e desafios com um nível mais elevado de evolução espiritual em um corpo físico, que tem um período de dormência muito grande com o desenvolvimento do DNA. Mas podemos reconstruí-los.

D: *O que você quer dizer com "podemos reconstruí-los"?*

N: Eles parecem querer que eu saiba que a única maneira de curarmos a Terra, através do caminho em que ela está, é pela combinação do nosso modelo de alma dentro do modelo quebrado de DNA do corpo humano. Que é como é, não porque era para ser assim, mas porque houve muita interferência. Mas nosso espírito pode curar o próprio molde de DNA e torná-lo disponível a todos, se trabalharmos para nos curar.

D: Você disse que o molde estava quebrado, que o DNA foi adulterado. O que quer dizer?

N: Não sei por que eles fazem isso, mas estão se comportando de uma maneira exatamente oposta à forma como o Universo funciona, e eles não entendem.

D: Você quer dizer os humanos na Terra?

N: Não, os que estão se intrometendo. Alguns humanos estão, mas isso é só uma questão genética.

D: Quer dizer, lá no começo?

N: Sim. As pessoas não escolheram esse fim, no entanto... elas foram enganadas.

D: Então o modelo estava quebrado. (Sim) E você acha que consertar isso é uma das suas funções?

N: Para me curar, para que todos possamos nos curar.

D: Parece um trabalho grande.

N: Sim. Há muito a fazer para que todos olhemos para fora de nós mesmos em busca das coisas que consideramos importantes.

D: Então, ao entrar em um corpo físico, mesmo que isso signifique regredir, seu espírito, ou sua alma, será capaz de mudar ou reparar o DNA?

N: Sim, aparentemente. Dizem que podemos nos manifestar de cima para baixo, para mudar fisicamente o modelo disponível a todos. Somos muitos aqui.

D: Então, ao fazer isso de maneira individual, poderá, com um, afetar muitos? (Sim) Como isso aconteceria?

N: Porque os campos morfogenéticos estão todos interligados.

D: Eu pensei que você teria que entrar em cada um e mudar cada indivíduo.

N: É isso que eu faço para curar meu modelo de campo, e a contribuição disso ajuda todos os outros a escolherem essa possibilidade, se assim o desejarem. Caso contrário, eles não podem escolher isso até chegarem a esse estado naturalmente. O problema é que parece que a Terra não chegará lá se algo não for feito. Está em um caminho na direção oposta por causa de toda a intromissão.

D: Não evoluiria naturalmente. — Você disse que há muitos que estão vindo com essa missão, se é que podemos chamar isso de missão.

N: Sim, é. É longo. Eles não acham engraçado; eu acho. Eles não estão rindo, embora. Eles não sabem por que eu acho engraçado quando um grande grupo de seres decide ir contra a lei do Um.

D: *Eles estavam indo na direção errada.*

N: Sim. Na Terra é isso que eles estão fazendo.

D: *O que você acha que aconteceria se todos vocês não viessem para ajudar?*

N: A matriz temporal entraria em colapso aqui, pois seus grupos de almas permaneceriam indiferenciados por um longo período. Não seria a situação ideal para eles criarem.

D: *Quando a matriz entra em colapso, você quer dizer que o planeta inteiro seria destruído?*

N: Todo o universo harmônico para o qual a Terra representa uma escola. Tudo está conectado. É um estado muito limitado de consciência, que precisava ser vivenciado para perceber a separação e até mesmo a distância.

D: *Então é por isso que era importante que todos vocês viessem. Mas ouvi dizer que muitos outros vêm com outras agendas.*

N: Ah, sim. Eles são legais também. Você vai gostar deles. Alguns deles estão aqui. Eu realmente não sei dizer agora quantos são. Estão todos aqui para ajudar. Eles escolheram isso. Todos nós escolhemos. Muitas pessoas aqui parecem pensar que não fizeram essas escolhas, no entanto, elas fizeram. (Risos)

D: *Bem, esses seres, essas entidades, são eles que estão encarregados de dizer às pessoas o que fazer?*

N: Eles estão mantendo tudo conectado. Eles estão fazendo o seu melhor e dão a todos permissão para criarem o que quiserem, mesmo que não seja o melhor para todos os outros.

D: *Eles permitem que todos fiquem naquele planeta?*

N: Em todos os lugares. Em todos os lugares da matriz do tempo.

D: *Então eles têm muito poder? (Sim) É como se eles estivessem no comando de tudo.*

N: Não no comando de tudo. Mais como parte de tudo; foi nisso que se tornaram.

Perguntei se ele, como espírito, já havia estado na Terra antes. Ele respondeu que sim, mas nem sempre era o ser com quem estávamos falando.

N: Demorou muito para ganhar isso.
D: *Você quer dizer que evoluiu?*
N: Sim. Eu não passei pela Terra para aquela lição. Mas, quando cheguei, havia um lugar parecido. Mas não existe mais. Foi destruído.

Ele então pareceu desconfortável e não quis falar sobre o assunto. Eu disse que não precisava, se isso o aborrecia.

N: É por isso que eu quis voltar, porque não é algo que queremos que aconteça. Você sempre quer sentir que sua casa está lá para você. Mas, se sentir falta do que tem, pode criá-lo novamente.
D: *Você estava lá quando isso aconteceu?*
N: Não. Mas conheci muitas pessoas que estavam lá quando isso aconteceu. Embora eu ainda esteja aqui, estou em uma experiência diferenciada de consciência fora dela, então eu não fiz parte do colapso. Ou saí um pouco antes de acontecer. Eu não tenho um nome para isso. Foi há muito tempo.
D: *Mas afetou o planeta Terra?*
N: Sim! Afetou este nível dimensional. Sim, afetou. Pode haver resquícios físicos que ainda estão lá.

Ele disse que evoluiu para esse ser após o colapso.

D: *Você estava apenas aprendendo lições de diferentes tipos.*
N: Sim. Eu não as descreveria como divertidas, na maior parte. Tivemos que nos esconder por muito tempo.
D: *Por que você teve que se esconder?*
N: Eu não gosto de morrer. Não é tão divertido. Então, nos escondemos. É melhor experimentar coisas que te fazem sorrir. E então ele evoluiu até se tornar essa outra entidade altamente evoluída. Foram necessárias muitas e muitas vidas para alcançar esse ponto. A vida na Terra surgiu depois dessa entidade.
D: *Você pensaria que, depois de tudo isso, ele não iria querer voltar.*
N: Me dói o coração ver a Terra como ela é e pensar que, depois de passar por uma experiência semelhante, não consegui fazer nada.

Estou existindo de qualquer forma; eu poderia muito bem existir onde é eficaz.
D: *Mas você era feliz no outro lugar aquático. (Oh, sim!) Depois foi um passo para trás retornar à Terra.*
N: Não. Parece que sim, em certo nível. Mas, na verdade, é um grande passo adiante. Porque o modelo de DNA humano é bastante surpreendente para o que pode acontecer em uma terceira dimensão, com seu potencial. Está quase todo inativo agora.
D: *Você teve contato com os outros que estavam voltando para fazer o mesmo trabalho? Você disse que eram muitos.*
N: Sim, conheço alguns deles também. (Risos) Nós nos descobrimos mutuamente, muitos de nós. Isso é loucura. Não, não é! Por que as pessoas fazem amigos? Por causa dos muitos acordos que têm para se reunirem por um motivo. Você nem sempre se lembra, o que torna tudo mais difícil.

Achei que era hora de começar a parte terapêutica da sessão, então perguntei se ele sabia que estava falando através de um corpo físico.

N: É! Principalmente quando vou dormir. Fora isso, parece que é só isso que eu sou, apenas isso: o corpo. É isso que todos eles tentam nos dizer, os que dizem saber mais.
D: *O que você quer dizer?*
N: Parece que a maioria dos problemas com a Terra vem dos seres que entendem a mecânica da manifestação. Eles tiveram suas informações tão distorcidas que não sabem que essas mecânicas servem para todos, e que todos podem criar o que quiserem. E você não tem que fazer com que todos lutem entre si e se eliminem, para que você tenha suas coisas limitadas, porque não é por isso que estamos aqui.

Essa parte com a qual eu me comunicava parecia ter muito conhecimento, mas não sabia se seria capaz de fornecer as respostas para as perguntas de Ned. Perguntei se eu deveria chamar o subconsciente, ou se ele poderia fornecer tais informações.

N: Parte disso. Ele reconstruiu parte disso; ele não tem tudo, no entanto.

Ele então concordou que eu pedisse ao subconsciente que se manifestasse. Estava limitado, até certo ponto, em sua capacidade de responder às perguntas. Agradeci, pois ele nos deu muitas informações. Ele disse que apreciava conversar comigo. Então, chamei o SC, e a primeira pergunta que sempre faço é por que ele escolheu aquela vida específica para observar.

N: Ele está pronto para saber disso. Ele sabe que não é daqui.
D: *Ele não sabe disso conscientemente, sabe?*
N: Ele acha que sim, mas acha que as pessoas às vezes o estão alimentando com histórias.
D: *Você quer contar a ele sobre isso?*
N: A palavra que o ajudará a saber é (fonética) Oro-feen (Orofin?).
D: *Orofin? O que isso significa?*
N: É de onde ele veio. Tenho certeza de que ele vai entender. É o nome da essência do grupo de almas dos seres de lá.
D: *Orofin. Nunca ouvi esse nome antes.*
N: Eles estão bem altos.
D: *Então ele não precisava voltar. Ele poderia ter ficado lá e continuar evoluindo cada vez mais, não é mesmo?*
N: Sim. Devido a algumas obrigações contratuais mais elevadas, ele tem uma tendência a permitir-se sentir obrigação, em vez da escolha e do desejo de entrar no processo em que está.
D: *Mas fica mais difícil entrar num corpo físico e esquecer todas essas coisas. Saber que você tem todos esses poderes e, de repente, não ter mais nada além de um corpo físico... É bem frustrante, não é?*
N: Sim, essa é uma palavra que pode ser usada às vezes. Ned não gosta nada dessa palavra, no entanto. (Risos) Tem um significado ruim e implicações para o físico. Ele precisa saber que fez essa escolha. Ele tenta agir como se não soubesse o que fazer a seguir e que ainda não sabe o suficiente. O que é realmente irônico. Ele provavelmente vai rir mais tarde quando ouvir isso.
D: *Ele parece estar meio perdido agora, sem saber realmente o que quer fazer.*
N: Sim, ele se pune muito. A maneira de dizer isso para ele entender é que ele aclimatou sua neurologia a picos emocionais que tendem a surgir quando faz algo que não deveria fazer. O que é útil em

grande parte, porque ser subserviente à autoridade não é condizente com sua missão. Mas ele faz coisas que às vezes não fazem sentido. (Risos) Mesmo quando as pessoas que o amam dizem para ele fazer alguma coisa, às vezes ele faz o oposto, só porque acha que é isso que deveria fazer.

D: *Mas você disse que é assim que o sistema neurológico dele é configurado.*

N: Sim, mas ele escolheu isso. Ele precisava se distanciar com uma ilusão de separação da autoridade. Pode-se dizer que ele tem problemas com autoridade. Era mais difícil antes. Ele está trabalhando para ser mais aberto agora. No entanto, ele sabe que não pode fazer a maioria das coisas que podia outrora. Você precisa trabalhar no quinto fio agora, porque o quarto fio está totalmente reconstruído. O sexto fio está muito distante para se pensar nele neste momento.

D: *O que você quer dizer com esses números?*

N: É o modelo de DNA que se manifesta fisicamente. Ele tem quatro que foram reconstruídos, mas acredita que ainda está em três. Ele interpreta mal as coisas por não compreender totalmente.

D: *Então o DNA dele já está sendo reconstruído?*

N: Sim, e muitos de vocês também estão nesse processo. Estamos todos tornando possível que cada um reconstrua isso. Então, a quarta fita é o que estamos trabalhando agora.

D: *É o que ouvi dizer, que o DNA tem que mudar se quisermos fazer a transição.*

N: Sim. Todos estão fazendo um ótimo trabalho também. Todos nós estamos.

D: *O DNA de todos está mudando?*

N: Sim. É sutil e mais uma mudança de modelo do que uma mudança física. Mas isso se manifestará para eles quando estiverem prontos. A quinta e a sexta fitas ele já possui desde o nascimento, mas não estão ativas... o potencial está lá. Porém, a sexta ainda possui muitos nós e, quando o som viaja por ela, nem tudo ressoa de forma harmoniosa. Ainda assim, está lá. Ele tenta, mas não entende a projeção extracorpórea ainda. Para ele, agora, é apenas um jogo, uma diversão. Precisa aprender a utilizá-la como ferramenta para ajudar os outros. Neste momento, está apenas brincando. Mas usa isso para confirmar informações, o que já é útil.

D: *Qual é o objetivo final desse DNA, considerando esses números?*
N: Que todos possam ter a personificação do seu inconsciente em nível de avatar na densidade física, por assim dizer.
D: *Qual a quantidade que ele deve atingir?*
N: Doze.
D: *Isso é possível para o ser humano?*
N: Sim! É por isso que esta é uma experiência tão incrível, porque não houve semeadura de molde de DNA de doze fitas antes nesta matriz temporal. É muito importante!
D: *Há quem ensine que é possível mudar imediatamente para doze.*
N: Sim, embora as fontes de informação dessas pessoas sejam muito, muito falhas. Elas canalizam isso de lugares que não têm o melhor interesse delas em mente.
D: *Então está acontecendo gradualmente. É aí que estamos agora, entre quatro e cinco fitas de DNA?*
N: Ned está trabalhando na quinta, e ele está quase terminando aqui. Os outros índigos trabalham entre quatro e cinco, e alguns, na verdade, já passaram das seis. Há três avatares no planeta neste momento, e um deles tem sete totalmente ativas. Seu nome e identidade estão ocultos, no entanto — não é importante saber quem.
D: *Já me disseram muitas vezes que não deveríamos saber quem são essas pessoas.*
N: Não devemos. Eles precisam se esconder.
D: *Porque pode ser perigoso para eles. (Sim) Mas como o corpo se sente à medida que o DNA está mudando? Quais efeitos isso tem no corpo? Podemos perceber quando isso está acontecendo?*
N: O sistema emocional do seu corpo é o seu ponto de feedback. Então, se você sente coisas que o fazem experimentar mais daquilo que gosta de sentir, que o ajudam a acessar emoções que escolhe, e se consegue se distanciar da emoção, você pode chamar isso de "bom". Termos pejorativos não são úteis na maioria dos casos, mas, se você sente emoções positivas com mais frequência, significa que está diretamente no caminho que deveria seguir. Os sentimentos positivos são o feedback de que você está fazendo as coisas que concordou em fazer. No entanto, as emoções negativas

não devem ser confundidas, porque às vezes elas são necessárias para fornecer um nível de distinção, para que você possa entender quando as boas estão presentes.

D: *Essa mudança no DNA está afetando o corpo fisicamente?*
N: Sim, é uma alegria que isso aconteça. As experiências aqui descritas como experiências de pico geralmente são pontos de ativação. E lidar com as consequências emocionais posteriores, às vezes, é muito interessante para ele, porque nem sempre percebe isso como uma boa experiência.
D: *Ouvi dizer que muitas pessoas que vêm pela primeira vez têm dificuldade em lidar com emoções.*
N: Sim, com muita frequência.
D: *Realmente as assusta sentir tudo isso.*
N: Sim. Mas ele está acostumado ao padrão de fugir e se esconder quando as pressões externas se manifestam. Isso era necessário porque, antes, se ele não fugisse e se escondesse, seria morto novamente. E isso coloca um obstáculo no nível de progresso que pode ocorrer em uma única encarnação.

Perguntei qual seria o propósito de Ned, o que ele deveria estar fazendo durante este tempo na Terra.

N: Ele recebeu muitos dons e precisa compartilhá-los sem reservas. Ele quer ser julgado de forma positiva, mas não entende completamente que não se trata disso, porque todos irão julgar, não importa o que aconteça — especialmente se estiverem em um nível mais baixo de desenvolvimento de consciência. Ele recebeu muitos dons, e simplesmente precisa usá-los.
D: *Mas que caminho você quer que ele siga?*
N: A cura. Ele sabe disso. Ele pode se situar entre dois mundos, em certo sentido, o que é útil, pois pode oferecer às pessoas que não o procurariam algo que as ajudará. Ele consegue traduzir isso para o meio da tecnologia atualmente disponível, o que, por alguma razão estranha, por ser externo e complexo, acaba ganhando mais credibilidade, mesmo sendo, na verdade, menos útil para quem está em um desenvolvimento mais geral. Ele tem informações sobre coisas a serem criadas. E todos os que ele precisa para ajudar a criar já estão em sua vida. Ele ainda procura pessoas que o

habilitem a fazer seu trabalho. E ele sabe, assim como três pessoas que o conhecem também sabem, que tudo o que precisam fazer é agir.

D: *Então as pessoas já estão a postos.*

N: Sim, é hora de abandonar os livros e partir para a ação. Ele pode escolher quem quiser, mas há pelo menos três criações distintas que pode manifestar com outras pessoas, trazendo um nível extraordinário de benefício para todos.

D: *Quais são esses três níveis?*

N: (Risos) É uma piada engraçada.

D: *Qual é a piada?*

N: Keylontic neurolarcrustic (?) (fonético: ner-o-lar-krewstic) biosimbaligismística (?) (fonético: bio-sim-bul-ij-izm-ist-iks).

Será que sua arrogância intelectual estava brincando comigo? Achei que a palavra que ele usava soava um pouco como "quelação". Ele então soletrou: K-E-Y-L-O-N-T-I-C. Existe um site com um dicionário Keylontic: Biblioteca Pleyades – Voyagers. (www.bibliotecapleyades.net/voyagers/espvoyagersindex.htm)

N: É a mecânica da manifestação da manifestação. Ele já recebeu informação sobre a matéria e a ascensão da consciência. Ele a aprecia, tenta compartilhá-la, mas escolhe se sentir distante das pessoas por conhecê-la. Mas ele recebeu essa informação. Ela está lá e ele precisa criar o dispositivo. A evasão é não criar.

D: *Então será um dispositivo.*

N: Sim. Ele e a entidade conhecida como James (seu amigo) deveriam fazer isso juntos. No entanto, eles passam muito tempo sozinhos, apenas curtindo a ideia e gostando de saber o que sabem. A única razão para saber disso é fazer.

D: *Eles estão apenas se entretendo.*

N: (Risos) Sim, estão apenas se entretendo. — Eu gosto disso.

D: *Bem, esse é um projeto. Quais são os outros dois?*

N: Ele pode fazer tudo. Acho que seria mais útil para ele ter apenas um apresentado agora.

D: *Concentrar-se em um de cada vez?*

N: Sim. Ele já sabe dos outros. Eles já estão escritos. Manifestam-se fisicamente como conhecimento, para que ele saiba os passos a seguir. O primeiro, ele descreveria como uma interface de software de biofeedback. Uma análise em tempo real — "tempo real" é um termo estranho — usando luz e som. A água ionizada também é uma ótima ideia. — Chega por enquanto. Ele escolhe se sentir sobrecarregado pela abundância de coisas que pode criar com o conhecimento. Isso tende a impedir seu progresso em movimento.

D: *Ned levantou a questão da cura.*

N: Este dispositivo facilitará muito isso, pois reduzirá bastante o tempo e o esforço gastos no momento da cura. É apenas mais um item para adicionar à caixa de ferramentas. Mas é uma ferramenta importante.

D: *Ele está se divertindo muito brincando de ser humano.*

N: Sim, é um corpo incrível. Há muitos benefícios no corpo humano.

Capítulo 35
A COR DO DNA

A princípio, Susan viu pombas e uma fonte cercada por uma névoa. Ao se aproximar, percebeu que a névoa era mais um campo energético ou magnético. Então, notou que seu corpo também não estava normal.

S: Eu sei que estou lá, mas não há corpo, se isso fizer algum sentido. Não sinto um corpo. Sinto algum tipo de forma, mas não sinto braços, pernas ou pés. Só sei que estou ali em uma forma.
D: Como é a sensação desse campo magnético?
S: Acho que estou flutuando acima dele, mas estou nele ao mesmo tempo. Parece que meu cérebro está em repouso, e eu simplesmente tenho um conhecimento sem precisar pensar nisso. É muito tranquilo.
D: Você quer ir mais longe ou quer ficar nesse campo magnético?
S: Sinto que estou subindo. Estou sendo puxada para fora da névoa do campo.
D: O que você vê quando está subindo?
S: Um "X" branco. Estou passando pelo centro do "X"... Estou em pé sobre nuvens brancas. Muito interessante estar em pé nas nuvens.
D: Tem mais alguém por aqui ou é só você?
S: Só eu. Agora tenho pés e uma "coisa" que parece uma túnica branca... não parece material. Provavelmente é leve, mas tem a forma de um manto solto. Acima de mim há uma luz dourada. Não é quente nem fria. É apenas muito reconfortante. Muito pacífica. A luz está emitindo algo em direção à minha testa e aos meus ombros, e isso está me deixando muito quente. É uma sensação boa. E sinto que tudo isso é interessante. Como se meu corpo físico estivesse deitado aqui. Toda a dor está saindo dele, e toda a tensão está relaxando. Mas, ainda assim, eu estou aqui em cima, na luz, ao mesmo tempo.
D: Tudo bem. Vamos nos concentrar naquela parte ali em cima e ver o que ela está fazendo.

S: Oh, a luz está se movendo da frente da minha testa para a parte de trás da minha cabeça, e parece que está fazendo alguma coisa. Não consigo descrever exatamente o que é. Talvez tenha expandido minha cabeça como se não houvesse ossos ali. Abriu tudo, como se não houvesse ossos de crânio de verdade. Agora a luz está atravessando todo o meu corpo até os meus pés. Parece uma energia. Está bem no centro, bem no meio. Não está irradiando para os lados, é direto pelo meio. Agora vejo algo como um túnel. Está bem acima de mim. Estou em um tubo ou túnel com nuvens, com uma luz solar dourada realmente linda brilhando dentro dele.

D: *Quando aquela luz, aquela energia estava passando pelo corpo, o que ela estava fazendo?*

S: Abrindo as vibrações para que eu pudesse entrar no túnel... no tubo. A luz está ficando maior e preenchendo todo o tubo. Não são mais nuvens. É uma luz amarelo-dourada. Tem uma vida de consciência. Não é apenas cor. Estou imersa no meio dela agora. Está por toda parte. Parece haver uma cachoeira saindo do centro, fluindo por cima e descendo. Não é água, mas parece água saindo de algum tipo de cerâmica, ou algo feito de ouro. Está fluindo ao meu redor e brilhando. É rosa, azul, lilás, verde e brilhante. Como um pote opaco ou uma urna, com algo saindo dela.

D: *Qual é o propósito disso fluir sobre você desse jeito?*

S: Estou ouvindo palavras como: "imersão – purificação – bênção – acolhimento." Seja lá o que for, é muito significativo. É realmente muito bom. "Uma infusão de conhecimento", eles estão dizendo, mas é um passo necessário agora. É um passo do mundo físico para o mundo etérico ou reino superior. Eles estão me mostrando algo que parece um DNA distorcido... e estão espalhando-o mais amplamente. Estão refazendo as cadeias de DNA, tornando-as mais largas. Antes eram tão estreitas... Agora as estão ampliando para que possam, possivelmente, carregar mais filamentos fibrosos com informações, como pequenos orvalhos sobre eles. Estão indo para os lados, o que, em sua linguagem, seria horizontal, como o horizonte.

D: *Eles estão se esticando? (Sim.) Você disse que isso é como uma infusão de conhecimento e informação?*

S: Eles disseram: uma infusão de conhecimento... um derramamento de conhecimento.

D: Isso representa o DNA?

S: Eles estão me dizendo que são faixas coloridas... o DNA... nós nunca pensamos em procurar por isso.

D: É isso que eles querem dizer? Faixas coloridas no DNA?

S: No DNA. E elas são bem espessas, na verdade. Não são finas. São como camadas. Camadas de... Eu queria dizer "nuvens" para mim, mas essa não é a palavra certa. É a única palavra que me vem à mente. São camadas de nuvem, névoa, e há cores nelas.

D: No começo você disse que elas eram finas.

S: Sim, mas desapareceram, e agora são grupos de cor. Não faz sentido, mas parece que cada faixa tem 45 centímetros de altura. Elas se sobrepõem, e cada uma é de uma cor diferente. Dizem que é um processo necessário, e é assim que funciona. Estão dizendo que este é o mais elevado "reino" ou "consciência". É assim que tudo funciona.

D: É isso que estou tentando entender. O que significam? Como funciona a consciência superior?

S: Eles estão dizendo que são TODAS as formas. É assim que TODAS as formas funcionam. Até as folhas têm DNA, e até as folhas têm processos de formas. Não conseguimos entender isso aqui, mas do lado deles, tudo são formas. Tudo tem uma forma, e tudo tem uma fórmula. É assim, e é assim que deve ser seguido.

D: O que você quer dizer com "forma"? Você quer dizer um formato?

S: Não, sem espaço... é um processo. É assim que o processo é.

D: Eu penso em uma folha com um certo formato, e o corpo tendo um certo formato.

S: Mas você tem que chegar ao "finito", não à forma. Isto é o que forma a forma. A forma que você vê é a folha, mas isso está por trás da forma. É isso que forma a forma, e essas são as leis, e é assim que é.

D: Mas você disse que tem a ver com fórmulas também?

S: Sim... é assim que tudo está configurado. É só um processo... apenas como é... o processo.

D: Tudo isso remonta à genética, ao DNA? Esse é o núcleo, a parte principal?

S: Não. Tudo remonta ao TODO, ao UM, à luz. Isto é seu derramamento. Ele se derrama dessa forma. É como o fluxo...

como o pote ou a urna com a luz e a névoa. Isto é o TODO se derramando. É assim que ele se manifesta.

D: *Como ele cria? (Sim.) Mas você disse que estava falando sobre o DNA. Isso faz parte do processo de criação... se estou usando as palavras certas.*

S: Eles estão dizendo: "Se você quiser." (risos altos)

D: *(Ela continuou rindo alto.) Se eles tiverem palavras melhores, acho que poderiam usá-las.*

S: Não, eles estão dizendo para você ir em frente... "Sim, se você quiser, vá em frente."

D: *Tentamos entender com as palavras que conhecemos. Eles podem ter palavras melhores para nos ajudar a compreender.*

S: Eles acham que estamos fazendo um bom trabalho com isso, mas acredito que entendemos.

D: *Então o DNA é mais amplo e composto de cores.*

S: Sim, e é tão interessante que existam cores.

D: *Isso é algo que os cientistas não conseguem ver?*

S: Não em sua evolução atual, mas estão chegando perto. Estão se aproximando disso, mas há medo de confirmar, por receio do ridículo.

D: *Eles estão descobrindo cada vez mais genes e seus padrões genéticos. E isso tem mais a ver com cores? É isso que você quer dizer?*

S: É a cor da vida. É o que dizem: "É a cor da vida." Adoro a ideia: a cor da vida. Tudo tem um código, e o código é igual a uma cor que lhe dá seu código de vida. É simplesmente o processo que eles seguem, ou devem seguir. Eles me mostram um cardeal vermelho, e ele está ali, parado. E ele diz: "É o código que eu segui."

D: *O vermelho era muito importante para aquela criatura?*

S: Sim... para aquela vida. A criatura está dizendo que a cor era a lição, mas não é só a cor. É uma energia que está girando, e essa é a lição... e eles a estão transmitindo. Há algo antigo que gira dessa maneira.

D: *E esse era o código? Isso também tem a ver com a fórmula? (Sim.) O código da cor. Isso tudo faz parte da fórmula?*

S: A cor faz parte da fórmula, mas também faz parte do código. Essa é parte da lição.

D: *Então as cores são muito importantes?*

S: São importantes, mas é apenas o que é... a efusão do TODO. É como a consciência consegue transmitir tudo... pode se relacionar com todo o resto do que ele faz.
D: *Então tem mais a ver com a cor do que com qualquer outra coisa? É assim que a informação é transmitida? Ela cria alguma coisa?*
S: Sim, mas é tudo uma coisa só. Não são peças separadas. É tudo moldado em um. É uma cor. É uma lição. Uma vibração. É um movimento, tudo ao mesmo tempo.
D: *Então cada um é individual, e é isso que cria uma forma diferente, uma criatura diferente?*
S: Se você quiser, sim.
D: *Estou apenas tentando entender com minhas habilidades limitadas.*
S: Sim... é muito avassalador e lindo. Eu entendo isso, mas não entendo. Eu vejo como funciona, mas não acho que conseguiria compreender. Mas estou vendo como funciona.
D: *Você não acha que seria capaz de explicar isso?*
S: Eles estão dizendo: "Nós explicamos isso. Esta é a explicação disso."

Isso não ajudou muito. Achei que ainda estava tão claro quanto lama. Eu ia continuar insistindo por mais explicações.

D: *Mas você disse que o DNA... você viu as diferentes cores se misturando umas nas outras.*
S: E são muito mais largos do que vemos. São muito largos mesmo.
D: *Acho que o que você vê está além do microscópico. As cores seguem alguma ordem específica quando você as vê com o DNA?*
S: Eu vejo o vermelho primeiro. O vermelho parece ser a base na parte inferior, e é um vermelho turvo. Aí, então, fica muito mais claro e a faixa fica mais grossa... vindo de baixo. A próxima cor parece preta, mas não é. É tão roxa que parece preta. Depois, fica com uma linda cor roxa e permanece nessa mesma cor. E continua até o próximo... A melhor maneira de explicar é um laranja-avermelhado, dourado. Não é dourado, não é vermelho, não é laranja. Eu não conheço essa cor. É uma mistura. E ela se move. Está em movimento... muito movimento.
D: *Cada cor tem movimento?*

S: Cada cor tem movimento, mas elas se movem para dentro e para fora uma da outra. Ah, eu vi algo assim uma vez. Eles têm um recipiente de acrílico com óleos coloridos e água, e eles piscam para frente e para trás, mas se misturam, e essa é uma forma de energia. Isso é um componente da criação. Esse é definitivamente um bloco de construção para a vida.

D: *Então essas cores não permanecem separadas nessas faixas?*

S: Não nesta faixa. O vermelho e o roxo, sim, mas o dourado/laranja/vermelho se move em um movimento contínuo. Esse tem algo a ver com a vida. A vida tem vários significados. Tem consciência. É movimento. É sabedoria, conhecimento. É tudo isso em um. Você não pode escolher uma peça só. Não funcionaria. Seria achatado. Então, são necessários todos esses elementos para formar esta forma, e esta é a forma da criação. É definitivamente uma forma da criação.

D: *Existem outras cores além do dourado/vermelho/laranja?*

S: Existem outras cores. Não são muito claras, mas, na maioria das vezes, é apenas um branco imaculado depois disso. Oh! Um branco extremamente puro... porque tem vida.

D: *Mas é isso que está no DNA? É isso que causa a vida?*

S: É isso que eles estão me mostrando, sim. Mas é amplo. É tão incrivelmente amplo! Eu nunca pensei que seria tão amplo. São cores diferentes e formas de vida diferentes. Algumas eu quase consigo nomear, mas se eu disser uma cor, ela desaparece, então...

D: *Diferentes combinações de cores?*

S: Fonte de combinação... fonte de vida, dizem. E está sempre em movimento.

D: *É isso que cria as diferentes formas, a combinação das cores?*

S: Sim. A combinação das cores cria a forma e as leis que a regem.

D: *Por exemplo, você estava falando sobre o pássaro, a folha e o humano. Cada um seria uma combinação diferente de cores?*

S: Quase definitivamente. Mas, ainda assim, é tudo a mesma coisa. As diferentes combinações é que fazem com que a lição seja escolhida.

D: *E tudo isso vem do TODO? Mas não continua a partir daí? Uma vez que algo é criado, ele não se recria?*

S: É replicado, sim.

D: *Então não precisa vir do TODO toda vez que se replica?*

S: Não. Tudo vem do TODO. Se tem uma forma de vida, uma consciência e um movimento, vem do TODO sempre. Veja, você poderia fazer isso agora com a replicação, mas você vê... vida sem vida. Você pode copiar algo, mas não tem vida... é apenas uma cópia.

D: *Estaria vivo?*

S: Estaria viva como sua ovelha... Dolly?

D: *O clone?*

Dolly, a ovelha, não foi o primeiro clone, mas foi o mais famoso. Ela foi produzida em 1996 a partir de uma célula retirada do úbere de outra ovelha. No entanto, viveu apenas seis anos, falecendo em 2003. Há um debate contínuo sobre se morreu tão jovem porque era um clone. Quando seu DNA foi examinado em 1999, descobriu-se que, na verdade, era mais velho do que seu corpo. Ela deu à luz quatro cordeiros ao longo de sua vida, mas não consegui encontrar nenhuma pesquisa sobre se eles também morreram jovens.

S: Sim. Está vivo. Move-se, mas ainda falta a vida. Está vivo, mas sem força vital. Está vivo, mas é como uma boneca de papel. Você tem um molde, pode recortá-lo e pendurá-lo nos ombros, e você tem algo que parece vida, mas não é vida. No entanto, é muito bonito, mas não contém a fonte.

D: *Mas como a ovelha, por exemplo. Ela é capaz de se replicar.*

S: Não é uma ovelha clone. Não neste momento. Em nível celular, dentro dos tubos no laboratório, não. Vemos a célula se movendo, porém, dentro da célula, a fonte não está lá. É uma célula vazia.

D: *Eu pensei que eles tivessem dito que Dolly, a ovelha, poderia engravidar e ter um cordeiro. Eu penso nisso como se estivesse se replicando. Não é verdade?*

S: Estamos discutindo sobre isso. Eles dizem que não, e alguns dizem possivelmente. Então, estão divididos sobre isso. (risos) É como se eu estivesse assistindo a um painel de pessoas dizendo "sim", mas... (risos) Ah, é engraçado. Parece um bando de filósofos lá em cima, e eles estão concordando que seriam descendentes de vida curta.

D: *Sim, mas isso é físico. Podemos ver.*

S: Sim, mas ainda não tem fonte. Não tem fonte para isso, nenhuma fonte. Ah... o que eles estão tentando transmitir é que não há lição espiritual. Não há espírito. É uma concha vazia. Muito interessante.

D: Sempre pensei que, não importa como algo fosse criado, um espírito poderia ser atribuído a ele e entrar nele.

S: Bem, isso faz sentido. Ok, eles acabaram de dizer que alguns sim, alguns não. Pessoas de verdade? Oh, é como os seus agricultores éticos. Alguns terão isso? (Falando com outra pessoa.) Ok, eles estão me mostrando para que eu possa entender melhor. É a diferença entre uma operação comercial e uma pequena operação ética e espiritual. Então, em essência, ambas podem existir.

D: Então eles podem ter filhos?

S: E isso é uma má intenção por um lado. Eles estão falando sobre deuses criadores do outro lado. Essa seria a ética espiritual... as pessoas certas? Do outro lado, eles comparam às corporações com produção em massa.

D: E esses são os que não estão fazendo isso corretamente, você quer dizer?

S: Eles estão apenas me mostrando células vazias. A célula é apenas um invólucro, um círculo branco. Mas do outro lado, há a célula com cor, com movimento, e há uma explosão de luz branca nessas células. Então, eles seriam os éticos... estariam fazendo a coisa certa. Esses seriam as células filhas da fonte.

D: Então, nesse caso, a vida teria permissão para entrar se eles estivessem fazendo isso de forma ética?

S: Possivelmente... possivelmente. É uma probabilidade.

D: Isso é o que confunde, porque eles nos mostram esses animais e eles parecem vivos e estão se reproduzindo.

S: Para todos os efeitos, está vivo. Como diferentes graus de cor. Há diferença nos graus de cores e tons. De um lado, é definitivamente o Deus Criador, com a ética. Do outro lado, hesito em dizer isso, mas eles estão usando mais intenção. O outro lado tem intenções para algum tipo de propósito.

D: Boas intenções são a coisa mais importante de todas.

S: A intenção vem da luz.

Isso me lembrou uma cliente, na casa dos quarenta anos, que descreveu uma experiência incomum. Ela estava tentando engravidar e já tinha tentado de tudo. Os médicos decidiram tentar a fertilização in vitro, implantando seus óvulos no útero. Quando pegaram os óvulos e os examinaram no microscópio, eles pareciam cascas vazias, sem nada dentro. Nunca tinham visto nada parecido. Finalmente, usaram óvulos e hormônios de doadoras, e ela conseguiu ter sua filha. Essa foi a primeira vez que ouvi falar de óvulos que pareciam cascas vazias até termos esta sessão com Susan discutindo clonagem. Interessante!

D: Mas quando eles reproduzem esses animais por clonagem, dizem que estão fazendo isso para ter comida para as pessoas.
S: O outro lado da comida é que ela não será muito boa para você. Isso lhes mostrará fé, mas não preencherá suas necessidades. Mas, do lado do Deus Criador, este lado está permitindo que este animal tenha sua evolução, seu espírito e sua lição. É muito importante para todas as coisas. Ambos têm intenção, mas um deles possui uma intenção mais elevada do que o outro. É como se o outro lado estivesse apenas seguindo os passos, sem realmente subir a escada. Estão apenas repetindo os movimentos, como se fossem clones. No entanto, não há qualquer julgamento sobre isso. Eles dizem que são apenas diferentes intenções, e há espaço para ambas.
D: Também ouvi dizer que eles clonaram seres humanos.
S: Verdade.
D: Eu pensei que eles já fizessem isso há algum tempo.
S: (Rindo.) Há milhares e milhares de anos!
D: Isso significa que o humano clonado é diferente?
S: Um pouco. Eles não são formas originais, mas só pode haver algumas formas originais.
D: O humano clonado está vivo, ele se move. Mas ele está vivo como as outras pessoas?

Ela entendeu errado. Eu estava me referindo a outros humanos, mas ela achou que eu estava falando da fonte ou algo assim.

S: O original... os originadores? Não, não. Os originadores estão acima de todos nós. Eles são luz pura, mas concordam em compartilhar sua luz.
D: *A luz é o que dá vida à criatura... lhe dá vida?*
S: É o que dá à criatura a chance de evoluir e retornar ao começo mais elevado.
D: *Sempre pensei que a carapaça não importava. Era apenas um veículo para usar na Terra.*
S: (Quase com indiferença.) É verdade, é só uma questão de se vestir.
D: *E se a alma ou o espírito decidisse entrar em um desses clones, ele entraria apenas para ter um veículo?*
S: Eles estão pensando. Temos um grupo de filósofos. (Risos)
D: *Porque o espírito e a alma vêm da Fonte. Vêm da luz.*
S: Bem, veja bem, tudo vem do mesmo lugar.
D: *Então isso não aconteceria no humano clonado?*
S: Eles estão falando sobre diferentes graus de lições, então... eles estão dizendo que, sim, em teoria, tudo funciona. (Risos) É tudo igual. Depende apenas do grau das lições. É sobre graus em lições... graus. Graus das lições. De um lado, você tem as pessoas cujas intenções são somente seguir um processo. Talvez elas não saibam que podem... Não, está dividido. Um lado está todo cheio de luz e evolução, e o outro lado é apenas seguir um processo. É como um processo em branco. Eles apenas vão continuar produzindo as mesmas coisas.
D: *Só tentando ver o que eles podem fazer?*
S: Sim. Os criadores são como uma linha de montagem de criadores. Eles não têm a mesma vibração do outro lado. O lado criador de Deus tem tanta força. A palavra é: luz, amor, criação. E o outro lado está apenas passando pelo processo vazio... simplesmente vazio.
D: *Só por curiosidade?*
S: Nem curiosidade. É como se estivessem só fazendo.
D: *Então isso fará diferença no que eles criarão? (Sim.) Dizem-nos que podemos criar a nossa própria realidade. Nós podemos criar coisas.*
S: Existe um processo pelo qual nós criamos. Nós criamos através desse processo, sim.
D: *Mas isso é diferente de criar vida. É isso que você quer dizer?*

S: Você ainda pode criar vida, mas tem mais força vital do que o outro. Isso significa que ambos estão vivos? Sim, ambos estão vivos. É a diferença entre uma lâmina de grama. Uma folha de grama é uma folha de grama, mas um lado tem um código diferente. Ela evolui e atrai para si luz solar, água, nutrição e amor. Do outro lado, é uma folha de grama, mas é apenas uma folha de grama. Vai passar pela codificação, mas nunca vai prosperar como aquela com a luz do sol, a água e o amor. Mas sim, ambos estão vivos e ambos são folhas de grama. E uma seguirá em frente e evoluirá para outra coisa, uma folha de grama melhor, e a outra morrerá como uma folha de grama.

D: *Isso vai de encontro aos cientistas que agora alteram geneticamente as plantas.*

S: Sim, é verdade. Agora chegamos à origem disso. Você pode criar um grão de milho, mas eles não são iguais. Eles não são o mesmo.

D: *Voltando... você disse que as cores são os principais blocos de construção, eu acho, da vida. Essas cores são realmente essenciais? (Sim.) Também ouvi dizer que o som tem muito a ver com isso. Você percebe isso?*

S: É a vibração, sim. É o movimento que inicia o processo da força vital em movimento. É essa parte que inicia o movimento. É como um rio que nunca para. Começa com um pequeno arco, que só aumenta e aumenta, e logo há apenas ondas e ondas e ondas dessa vibração que simplesmente se move e nunca para. Ela se move por todo o caminho. Ela nunca para!

D: *É eterno assim.*

S: Essa é uma boa palavra.

Achei que era hora de começar com as perguntas de Susan. Pedi permissão para fazê-lo e o SC disse: — "Estamos ao seu dispor." Eu queria saber por que essa informação foi divulgada. Por que eles queriam que Susan soubesse dessas coisas?

S: Nós escolhemos esta lição para mostrar a ela que está do outro lado. Ela está do lado de Deus criador. Ela cria coisas boas. O que ela precisa entender é que sempre continuará evoluindo. Ela sempre será aceita no nível mais alto. Ela é do mais alto. Só existe o mais alto para ela.

D: *Quando começamos uma sessão, sempre pensamos que vamos voltar a vidas passadas. Você não queria levá-la para algo assim?*
S: Isso não é importante. Ela sabe disso. É o que é. Este precisa passar mais tempo no futuro. Ela recebeu tais habilidades para o futuro. Precisamos ajudá-la a desbloquear a parte em que entende o futuro, porque precisa dedicar mais tempo à criação do futuro.

Antes mesmo que eu tivesse a chance de abordar suas queixas físicas, o SC começou a olhar dentro do corpo dela e decidir o que precisava ser feito.

S: Para onde estamos olhando agora, dentro, há um código e há algo que precisa ser removido porque não é verdadeiro. Está no abdômen dela. Essa é uma segunda estação. Eles chamam isso de centro de poder.

Susan estava tendo problemas naquela área: espasmos no cólon e coágulos sangrantes.

D: *Fica abaixo do plexo solar.*
S: Ah, sim. É o poder. Estamos movendo isso muito suavemente agora. Ela tem muito trauma nessa área... só tecido cicatricial.
D: *Você pode curar isso, não pode?*
S: Não é nem uma cura. Vamos simplesmente removê-lo, mas precisa ser feito com cuidado. É um código sensível que precisamos remover de uma maneira muito específica. Pode demorar um pouco, pois há um processo e etapas que precisam ser seguidos para não prejudicar o corpo.
D: *Que tipo de código existe que não é necessário?*
S: Ah, foi implantado ali por um motivo. Precisava ser uma medida de segurança para ela. Ela é muito avançada... muito, muito, muito avançada.
D: *Quando foi colocado lá?*
S: Assim que ela chegou aqui.
D: *Quando ela entrou neste corpo?*
S: Depois que ela chegou aqui. Muito avançada. É uma solução paliativa e foi colocada lá para protegê-la. A informação não teria sido vista com bons olhos na evolução passada de onde seu

planeta estava. Não teria sido aceita. Não teria sido favorável. Teria lhe causado dano.

D: *Então era para evitar que ela falasse demais?*

S: Sim. Ela nasceu em meio a pessoas que não entendiam. Eles estão no seu direito evido lugar. Estão mesmo. Eles fizeram suas lições, mas não entenderam. Ela não precisa mais disso. Isso foi cumprido. E o passado ficou no passado.

D: *Ela pensou que tinha liberado, mas acho que não.*

S: Ela entende que não o liberou. Ela não entende por que não o liberou. Esta criança fez trabalho. Nós a ajudamos. Ela realmente trabalhou, mas o que ela não entende é que não era dela que deveria liberar. É nosso, e agora nos sentimos seguros de que assumiremos isso quando tudo estiver terminado. Ela não precisa se apegar a isso.

D: *Então você diz que isso pode ser removido?*

S: Estamos removendo-o neste exato momento. É muito delicado, são muitas camadas... muitas, muitas camadas. Deve ser feito com muita delicadeza e de maneira bem distinta, em determinado nível do tecido e além dele. Dá muito trabalho.

Enquanto faziam esse trabalho, perguntei sobre as outras partes do corpo dela. Disseram-me antes que eu poderia fazer perguntas enquanto trabalhavam. Ela havia sofrido um acidente de carro e achava que sua memória tinha sido afetada por um ferimento na cabeça.

S: Vemos círculos no cérebro que não estavam lá. Vemos que o tecido não é o mesmo. Estamos chamando alguém para trabalhar nisso agora. Um grupo novo está chegando para esse trabalho. Ela faz parte de um grupo muito novo... muito raro... alguns deles darão instruções para o futuro. Chamamos alguém e eles estão trabalhando lá agora. Há um grupo que chamamos, não para consertar os tecidos. Nosso trabalho é com o código interno. Este é um grupo que foi designado a ela e que trará as informações futuras. Portanto, temos grupos separados. Dois estão aqui agora, e um virá em um horário diferente, para ajudar no trabalho futuro. Sim, é tudo muito importante. É isso que ela está designada para fazer. Ela concordou. Sim, ela concordou.

D: Mas ela diz que nunca quis estar aqui.
S: Ela queria vir! Ela queria vir no começo, mas houve circunstâncias que não se concretizaram. E isso tornou tudo muito, muito, muito difícil para alguém com tanta força vital, que possui uma compreensão maior de todas as coisas. É muito difícil para uma pessoa que vem daquele espaço lidar com isso. Ela costuma dizer que não consegue compreender a crueldade e a matança, e nunca seria capaz de compreendê-las, mas se adaptou muito bem. Ela está bem.
D: Ela disse que teve uma experiência de quase morte quando tinha sete anos.

Susan quase se afogou e se lembrou de ter deixado seu corpo.

S: Sim, precisávamos chamá-la de volta para casa por causa dessas circunstâncias imprevistas. Ela pensou que ficaria na Terra, mas nós a chamamos de volta e conseguimos ajustar as coisas, por assim dizer, e mandá-la novamente. Ela não queria voltar. Ela não entendia.
D: Mas ela tinha um contrato, não tinha?
S: Todos nós temos contratos! Todos nós, não importa de que lado estejamos... todos temos contratos.
D: E ela não conseguiu se livrar deles?
S: Não. Não há como escapar.
D: Então foi isso que aconteceu quando ela tinha sete anos, só para que ela se ajeitasse?
S: Sim, e há muito mais do que ela viu. Ela pode ter esquecido, mas precisava ser lembrada de que havia muito mais. Ela precisava saber que existe uma luta. Sempre houve uma luta. Ela não quer acreditar em luz, escuridão ou sombra. Sim, são todas lições diferentes, em graus diferentes. São todas escolhas, e queríamos mostrar a ela que isso é muito real, que isso é evolução. E é assim que a evolução vem acontecendo há bilhões de anos, sem sequer um período definido. Estamos falando nos seus termos. Mas ela precisa saber que sempre há uma escolha, e que todos fazem escolhas. Em todos os níveis, você experimenta todas as escolhas. Não há julgamento; são apenas escolhas. Assim que mostramos isso a ela, mostramos a possibilidade desse lugar imaculado onde

ela quer estar e para onde deseja que todos sigam. Mostramos que isso é uma possibilidade. Também queremos que ela reconheça a verdadeira extensão do que ela é. Ela não é apenas essa pessoa pequena, neste pequeno grão de areia. Ela é muito maior. E sim, ela luta contra o ego. É quase como uma maldição para as pessoas aqui. Você tem ego por um motivo. Se não houvesse ego, não haveria avanço. Faz parte da força vital. É o que faz você continuar.

Ao falar sobre seu propósito, disseram que ela não gostaria de ouvir essa tarefa. Ela deveria falar para grupos maiores de pessoas, embora isso fosse algo que a amedrontasse.

S: Nós iremos ajudar. Ela precisa entender que o grupo nem existe. É maior do que apenas pessoas sentadas em cadeiras. Não se trata de números. Trata-se de almas.

Quando terminei as perguntas, observei que Susan já sabia a maioria das respostas.

S: As pessoas sempre fazem isso. Elas simplesmente não querem acreditar no que ouvem. Falamos com vocês constantemente. O diálogo é contínuo. Você ouve isso na sua mente, você ouve isso na sua alma, no que as pessoas chamam de "tecido da alma". Estamos aqui. Vocês nunca estão sozinhos. Não precisam se sentir abandonados. Muitos se sentem abandonados, mas jamais os abandonaríamos. Vocês nunca estão sozinhos. É uma tarefa. Somos designados. Estamos protegendo todos vocês. Estamos aqui. Sempre estivemos aqui. Não iremos a lugar algum. Fomos designados a vocês e ficaremos com vocês. Gostaríamos que os humanos pudessem compreender isso, as massas em geral. Fomos designados para vocês. Nunca os deixaremos ou abandonaremos. Estamos aqui para vocês.

O Universo Convoluto, Livro Quatro

Capítulo 36
TRABALHANDO COM OS SISTEMAS DA TERRA

Henry queria explorar um incidente estranho. Em 2005, quando estava indo dormir, ouviu as palavras: "Seu pai está morrendo" e foi levado até uma nave espacial. Ele não tinha outras lembranças e queria explorar essa experiência. Levei-o de volta à noite do evento, quando ele estava em sua casa, na Virgínia Ocidental. Preparava-se para dormir e descreveu o ritual de apagar as luzes, abrir uma janela para deixar entrar ar fresco e deitar-se debaixo das cobertas. Ele havia acabado de cochilar quando ouviu uma voz em sua cabeça: "Venha. Seu pai está morrendo. Então eu fui embora." Pedi que ele explicasse como tinha ido embora.

H: Acho que, quando decidi ir, eu já estava lá. Instantaneamente. Em uma galáxia diferente.
D: O que você vê que faz pensar que é uma galáxia diferente?
H: É só um saber. Na verdade, não a vejo, porque eu estou nela. — Ele está esperando.

O que ele viu em seguida foi muito difícil de descrever, pois não se parecia com nada que já tivesse visto antes. Não achou repulsivo, apenas difícil de explicar.

H: Tentar ver é o meu problema.

Ele estava parado próximo à cama onde um ser de aparência estranha estava deitado.

H: Cores. Cores brilhantes. Não é pele como a nossa. Ao redor da cabeça, algo semelhante a penas de pássaro, mas não exatamente. Semelhante a cabelo, mas também não é isso. É curto, talvez uma ou duas polegadas de comprimento. Faz parte do corpo. Cores brilhantes.

Quando se olhou, viu que era igual. Perguntei se poderia descrever o rosto.

H: Essa é a parte difícil. É complicado de explicar. Ele tem olhos, sim, semelhantes aos nossos. Algo parecido com um pássaro. Emplumado. As mãos são algo assim.

Houve confusão quando levantou dois dedos e descreveu o que pareciam ser três apêndices na mão. Não havia roupas. Ele mencionou que havia alguém parado ao lado dele, perto da cama.

D: *Essa é a pessoa que o trouxe até aqui?*
H: Não. Era o mensageiro. Ele traz as pessoas que sente fazerem parte deste grupo. Está em uma missão. Não somos exatamente iguais.
D: *O que você quer dizer?*
H: Estranho... que eu estivesse lá, no meu quarto. Sou eu. O corpo que tenho na Terra, e a consciência na Terra... ficaram tão perturbados por isso ser tão estranho. Era como estar em um corpo diferente. Agora, estar aqui é muito normal, olhando para ele. Eu estava em uma missão. A missão é este grupo. Este grupo de seres.
D: *É um planeta onde você está agora, ou o quê?*
H: Não é um planeta, não. É uma condição do espaço. É como um... (ele teve dificuldade).
D: *Você quer que eles o ajudem a explicar? Ou consegue entender?*
H: O problema é chegar até aqui. É uma parte de um universo, e não é. Faz parte de um lugar, e não faz. Está em um reino de existência completamente diferente. Não é ruim, nem tão diferente deste lugar na Terra onde você está. É um lugar onde as funções estão aguardando para se desenvolver. Planetas que desenvolvemos. Nossa missão é desenvolver. Desenvolver planetas e criar diferentes formas de vida neles. Pegamos um planeta e o povoamos com diferentes formas.
D: *Você cria o planeta para começar?*
H: Não, o planeta é criado. Nós criamos as formas para o planeta. Os planetas surgem em um universo específico e se tornam habitáveis

para diferentes formas de vida. Quando fazemos isso, fazemos em um planeta específico. Há outros que fazem isso para planetas muito diferentes da Terra.

D: *Diferentes formas de vida?*

H: Diferentes tipos de formas de vida que realmente criamos.

D: *Então todos os planetas têm tipos diferentes. É isso que você quer dizer?*

H: Sim. E vamos à Terra para aprender. Quando você cria essas coisas, elas assumem uma personalidade própria. E essas formas específicas assumiram uma personalidade própria.

D: *É isso que se pretende?*

H: Não, na verdade não é intencional. Não sei por que isso aconteceu. Mas essas formas são muito... eu não diria destrutivas, mas imprevisíveis, e isso está além do alcance do nosso sistema de crenças e do modo como funcionamos. Para manipulá-las, ou melhor, integrá-las em algum tipo de sistema e colocá-las em planetas diferentes, uma das coisas que aprendi em minhas vidas passadas foi ir a um planeta com esse tipo de personalidade e aprender a lidar com ela. Para conseguir reestruturá-la.

D: *Você quer dizer que, sempre que os seres ou criaturas são criados para habitar um planeta, eles não deveriam ter personalidade?*

H: Ah, não, não é tanto assim. Eles têm... deixe-me ver como posso descrever como se formam. Primeiro, podemos desenvolver formas de vida. Mas nos tornamos responsáveis por essas formas de vida que desenvolvemos. E, às vezes, isso sai do controle e não está indo bem com essas formas específicas. Então, consequentemente, temos que aprender a lidar com algumas delas, já que as criamos. Suspeito que não sejamos nada mais do que alunos realizando esse processo.

D: *Então, no começo, sempre que elas são criadas, você não sabe para onde vão?*

H: Estamos em um processo de aprendizagem de como fazer isso. Pelo menos este grupo está. Acho que sim, o pai, o homem principal, é quem está morrendo. Ele é o responsável. Ele é o único que cria e nos guia no processo. O que ele faz é enviar cada um de nós para lugares diferentes, para viver, para entender.

D: *Outros planetas além da Terra?*

H: Sim, em lugares diferentes como este. Porque são locais que foram desenvolvidos por outros. E assim os seres nesses planetas passam por processos de crescimento.

D: *Então, quando você os desenvolve pela primeira vez, já sabe como vão ficar?*

H: Não. Isso faz parte das lições que você precisa aprender. Você cria as formas de vida com o conhecimento que tem. No entanto, ao verificar que não estão suficientemente desenvolvidas... é semelhante aos seus filhos pequenos, quando nascem. Eles crescem como crianças e precisam aprender a viver em determinada sociedade, à medida que continuam a crescer. É parecido com isso. Outra coisa que não entendo é por que assumem personalidades próprias. E você percebe que, quando eles têm corpos e emoções, e assumem uma personalidade, você se torna responsável pelo desenvolvimento dessas formas de vida como tal. Mas elas têm suas próprias personalidades. Nós não temos controle sobre elas. Temos que desenvolver e entender como lidar com essas personalidades. E mostrar-lhes caminhos para que possam aprender mais do que realmente aprendem.

D: *Mas você tem permissão para fazer isso? Para interferir no que estão fazendo?*

H: É como mostrar-lhes um caminho diferente, e eles assumem outra forma de agir. Mas aprender a fazer isso é outra história.

D: *Quando você estava criando essas formas de vida, começou com células, ou como fez isso?*

H: Não, não é nada disso.

D: *Como você cria as formas de vida?*

H: Só imaginando.

D: *Só na sua mente?*

H: Algo assim. Sem dispositivo nem nada. Você simplesmente cria. Você tem a habilidade de criar formas de vida.

D: *Alguém lhe disse para fazer isso?*

H: Não. Faz parte da hierarquia do aprendizado, através da consciência de todas as coisas. E esta é apenas uma etapa. Um estágio dessa consciência à medida que você se desenvolve. É como na Terra, onde Henry está aprendendo os estágios de desenvolvimento, para onde está indo. Isso faz parte das lições que precisamos projetar de volta, porque tivemos que nos simplificar. E aprender a lidar com isso desde a simplificação.

D: *E você disse que onde isso está acontecendo não é um planeta. É outra coisa.*

H: Sim, é outra coisa. É um lugar. Um lugar em uma dimensão diferente.

D: *Então, por que Henry foi chamado de volta para lá naquela noite?*

H: Porque aquele líder... algo aconteceu. Não sabemos o quê. Tudo o que sabemos é que ele está se dissipando na energia. É muito incomum. Nunca vimos isso antes. É improvável que algo assim ocorra. É como se o seu Deus, de repente, não estivesse mais no seu planeta — a energia se dissiparia. E não sabemos por que ela está se dissipando. Há algo mais acontecendo.

D: *Então foi por isso que Henry foi chamado de volta para lá?*

H: Exatamente. E por que eu estava lá para acompanhá-lo? Todos voltaram. — Espere um minuto. (Pausa) Espere! — Estamos agora dentro de um círculo. Algo está acontecendo que eu não consigo descrever.

D: *Para o líder?*

H: Para todos nós juntos. Espere um segundo para que eu possa ver. (Teve dificuldade em encontrar as palavras.) É uma condição que existe nessa dimensão e não há nenhuma maneira particular de comunicar o que está acontecendo. Porque nada disso existe em seu planeta. Nada parecido com isso existe na Terra.

D: *É uma forma diferente de comunicação?*

H: Não. É uma existência. Algo muda na existência, é a melhor maneira de descrever. (Grande suspiro) Espere um minuto. (Pausa) O que estou sendo instruído a dizer é... é uma fase de ajuste à existência desse sistema.

D: *Como uma progressão?*

H: Certo. Em tudo há uma progressão. Nunca regride. — Todos voltaram. E estão por toda parte. Há um movimento. Não sei o que é.

D: *Isso é causado porque o líder está se dissipando?*

H: Não, na verdade, o líder está meio que se dissipando. — Como você sabe, pelo seu caminho, a morte nada mais é do que a transição de uma existência para outra. Então é exatamente isso que está acontecendo aqui. Toda a... existência está morrendo novamente. Não consigo explicar.

D: *E isso está sendo causado porque o líder está passando por uma mudança?*

H: Não. É uma transição para todos. É um evento extremamente importante. Se foi! Tudo se foi! Está mudando. E está mudando em uma direção. Não consigo dizer em que direção está mudando, mas está indo para outra camada. Essa é a melhor maneira de explicar... outra camada.

D: *E eles querem que todos estejam lá para...*

H: Para fazer essa transição para essa camada.

D: *Usar a própria energia para ajudar isso a acontecer?*

H: Não. Ninguém tem energia individual ali. Todos são uma energia. Todos são a energia.

D: *Eles operam como um grupo?*

H: Como um.

D: *Então, por que Henry foi embora de lá? Aparentemente, foi dali que ele veio.*

H: Apenas um lar entre muitos. A direção estava lá como um só corpo. — Não significa que essa seja a casa de Henry. É e não é. É o corpo dele e não é o corpo dele. E ele está lá como uma extensão daqui. Isso é o mais próximo que posso descrever. É mais uma extensão.

D: *O corpo de Henry é uma extensão?*

H: De lá, sim. E, mesmo que ele tenha evoluído além disso, precisa passar por essa experiência para aprender o significado de vir desse lugar, que determinamos ser um nível extremamente baixo. E o aprendizado desses pontos agora pode ser expandido para o grupo. Você entende, isso é simultâneo. Em outras palavras, o que ele está fazendo e aprendendo aqui está sendo transmitido para lá, acontecendo ao mesmo tempo.

D: *Então tudo o que Henry aprende no corpo na Terra está...*

H: Sendo enviado para lá simultaneamente.

D: *Sendo transmitido para lá.*

H: Sim. É o mais próximo que consigo explicar.

D: *Isso faz parte do aprendizado e da tentativa de mudar as pessoas, como você disse? (Pausa) Porque você mencionou que não gostava da forma como estavam se desenvolvendo.*

H: Ah, os seres que criamos. Sim, é o mesmo. É semelhante a ser professor em uma escola primária, onde todas as crianças estão em caos. Então você precisa aprender a lidar com o caos, para que elas possam vir até você, aprender e seguir em frente.

D: *E uma maneira de aprender é entrar em um corpo na Terra?*

H: Ah, sim. E vivenciar isso em primeira mão, fazendo isso simultaneamente.

D: *Então é por isso que Henry veio à Terra?*

H: Um aspecto de Henry veio à Terra, sim. Entrou no corpo físico. Apenas um aspecto. Existem muitos aspectos.

D: *Ele escolheu isso ou mandaram-no fazer isso?*

H: Mandaram-no fazer isso. É como se você fizesse parte de... para usar uma analogia: se você é um general de um exército e diz: "Vá lá, vá lá, vá lá", você simplesmente vai. É isso que faz, porque é o que precisa ser feito. Entrar em um corpo e experimentar como é aqui. E a informação está sendo simultaneamente enviada de volta.

D: *Henry já esteve na Terra antes, em um corpo físico, ou esta é a primeira vez?*

H: Ele está no corpo físico esse tempo todo. O que eu ia lhe explicar é que, quando você faz isso... (suspiro profundo)... quando estiver concluído, será uma passagem só de ida, nessa direção. E não em certo sentido, nessa direção. Então, em outras palavras, essa é uma entidade em si mesma. Uma extensão disto.

D: *Acho que estamos acostumados a pensar em um aspecto vindo e retornando repetidamente em diferentes corpos terrestres. Talvez por causa da construção do carma ou algo semelhante.*

H: Esse é um sistema desenvolvido na Terra. Mas é um sistema diferente do que foi desenvolvido em outros lugares.

D: *Então Henry não está envolvido nesse sistema?*

H: Não, mas tem que seguir as regras desse sistema.

D: *Então, lhe disseram para fazer isso a fim de ajudar o povo da Terra a se desenvolver. Isso está correto?*

H: Não. Foi-lhe dito para aprender o desenvolvimento através do processo, para transcrever isso de volta: o desenvolvimento. Mostrar o desenvolvimento. Mas ele tinha que compreender isso pela vivência. Uma vez que você o vivencia, pode projetá-lo. Isso faz sentido?

D: *Estou tentando entender. Sei que é muito difícil traduzir conceitos em nossa língua.*
H: É por isso que não usamos a linguagem.
D: *É mais fácil de mente para mente.*
H: De mente para mente, com certeza.
D: *Eu estava pensando... você disse que era uma passagem só de ida. Então, quando ele terminar esta vida, não terá que retornar?*
H: Não. Isso não é necessário. Ele pode voltar para outro nível — no passado ou no futuro, nos seus termos. Ou nem mesmo neste planeta. Poderia ser em outro lugar. Aliás, o aspecto do amor é muito forte quando você faz esse processo. O amor pelas criaturas que você cria precisa ser extremamente forte. E a compaixão é o amor em forma, assim como ocorre no planeta Terra. E sim, o que vai acontecer é que essas criaturas vão se desenvolver, depois transmutar e continuar a crescer, e crescer ainda mais. Isso é semelhante ao que está acontecendo na Terra agora.
D: *Já me disseram que o amor é a resposta para tudo. É uma emoção poderosa.*
H: Sim, é. Amor incondicional, sim.
D: *Tudo tem que ser criado com isso em mente, não é?*
H: Bem, o sistema em que estamos aqui... não, é tudo o mesmo sistema. (Pausa) Parece que, no momento em que você, deste lugar, entra para criar outro sistema de algum tipo, acaba dividindo-o. Então, há um positivo e um negativo, por assim dizer. Este é um sistema bidirecional aqui, mais ou menos. Existem alguns que são quatro, cinco, seis, oito, dez sistemas diferentes. E este é o que vocês chamam de sistema "binário": um sinal positivo ou negativo. A Terra é positiva ou negativa, quente ou fria, boa ou má, todas essas coisas.
D: *Um sistema dual.*
H: Um sistema dual, obrigado. Alguns são sistemas quádruplos. Alguns são doze. E isso está muito além da compreensão. São extremamente complexos, em comparação com o sistema dual. É por isso que é tão difícil decifrá-los. Você teria que trabalhar aqui (apontou para a cabeça) para compreendê-los.
D: *Pelo cérebro? Foi o que me disseram. A mente não tem conceitos para entender algumas dessas coisas.*

O Universo Convoluto, Livro Quatro

H: Certo. É como uma pessoa cega de nascença que, de repente, começa a enxergar. E você diz: "Isto é uma xícara." E ela responde: "Hã?" Então, ao tocar: "Ah, sim, é uma xícara." E, a partir disso, precisa relacionar a palavra xícara com a visão recém-adquirida, e assim por diante. É um processo muito difícil fazer uma pessoa cega enxergar. De certa forma, este é o mesmo cenário, porque as pessoas na Terra são cegas. Não têm essa faculdade ou facilidade de ver aqui, aqui, aqui e aqui, ao mesmo tempo. É preciso desenvolver um sistema para mostrar a elas o que é.

D: *Gosto quando você me dá analogias. Elas são muito mais fáceis de entender.*

H: Sim, e é difícil. Preciso pensar como um terráqueo para elaborar a analogia corretamente.

D: *De qualquer forma, Henry foi levado lá naquela noite para fazer parte disso.*

H: Certo. É a morte de um sistema que o levou a uma transição para outro sistema. Ele teve que chamar isso de "morte", porque um sistema dual não entende nada além disso. Essa é a única maneira de explicar.

D: *Mas aquele lugar para onde ele foi naquela noite, onde você está agora, é uma existência física? (Não.) Mas ele viu aquelas pessoas como tendo corpos físicos. Ele viu corpos de aparência bastante estranha. Você pode explicar isso?*

H: São corpos de aparência muito estranha comparados ao sistema dual. Agora, quando você vai lá com a mente daqui para aquele mental ali... Para tornar a comunicação funcional... você traz e incorpora um sistema dual. Então, cria algo que possa ser traduzido em palavras. Algo a que se possa recorrer e com o qual se possa relacionar.

D: *Algo com que ele possa se identificar.*

H: Então você consegue identificar, sim. Na verdade, é compreensível para a mente humana.

D: *Então eles não têm corpos físicos?*

H: Não do jeito que você os conhece. Isso foi apenas para mostrar por que ele esteve lá. (Confusão) Em um sistema de tempo dual... o que você chama de "reencarnação", como tal, nada mais é do que... como se, para ir a algum lugar, você dormisse; e, para retornar, você acordasse. Quando você está dormindo é de um jeito, e quando acorda é de outro. De acordo com o tempo da Terra, podem se passar muitos milênios — e vocês chamam isso de reencarnação.

D: *Indo de um corpo para outro.*

H: De um corpo a outro. Nada mais é do que fazer uma transição: de cá para lá, e de lá para cá. Pegando todas essas informações e transmutando-as, para que outras possam ser criadas. E esta vida, vinda de um reino superior de conhecimento e compreensão, tentou se desenvolver no reino inferior e fazer os reinos inferiores se moverem.

D: *Acho que chegamos ao ponto em que nos é permitido obter mais informações. Mesmo que ainda sejam apenas migalhas, porque não conseguimos entender tudo. Mas por que você queria que Henry se lembrasse de ter ido lá?*

H: Para que você pudesse obter as informações.

D: *Eu? (Sim?) Você o fez lembrar para que ele pudesse vir aqui me contar?*

H: Parece que sim. (Risos)

D: *Mas também é importante que ele saiba, não é?*

H: Ah, sim. Ele está aprendendo cada vez mais.

D: *Você pode dizer a ele o que deveria saber dessa experiência?*

H: Ele já sabe. Ele simplesmente compreendeu.

D: *Então, quando ele ouvir a fita, vai entender?*

H: Sim, acho que sim. Uma das coisas que ele precisava entender — e outros também precisam — é que este é um sistema dual. E existem outros: um sistema quádruplo, um sistema óctuplo e um sistema duodécuplo. Isso está muito além da sua compreensão. Jane Roberts e Seth deixaram isso bem claro quando descreveram a quinta dimensão.

A maneira mais fácil de descrever isso é assim: imagine uma figura de pequenos cubos, em ângulos de 90 graus uns em relação aos outros, em três dimensões. Então você tem esse conjunto de pequenos cubos: aqui, aqui, aqui e aqui. E quando Seth disse: "Ei, é aqui que você está, Jane. Outro sistema é o próximo cubo. Agora, dois ou três cubos adiante, você não consegue sequer imaginar como é." Esse sistema é completamente diferente. E é para lá que estamos indo. É uma realidade totalmente distinta. É difícil descrever. A única coisa que você pode fazer, como Seth disse a Jane: "Onde você está, tire uma imagem instantânea do que vê, traga-a de volta aqui e tente integrar tudo". Essa é a melhor descrição do processo. Então, quando você vai para a quíntupla, décupla, duodécupla etc., é algo totalmente diferente. Uma forma completamente distinta de pensamento.

D: *Um dos meus clientes descreveu que, ao criar universos, todos eles tinham regras e regulamentos diferentes. É disso que você está falando? (Sim, sim, sim.) Porque em alguns desses outros universos que eles criaram, os planetas poderiam ser quadrados ou oblongos. Poderiam se mover em órbitas totalmente diferentes. No entanto, obedeceriam a leis da física diferentes das que temos aqui.*

H: Exato. Cada físico, em cada cubo, é significativamente diferente do físico em outros cubos.

D: *E eles disseram que este universo obedece às leis deste universo, mas os outros universos têm outras leis?*

H: É por isso que não se pode ir de um universo para outro e esperar sobreviver. A menos que se leve o seu próprio universo junto.

D: *O que seria um pouco difícil de fazer, não é?*

H: Ah, é possível. Mas não por muito tempo. É difícil. Seth mencionou isso: se você tem um corpo do universo A e deseja ir ao universo B, as leis que regem o seu corpo são diferentes das leis do outro corpo. Você pode não conseguir voltar. Pode implodir fisicamente.

D: *Disseram-me, em outras palavras, que a matriz do corpo seria destruída.*

H: Ah, sim. O corpo. Isto é um corpo, esta é a matriz. Sim, poderia ser destruída.

D: *Porque a alma não pode ser destruída, não é? (Não) Disseram-me que não se pode trazer nada de volta de um universo (ou dimensão?) para outro. A matriz seria destruída. Ela não poderia existir.*

H: Bem, o universo não seria destruído, mas a forma, sim. É assim que você pode compreender.

Pelo menos eu estava de volta a um terreno familiar, mesmo que ainda não tivesse compreendido tudo. Era algo que eu havia descoberto nos primeiros dias do meu trabalho. No meu livro A Lenda de Starcrash, o caçador descobriu que era capaz de viajar para um universo alternativo e trazer de volta, para sua aldeia, o corpo de um animal desconhecido. Era uma situação muito incomum, pois não seria possível fazê-lo sem que a matriz do animal fosse destruída. Presumi que fosse permitido porque a aldeia estava faminta e desesperada por comida. No meu trabalho, continuo descobrindo conceitos desconhecidos. Como repórter, gosto de explorá-los e também gosto quando eles são confirmados inesperadamente por outro cliente, como neste caso. Sei que ainda tenho muitas outras peças para juntar antes que tudo faça sentido, mas pelo menos mantinha a mente aberta. Nunca sabia o que me esperava no meu trabalho.

D: *Mas você queria que eu tivesse essa informação?*
H: Sim, mais ou menos.
D: *Porque você sabe que eu pego pequenos pedaços aqui e ali e preciso juntá-los.*
H: Isso mesmo. Nós entendemos isso.

Então pensei que deveria fazer algumas outras perguntas e experiências que Henry queria esclarecer. No entanto, esta parte disse: "Estamos limitados; nosso foco está apenas no que fazemos. Não conhecemos a outra parte. Isso é algo totalmente diferente." Perguntei então se seria aceitável chamar outra parte que pudesse responder às perguntas. Disseram que seria perfeitamente aceitável. Agradeci pelas informações fornecidas e pedi que se retirassem. Em seguida, chamei o SC. A primeira coisa que eu queria era que ele explicasse mais detalhadamente o que Henry havia vivenciado naquela noite. Perguntou: "Aquele com quem você acabou de falar?"

D: *Sim. Faça isso primeiro. Veja se consegue explicar. Depois, passaremos para as outras perguntas.*
H: Era a consciência de outros sistemas. E falava através da mente consciente desses outros sistemas e de outros desenvolvimentos. Há muitos processos acontecendo, diferentes evoluções o tempo todo.
D: *Eles pareciam fazer parte dos seres criadores.*

H: Eles são os seres criadores. Isso é apenas outro nível. Muitos níveis de vida.

O som desapareceu de repente, como se algum tipo de energia tivesse riscado a gravação. Houve uma longa pausa, e então o SC continuou.

H: Eles são multidimensionais... lugares que são níveis multidimensionais de seres. Existem vários níveis, dimensões dentro de dimensões, dentro de dimensões. Aqui na Terra, esse aspecto dos seres criadores é apenas uma parte do aspecto dimensional, ao qual todos estão ligados de alguma forma.

D: Por que é importante que Henry tenha essas informações neste momento?

H: Para o seu desenvolvimento. Ele está se desenvolvendo constantemente em muitas direções.

D: Ele parece capaz de entender todas essas coisas.

H: Sim. Sentimos sua teimosia com bastante frequência.

Então quis que o SC explicasse outra experiência estranha, que a outra parte não conseguiu esclarecer. Aconteceu à noite, quando ele disse que passou pelo espaço e ouviu alguém dizer: "Lembre-se, você se ofereceu para isso". Ele entrou em uma enorme nave que parecia algo como um shopping, com um holograma na parede de muitas pastas e arquivos.

D: O que aconteceu naquela noite?

H: Exatamente o que ele disse. Mas as pastas estão abrindo aos poucos, aqui e ali.

D: As pastas que ele viu?

H: Sim, os diversos arquivos que ele viu. Estão sendo dissolvidos de acordo.

D: O que as pastas representam?

H: Condições e situações sobre as probabilidades do planeta. Cada probabilidade que surge tem uma pasta específica, que será aberta para realizar o processo, custe o que custar. Portanto, esta é uma situação multidimensional, porque as probabilidades e possibilidades... há mais de uma linha do tempo nesta área, e há

mais de um evento ocorrendo simultaneamente. Então, dependendo da linha do tempo em que você está, qual pasta ele verá para abrir varia.
D: *Elas mostram as possibilidades e probabilidades?*
H: Sim. Elas mostram os resultados de possibilidades e probabilidades. Ao abrir uma pasta, você a direciona em uma linha do tempo, mas em outra linha de tempo você está fazendo outra coisa. E, o mais importante, o tempo é tão simultâneo que isso é, definitivamente, uma ilusão. Ainda assim, existem muitos, muitos, muitos universos de ilusão. E você está em cada um deles. Cada evento acontece simultaneamente. Cada pasta é, na verdade, uma série de pastas. Cada linha do tempo tem uma sequência de pastas, que se tornam aquela linha do tempo. Vidas passadas, sim; ele está percebendo mudanças de tempo. A linha do tempo muda, e ele está ciente disso agora porque o conscientizamos. Ele recebe vislumbres e entra e sai dessas mudanças de tempo.

Isso se alinha a outro conceito explicado nos livros da série Universo Convoluto: cada vez que investimos energia em uma decisão e escolhemos uma possibilidade, ela se torna nossa realidade. Mas a energia investida na possibilidade alternativa precisa ir para algum lugar, então outra realidade alternativa é criada, e outra versão sua vive essa realidade. Conceitos alucinantes.

D: *Por que você queria que ele soubesse disso?*
H: Faz parte de todo o seu desenvolvimento e das pessoas que ele toca.

Henry estava interagindo com muitas pessoas, e "eles" acham importante que ele continue trabalhando nisso. "Ele será direcionado. Simplesmente não precisa saber de tudo. (Risos) Ele é como um cavalo selvagem tentando se livrar das rédeas."

D: *Às vezes é melhor não saber tudo.*
H: Bem, isso pode ser perigoso. Em alguns casos, poderia matá-lo. Ele já perdeu 23 eventos — 23 vezes diferentes em que deveria ter morrido. Em todas, foi desviado. Em alguns casos, reintegrado. Ele deveria ter morrido, mas foi reintegrado.
D: *Então não era a hora dele ir.*

H: Não é uma questão de tempo para ir. Houve um incidente em que ele foi morto e reintegrado imediatamente. Não houve brecha no meio, quando o corpo foi dissipado e reintegrado.

D: Qual foi esse incidente?

H: Preferimos não dizer. Ele sabe o que aconteceu, mas não sabe quando.

D: Mas ele realmente morreu e foi enviado de volta imediatamente?

H: Sim. Ele foi reintegrado.

D: Porque teve que permanecer aqui mais tempo.

H: Sim. Ele foi reintegrado... é uma forma. Às vezes, você quer pensar em um acidente. E, claro, acidentes não existem. Mas o ponto é que o processo não deve ser interrompido. Apenas permita a continuação, sem interrupções. O importante aqui é que ele está aprendendo isso agora. Sabemos que você também aprendeu. Depende apenas da direção que você está seguindo. Você está aprendendo processos aqui. É porque é um sistema dual. Se quiser algo realmente complicado, vá para um sistema multi-dual.

D: (Risada) Sim, eles disseram que não conseguiriam explicar muita coisa e que isso só nos confundiria.

H: É terrivelmente complicado. A mente consegue, mas o cérebro não. O cérebro não é estruturado para isso.

D: Quando ele estava a bordo da nave com as pastas, era uma nave física?

H: Ah, sim, muito física.

D: Então não foi como a outra experiência?

H: Não. Esta era uma nave física neste universo.

D: Por que ele foi levado para lá? Ele tinha alguma ligação com aquelas pessoas?

H: Esse é outro aspecto dele. É assim. (Ele levantou a mão.) Os dedos representam aspectos do mesmo. (Levantou cada dedo.) Este é diferente daquele.

D: Então, naquela noite, ele teve que retornar para outro corpo que era outro aspecto dele? (Sim) Mas ele se lembrou, então era importante.

H: Sim, muito mesmo. O ofício dele está em... isso é algo que está acontecendo agora. Seu planeta, como você sabe, está entrando em um processo de mudança. Ele apenas quer saber — como você diz? — Ele saberá o que fazer quando chegar a hora. É isso que significam essas pastas. Novamente, se a pasta é assim e a pasta é assim, elas representam possibilidades.

D: *Eu disse a ele que às vezes não é hora de ter a informação.*

H: Exatamente. É para isso que servem os livros. Alguém precisa fazer isso. Ele tocou em muitos lugares diferentes e não sabe disso. Apenas deixa uma semente aqui, fazendo uma analogia simples. E você faz o mesmo. Isso simplesmente se espalha. E este planeta, desta vez, precisa saber disso. Agora está indo para um passeio selvagem.

Capítulo 37
A CURA DE ANN

DISCUSSÃO ANTES DA SESSÃO

Ann tinha me escrito, mas a carta era tão parecida com todas as outras que recebo que não prestei muita atenção. Além disso, eu estava ocupada viajando e dando palestras. Então, ela ligou e disse que havia conhecido minha amiga Nina e que tivera uma experiência estranha na casa dela. Nina acreditava que ela deveria me procurar. Normalmente, não deixo ninguém vir à minha casa para sessões, mas meu carro estava completamente destruído e eu teria que comprar um novo se quisesse dirigir até Fayetteville para realizar a sessão na casa da Nina. Então, finalmente, concordei que elas poderiam vir à minha casa. (Isso foi antes de eu abrir meu consultório na cidade, em 2003.) Minha filha Nancy e eu também viajaríamos para a Europa em algumas semanas, então eu definitivamente não queria me envolver com uma pessoa local naquele momento. Aceitei apenas por cortesia com a Nina, devido à nossa longa amizade, mas não achei que ver Ann resultaria em algo importante.

Ao telefone, Ann deu a impressão de ser alguém sem nenhum conhecimento de metafísica, OVNIs ou qualquer coisa do tipo. Foi por isso que sua experiência com Nina pareceu tão estranha. Assustou-a tanto que ela estava sentada no chão da cozinha, chorando, pouco antes de decidir me ligar em desespero. Percebi, pelas perguntas que lhe fiz, que ela nem sequer tinha o conhecimento básico sobre o paranormal. Nina concordou em ir com ela à minha casa em outubro de 1999 e, quando chegaram, tivemos uma conversa à mesa da sala de jantar enquanto almoçávamos.

Ann tinha vários problemas físicos. Era diabética, dependente de insulina, tomava medicamentos para o coração (mesmo tendo apenas quarenta e poucos anos) e havia sido diagnosticada com câncer de garganta em estágio inicial. Os médicos haviam feito uma biópsia e queriam operá-la. Ela também estava envolvida em um casamento problemático.

Ann tentou descrever o que havia acontecido para desencadear o evento incomum. Aconteceu em setembro, apenas um mês antes. Nina é praticante de um trabalho energético chamado toque suave, no qual atua como condutora de energia para ajudar a pessoa a liberar bloqueios e promover o bem-estar. É semelhante ao Reiki e é feito em uma mesa de massagem. Ann tinha ido à casa de Nina para visitá-la e conversar sobre seus problemas, incluindo os conjugais. Durante a conversa, Nina se ofereceu para ajudá-la a relaxar, e Ann estava deitada na mesa de massagem quando o incidente ocorreu. Tudo isso era totalmente novo para Ann; ela nem sabia o que era Reiki. Esperava apenas relaxar e talvez adormecer, como costuma acontecer em qualquer tipo de trabalho energético ou de massagem. Ann tivera um dia difícil no pronto-socorro do hospital onde trabalhava como auxiliar e estava pronta para descansar. O quarto estava totalmente escuro, exceto pela luz fraca de uma vela, para induzir ainda mais o relaxamento.

Ann descreveu o que aconteceu em seguida.

A: Eu estava relaxando, porque pensei que seria como uma massagem, e, de repente, eu não estava mais lá. Eu estava, mas não estava. Deixe-me explicar isso para você. Eu sabia que Nina ainda estava perto de mim, mas, naquele mesmo momento, eu também estava em outra sala, em algum outro lugar, onde aqueles seres estavam ao meu redor, e cada um deles me tocava nos braços ou nas pernas. Eu não estava realmente com medo deles. Era uma espécie de... curiosidade. Eu estava tão curiosa sobre eles quanto eles estavam sobre mim. Lembrei que ainda estava na mesa de Nina e consegui dizer a ela: 'Nina, lembre-se de tudo o que eu descrever para você'. Por um instante, consegui ver Nina, mas, depois que disse isso, ela sumiu. Eu estava em dois lugares ao mesmo tempo."

Ann então fez o possível para descrever os seres que viu ao seu redor.

A: Seus rostos estavam todos ao meu redor. Eles eram como um gel laranja. Um gel bem grosso, bem grosso, bem grosso. Havia quase um rosto holográfico ali também. Não era um rosto de verdade. Eles nunca abriram a boca para falar comigo, mas eu sabia o que estavam dizendo. Não sei como explicar. Na minha cabeça, eu ouvia vozes, mas os lábios de ninguém se mexiam. Seus rostos estavam muito quentes. Mas esse gel... lembro de querer colocar minha mão nele."

D: *Para ver se era sólido ou líquido?*

A: Não sei. Parecia convidativo. Parecia divertido, na verdade. (Risos) Mas eu também estava cética e com medo. Eu queria, mas não queria. Eles ficavam me dizendo que precisavam se lembrar das emoções do amor. Que eu tinha compaixão de sobra, e eles realmente gostavam de mim. Havia muitos deles. Havia um ser principal — não uma pessoa, um ser — que estava perto da minha cabeça. E havia toda aquela maquinaria atrás deles. Eu realmente não conseguia focar, mas me lembro de ver que havia pinos, cores, botões. E a luz acima da minha cabeça era enorme. Era enorme e perfeitamente redonda. Estava lá em cima como uma luz cirúrgica, mas ainda mais brilhante. Não incomodava meus olhos, eu conseguia olhar diretamente para ela. Eles me disseram para olhar para aquela luz, e que ela não me machucaria. Disseram que nunca me machucariam. Eu estava olhando para a luz e, de repente, um flash começou a disparar muito rápido. Eu não gostei nem um pouco. Fiquei assustada porque, enquanto estava deitada ali, pensei que eles estavam tentando roubar minhas emoções. Pensei que estavam tentando roubar meu amor e que eu nunca mais o teria. Eles não disseram isso, mas eu pensei que fariam.

Isto é semelhante ao caso da investigadora em Sob Custódia, que pensou que iriam roubar suas memórias quando colocaram uma máquina em sua cabeça, a bordo de uma nave. Ela descobriu que, na verdade, era como uma máquina duplicadora: estavam apenas gravando suas memórias, não as removendo. Isso pode ter sido o que aconteceu com Ann.

A: Eles foram inflexíveis em deixar claro que nunca iriam me machucar. E, na verdade, agora eu temeria mais os humanos do que a eles. Sério, eu sinto que os humanos são monstros muito mais assustadores do que eles. Tivemos mais comunicações, em que eles simplesmente me mostraram tanta coisa. E é tudo tão rápido. Consigo ver fórmulas rápidas até na minha mente agora mesmo, enquanto falo com você. Eu quase poderia escrever algumas coisas, mas não consigo colocar tudo em palavras, porque vem rápido demais. Mas consigo ver números, consigo ver sinais.

Tenho ouvido isso muitas vezes nos últimos anos: pessoas em todo o mundo estão recebendo informações em um nível subconsciente. Na maioria das vezes, essas informações aparecem como símbolos geométricos ou sinais estranhos que não têm significado consciente. Elas chegam de muitas maneiras incomuns. Alguns dizem que, quando estão relaxando, deitados no sofá da sala, um feixe de luz entra pela janela e é direcionado para sua testa, fazendo com que símbolos desçam pela luz em direção à sua mente. Outros relatam uma compulsão estranha de passar horas desenhando símbolos incomuns.

Em meu trabalho com ETs, eles afirmam que isso é a transferência de informações para a mente subconsciente por meio do uso de símbolos, porque os símbolos contêm blocos inteiros de conhecimento. A informação é transferida sutilmente para o cérebro em nível celular. É um conhecimento que o indivíduo precisará no futuro, à medida que a Terra e a humanidade passam pela transformação que se aproxima. Eles terão a informação quando for necessária e nem mesmo saberão de onde veio.

Disseram-me — e isso foi escrito em alguns dos meus outros livros — que esse é o significado dos Círculos nas Plantações. Os símbolos desenhados nos campos contêm blocos de informação transferidos para a mente de quem os vê. Não é preciso estar fisicamente nesses locais para receber a informação; basta ver o símbolo.

Ann acreditava que algumas das informações que recebia poderiam ser fórmulas. Ela tinha pouca educação formal, tendo abandonado a escola após o décimo ano. Portanto, não possuía conhecimento consciente de química. Apenas mais tarde obteve o diploma de ensino médio e serviu alguns anos na Guarda Costeira como paramédica.

Voltamos nossa atenção para a experiência em si, e ela tentou descrever a aparência daqueles seres.

O Universo Convoluto, Livro Quatro

A: Todos eles pareciam exatamente iguais. As mãos não eram nada parecidas com as nossas. Eram quatro dedos, mas não havia exatamente um polegar. Mesmo assim, a manobrabilidade com os dedos era muito boa. Eles podiam fazer qualquer coisa com eles. Eram muito sensíveis. Os dedos não eram tão articulados quanto os nossos, mas era como se pudessem pegar os indicadores e abri-los um pouco mais para o lado. Nunca esquecerei as mãos deles, e como estavam por todo o meu corpo, vou me lembrar sempre delas. Os braços e as pernas eram muito finos e magros.

Quis entender melhor essa descrição, porque algumas das características não se encaixavam em nenhum outro tipo de alienígena que meus clientes haviam relatado. A ideia de rostos como gelatina laranja me deixou intrigada. Ann disse que não achava que fosse uma máscara — a gelatina era a única palavra que servia para descrever.

A: Grosso, grosso, grosso, bem grosso. Mas... com aquele efeito de gel, você quase conseguia ver um rosto, mas não exatamente. E o resto deles era verde. Eu odeio dizer isso. Detesto mesmo. São os meus alienígenas verdes. Era um verde-ervilha-lagarta feio, com reflexos de verde-amarelado ao redor da pele. A pele em si era meio esverdeada, como a de uma lagarta.

Ela riu do absurdo da imagem mental. Não sabia qual era a altura deles, porque estava deitada.

Ann explicou que os seres realizavam os mesmos movimentos manuais que Nina fazia enquanto aplicava a energia na mesa de massagem. Talvez estivessem imitando ou aprendendo. Não quis contar muito a Ann sobre outros casos que eu havia investigado, e Nina também não comentou muito. Não queríamos influenciá-la. Eu sabia que Ann não tinha lido nada sobre esse tipo de assunto, e queria que a informação viesse de forma espontânea durante a sessão.

Após a discussão, fomos todos para o quarto, onde realizaríamos a sessão. Quando Ann entrou em transe, levei-a de volta à data em que o evento ocorrera na casa de Nina. Ela retornou imediatamente àquela noite e repetiu a conversa que estava tendo com Nina e seu marido, Tom, enquanto estavam sentados à mesa de jantar. Nina assentiu, confirmando que a descrição estava correta. Para acelerar os acontecimentos, pedi a Ann que avançasse no tempo.

A: Estamos andando. Passamos pela garagem e entramos em outro cômodo pequeno. Cheira a cavalo.
D: Por que cheira a cavalo?
A: (Risos) Porque tem cavalos. Eu consigo ouvi-los.

Nina mora no campo e tem um pequeno estábulo ao lado da garagem. Sua oficina fica ao lado dos dois galpões. Nina pediu que Ann subisse na mesa de massagem para que pudesse ajudá-la a relaxar. Nina começou a trabalhar na região da cabeça. Então, Ann pareceu estar observando alguma coisa e perguntou baixinho, quase num sussurro: "O que é isso?"

D: O que você vê?
A: Hummm... um monte deles... vários. Não, eles não são pessoas. São seres.
D: Como você sabe que eles não são pessoas?
A: Porque eles não se parecem conosco. Eles parecem diferentes. São muito diferentes. Estão aqui, tocando minhas mãos e meus braços. Estão nas minhas pernas.
D: Você consegue sentir quando eles a tocam?
A: Oh, sim! (com cuidado, como se quisesse dizer corretamente) Eles estão me tocando. E eu estou deixando que eles... me toquem. Estou dizendo para a Nina assistir. Não acho que ela consiga ver esses seres. Tenho que dizer a ela como eles são.
D: Diga-me, como eles são?
A: Ooooh... eles têm rostos esponjosos. Gelatina, esponjoso, alaranjado. Vejo olhos lá dentro.
D: Como são os olhos deles?
A: Um tipo de bolha escura. Bolhas. Duas bolhas — uma de cada lado. Escuras, mas não exatamente pretas.
D: Mas você disse que os rostos são meio esponjosos?
A: Bem, no seu entender, seriam esponjosos. Gelatina. Meio lisos, com um brilho ocasional, um efeito ondulado.
D: O corpo todo deles se parece com isso?

A: Não, só o rosto. Não consigo ver o corpo inteiro. A cabeça é esverdeada... e tem uma estranha mistura de amarelo-acinzentado. Eles têm braços longos. Parecem de plástico. E estão sempre tateando.

D: *Eles estão vestindo alguma coisa?*

A: Não. Não há homem, não há mulher. Não há roupas. Eles não precisam delas. A pele é a proteção deles. Estão me dizendo que não vão me machucar. Estão me dizendo que eu tenho emoções. Emoções fortes, e eles estão aprendendo comigo.

D: *O que eles estão aprendendo com você?*

A: Amor. Eles não entendem o nosso amor.

D: *Você pode fazer algumas perguntas a eles?*

A: Sim.

D: *Diga a eles que estamos curiosos. Por que eles não entendem essas emoções?*

A: (pausa, como se estivesse ouvindo) Eles são de um universo diferente, tecnológico, mecânico. Está em um nível vibracional mais elevado. Eles não se machucam. Nós, sim, nos machucamos uns aos outros.

D: *Eles nunca tiveram emoções?*

A: Sim. Mas não como as nossas. Não como as que entendemos. As deles eram completamente diferentes. A emoção deles estava na compreensão da educação, do progresso, da força — até que o progresso e a força atrapalharam. E, através do padrão de crescimento geracional, eles deixaram isso de lado e ganharam força e crescimento, depois a tecnologia. Mas esqueceram suas emoções porque o padrão de geração mudou sua estrutura molecular.

D: *Padrão de geração? O que você quer dizer?*

Em algum momento aqui, a voz mudou — como sempre acontece — e eu soube que estava falando com outra pessoa que não era Ann. Quando isso acontece, sei que posso obter respostas que ela jamais poderia saber.

A: Estrutura molecular. Você não entendeu. Preciso mudar as palavras para você.

O Universo Convoluto, Livro Quatro

Isso significava que a entidade precisava buscar no vocabulário de Ann as palavras mais próximas daquilo que queria transmitir. Isso costuma ser difícil, porque muitos conceitos são impossíveis de explicar dentro do nosso entendimento. Eles já me disseram muitas vezes que nossa linguagem é insuficiente. Muitas vezes precisam recorrer a analogias ou exemplos. A palavra molecular foi pronunciada de forma um pouco diferente.

D: *Você quer dizer estrutura molecular?*
A: Sim. É assim que você diz aí?
D: *Dizemos molecular. Tem a ver com as moléculas, correto?*
A: Sim. Altera os padrões das ondas cerebrais. Altera os sensores do corpo. A química do corpo, a ponto de se tornar mais mecânica. É muito difícil explicar a partir deste universo. Padrões de geração. As gerações, à medida que progrediam, seus corpos mudavam. Estou me esforçando para explicar isso a você. Você precisa me perguntar melhor.
D: *Tudo bem. Estou tentando formular as perguntas porque Ann também gostaria de saber. Por que você está interagindo com a Ann naquela sala?*
A: Porque ela é muito aberta. (baixinho) Nossa! São dois ao mesmo tempo. (Ann aparentemente estava interrompendo.)
D: *Você pode me dizer, para que eu possa entender?*
A: Você entende telepatia mental?
D: *Sim, entendo.*
A: Tudo bem. Falaremos com você por telepatia mental.
D: *Prefiro colocar em palavras. Tudo bem?*
A: Se puder ser definido.
D: *Se você puder definir, ou me dar analogias. Você sabe o que são analogias?*
A: Ah, sim. Você vive muito disso.
D: *Você pode não perceber, mas eu tenho uma caixinha preta aqui. Sabe o que é? É um gravador que registra palavras.*

Esses seres costumam se referir ao meu gravador como minha caixinha preta. Por isso usei a terminologia deles. Eles acham engraçado termos que recorrer a dispositivos tão primitivos.

A: Nós gravamos através da luz.
D: *Sim, e vocês sempre perguntam: "Por que você precisa de uma caixa para gravar palavras?" Nós não conseguimos nos lembrar como vocês. Então, precisamos colocar as informações na caixa para reproduzi-las depois.*
A: É sua tecnologia inferior.
D: *Sim. É por isso que preciso usar palavras, em vez de telepatia mental. Então, você entende que preciso recorrer a analogias. Como assim vocês gravam através da luz?*
A: Registramos e retemos através da luz. Energia, cores e luz. Elas penetram em nosso corpo e são guardadas em nossa memória. É lá que ficam armazenadas.
D: *E vocês conseguem se lembrar disso quando quiserem?*
A: Ah, sim. Podemos ampliá-las quando quisermos.
D: *Mas eu tenho que colocar isso em palavras, porque ainda estamos em um nível mais baixo...*
A: Vou transmiti-las a você em palavras.
D: *Eu agradeceria. Então, você escolheu interagir com a Ann naquele momento porque ela estava aberta? Foi isso que disse?*
A: Muito.
D: *E você disse que está se comunicando com ela por telepatia mental?*
A: Muito.
D: *Você já teve contato com ela antes daquela noite?*
A: Não.
D: *Então, você simplesmente a escolheu naquela ocasião?*
A: Ela é excelente para nossas habilidades.
D: *E você disse que veio de outra frequência vibracional?*
A: Sim. Sou do sétimo plano, um universo criado a partir do sétimo plano.
D: *É por isso que é invisível para nós, não é?*
A: Completamente.
D: *Então, quando você interage com ela, ela está realmente em dois lugares ao mesmo tempo? (Sim) Você pode explicar como isso é feito?*
A: Através da mudança de vibração. É uma... não sei como escolher suas palavras.

D: *Tente. (pausa) Tudo o que temos é a nossa língua. Não temos as suas habilidades.*
A: Estou procurando a analogia correta. Seu padrão de sono seria o mais próximo que poderíamos relacionar neste nível. Você está dormindo, você está aqui. Enquanto dorme, você viaja. É o mesmo que usamos com ela em seu padrão de sono.
D: *Embora ela não esteja dormindo no momento em que está naquele quarto. (Não) Também não é um sonho. (Não) Mas você pode interagir com o corpo físico dela mesmo que ela esteja em...*
A: (Interrompendo) Mental.
D: *Você está trabalhando com o corpo mental?*
A: Correto.
D: *Você tem alguma ideia de quem eu sou e do que faço?*
A: Você é uma professora.
D: *Bem, já trabalhei com muitos de vocês. Talvez não exatamente do seu grupo...*
A: Sim, sabemos disso.
D: *E eles me permitiram ter conhecimento quando eu pedi.*
A: Sim, sabemos disso.
D: *Mas eu nunca conheci esse tipo de ser antes.*
A: Sabemos disso. Já se passaram muitos, muitos, muitos dias. Muito tempo. Sua compreensão do tempo é muito diferente da nossa. Você está em um período e em um nível agora em que será chamada. Você está se aproximando de muitos universos neste momento. Você está nos chamando, e nós estamos chegando.
D: *Porque interagi com muitos outros tipos, mas nenhum que se encaixe na sua descrição.*
A: Eu sei disso.
D: *Mas você é positivo, não é? (Oh, sim.) Porque eu não gostaria de ter nada a ver com negativo.*
A: Isso é verdade. Seu planeta tem tanta energia negativa que é muito difícil para nós penetrarmos em seu planeta, em seu universo. Vocês perturbaram este universo de forma terrível. Estão em um plano de alta destruição. Estamos procurando pessoas neste momento, em seu plano e em seu universo, que possamos penetrar e ajudar. Não viemos para causar dano.

Desde que essa voz começou, ela se tornou mais grave, mais profunda e áspera do que a voz normal de Ann. Um som antigo.

D: Você está falando de dentro de uma nave ou de um planeta?
A: Estou no nível de um plano. Não de um planeta, mas de um plano. A sua compreensão do conceito de nave é muito diferente da nossa compreensão de viagem.
D: Ela disse que conseguia ver algumas máquinas ao fundo.
A: Sim, tivemos que levá-la a um nível próximo ao seu entendimento, onde ela não teria... ah, não sei a palavra em seu idioma... ela não teria medo.
D: Isso acontece com frequência, de as pessoas acharem que estão a bordo de uma nave, mas, na verdade, não estão?
A: Sim, com bastante frequência.
D: O seu mundo, de onde você vem, é um mundo físico, como pensamos que é físico?
A: Não como vocês entendem fisicamente. De certa forma, de onde viemos, podemos nos reunir como uma unidade, se necessário. Deixe-me explicar isso um pouco melhoA: se houver vários de nós que precisem se unir para um entendimento mais profundo, podemos nos unir em um só corpo.
D: Estou pensando em uma mente coletiva.
A: Correto.
D: Mas vocês podem combinar tudo em uma única entidade?
A: Correto. Essa é a unidade.
D: A entidade pareceria semelhante à forma como você a vê agora, ou seria maior...?
A: Não, não. Não há uma aparência visual, como você entende.
D: Então por que você está aparecendo para ela com rostos laranja e corpos verdes?
A: Essa é a compreensão que ela tem de nós.
D: Você realmente aparece assim?
A: Podemos aparecer em qualquer formato que precisarmos para o indivíduo.
D: Qual é a sua aparência normal?
A: Somos uma massa energética.
D: Era isso que eu estava pensando. Então, no lugar de onde você vem, você não precisa de fisicalidade.

A: Correto.
D: *Mas você disse que evoluiu tecnologicamente.*
A: Correto. Existem muitos planetas em cada nível e plano universal. Cada um desses planetas tem sua própria estrutura de feixe de luz. Precisamos nos manifestar a essa estrutura para que eles nos compreendam. Sem a nossa tecnologia, compreendê-los às vezes não seria possível. Vocês são uma espécie, um ser muito inferior. Vocês ferem uns aos outros. Vocês infligem dor uns aos outros. Estamos tentando ajudá-los.
D: *Mas você sabe que não somos todos assim.*
A: Correto. Mas são tão poucos de vocês que entendem esse lado iluminado.
D: *Estou tentando entender. Você disse que não tem mais emoções porque seguiram na direção oposta, através da tecnologia.*
A: Sim. Como uma unidade combinada, podemos compreender a emoção.
D: *Mas se você tinha tecnologia, estou pensando em coisas físicas.*
A: Sim. É o que você entende. Tecnologia está no consumo de energia: a fragmentação e a separação da energia combinada em uma fonte de massa.
D: *Você já teve um corpo físico?*
A: Sim, quando estávamos em um plano inferior. Evoluímos além disso por meio da nossa tecnologia.
D: *Mas esse não era o caminho correto a seguir? (Não). Se você tivesse escolha, que caminho teria seguido?*
A: Essa é uma decisão pessoal. Cada entidade tem essa escolha.
D: *Mas o que eu quis dizer é: se você não tivesse se dedicado à tecnologia e se tornado o que é, poderia ter seguido outra direção?*
A: Sim, há várias opções para escolher.
D: *Quando você tinha um corpo físico, com o que se parecia?*
A: Não existe uma forma única de ser físico. É uma escolha.
D: *Então vocês todos poderiam parecer diferentes? (Sim) Somos muito limitados pelo que consideramos físico.*
A: Sim, vocês são. Seus sentidos de tato, olfato, audição e visão são muito limitados.
D: *É por isso que estou sempre tentando expandir meu entendimento.*

A: Vou tentar ajudá-la. Você está tentando pensar em uma formação física, e nós estamos tentando nos projetar em uma formação emocional.
D: Esse é um dos motivos pelos quais você contatou Ann, porque queria saber como funcionam as emoções do ser humano? *(Sim, sim.)* É complexo, não é? *(Oh, sim.)* Mas somos um ser complexo.
A: Você é um ser engraçado.
D: *(Risos)* O que você quer dizer?
A: Vocês, seres, encontram humor nas formas mais estranhas.
D: Você também tem humor, não é?
A: Hum, não no seu nível de compreensão.
D: Bem, o que você acha que é engraçado?
A: Vocês, seres.
D: *(Rindo)* Nos observando?
A: Sim. Observamos vocês como um todo.
D: Sim, mas ainda não somos uma mente coletiva.
A: *(De repente)* Está frio aqui.
D: No nosso mundo, você quer dizer?
A: Está frio.

Eu não sabia se Ann estava sentindo frio em seu corpo físico ou se a entidade estava sentindo frio vindo do nosso mundo. Decidi jogar pelo seguro e aliviar quaisquer sintomas físicos. Então, cobri Ann com um cobertor.

D: De onde você vem, você consegue controlar melhor as temperaturas?
A: Não há uma mudança de temperatura como as que vocês têm aqui.
D: Bem, se você se comunicar e trabalhar com Ann, o principal é que não queremos que nenhum dano aconteça a ela.
A: Nunca machucamos nenhum ser. Estamos aqui para ajudá-la. Há tempo para sua informação e conhecimento. Neste momento, não é para você ter todas as informações e conhecimentos. Compartilhamos algumas informações e conhecimentos com Ann. E haverá certos momentos em que aumentaremos essas informações e conhecimentos.

D: *Disseram-me uma vez que todas as minhas perguntas nunca seriam respondidas porque alguns conhecimentos eram mais como veneno do que como remédio.*

A: Correto. Vocês, seres, não sabem como colocar as informações em perspectiva para criar uma unidade. Acho que estou pronunciando essa palavra errado.

D: *Acho que entendi o que você quer dizer. Mas eles me disseram que, se eu fizesse as perguntas da maneira correta, eles tentariam responder.*

A: Correto. O que você quer saber?

D: *Ann disse que muitas coisas estavam inundando sua mente ultimamente. (Sim) Embora tenha ficado assustada no início, ela disse que parecem ser fórmulas.*

A: Sim, está correto. Existem muitas fórmulas que estão sendo doadas. Nem todas as fórmulas são direcionadas a um item específico, como vocês diriam em seu planeta.

D: *Quais são as fórmulas a serem utilizadas?*

A: Você tem muitos problemas nos quais se concentra. Doença.

D: *Sim, essa parece ser uma palavra estranha para você.*

A: Sim. Você não sabe como superar isso.

D: *Estamos tentando.*

A: Sim, mas você não.

D: *As fórmulas que você está dando a ela, na mente, têm a ver com essa doença?*

A: Algumas. Demos a ela pedaços e informações. Com o passar do tempo, vamos conectá-los. Não podemos mudar a força do seu mundo. Não vamos impor essa mudança à sua força. Você precisa convidá-las para essa mudança. Tem que ser um convite em massa.

D: *Mas ela não poderia usar a informação para ajudar os outros?*

A: Eles têm que pedir ajuda.

D: *Conhecemos pessoas que podem transformar as fórmulas em medicamentos. (Sim, sim.) Você poderia nos dizer algumas dessas fórmulas para que possamos usá-las na caixinha preta?*

A: Posso escrevê-las para você. Você não entende a minha língua. Tenho que escrever na sua.

O Universo Convoluto, Livro Quatro

Eu já tinha a caneta e o caderno preparados e descobri as mãos de Ann. Então, coloquei o caderno em sua mão. Por vários segundos, ela sentiu o papel, especialmente a encadernação em espiral de metal, como se fosse um objeto incomum.

A: Você tem artigos estranhos.
D: *(Risos) Sim, é. Um pedaço de papel, e aqui está uma caneta. Este é um instrumento de escrita que usamos.*

Coloquei a caneta em sua outra mão. Ela a achou curiosa e continuou explorando tanto a caneta quanto o papel.

D: *Isso é um instrumento de escrita, e é nisso que escrevemos. Chama-se "papel". O que você acha? Você consegue fazer isso?*
A: Você, na sua língua, tem uma fórmula.

Ann escreveu no caderno sem abrir os olhos. A entidade explicou que a fórmula tratava de química, e que alguém familiarizado com essa área poderia entendê-la. Então, ela parou abruptamente.

A: Esta é a base simples inicial, um elemento que cura tudo (transporta?) e penetra no sistema sanguíneo vermelho da sua espécie. Ele aumentaria os glóbulos brancos para que trabalhassem em conjunto com os glóbulos vermelhos ulcerados nas células cancerosas do seu corpo. Eles seriam então repostos para ajudar.
D: *Isso seria uma fórmula para algum tipo de medicamento? (Sim.) Um líquido?*
A: Não. É uma massa.
D: *Como um comprimido?*
A: Comprimido? Não conheço comprimido.
D: *Uma coisa pequena que você colocaria pela boca.˙ (Sim.) E um químico que olhasse para isso poderia entender?*
A: Alguns. Nem todas as pessoas são avançadas. Isso será pesquisado.
D: *Você tem outra fórmula?*
A: Não neste momento.

O Universo Convoluto, Livro Quatro

Eu estava tirando o caderno e a caneta da Ann para poder cobri-la novamente. Ela segurou o caderno por mais um tempo, apalpando a encadernação em espiral outra vez. Expliquei:

D: *É metal que mantém as páginas juntas. É uma espiral na borda.*
A: Eu quero sentir isso.
D: *Ela mantém as páginas juntas para que possamos virá-las. Escreve-se de um lado e depois do outro.*
A: Por que você precisa fazer isso?
D: *Temos que ter algo que possamos olhar.*
A: Por que você não usa sua mente?
D: *Ainda não chegamos ao ponto em que podemos fazer a conexão mente a mente.*
A: (Interrompendo) Por quê?
D: *Ainda não estamos avançados o suficiente, eu acho.*
A: Você estará. — Faz muito frio aqui no seu planeta.
D: *Vamos te cobrir de novo. Não se preocupe, não vamos te manter aqui por muito tempo. Tentaremos ser o mais gentis possível, pois agradecemos sua ajuda. Está frio nessa vibração? É isso que você quer dizer?*
A: Estou tremendo. Sim, está frio.

Comecei a dar sugestões para confortá-la, para que ela (e o ser) não sentissem frio, mas ela me interrompeu assim que iniciei:

A: Ele se foi. Eu o li.
D: *Você leu?*
A: Acabou.
D: *A sensação de frio estava no corpo através do qual estávamos nos comunicando.*
A: Correto.
D: *Essas são as principais coisas que você quer dar a ela, as fórmulas para doenças?*
A: Algumas. Queremos aprender com o seu povo.
D: *O que as outras fórmulas que você quer dar a ela abordariam?*
A: Aeronave. Você chama isso de "aeronave". Sua aeronave está poluindo nosso sistema.
D: *Poluem seu sistema?*

A: Seu universo. E está vazando para outros universos. Temos que pôr um fim a isto.
D: *O que você quer dizer? Nossas aeronaves*
A: Seu... Vou tentar encontrar as palavras que você usa. Seu combustível.
D: *O combustível que usamos para alimentar nossas máquinas?*
A: Sim, correto. Vocês têm recursos aqui no seu planeta, neste momento, mas escolheram não usá-los. Esses recursos foram dados a vocês pelo nosso mesmo Criador, pelo nosso mesmo Deus, pela nossa mesma força energética. E o seu povo escolheu não usá-los.
D: *Mas você sabe que somos apenas uma pequena parte de toda a humanidade.*
A: Você não tem muito tempo.
D: *Mas não temos muita influência.*
A: Sim, você tem toda a palavra. Você tem toda a escolha.
D: *Mas não somos nós que estamos no poder.*
A: Sim, você está.
D: *Quero dizer, não somos nós que tomamos decisões pelo mundo.*
A: Sim, vocês tomam. Vocês não estão trabalhando como uma unidade.
D: *É verdade. Somos todos indivíduos.*
A: Correto. Você separa suas energias, seus poderes.
D: *É por isso que o que dizemos não vai afetar os que estão no poder. Os que... (Ele interrompeu: Sim.)*

Era óbvio que seria impossível argumentar com um ser acostumado a operar como uma unidade para realizar o que desejava. Ele não conseguia entender nossas limitações por funcionarmos como unidades isoladas. Claro, ele tinha razão. Descobri isso em meu trabalho (especialmente com Nostradamus): quando as pessoas cooperam, seu poder mental aumenta enormemente. Mas como transmitir isso a uma pessoa comum, para que ela entenda que tem um poder tão latente?

D: *Mas você disse que o combustível está vazando para outros universos?*

A: (Enfaticamente) Sim! Ele se dissipa no ar, infiltra-se em nosso sistema molecular e viaja através do tempo e do espaço.
D: *Acho que não pensamos em...*
A: Não, vocês não pensam.
D: *Você está falando sobre outras dimensões? (Sim) Mas o que podemos fazer a respeito?*
A: Você pode consertar isso. Você tem recursos naturais plantados nos solos da sua Terra. Você tem plantações nos solos da sua Terra neste momento, que também são usadas para a sua medicina. E você escolhe não usar esses recursos.
D: *Uma planta, você disse?*
A: Sim. Não sei o nome.
D: *Como é?*
A: É... (pausa) Não sei como descrever isso na sua língua.

Como descrever algo se não se conhece as palavras e seus significados? As outras entidades extraíam as informações do cérebro e do vocabulário dos meus clientes. Esta entidade, porém, pareceu ter dificuldade em encontrar as comparações adequadas.

D: *Temos que saber o que é antes de saber como usá-lo.*
A: É pontudo, bem pontudo.
D: *As folhas?*
A: Sim. Existem vários brotos como falanges.
D: *Tem uma flor?*
A: Às vezes, sim. Tem um odor forte. Alguns de vocês usam esta planta agora, mas não a utilizam de forma específica para todo o planeta.
D: *Para que usamos isso?*
A: Você o ingere. Você o respira.
D: *Se às vezes tem uma flor, qual é a cor dela? Isso pode nos ajudar a identificá-la.*
A: Não sei o que você quer dizer com cor da sua flor.
D: *(Como explico isso?) Ah. Bem, a flor é a parte que geralmente dará algumas sementes mais tarde. Ela tem pétalas. Temos cores como vermelho, amarelo, branco. Você tem algumas cores no seu espectro onde mora?*
A: Temos espectros, sim.

O Universo Convoluto, Livro Quatro

D: *Você não tem cores assim?*
A: Não no seu nível de compreensão.
D: *Preciso de mais informações antes de podermos entender que tipo de planta é.*
A: Mais uma vez, vou desenhar isso para você.
D: *Muito bom. Só me dê um momento, e eu vou pegar meus instrumentos de escrita arcaicos de novo. Porque não podemos olhar dentro da sua mente para entender.*

Peguei o caderno e a caneta novamente e os coloquei nas mãos de Ann.

A: Eu gosto disso.

Ela estava novamente manuseando os materiais como se fossem objetos desconhecidos e não familiares.

D: *Como você se sente?*
A: Não consigo descrever. (Ele começou a desenhar uma planta.) É diferente. Não estou acostumado com essa substância.
D: *Isso tem folhas pontudas. É o que chamaríamos de "folhas". As pontas são afiadas?*
A: Elas não machucam nem causam dor. Elas vão ajudar você. Eu já lhe contei isso.
D: *Você pode desenhar a flor?*
A: A flor?
D: *Sim, você pode desenhar como é isso? Isso vai nos ajudar a identificar. Você disse que não conhece cores.*
A: A flor. (Ela estava desenhando.)
D: *Tem muitas pétalas. É uma planta alta?*
A: Ah, sim, muito alta. Muito mais alta que você como humano.
D: *Então não estamos procurando algo baixo, próximo ao chão.*
A: Não, ela começa baixa, mas cresce alta. É uma planta muito majestosa, embora seu povo a tenha pisoteado.
D: *Não sabemos o seu valor?*
A: Sim, alguns dos seus conhecem o seu valor. Mas muitos dos seus lutam.

D: *Então esta é a planta que podemos usar como remédio e também como combustível?*
A: Sim. Seus recursos são muito limitados. Esta é uma estrutura vegetal que não é limitada. Ela é abundante em todo o seu planeta e vocês não escolhem usá-la.
D: *Provavelmente não sabemos que ela é útil.*
A: Sim, vocês têm alguns que sabem. Nós os vimos e conversamos com eles.
D: *Então, que parte da planta seria usada para o combustível?*
A: O caule e a folha. Eles se regenerarão. Foram dados a vocês.
D: *Para esse propósito?*
A: Correto. Você tem o que chama de... sua visão? Ver. Ver é muito bom para a visão. É muito bom para muitas das doenças que vocês criaram em seu próprio planeta, devido aos recursos que escolheram usar. Você é um planeta de autodestruição e doença.
D: *Nós mesmos causamos essas doenças?*
A: Correto.
D: *Eu estava pensando, enquanto olhava para este desenho. Não é uma árvore, é? Porque as árvores são mais altas do que nós.*
A: Não, é uma planta. Nós entendemos a sua vida arbórea. Ela crescerá em... como você diz? Forma de cacho. Daremos à Ann o conhecimento e a visão. É assim que você a chama, Ann?
D: *Sim. É esse o nome que a chamamos.*
A: Nós associaremos isso.
D: *Temos que ter nomes e rótulos.*
A: Sim, nós percebemos isso. — Aquela que você chama de Ann, você tem que fortalecê-la.
D: *Era sobre isso que eu ia lhe perguntar. Ela está passando por alguns problemas físicos.*
A: Ela não veio até nós e pediu cura.
D: *Você pode trabalhar com ela? (Sim) Estaria tudo bem se eu dissesse a você que é permitido trabalhar com o corpo dela?*
A: Não. Ela precisa. Não podemos forçar nenhuma mudança em suas estruturas sem a sua permissão.
D: *Que tal analisar a lista dela? Queremos que ela esteja completamente saudável, não é?*
A: Correto.

D: *E o diabetes? (Pausa) Você conhece essa palavra? (Não) Tem a ver com coisas doces que causam problemas no corpo. Fazem o corpo ficar fora de ordem.*
A: Doce?
D: *Doce. Açúcar?*
A: Isto é uma substância.
D: *É uma substância e, às vezes, causa um desequilíbrio no corpo.*
A: Um momento. (Longa pausa) Ela não terá mais isso.
D: *Você pode fazer isso desaparecer?*
A: Ela já pediu.
D: *Porque ela precisa se aplicar injeções. Você sabe o que é isso?*
A: Ela não fará mais isso.
D: *Porque ninguém gosta de ficar tomando injeções.*
A: Ela não fará mais isso.
D: *Você consegue equilibrar essa parte?*
A: Já foi feito.
D: *E se ela não perceber isso e continuar tomando as injeções?*
A: Vocês não trabalham como uma unidade inteira neste universo.
D: *Os médicos, os profissionais da área médica, conseguirão ver que ela não precisa mais das injeções?*
A: Você vai.
D: *Porque os médicos dizem que, se ela parar de tomar as injeções, ela vai se machucar.*
A: Correto. Aquela que você chama de "Ann"... Um momento. (Longa pausa)
D: *O que você está fazendo?*
A: Estou tentando me tornar um com o que você chama de "Ann".
D: *Mas não há mal nenhum.*
A: Nós nunca causamos mal à sua espécie.
D: *É apenas uma fusão temporária, para que você possa descobrir o que há de errado com o corpo. É isso mesmo?*
A: Um momento. (Longa pausa) Isso que você chama de "dor" no corpo, que você mencionou, foi eliminado. — Muitos dos seus problemas físicos são causados pela ingestão de substâncias erradas em seu corpo vivo. Ingestão de combustível.
D: *O que ela está comendo ou bebendo?*
A: Correto.
D: *Você pode mostrar a ela o que comer?*

O Universo Convoluto, Livro Quatro

A: Nós não comemos substâncias como vocês. Depende da ingestão de substâncias dela. O que você chama de "fonte de combustível".
D: *O que ela está ingerindo como substância que não deveria?*
A: Um momento. (Longa pausa) É muito difícil descrever isso.
D: *Ela come ou bebe?*
A: É um "comer". É uma substância. Não consigo descrever a substância. É marrom, da sua cor. Estou entendendo o seu espectro.
D: *Você pode ver o espectro agora.*
A: Correto. É marrom. Uma substância escura. É uma substância carnosa. É do seu animal. É bem grande para as suas proporções. Tem... quatro vasos sanguíneos. Vocês usam produtos químicos errados. Vocês quimizam sua carne.
D: *E isso está causando problemas no corpo dela?*
A: Correto.
D: *Acho que sei do que você está falando. É um tipo de animal que comemos.*
A: Sim, muitos de vocês fazem isso.
D: *Seria correto dizer que é uma vaca?*
A: Eu não entendo vaca.
D: *Uma vaca é um animal grande. Ela tem a pele bem lisa. Às vezes é marrom, às vezes é preta. Mas elas são grandes. (Sim) E nós comemos a carne delas. (Sim) É dessa carne que ela deve ficar longe? (Sim) Muito bom. Porque acho que ela consegue fazer isso e substituir por outras coisas. (Sim) Acho que isso vai ajudá-la muito.*
A: Ela está nos ajudando.
D: *Sim, e em troca vocês querem que ela permaneça saudável.*
A: Correto.
D: *Então você pode ajudá-la com esses problemas de garganta?*

Achei que seria melhor tentar ajudar com todos os seus problemas de saúde, já que estava funcionando tão bem.

A: Um momento. (Uma pausa muito longa)
D: *O que está acontecendo?*
A: Está feito.

D: *Muito bom. Muito bom. Vai desaparecer imediatamente ou será gradual...*
A: (Interrompido) Sim. Já se foi.
D: *Então, o corpo está retornando ao seu estado adequado de completo equilíbrio e harmonia, não é?*
A: Correto. Você, você, como raça humana, não faz isso em conjunto.
D: *Às vezes tentamos fazer isso em grupos pequenos.*
A: Hummm. Muito pouco. É preciso muito mais.
D: *Mas tentamos mostrar às pessoas que suas mentes podem controlar seus corpos.*
A: Correto. — Essa que você chama de Ann, ela pode nos chamar — em qual estrutura de tempo você diz "diariamente". O que é diariamente?
D: *Bem, é um pouco difícil de explicar. Temos dias porque o nosso planeta gira...*
A: (Interrompendo) Você está falando do Sol e das luas?
D: *Sim. Ela gira em torno do Sol. Durante o dia é quando há luz...*
A: (Interrompendo) Ela pode nos chamar em cada Sol que aparecer no lado brilhante da sua Lua, em suas palavras.

A voz de Ann estava tão grave que não parecia em nada com sua voz normal.

D: *Isso é diariamente.*
A: Correto.
D: *Quando anoitece, é quando o planeta se afasta do Sol.*
A: Correto.
D: *Sim. Mas o principal é que ela precisa viver uma vida neste plano. Então, não queremos fazer nada que interfira nisso. Precisamos viver neste mundo físico.*
A: Viemos não para interferir, mas para ajudar vocês. Não viemos para causar mal.
D: *No começo, ela estava com medo de que você fosse tirar algo dela.*
A: Isso nunca aconteceu.
D: *Você sabia que às vezes eu uso essa informação que escrevo sobre?*
A: Você é uma professora.
D: *Tudo bem se eu usar as informações que você me fornecer?*
A: Correto.

D: Dessa forma, mais pessoas saberão sobre isso.
A: É muito bom que o seu povo saiba e aprenda a se unir. Você é um professor. Mas não faz todas as perguntas certas.
D: Ainda não as tenho em mente. Eles sempre me disseram que as perguntas são mais importantes que as respostas.
A: Correto.
D: Então, tenha paciência comigo.

Então, pedi à entidade que recuasse para o sétimo plano, de onde ele disse que vinha.

Quando Ann acordou, não tinha absolutamente nenhuma lembrança da sessão. Tentamos explicar o que havia acontecido, especialmente as partes sobre sua condição física. Quando ela olhou para o desenho da planta, pensou que se parecia com cannabis ou maconha. Dizem que essa planta tem muito mais usos e valor do que reconhecemos, especialmente porque o governo a classificou como droga.

Eu nunca diria a ninguém para deixar de tomar remédios, especialmente parar de tomar injeções de insulina. Mas, se eles estivessem corretos e a diabetes tivesse sido curada, seria prejudicial para ela tomar injeções se seu corpo não precisasse mais? Eu realmente não queria essa responsabilidade. Não precisava ter me preocupado, porque Ann disse que precisava medir a glicemia todas as manhãs para indicar a quantidade de insulina que administrava. Sua glicemia estava em torno de 300.

Uma coisa incrível aconteceu quando ela me ligou alguns dias depois. Ao fazer a leitura da glicemia no dia seguinte, havia caído em 80%. Ela não se aplicou. Durante todo o dia, o marido perguntou quando ela iria tomar a injeção. A resposta dela foi: — Não preciso mais. Essa foi uma declaração muito importante, pois mostrou que sua atitude mental havia mudado e seu sistema de crenças se consolidado. Ela acreditava que não precisava mais disso.

Como tinha uma cirurgia de garganta marcada, voltou aos médicos no hospital de veteranos e pediu que refizessem todos os exames, sem perguntar o motivo. Mais tarde, todos os exames deram negativo. Não havia sinais de câncer na garganta e sua condição cardíaca havia melhorado a ponto de não precisar mais de medicação. Já se haviam passado doze anos (em 2011) desde que realizamos essa sessão. Ela nunca mais recebeu uma injeção de insulina. Sua glicemia caiu de 300 para 80 e nunca mais subiu.

É claro que os médicos não tinham respostas. Escreveram em seus registros médicos: "Não temos explicação para este caso." Agora, ela diz a todos: — Eu era uma diabética dependente de insulina.

Outra coisa que aconteceu e que pode ter influenciado sua cura estaria mais alinhada com meu trabalho terapêutico com o subconsciente. Ann estava em um casamento ruim e isso lhe causava muito estresse. Uma das principais causas do diabetes que descobri é a falta de doçura, psicologicamente a falta de amor na vida da pessoa. Isso também explicaria os problemas do coração, sendo o coração a sede das emoções. E os problemas de garganta, relacionados à incapacidade de expressar seus sentimentos às pessoas mais importantes de sua vida. Logo após essa sessão, Ann se divorciou e passou a morar sozinha com o filho. Sei que isso foi um fator muito importante para a cura.

Este foi um dos casos mais dramáticos em que trabalhei naquela época, em 1999. A maioria das curas que ocorrem agora, durante meu trabalho, vem da intercessão da mente subconsciente do cliente quando ele entende a razão da doença ou dos sintomas físicos. No caso de Ann, foi feito através da intercessão de uma entidade de outra dimensão. No entanto, ela estava sujeita a regulamentos: não podia interferir, apenas realizava as curas físicas quando tinha a permissão de Ann. Portanto, a entidade do sétimo plano também estava sujeita à restrição de não interferência e precisava ter certeza de que Ann realmente queria se livrar das doenças. Quando tinha a permissão, as curas eram instantâneas.

Capítulo 38
OS FIGURANTES

Se este capítulo não confundir sua mente com seu conceito estranho e novo, então acho que nada o fará.

Suzette saiu da nuvem e parou do lado de fora de uma floresta de árvores muito grandes e altas. Pareciam enormes pinheiros ou cedros muito antigos. Ela tentava ver o Sol, que parecia estar escondido atrás de algo parecido com uma camada de nuvens. Então descobriu que não eram nuvens, mas sim ar poluído, que impedia o Sol de brilhar. Preocupava-se com a possibilidade de as árvores morrerem por causa do ar. Para sua surpresa — e também para a minha — viu dinossauros. Alguns eram grandes, como o Tiranossauro Rex. Disse que eles estavam sentindo o cheiro do ar e preocupados. Algo não estava normal, e ela também sentia isso.

Também fiquei surpresa quando perguntei sobre seu corpo. Ela disse que era feio, porque estava coberto de pelos castanhos, emaranhados e desagradáveis. Sentia-se masculina, de meia-idade, e usava uma pele de animal que descia do ombro. Perguntei se se sentia confortável naquele lugar, e respondeu:

S: Não! Porque o céu... o ar se foi. Não vai haver vida.

Algo incomum estava definitivamente acontecendo. Eu queria saber se ele já tinha se sentido confortável lá antes.

S: Não. É uma luta todos os dias. Por causa das feras... sobreviver é uma luta.

Essas eram as feras maiores, mas também havia menores, que eles caçavam e comiam. Usavam a pele desses animais depois de espancá-los, cortavam a pele com uma pedra e, em seguida, secavam a carne. Eu me perguntava por que teriam que se vestir se já estavam cobertos de pelos. Ele disse:

S: Para proteção. Há plantas menores com espinhos quando você está caçando os animais.

Eu queria saber onde ele morava, e parecia que estava descrevendo uma caverna:

S: É como olhar para um túnel na pedra. Como um buraco. Ele simplesmente entra e se abre. Vai mais para dentro, mas o túnel deixa entrar luz suficiente.

Então, ele viu que havia uma criança no túnel:

S: Este buraco... não há nada. Não tem mais ninguém lá dentro, só a criança. Então acho que escapei para este lugar. Eu trouxe esta criança para cá.

Ele tinha vindo de outro lugar:

S: É uma morte desconhecida. Eu sei que tenho que proteger esta criança do que está no ar. A morte está chegando. Morte das árvores e morte dos dinossauros.

Ele descreveu o lugar de onde veio como uma caverna aberta, onde muitas pessoas parecidas com ele viviam:

S: Eles simplesmente não acham que nada de ruim vai acontecer. Não acreditaram em mim.
D: *Como você sabia que algo estava por vir?*
S: As árvores e os dinossauros me disseram.
D: *Você consegue se comunicar com eles? (Uh-huh) Como você faz isso?*
S: Apenas escuto. Eles me mostram imagens. A morte está chegando.

Ninguém mais quis ouvir, então ele pegou a criança e foi embora. Os outros simplesmente o ignoraram. A criança não era dele, mas era órfã. Haviam viajado muito longe do grupo original antes de pararem e permanecerem no túnel. Ele esperava que isso os protegesse. Mas agora um novo problema se apresentava: precisava alimentar a criança.

S: Preciso caçar. Tudo está morrendo. Os dinossauros estão caindo. É como se não conseguissem respirar. Está sufocando as árvores. Elas também não conseguem respirar.

Ainda não o afetava.

S: Estou rente ao chão. Não desceu aqui ainda. Preciso encontrar comida. Estou me apressando, correndo por entre aquelas plantas com espinhos... olhando e olhando. Encontrei algo. Parece um pequeno porco ou um rato grande, algo assim, e eu bato nele.

Ele pegou a comida e voltou ao túnel. Deve ter passado algum tempo, mas é claro que esse ser primitivo não teria noção dele.

S: Eu saio e tudo está morto. Tudo está marrom, mas ainda estamos vivos. Alguns animais engasgaram. O ar estava ruim.

Perguntei-me se ele tinha estado na caverna por muito tempo.

S: Deve ter sido, mas é possível respirar novamente. Outros animais que viviam nas cavernas ou estavam no fundo do solo estão voltando. Os que estavam na água sobreviveram.

Aparentemente, qualquer criatura que estava no subsolo foi protegida.

S: Umas plantas estão voltando pelas raízes. O ar está começando a voltar para o céu. O Sol está começando a brilhar. Está aquecendo o planeta. Estava frio quando chegou.

Ele decidiu voltar e ver se algum dos outros havia sobrevivido. Não queria, mas achou que deveria. Levou a menina consigo. Condensei o tempo e perguntei o que ele encontrou quando chegou lá.

S: Morte. Todos se foram. Não conseguiram respirar.

Como viviam em uma caverna aberta, não conseguiram escapar do ar sufocante. Perguntei o que ele ia fazer agora.

S: Seguir em frente. A vida vai continuar. Vou ver se posso encontrar... mais alguém. Pode haver outros que sobreviveram no subsolo.

Então, eu o movi adiante para ver se encontrava mais alguém.

S: Vejo uma luz muito brilhante... uma luz muito brilhante... muito branca. Na minha frente.

Imediatamente pensei que ele tinha morrido e estava viajando de volta à Fonte, sempre descrita como uma luz muito brilhante. Se isso fosse verdade, eu queria saber como tinha morrido naquela vida. Fiz com que fosse para o último dia dela e perguntei o que via e o que estava acontecendo.

S: Eu vejo uma nave brilhante. Fomos levados... fomos levados. A nave... na minha jornada. Ela pousou lá e fomos levados. A nave era redonda e brilhante.

Ele respirava profundamente, como se angustiado.

D: Como você foi levado?
S: Numa luz... havia uma luz ao redor de nós e da nave.
D: Você consegue ver alguma pessoa?
S: Alto... não é peludo... pele clara... olhos brancos... cabelos brancos. Eles não são como nós. Eles não são peludos como eu... Eu sou peludo.

Isso soa muito semelhante à criatura peluda descrita no Capítulo 22, A Criação dos Humanos.

D: Eles levaram você na nave?
S: Sim. Eles me trataram como um animal... um dos animais. Eu sou o único que se parece comigo. Estão me cutucando com seus dedos longos e finos, me tocando.

D: *Você consegue se comunicar com eles?*
S: Não creio que seja necessário.
D: *É por isso que eles o tratam como uma fera? (Sim) Talvez não saibam se você consegue pensar. Você sabe para onde eles estão levando você?*
S: Vemos duas estrelas. Elas estão no céu. Há janelas ao meu redor. Muitos cilindros redondos... muitas luzes de cores diferentes.

Essa viagem poderia ter levado muito tempo, então condensei o tempo novamente e o movi para o momento em que finalmente chegaram aonde o estavam levando. Ele viu uma cidade composta de cristais.

S: É... estou em casa. (Suspiro profundo) Cristal... tudo é vidro... estou em casa! Eles me trouxeram de volta para casa. Eu deveria ser um dos seres. Eu escolhi ir para aquele lugar onde eu era tão peludo. Agora estou de volta em casa.
D: *Você ainda tem o corpo peludo?*
S: Conforme caminho, os pelos vão caindo. O cabelo... esse personagem... Estou voltando a ser o que eu era.
D: *Você quer dizer que o corpo não precisou morrer? (Não) Você simplesmente se transformou de volta?*
S: Sim. Estou muito mais feliz. Eu não gostava de ser peludo.
D: *Por que você escolheu isso?*
S: Eu deveria trazer esta criança de volta. Eu deveria salvá-la.
D: *Ela conseguiu fazer a viagem sem problemas?*
S: Não a vejo agora.
D: *Mas esse era seu trabalho, salvá-la. (Sim) — E esse é seu lar? (Sim) Você sabe onde fica? Eles o chamam por algum nome?*
S: (Pausa) Eu vejo um Z. Eu vejo um X. Eu não entendo os símbolos.
D: *Talvez faça sentido para você mais tarde. — Como está seu corpo agora?*
S: É maravilhoso! Não tem pelos no corpo, alto, pele branca, cabelos loiros, olhos azuis.
D: *Como os outros na nave?*
S: Sim. Eles estavam tirando sarro de mim quando eu era peludo. É melhor estar em casa, com todos os vidros, todos os cristais e todas as luzes.

D: *Eles zombavam de você porque você tinha esquecido? (Ele riu: Sim.) Quando você foi e experimentou ser peludo naquele outro lugar, você nasceu como um bebê naquela vida? Ou como isso aconteceu?*

S: Acho que era o processo normal quando nasci naquele grupo de pessoas, então tinha que ser aceito, mas nunca fui aceito quando criança. Eles não me ouviam.

D: *Eles não o entenderam. E enquanto você estava lá, você se esqueceu de sua casa? (Sim) — Esqueceu de onde veio. Acho interessante que você não precisou morrer para deixar aquele lugar.*

S: Nós não morremos.

Ele tinha acabado de voltar ao seu estado original. Agora que estava de volta ao lugar onde sentia que pertencia, eu queria saber que tipo de trabalho fazia lá.

S: Entramos neste lugar e fazemos um diário do que aprendemos. Um registro do que vimos e do que aconteceu. E você se energiza com os cristais.

D: *Como você faz isso?*

S: Tudo o que você precisa fazer é tocá-los. Há som, vibrações... há cura. Luzes e cores diferentes refletem através de você.

D: *Isso o traz de volta ao normal?*

S: Sim, você se energiza. Cura qualquer coisa que precise de conserto. É tão certo e tão tranquilo lá, e assim é lindo por causa dos cristais.

D: *Mas você decidiu deixar este lugar... para explorar?*

S: Esse é o nosso trabalho. Temos que escolher outro trabalho. Nós vamos onde precisam de ajuda. E eu tive que salvar aquela criança. Não consegui salvar todos, então salvei aquela criança.

D: *Você tentou, mas os outros não quiseram ouvir. O que havia de errado com o ar? De onde você está agora, sabe o que causou aquilo?*

S: Sim. Foi uma multidão de vulcões e tudo o que podia dar errado. Tirou todo o oxigênio do ar; também, o Sol se pôs e eles simplesmente não conseguiam respirar. Nada conseguia respirar. Qualquer coisa grande, que consumisse muito oxigênio, morria. Houve muita atividade, e as pessoas não sobreviveram, e os

grandes animais também não sobreviveram. Eles não tinham proteção.
D: *Você sabia que isso iria acontecer antes de ir para lá?*
S: Sim, na cidade de cristal eu sabia. Mas eu não sabia quando estava lá embaixo. Simplesmente não era confortável com todo aquele cabelo. (Eu ri.) Mas eu precisava que ele combinasse.
D: *O que você vai fazer agora? Vai ficar aí por um tempo?*
S: Sim, vou. Vou verificar minhas opções.
D: *Você vai ter que ir para outro lugar?*
S: Sim. Esse é o nosso trabalho. Nós olhamos para todas as coisas e então decidimos.
D: *Mas você tem uma escolha, não tem?*
S: Sim, temos uma escolha.
D: *Elas mostram essas opções para você?*
S: Ah, sim. Quando você olha para o cristal... É um cristal grande, e é como um líquido. Um pouco mais espesso que água. E você pode ver a vida de uma pessoa, qual é o seu trabalho e o que ela está fazendo. Você simplesmente observa a vida dela por toda a vida.
D: *Mas você sabe que os humanos têm livre-arbítrio. As coisas podem mudar, não é? (Não) Talvez você esteja vendo uma possibilidade?*
S: Você só vê um caminho, o que aquela pessoa deveria fazer ali.
D: *Sim? Mas às vezes as pessoas não seguem esse caminho quando estão no corpo.*
S: Hmm... cria o caos.
D: *Porque você sabe que elas têm livre-arbítrio, e às vezes esquecem por que estão lá, não é?*
S: Não. Elas simplesmente não escutam.
D: *Você pode entrar no corpo com todas as boas intenções sobre o que deve fazer, mas outras coisas entram em jogo às vezes.*
S: É como aquelas pessoas lá na caverna: são apenas pessoas. Elas não têm um caminho. São apenas pessoas. Eu tinha um caminho. Aquela criança tinha um caminho.
D: *Então, se você escolhe uma opção, você não sai desse caminho? É isso que você quer dizer?*
S: Sim. Há tantos nesta sala onde estão os cristais que escolhem uma vida ou seguem um caminho. O resto das pessoas não é enviado aqui por um caminho.
D: *Para que servem as vidas delas, então?*

S: É como um pano de fundo.

Essa foi uma declaração estranha. Eu nunca tinha ouvido isso antes.

D: O que você quer dizer?
S: Num filme, eles pintam algo ao redor da pessoa, então há um pano de fundo.
D: Então os outros realmente não têm propósitos?
S: Exato. Eles vêm para viver, respirar, trabalhar e morrer.
D: Existe alguma esperança de que encontrem um caminho, ou são um tipo diferente de alma?
S: Eles não escolheram. Estão aqui apenas para fazer parte do cenário. Eles são escravos. São escravos que vão de um sistema estelar para outro e são usados como pano de fundo.
D: Só para estar lá para essas pessoas com um propósito.
S: Sim. Para você aprender, para permanecer no seu caminho, precisa dessas pessoas vivendo ao seu lado. Mas você está aqui para uma lição, e eles estão aqui para ser o pano de fundo.
D: Sim, mas às vezes eles criam problemas para tentar tirar você do seu caminho? (Sim) Isso faz parte do propósito deles, distrair você? (Sim) Mas quando você está em seu corpo, você não sabe de todas essas coisas, não é?
S: Nem todos os seres são da Fonte de Luz. Nem todos os seres de luz são uma fonte de luz. Eles estão aqui apenas como energia, para nos ajudar com nossas lições, para criar o caos, para trabalhar ou simplesmente para viver. Certos seres vão aprender as lições para a Fonte de Luz. É como se você fosse apenas um ser superior.
D: Então os outros não evoluem para se tornarem seres superiores?
S: Não. Eles são apenas energia. Como fazer um filme em que eles são figurantes.
D: Mas aqueles que estão no caminho, a fonte superior, conseguem se reconhecer em meio à massa de outras pessoas? (Sim) Se pudéssemos fazer isso, não deixaríamos que as coisas nos incomodassem tanto, não é?
S: Isso mesmo.
D: Se soubéssemos que eles servem para causar drama, acho que saberíamos? (Sim) Mas quando você olha para essas opções,

pode ver todas as diferentes vidas que terá. — Você sabe que está falando através de um corpo humano agora, não é? (Sim) Provavelmente é uma das opções que você escolheu, aquela que chamamos de "Suzette". Você já via isso como uma opção antes de vir?

S: Sim. Eu só escolhi opções onde eu poderia salvar alguém.

D: *Por que você escolheu a vida que Suzette iria seguir?*

S: Ela será usada para se render com crianças e seres superiores de luz, para ensinar. Não voltarei para o planeta cristal por um bom tempo, então preciso ensinar. Precisamos elevar a vibração da fonte de vida neste planeta. Ela ensinará as crianças e os animais da fonte de vida.

D: *Os animais também são importantes?*

S: Certos animais são uma fonte de vida superior.

D: *Então, assim como os humanos, muitos animais e insetos são como pano de fundo? (Sim) E alguns têm uma vibração mais elevada?*

S: Sim. Há tanta dor neste planeta.

Aqui, Suzette expressou dor, dizendo que sua cabeça doía. Dei sugestões de bem-estar para eliminar as sensações físicas.

S: Há muita dor. Há dor por toda parte: nos animais, na vida vegetal e na água. Eu tenho que ajudar. Tenho que ensinar essas fontes de vida, que são de vibração mais elevada, para que possam ajudar o planeta, ajudar os animais e ajudar as árvores. Não posso simplesmente ir embora. Tenho que ficar aqui e ajudar. (Ela gemeu como se estivesse muito frustrada.) Grande trabalho.

D: *Sim, é um trabalho grande. Mas você não está sozinha. Tem gente vindo ajudar, não é?*

S: Sim. Você consegue sentir. Você consegue sentir a vibração.

D: *O que você quer que Suzette faça para ajudar?*

S: Ensine os jovens. Eles também vieram para cá, mas tudo vai acontecer mais rápido. Eles vão ajudar mais cedo, porque só tem... AH! Minha cabeça dói. (Dei sugestões novamente.)

D: *Por que eles precisam aprender mais rápido?*

S: O tempo é curto por causa desses seres inferiores. Tudo o que eles querem é machucar uns aos outros. Querem destruir uns aos outros. Querem destruir a Terra, o que prejudica os animais, as

árvores e a água. Em suma, é preciso chegar aos jovens para que possam espalhar a palavra e ajudar a curar o planeta.
D: *Os adultos não vão poder ajudar?*
S: Os adultos de fonte superior. Os outros deixaram de fazer seus trabalhos como pano de fundo e passaram a ficar com raiva. Querem ficar com raiva de alguém ou de alguma coisa, e tudo o que querem é matar... matar ou machucar. (Ela estremeceu de dor novamente.)
D: *A raiva deles cria uma emoção que consome energia. É isso que você quer dizer?*
S: Sim. Devemos parar com isso.
D: *O tipo negativo de energia que pode machucar as coisas.*
S: Sim, pode prejudicar o planeta.

Perguntei sobre o propósito de Suzette.

S: Ela deve trabalhar com os jovens. Ensinando, ouvindo, compreendendo.

Ela disse que não precisaria sair e procurar pessoas, pois as fontes superiores de vida viriam até ela.

S: Pessoas que sabem... elas sabem... as pessoas sabem. Ela veio para curar ou salvar.

Suzette disse que, desde muito, muito pequena, estava muito brava por ter sido mandada de volta para cá, e não entendia isso.

S: Sim, este trabalho é grande. Ela não queria vir. Este trabalho é grande! Há tanta dor... tanta dor.
D: *Mas ela escolheu estar aqui.*
S: Bom, acho que eu precisava escolher. Eles estão enviando forças vitais. Estamos aqui e não escolhemos este trabalho. É um trabalho grande. Muitas forças vitais foram enviadas para cá para salvar este planeta. Eu preferiria ter ficado na cidade de cristal.

Suzette é muito psíquica em sua vida atual. Ela consegue ver coisas que vão acontecer no futuro.

S: Eu via isso claramente quando era peludo. Eu sabia que todos iriam perecer. Eu conseguia ver em cada vida.
D: *Suzette deve usar essas habilidades nesta vida?*
S: Sim. Confiar e ensinar. Pensamento espiritual superior.
D: *Ela disse que as pessoas não vão ouvi-la. Elas não vão acreditar nela.*
S: Basta falar com aqueles que têm uma fonte de vida superior. Tudo está se acelerando. Há menos tempo. É por isso que todos nós tivemos que vir aqui. Há menos tempo. Temos que salvar o planeta.
D: *Ouvi dizer que há alguns que não poderão ser salvos.*
S: Não. As pessoas do pano de fundo. Mas elas estão bravas.
D: *As vibrações estão mudando. Então, esses "figurantes" permanecerão na Velha Terra? (Sim) É por isso que eles estão bravos?*
S: Sim. É como se eles estivessem atuando e tivessem um roteiro, e precisassem desempenhar esse papel. O papel deles é destruir este planeta.
D: *Eles ficam com raiva?*
S: Sim. Mas o planeta não pode ser destruído.
D: *Não pode ser?*
S: Não. Não pode ser. É como quando os dinossauros e as árvores morreram, mas tudo voltou à vida. Não os dinossauros ou as árvores, mas eles não conhecem essa parte. Ainda assim, este é um planeta lindo. Este é um lar lindo. Não tão bonito quanto o lugar de cristal, mas...
D: *Então os figurantes ficarão com a Terra passando por todas as mudanças, a parte da catástrofe?*
S: Sim. Eles não sobreviverão, irão embora. Os outros seguirão em frente. Este novo lugar será tão lindo... A vibração será tão alta, e este será um lugar de aprendizado.
D: *Era isso que eu estava tentando entender. Vai se separar em dois planetas?*
S: Sim. São como dois níveis. A Velha Terra estará em um nível, e a Nova Terra em um nível mais alto. Mas eles não vão se ver, como se estivessem em duas distorções temporais.

D: Foi o que me disseram. Um nem vai perceber o outro. Mas você quer ensinar as crianças para que elas possam ir para a Nova Terra?
S: Sim. Mais pessoas com vibração mais elevada podem ajudar a salvar. Este será um planeta de ensino. Há outros lugares que estão ensinando, mas este será um planeta de ensino.
D: Então aqueles que ficarem na Velha Terra viverão suas vidas de uma maneira diferente? (Sim) Você disse que essas pessoas não estão evoluindo nada?
S: Sim. Eles são como pano de fundo, sabe? Tipo pintar um quadro e desenhar alguém nele.
D: Então, à medida que a Terra passa por todas essas mudanças e catástrofes, muitas pessoas morrerão.
S: Sim, sim. Haverá muito disso. (Objetivo.)
D: Mas eles escolhem isso antes de entrar?
S: Não, não é uma escolha. Eles são como escravos. São levados de um lugar para outro para fazer seu trabalho. Precisam fazer isso porque são apenas energia.

Nesta vida, Suzette teve a lembrança de ver duas estrelas e gostaria que eu perguntasse sobre isso.

D: Essas duas estrelas no céu são a cidade de cristal?
S: Você vai em direção às duas estrelas. O passado da cidade de cristal está lá.

Este foi um conceito interessante que abriu uma nova maneira de olhar para as duas Terras e a separação entre a Velha e a Nova. Eu estava na edição final deste capítulo quando, de repente, tive uma revelação. É curioso quantas vezes precisamos reler algo até que finalmente faça sentido. Talvez seja assim que a mente funcione: ela precisa ser exposta a algo várias vezes até que, enfim, compreenda.

Achei a ideia dos figurantes interessante e certamente um conceito novo. Mas depois percebi mais do que o SC estava tentando transmitir. Muitas vezes, em minhas palestras, as pessoas querem mais informações sobre a separação da Velha e da Nova Terra, e sobre aqueles que serão deixados para trás. Agora acredito que esse conceito contém algumas das respostas.

O Universo Convoluto, Livro Quatro

Disseram que a maioria de nós escolheu vir e experimentar a vida neste momento, com um propósito maior: ajudar a salvar a Terra. Mas, sem que soubéssemos, outras energias também foram enviadas à Terra para desempenhar papéis secundários nos cenários que criamos, para sustentar nossa ilusão. Esses são os chamados figurantes, que vêm para viver, respirar, trabalhar e morrer. Não têm outro propósito real além de servirem de apoio em nossa peça — o pano de fundo para a atuação.

Eles os chamaram de "escravos", mas considero essa palavra um tanto dura. Eles são apenas energia, levados de um sistema estelar a outro para desempenhar seus papéis. Mais ou menos como os figurantes de um filme, que passam a vida inteira interpretando papéis insignificantes e nunca chegam a atuar como protagonistas. Isso me lembra o filme A História de Truman, no qual o jovem passou toda a sua vida dentro de uma ilusão, cercado de atores que desempenhavam seus papéis, até finalmente perceber que nada daquilo era real. Os outros encenavam seus papéis de forma muito convincente.

Eles disseram que essas pessoas estão com raiva, mas acredito que adquiriram essa raiva por se associarem à negatividade que as cerca. E essa negatividade ampliou ainda mais a raiva delas. Isso gerou as guerras e catástrofes presentes agora na Terra. Também explicaria os milhares de mortes em guerras e desastres naturais. Elas estão aqui para dar o drama à nossa ilusão e são levados de um sistema a outro para fazer o que for preciso, porque são apenas energia. Creio que a única maneira de encarar isso é sem emoção. Queríamos vivenciar certos eventos em nossas vidas, e essas foram as pessoas contratadas pela Central Casting para preencher as cenas. Não digo que isso seja a verdade absoluta, mas é um conceito interessante para refletir. Mais um exercício para a mente — aceite ou ignore.

Na minha opinião, estes são os que permanecerão na Velha Terra, os "figurantes", pois não possuem vibração ou propósito mais elevado. Eles nos ensinam lições apenas com sua presença, mas não pretendem evoluir além disso. Estes são os que ficarão para trás.

Já aqueles que cumprirem seu propósito superior e elevarem sua vibração e frequência viajarão para a Nova Terra. Haverá os que vierem com ideais elevados e consciência de sua missão, mas que se deixaram arrastar pela negatividade dos outros e foram influenciados.

Esses também terão de permanecer com a outra energia na Velha Terra, enquanto a separação acontece.

É por isso que é importante percebermos que tudo isso é apenas uma ilusão, encontrarmos nosso papel na criação da Nova Terra e nossa parte em ajudar os outros a encontrarem os deles. Precisamos nos manter firmes, sem sermos sugados pela energia raivosa das "Pessoas do Cenário" e sem ficarmos presos na Velha Terra. Por isso, é algo profundamente individual. Cada um deve...Encontrar seu próprio caminho e redespertar para o propósito que veio cumprir.

Esse estranho conceito de "figurantes" de um filme deixou uma impressão duradoura em mim. Agora, quando estou em um aeroporto lotado, em um navio de cruzeiro ou em uma cidade movimentada e vejo todas aquelas pessoas agitadas cuidando de seus negócios, aparentemente alheias umas às outras, penso que são as pessoas do "pano de fundo". Um conceito interessante e que, provavelmente, tem mais significado do que eu imagino.

O Universo Convoluto, Livro Quatro

Capítulo 39
OS FRAGMENTOS SE REÚNEM

Quando dei minha aula no Colégio Northwest, no Novo México, em 2008, fiquei hospedada em uma pousada no interior, nos arredores da cidade de Santa Fé. A altitude me incomodou durante os dez dias em que estive lá. Atendi muitos clientes na pousada antes de ir para El Rito, no outro campus, dar as aulas. Os problemas físicos desapareceram quando voltei para Albuquerque, a caminho de casa.

Pamela já estava em um lugar estranho quando saiu da nuvem.

P: Tudo brilha. Tudo está vivo. Tudo aqui sabe. É muito bonito e muito vivo. Muito real para mim.
D: O que está brilhando neste lugar?
P: Cristais. Tudo sabe, tudo está vivo, inteligente, sempre.
D: Onde estão os cristais?
P: Em todos os lugares. São como tapetes, mas também estão no ar. Eles pairam no ar. Todo o reino é luz, mas está em cristais. Tudo brilha com cores muito sutis.
D: Os cristais produzem cores?
P: Não, a luz cria as cores.
D: Este é um lugar físico?
P: Não, é um lugar dimensional. É energia viva.
D: Parece ser uma energia poderosa.
P: É, mas é suave. É muito relaxante. É forte, mas não distante de mim, de modo que você não a sente como agressiva.
D: Tome consciência de si. Você tem um corpo ou como se sente?
P: Não, eu também sou isso. Luz.
D: Então você não tem uma forma física?
P: Posso formar uma, se quiser, mas tenho mais uma forma de luz que tem um formato um pouco parecido comigo.
D: Parece lindo. E você não tem nenhum motivo para ser sólida ou física?
P: Não há muita razão.

D: *Você simplesmente gosta de ser luz e energia.*
P: Sim. Sim.
D: *Há outras pessoas aí com você? Ou você sente mais alguém por aí?*
P: (Respira fundo.) Sinto simultaneidade. Sinto que estou em um lugar onde tudo o que conheci está se unindo. Tudo o que fui e conheci está neste lugar, tudo ao mesmo tempo. Há uma convergência de luz, então todos esses cristais fazem parte da totalidade.
D: *Você disse "tudo o que conheceu". Isso significa em outras vidas ou o quê?*
P: Outras vidas, outras dimensões e, simplesmente, em Deus. Estou me sentindo feliz. Estou desejando essa proximidade de tudo se unindo. Isso é a totalidade. Isso é toda a vida, tudo de uma vez.
D: *Então é um lugar diferente do lado espiritual para onde você vai quando deixa um corpo físico?*
P: Esta é uma dimensão do lado espiritual. É um lugar que estou apenas começando a conhecer. Tenho sementes dele, e essas sementes, como os cristais, estão todas convergindo.
D: *É a primeira vez que você vem até lá e vivencia isso?*
P: Desculpe, sua pergunta não faz sentido.
D: *Eu só queria saber se você já tinha passado por isso antes.*
P: Tenho sementes, e agora elas estão se revelando.
D: *Então é hora de realmente tomar consciência disso.*
P: Chegou a hora. Chegou a hora. Preciso saber que tudo vai se encaixar no momento certo, e preciso sentir isso no meu corpo.
D: *Então é uma sensação diferente de tudo o que você já teve?*
P: Sim, nesta vida. Ela é muito, muito boa. Está ressoando, e eu estou me transformando nisso. (Respira fundo.) Parece que estou absorvendo conhecimento direto, em vez de precisar saber — mais espontâneo, no momento. Sei o que fazer, sinto-me segura e relaxada. É como se todo o meu ser estivesse se unindo ao mesmo tempo. Tudo o que eu fui e conheci está se unindo.
D: *Você está vendo e sentindo essa energia por um motivo. Você deveria fazer algo com ela?*
P: Concentrar-me na reunião dentro de mim. É como se eu estivesse reunindo tudo, todas as partes de mim em todas as dimensões. Elas se juntam, e é nesse foco que tudo se desdobra.
D: *É isso que você quer dizer com "reunião"?*

P: Sim. Todos os fragmentos estão se movendo em minha direção, em direção ao um, agora.
D: *Porque me disseram que nós realmente nos fragmentamos em muitos pedaços e partes diferentes.*
P: Sim, já fui muitas coisas. As peças estão todas se encaixando.
D: *Então é hora de não ficarmos mais separados. (Sim.) Mas quando vocês estavam separados, estavam aprendendo muitas lições, não é?*
P: Sim, mas já terminei. Não há mais razão para fragmentação.
D: *Por que é importante que você saiba que isso é uma união de todos os fragmentos?*
P: Aumenta o prazer e a paz na minha vida. Prazer em tudo. Em tudo.
D: *Você já se divertiu antes?*
P: Sim, mas foi dentro dos fragmentos. Os pedaços de cristal estão se juntando. Eles estão se encaixando. Há coisas acontecendo dentro dessa união.
D: *O que você quer dizer? Estamos tentando entender o processo.*
P: (Suspiro.) Vou me lembrar mais. Terei mais poder. Minha natureza angelical está se abrindo mais para me permitir brincar. Mais habilidades para usar aspectos superiores de mim mesma.
D: *Por que isso está acontecendo neste momento?*
P: (Suspiro.) Porque é possível.
D: *Mas Pamela faz um trabalho maravilhoso com as energias. (Pamela era uma curandeira energética.)*
P: Não se trata de Pamela. Existem outros seres entrando neste corpo.
D: *O que você quer dizer?*
P: Outros seres, seres de luz também estão vindo para cá.
D: *Isso faz parte do processo de integração?*
P: Não, é diferente. A integração permite que outros seres intervenham.
D: *Não foi tão fácil para eles entrarem antes?*
P: Não era necessário antes. Ela fez o que lhe pediram. Agora é hora de outros participarem. Ela permitirá. Eles estão aqui.
D: *De onde eles vieram?*
P: Não há um "onde".
D: *Minha principal preocupação é que essas entidades sejam positivas.*

P: Ela não está preocupada. Estes são dela. São aspectos elevados de si mesma.

D: *Então todos eles fazem parte do processo de integração?*

P: Não a integração dos cristais. São aspectos diferentes da luz.

D: *Então os outros eram mais ou menos os aspectos das vidas físicas.*

P: São aspectos, sim, de fragmentação, de individualidade. Este não é um aspecto de fragmentação do eu. (Respira fundo.) São aspectos de dádivas de Deus que nunca se fragmentaram. O trabalho dela permanecerá praticamente o mesmo. A energia mudará para ter mais potência. Mais poderosa, muito mais poderosa.

D: *Mas você disse que este é o momento. Isso é necessário?*

P: Isso faz parte da celebração. Não faz parte da necessidade. Faz parte do amor. Ela supriu as necessidades. Agora quer experimentar mais de Deus. Expandir-se e crescer dentro da natureza de Deus. Isso é algo como um presente.

D: *Ela disse que tinha a sensação de que algo estava acontecendo com ela, como um tipo de despertar.*

P: Isso é gradual e repentino ao mesmo tempo. É uma mudança repentina na capacidade vibracional.

D: *Esses seres de luz estarão nela o tempo todo ou aparecerão e desaparecerão?*

P: O tempo todo.

D: *Ela tem que chamá-los quando faz seu trabalho?*

P: Não.

D: *Ao utilizar essa energia, seu trabalho será mais eficaz na cura?*

P: O objetivo não é tanto a eficácia, mas sim a explosão do sabor de Deus. Ela certamente notará a diferença ao trabalhar. Cada um sente isso de uma maneira diferente, e ela desenvolveu conexões para criar linguagem e técnicas que ajudam as pessoas a apreciá-lo e vivê-lo confortavelmente. Ela as ajudará a aceitá-lo.

D: *As pessoas vêm até ela para serem curadas. Essa energia será usada para isso?*

P: Uma das coisas, sim. Não é principalmente para as pessoas. É principalmente para o Todo.

D: *O desenvolvimento dela?*

P: Não o desenvolvimento dela, o Todo. É um movimento dentro do Todo.

D: *Quero que ela seja capaz de entender esse processo quando acordar.*
P: A compreensão é inteligente. Sempre há compreensão. Sempre há compaixão. Há uma mudança da mente individual para a totalidade neste momento.
D: *Isso está acontecendo em todos os lugares?*
P: Em todos os lugares onde for possível.
D: *Isso faz parte das mudanças de vibração e frequência que estão acontecendo? (Sim)*

Expliquei que sabia sobre a Nova Terra e sobre a mudança para uma nova dimensão. Ela concordou que isso fazia parte do processo.

D: *Outras pessoas também passarão por isso?*
P: Sim. Muitos, muitos estão despertando agora, estando conscientes de sua totalidade. Todas as partes da Fonte que estavam suspensas agora estão se integrando.
D: *À medida que avançamos para esta nova dimensão, tudo precisa se encaixar? E mais pessoas estão se conscientizando de que não estão mais separadas?*
P: Sim. À medida que mais e mais pessoas se fundem com as partes inteiras de si mesmas, fica mais fácil para os outros aceitarem. Eles se sentirão mais confortáveis.
D: *Para algumas pessoas não é um processo confortável, não é?*
P: Elas escolheram isso. Algumas pessoas escolhem crescer através do desconforto.
D: *À medida que nos integramos com o Todo, você disse que nos sentiremos diferentes?*
P: Cada um se sentirá diferente, cada um. Cada um se sentirá mais confortável com a Totalidade. Saberá que algo está acontecendo com sua alma.
D: *Mas ainda manteremos o corpo físico?*
P: Para aqueles que precisam, isso acontecerá. Está acontecendo ao mesmo tempo, para aqueles que estão no corpo e fora dele.
D: *Os do lado espiritual também estão passando por isso?*
P: Sim. Isso não tem nada a ver com estar em um corpo. É o tempo.
D: *Isso tem a ver com o desenvolvimento do planeta?*

O Universo Convoluto, Livro Quatro

P: Não é o desenvolvimento apenas deste planeta. É o desenvolvimento do Todo, de tudo, de tudo ao mesmo tempo. O universo, tudo, está se movendo de uma maneira diferente.
D: *Então não há como impedir ou mudar isso? É algo que precisa acontecer?*
P: É a escolha de Deus.

Expliquei que ouvi dizer que haveria duas Terras e que, na antiga Terra, essas coisas não aconteceriam.

P: Não estou conectada a isso. Estou conectada à parte que está se movendo em direção à totalidade.
D: *Mas isso não é como a morte, ou a morte do corpo físico, não é?*
P: Se os corpos físicos estão aqui ou não, não é a questão. Todos vivenciam da mesma forma — dentro ou fora do corpo, dentro ou fora de qualquer consciência, em qualquer lugar. Não é importante entender o que está acontecendo, apenas apreciá-lo.

Isso soou um pouco semelhante ao cone de energia que foi implantado em todos em 2009 (Capítulo 30). Será que é a mesma coisa com uma formulação diferente?

D: *Se o processo de integração está apenas começando agora, aonde tudo isso vai levar no final?*
P: A uma elevação para um todo unificado. Mais plenitude pode funcionar dentro de cada indivíduo. É mais como se houvesse um fio condutor, uma espécie de fio unificador que vai se conectar a tudo. Tudo se sentirá mais conectado a tudo o mais, em todos os lugares. Em todos os lugares, tudo será elevado a outra dimensão.
D: *Como será essa outra dimensão? Você pode nos contar algo sobre ela?*
P: É como um tecido entrelaçado que, de repente, alinha tudo à consciência da essência.
D: *Então, quando chegarmos a essa parte, não teremos mais individualidade?*
P: Não, haverá individualidade. Haverá apenas mais fios de unidade disponíveis e funcionando. A individualidade está mudando até certo ponto, e há uma sobreposição maior de totalidade.

D: *Como a individualidade está mudando?*
P: Mais da fragmentação de certos aspectos está se completando.
D: *Então não haverá mais necessidade de vidas físicas. É isso que você quer dizer?*
P: Não existem vidas físicas, por assim dizer, na realidade. Mas haverá menos dispersão de experiências.
D: *Estou tentando entender. Ainda há pessoas acumulando carma. Isso fará alguma diferença?*
P: Eu não faço parte desse fluxo. Não sei. Só sei que sou parte deste tecido da Totalidade. Sou parte do que está se formando. Está acontecendo agora.
D: *Mesmo sabendo que o tempo não existe para você, você tem alguma ideia de quanto tempo vai levar para tudo se resolver?*
P: De acordo com a nossa perspectiva, isso já aconteceu. Está se desenrolando, mas já ocorreu em níveis internos. A vida seguirá praticamente da mesma forma. Essa energia está disponível para todos, para ser usada da maneira que quiserem. Esse é o trabalho. Cada um decidirá se quer fazer parte dela ou não. Ela é dada a todos, e cada um fará as escolhas que desejar. Ela muda tudo automaticamente. Há uma lacuna na criação devido à falta de totalidade. Quando há mais totalidade presente, a criação acontece automaticamente.
D: *É por isso que digo às pessoas para terem cuidado com o que pedem, para terem cuidado com o que querem criar, porque isso parece estar acontecendo mais rápido.*
P: Isso é verdade.
D: *Costumava demorar muito tempo.*
P: Isso foi de propósito.
D: *Do jeito que a Terra era, você precisava de tempo para ter certeza de que era isso que queria.*
P: Sim, o aprendizado em certas curvas precisa ser lento.
D: *Então agora você pode ter isso muito mais rápido. (Sim) Mas primeiro você tem que ter certeza do que quer.*
P: Mas a Totalidade fornece a resposta para o que você quer. É somente quando você não sabe o que quer que a criação fica confusa. Não somos nós que criamos. A Totalidade cria. Quando há Totalidade suficiente funcionando, todas as criações demonstram individualidade com pureza. Elas simplesmente

percebem que a Totalidade está com elas e que a Totalidade funciona para trazer à tona tudo o que é exato e único para elas — exatamente tudo o que precisam. Se eles permitirem que o vínculo mantenha o mapa da Totalidade que está chegando, então tudo funciona automaticamente. Em todos os planos, de todas as formas.

D: *Então eles também podem se tornar saudáveis usando essa energia?*

P: Eles não usam a energia. A energia é que os usa.

D: *Há algo que eles precisem fazer para entrar em contato com essa Totalidade?*

P: Não. Ela está disponível; basta não resistir a ela. A energia da Totalidade ajuda você a saber o que deseja. O problema é que as pessoas não sabem o que querem.

Eu estava procurando algum tipo de ritual ou processo que um indivíduo pudesse usar para invocar essa energia de criação. Os seres humanos sempre gostam de instruções. Em The Convoluted Universe – Book Three, capítulo 37, há um trecho em que a energia de cura fala e explica como pode ser invocada a qualquer momento.

P: Existem pequenas formas pelas quais as pessoas reprimem o sentimento de serem dignas de felicidade. O que se requer, na maior parte, é confiança.

D: *Estamos acostumados a pedir aos nossos anjos e guias que nos ajudem a criar algo.*

P: Todos os anjos e todos os guias estão começando a se conectar. Há agora uma ligação que torna a individualidade menor em todos os níveis. É como ter todos os anjos, em vez de apenas um. Há menos distância entre o desejo e o suporte. Isso é um acelerador do processo. Neste momento, Pamela está se conectando a aspectos do saber e àqueles que compartilharam esse conhecimento. Isso está facilitando uma ligação.

D: *Quero que ela compreenda por que está recebendo essa informação.*

P: Ela não precisa tanto da informação quanto do processo de conexão com vastas redes em movimento de pessoas, enraizando a mudança.

Pamela tinha uma questão física sobre a qual queria esclarecimento. Era um mistério havia dez anos. Ela contou que, de repente, sentia formigamento no corpo e, então, ficava incapaz de se mover. Permanecia assim por bastante tempo (horas), o que causava preocupação às pessoas ao redor que testemunhavam a situação.

P: Esses são fragmentos que estão chegando. Isso ocorreu quando a Totalidade se abriu.

Quando esses incidentes aconteciam, Pamela nunca tinha medo. Ela só queria entender o que estava acontecendo, porque nessas horas ela tinha que ir se deitar até que tudo passasse.

P: Esta é uma mudança dentro da Totalidade, em vez da conclusão da fragmentação.
D: *Então outro fragmento entraria e se misturaria?*
P: Ou mais da Totalidade estava se integrando. Ela suspendia e descoordenava temporariamente.
D: *Claro, foi um pouco desconcertante porque, mesmo que ela não tivesse medo, às vezes isso acontecia em público.*
P: Ela sempre foi bem cuidada.
D: *Isso não acontece com ela há algum tempo, então essa parte acabou?*
P: A Totalidade é mais sutil e a fragmentação é mais completa. Há outros tipos de coisas que acontecerão. Mudanças energéticas que trazem transformações temporárias no corpo e na mente. Há menos desejo de cuidar do corpo e mais desejo de estar com o Espírito naquele momento. Há um alívio do fardo de cuidar.
D: *Ela notará evidências físicas quando essas coisas acontecerem?*
P: Uma leve descoordenação devido a uma mudança de foco. Ela está melhorando em se manter conectada. É temporário, sempre temporário. O amor é importante porque o processo é amor agora. Como é dado, a inteligência é muito mais funcional do que a informação. Essas inteligências agora foram vinculadas a esta.

Outro cliente mencionou algo que soou semelhante quando "eles" estavam falando sobre uma fusão de Almas.

D: *Você pode explicar o que é isso?*
M: É quando a pessoa se abre cada vez mais para o seu aspecto superior. O que acontece é: a mente se abre e parece que alguém está entrando nela. Mas a consciência simplesmente se expande, de modo que ela absorve cada vez mais aspectos de si mesma.
D: *Como é, se algo assim acontecesse, para que soubéssemos o que é?*
M: Parece que elas têm mais consciência. Na verdade, sentem-se mais leves em espírito e podem notar pequenas mudanças de personalidade. Talvez alguns gostos ou desgostos mudem. Mas logo aquele aspecto, que se expandiu, se acostumará com a situação atual e saberá como trabalhar melhor com essa pessoa. Todos nós estamos crescendo em todos os níveis.

Continuando com Pamela:

Eu queria saber se poderíamos ter alguma informação sobre as mudanças pelas quais a Terra passará antes de entrar na próxima dimensão.

P: Há muitas possibilidades em andamento agora, e ela faz parte desse processo que tenta unificar tudo para o melhor resultado possível. Há forças em ação; muitas, muitas matrizes, muitas forças. Todos serão cuidados em todos os lugares, independentemente das circunstâncias. Tudo caminha em direção a uma unidade maior, não importa como pareça externamente.

Capítulo 40
AS IMAGENS

Dawn e sua filha, Alexis, vieram ao meu consultório para sessões separadas. Dawn me surpreendeu ao entregar um pacote de fotos e o CD onde estavam arquivadas. Mãe e filha relataram que as fotos haviam sido tiradas em 2004 e não sabiam o que fazer com elas até que, finalmente, decidiram confiá-las a mim, pois acreditavam que eu saberia como utilizá-las. Isso foi em 2006, e eu as guardei sem saber em que livro deveriam ser incluídas. Na época da sessão, foi difícil compreender. Agora, em 2011, acredito entender melhor o que o SC estava tentando descrever e sinto que chegou o momento de finalmente apresentá-las ao mundo. Isso mostra o quanto cresci desde 2006 e como meus conceitos foram ampliados. Espero estar certa.

Na entrevista, Dawn contou que, certa noite, elas estavam do lado de fora e viram um objeto excepcionalmente brilhante no céu. A princípio, pensaram que fosse uma estrela, mas era maior e mais luminosa do que qualquer outra que já tivessem visto. Apontaram a câmera para ela e tiraram uma série de fotos. Então, observaram o objeto desaparecer gradualmente. Quando revelaram o filme, ficaram atônitas. O que ficou registrado nas fotos não correspondia ao que haviam visto naquela noite. Viram um objeto sólido, não algo que se movia, se transformava e ondulava como aparecia nas imagens.

Ao longo dos anos, outras pessoas também me enviaram fotos semelhantes, geralmente relacionadas a OVNIs, por não encontrarem outra explicação. Acredito que isso mostra que grande parte do que as pessoas consideram naves espaciais desconhecidas possui explicações ainda mais complexas.

Realizei duas sessões separadas, uma com cada uma delas. As informações recebidas eram semelhantes, mas penso que a mãe (Dawn) forneceu descrições mais completas. Já havíamos visitado duas vidas passadas e estávamos em contato com o SC. Ele já havia nos ajudado com informações pessoais e trabalhado em problemas físicos sérios. Então, eu quis perguntar sobre as fotos:

D: Eu queria um esclarecimento. Dawn e sua filha, Alexis, trouxeram-me essas fotos ontem e estão muito curiosas. Você consegue identificar o que está nas imagens?
DA: São as forças superiores trabalhando com o planeta. Estão tentando mantê-lo em equilíbrio. Trabalham com grades de energia em ambos os lados das dimensões: este lado e o outro.
D: Mas, na foto, parecia quase um objeto físico.
DA: Sim, é uma entidade. É elástica. Pode se expandir por um grande território. Atua nos dois lados, trabalhando pelo equilíbrio do planeta, espalhando energia, difundindo o bem à medida que se move e se expande, quase como os braços amorosos de uma mãe. Tudo faz parte da evolução do espírito, do intelecto e da consciência viva, à medida que vocês avançam. É isso o que ela faz. E isso acontece não apenas no planeta Terra. Esse é o seu papel, foi para isso que foi criada: para trazer equilíbrio através do amor. É uma energia feminina... suave.
D: Ela disse que, quando a viram no céu, parecia uma estrela.
DA: Sim, era uma camuflagem.
D: O objeto nas fotos só apareceu com clareza quando foram ampliadas, e parecia mudar de forma. Por isso pensamos que fosse algum tipo de objeto físico.
DA: O olho humano e o corpo físico não estão em um nível vibracional que permita vê-la a olho nu. É possível senti-la. Pessoas sensíveis percebem sua presença, mas não conseguem enxergar além da camuflagem. No entanto, a câmera consegue captar.
D: Por que tiveram permissão para fotografá-la?
DA: Porque outras pessoas precisam ver e compreender que tudo está sob controle, que as coisas caminham conforme o planejado.
D: É assim que normalmente se apresenta, como no formato de uma "minhoca"?
DA: Sim. Pode mudar de forma e tamanho dependendo do trabalho que realiza. Adapta-se ao ambiente e à dimensão em que atua, de acordo com a geração de energia dessa dimensão.
D: Parece quase orgânico.
DA: Não. É um ser de luz. Possui elasticidade e partes móveis ao redor, vórtices que também realizam o trabalho. Eles giram em

torno dela, conectam-se, entrelaçam-se e guiam como em uma interação à distância. São todas partes de um mesmo todo.

D: Normalmente é assim ou foi apenas a forma como a câmera captou?

DA: Normalmente, deste lado, não se apresentaria assim. Mas, através da sua atmosfera e dimensão, é essa a aparência que assume. Em outro sistema estelar, poderia ser diferente, pois o ambiente influencia. É como um pensamento moldado pelo meio. A aparência depende da dimensão em que se manifesta. Você pode pensar em uma cadeira em um ambiente e ela terá uma forma; em outra dimensão, a mesma cadeira pode parecer diferente. Não terão a mesma aparência, ainda que sejam o mesmo pensamento ou imagem.

D: Como ela realmente se parece? Quero dizer... qual é a sua forma real, afinal? (risos) Em seu estado normal?

DA: Em seu estado normal, quando está em repouso?

D: De onde vem, como aparece?

DA: Apenas um vapor imenso... um ENORME vapor de luz.

D: Porque Alexis disse, em sua sessão, que era tão grande que não se poderia compreender. Isso faz sentido?

DA: Sim, do nosso ponto de vista. O reino da Terra é menor do que o espaço onde ela permanece entre os trabalhos. É apenas uma questão de perspectiva.

D: Então, ela estava aqui para ajudar?

DA: É exatamente isso que essa energia faz. Sim, é uma cuidadora. É sustentada pelo princípio do "Cuidado".

D: Mas está aqui para ajudar o que está acontecendo na Terra neste momento?

DA: Sim. Espalha-se como um grande campo de energia que envolve o planeta. Durante suas mudanças e diante de muitas energias negativas que desgastam e corrompem, sua energia amorosa suaviza, remenda as fissuras, restaura e reajusta as vibrações. À medida que as vibrações da Terra e da alma evoluem, o campo energético pode se romper, mas retorna e se recompõe, como se costurasse uma meia, afinando-se quando necessário para elevar sua frequência. Tudo se acelera à medida que a taxa vibracional aumenta.

O Universo Convoluto, Livro Quatro

D: Então, ela aparece pequena nas fotos, mas você disse que é imensa. Isso acontece porque estava muito distante?

DA: Ela é gigantesca em seu estado natural de repouso. Mas, quando entra em outras dimensões ou sistemas solares, adapta-se e altera seu tamanho. Pode tornar-se extremamente pequena ao trabalhar em um plano diminuto, ou assumir dimensões médias em um plano intermediário, ajustando-se para interagir adequadamente com o planeta onde atua. Também pode expandir-se a proporções enormes. É fluida, flexível, capaz de se contrair ou se expandir conforme necessário.

D: Então, elas foram autorizadas a vê-la dessa forma? Você disse que as pessoas deveriam saber sobre isso.

DA: Sim. Algumas pessoas precisam ter esse conhecimento.

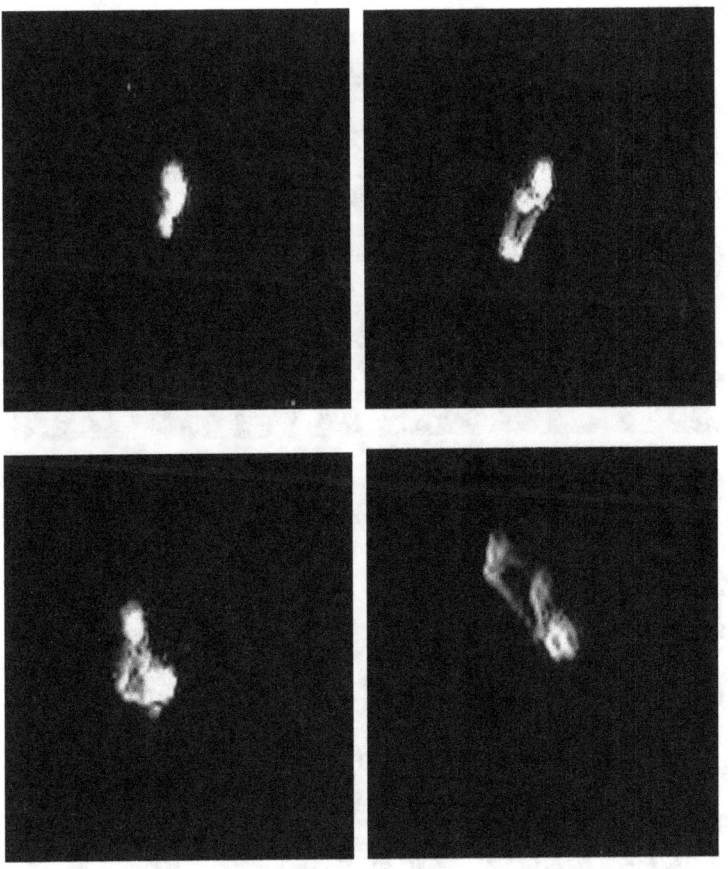

O Universo Convoluto, Livro Quatro

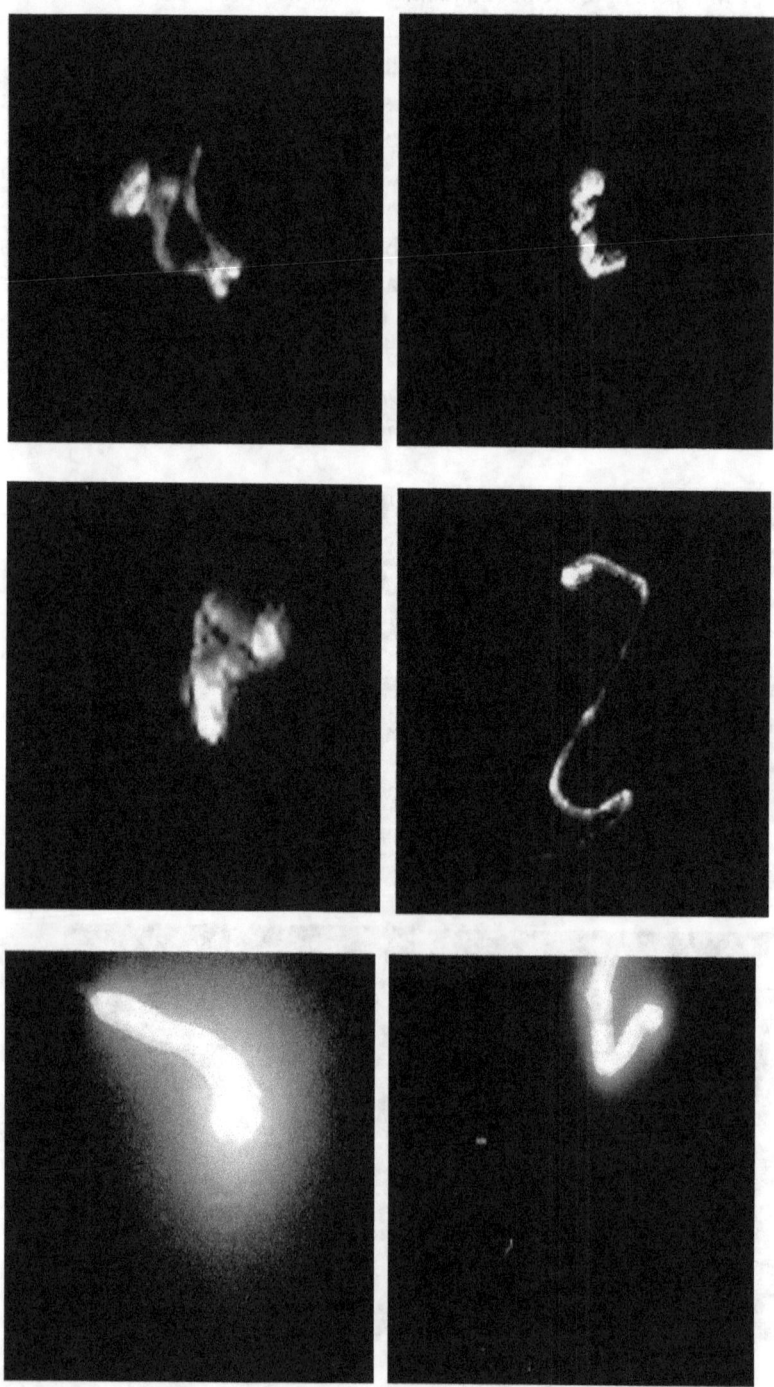

O Universo Convoluto, Livro Quatro

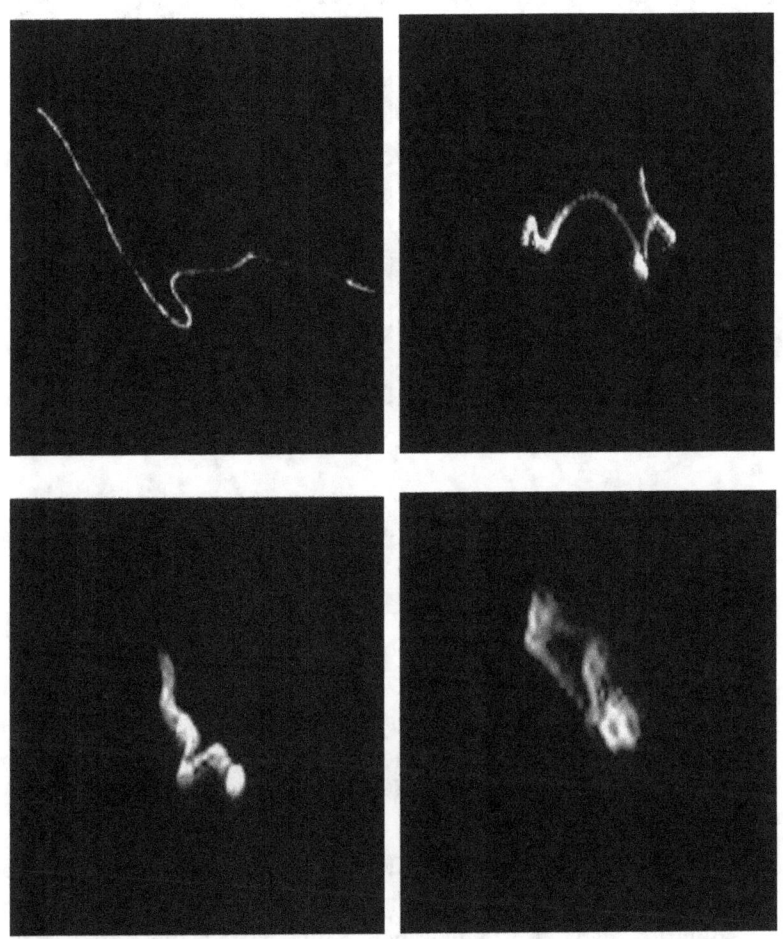

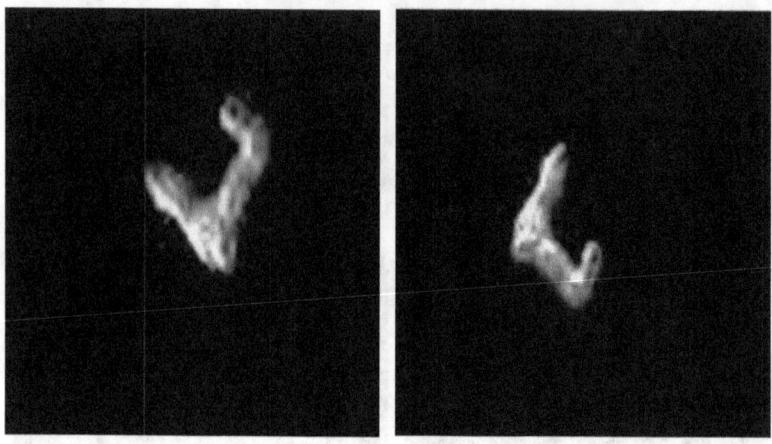

D: *Posso usar as imagens e tentar explicar isso às pessoas?*
DA: Sim. Essa é uma das razões pelas quais elas foram trazidas até você.
D: *Para mostrá-las a mim?*
DA: Sim. Elas se questionaram durante muito tempo, mas sabiam que deveriam entregar o material a alguém que pudesse repassar a informação, de modo que mais pessoas pudessem ver. Isso lhes trará uma sensação de segurança. Sempre haverá aqueles que não vão entender, e isso pode causar medo. Mas, para as pessoas que estão prontas para ouvir e ver, incutirá um sentimento de apoio. Os sistemas de sustentação estão lá. Os mecanismos estão lá. Tudo está funcionando como deveria. Se você pensa que é um soldado solitário... não é. Basta olhar para o que existe lá em cima.
D: *Quando mostrei as fotos para minha filha, Julia, ela sentiu uma quantidade enorme de energia e vibração emanando delas. (Sim.) E também começou a achar que talvez tivesse algo a ver com o DNA. Correto?*
DA: Bem, está trabalhando com todas as energias para mover o planeta em sua evolução, e todos estão interligados. Como posso explicar? Afeta a energia do planeta até o núcleo, então alcança toda a estrutura energética. Ela precisa ser elevada à medida que o planeta avança em sua evolução. A mudança deve acontecer em conjunto, e é isso que essa força também faz. A vibração aumenta

de fora para dentro, penetrando até o centro. A imagem que está no céu age do exterior para o interior.

No meu livro O Universo Convoluto – Livro Dois, mencionei duas vezes uma força energética que seria direcionada à Terra no início dos anos 2000 para ajudar a elevar a consciência. Isso penetraria até o núcleo da Terra e afetaria todos os seres vivos (plantas e animais). Contudo, seria invisível à visão humana. Talvez esteja relacionado ao que Dawn fotografou em 2004.

D: *Para o centro da Terra?*
DA: Certo. Afeta tudo. É como poeira que se assenta. É quase como se criasse um saco embrionário em torno do planeta. O planeta está crescendo.
D: *Dessa forma, as pessoas, os animais, as plantas, tudo nas proximidades também seria afetado? (Sim) Então, de acordo com a teoria da minha filha, você acha que isso está afetando o DNA com essa energia?*
DA: Sim, porque o DNA é energia. É energia codificada na matéria física. Isso é bom. É um trabalho de luz e faz parte do plano para o planeta e para nós, porque somos o planeta também. As pessoas no planeta fazem parte do organismo, e tudo é parte do processo. Não é a primeira vez que essa presença no céu realiza esse tipo de trabalho. É isso que ela faz: vem quando é necessário. Essa é a descrição da sua função!
D: *Então, está ajudando na evolução do planeta à medida que entramos no que chamamos de "Nova Terra"?*
DA: Sim. Também é um fortalecedor e construtor de espíritos. Por isso, as fotos precisam ser divulgadas, para que as pessoas saibam e se sintam protegidas e guiadas de certa forma.
D: *De certa maneira, poderíamos chamá-la de equivalente a Deus, se quiséssemos. Uma energia tão forte assim?*
DA: Quando você diz "Deus"... o que exatamente quer dizer?
D: *A Fonte. O que você chama de Fonte.*
DA: Sim, a Fonte. Faz parte do Um. Faz parte Daquele que é o Um e que envia aspectos de si mesmo. Embora tenha características femininas, por ser nutridora e tranquilizadora, também estimula a mudança e o crescimento, alimentando e sustentando o ambiente

energético de modo a favorecer naturalmente a evolução. Faz parte da Fonte. É uma emanação elevada e avançada da Fonte. É grande. É parte da instituição criadora.

D: *Instituição?*

DA: Sim. Todos nós somos criadores, do menor ao maior, e seguimos ascendendo. Quando evoluímos, nos tornamos criadores melhores e mais poderosos. Vamos nos aperfeiçoando até chegarmos à Fonte, que é o número Um — esse é o nosso objetivo: reunir tudo o que aprendemos e reconectar à Fonte. Não sei bem como explicar.

D: *Ah, você está fazendo um ótimo trabalho. Eu entendo. Mas, durante a sessão de ontem, me disseram para estar preparada, pois muitas pessoas verão as fotos e não compreenderão. Não acreditarão.*

DA: Mas muitas pessoas não acreditam ou não entendem tantas coisas, de qualquer maneira.

D: *E pensarão que é falso, de algum modo. A maioria associa apenas a OVNIs, ETs... é até onde a imaginação delas consegue chegar.*

DA: Sim, e algumas nem chegam a esse ponto.

D: *Pelo menos sabemos que não tem nada a ver com isso.*

DA: Não, não é um OVNI. Não, não, não, não, não, não. Não é um OVNI. Está acima até dos reinos angelicais. É semelhante a um anjo, mas em níveis superiores. Se você quiser explicar às pessoas de uma forma que consigam entender, diga que podem imaginá-lo como um "superanjo", do tamanho de um anjo ou algo assim. (Risos)

D: *Eu queria esclarecer. Se vou trabalhar com as pessoas e falar sobre isso, preciso compreender. Mas vocês continuam me trazendo conceitos cada vez mais complexos. Acho que o mundo está pronto. (Risos)*

DA: Sempre há alguém preparado, mas as revelações só acontecem quando existe um grupo grande o suficiente. Assim, as informações encontram terreno fértil e se espalham com mais rapidez e sucesso. Quando há apenas uma pessoa pronta, o processo se torna muito mais difícil e demorado. Agora, entretanto, já existe um grupo amplo o bastante, e isso fará com que até mesmo os cientistas reflitam mais sobre suas teorias ao verem essas imagens. Os físicos pensarão sobre as relações entre luz e energia. Não afetará apenas as pessoas no nível da alma, que já estão pedindo avanço; também alcançará médicos, cientistas e físicos do mundo. Eles entenderão por meio de suas próprias teorias e pesquisas. Será uma porta de entrada para eles, um caminho de compreensão mais profundo e abrangente dentro do grande esquema das coisas — simplesmente observando as fotografias e aplicando a elas o conhecimento que já possuem ou que ainda estão descobrindo.

D: Há mais alguma coisa que você queira que eu saiba sobre isso?

DA: Se houver algo que precise chegar até você, certamente será informada.

Capítulo 41
CONSIDERAÇÕES FINAIS

Eu estava trabalhando com um prazo para terminar este livro, que deveria estar na gráfica em determinada data, pois já constava no catálogo do distribuidor e os pedidos estavam sendo feitos pelas livrarias. Disseram-me que ele estava sendo anunciado como disponível na plataforma da Amazon e, quando ouvi isso, ri, pensando: "Acho que não! Pois ainda está apenas na minha cabeça e no meu computador."

O fato de estar sendo escrito durante uma turnê de aulas e palestras também não ajudava e me pressionava ainda mais. Havíamos acabado de concluir nossa Conferência Anual de Transformação, em junho de 2011, no Arkansas. Todos que já organizaram uma grande conferência sabem o quanto é trabalhoso. Logo depois, com pouco tempo de descanso, iniciei uma turnê nacional de palestras e aulas por todos os Estados Unidos e Canadá.

Descansei em casa por apenas uma semana, já me preparando para uma turnê de dois meses pela Europa, em agosto, que terminaria em uma grande conferência em Bangalore, na Índia, em outubro de 2011. Voltei para casa por uma semana e, em novembro, segui imediatamente para uma turnê de seis semanas em Cingapura e na Austrália.

O tempo era consumido viajando de cidade em cidade, em aviões, trens e carros. Fazendo entrevistas de rádio, gravações de TV, palestras e aulas. Chega um momento em que você realmente não sabe mais onde está. Todos os hotéis parecem iguais, todos os aeroportos parecem iguais, todas as salas de aula parecem iguais. Muitas vezes, quando começava uma palestra, eu perguntava à plateia, em tom de brincadeira: "Onde estou? Em que cidade estou? Em que país estou?"

As pessoas, porém, eram iguais onde quer que eu fosse. A língua e os sotaques eram, às vezes, a única pista que eu tinha. Minha filha dizia: "Depois de um tempo, você não consegue se lembrar de quando algo aconteceu, porque o tempo simplesmente se confunde. Torna-se uma memória de evento. Isso realmente ilustra como o tempo é, de fato, uma ilusão. É dia no país em que você está e noite em sua cidade natal, no Arkansas. Ou, em alguns casos, é hoje aqui e amanhã..(ou ontem) lá. Tudo isso deve ser considerado ao tentar se comunicar com o mundo "real" que você deixou.

Isso realmente mostra que o tempo não tem significado, mesmo que estejamos presos a ele. Então, no meio de tudo isso, eu estava tentando terminar este livro. Aproveitava todo o tempo livre que conseguia encontrar entre os eventos para trabalhar no meu pequeno laptop, no quarto de hotel. Graças a Deus pela nova tecnologia. Agora não preciso mais viajar com resmas de manuscritos para editar. Tudo pode ser feito com um pequeno pendrive.

Ainda me lembro das minhas primeiras incursões no mundo da computação, quando ganhei minha primeira máquina na década de 1980. Escrevi meus primeiros cinco livros em uma antiga máquina de escrever manual e, depois, passei para a máquina de escrever elétrica. Naquele tempo, conhecíamos o verdadeiro significado de "recortar e colar". A invenção do computador foi como uma revolução milagrosa. Eu não precisava redigitar cada página se encontrasse um erro, nem me preocupar em trocar cartuchos ou rolos de papel. Mas havia um bom motivo para não confiar naqueles primeiros computadores modernos: eles frequentemente devoravam minhas palavras e as digeriam a ponto de nunca mais serem encontradas (exceto na minha cabeça).

Muitas vezes, depois de trabalhar horas em um capítulo, eu apertava o botão salvar e cruzava os dedos. Não sabia se ele realmente iria salvar o trabalho ou apagá-lo. Quando isso acontecia, eu imaginava minhas palavras flutuando infinitamente pelo limbo. Costumava imprimir cada capítulo imediatamente após finalizá-lo, para não correr o risco de perdê-lo para sempre, pois poderia desaparecer a qualquer momento. Uma vez registrado no papel, o pior que poderia acontecer era ter que digitá-lo novamente, mas ao menos havia uma segurança.

Hoje, vários dos meus livros podem ser armazenados em um pequeno pendrive de apenas alguns centímetros de comprimento. Tenho certeza de que maneiras ainda mais milagrosas de armazenar informações já estão em desenvolvimento. No entanto, por causa das minhas primeiras experiências com computadores na década de 1980, ainda sou desconfiada, então coloco tudo no papel o mais rápido possível.

Durante a viagem de 2011, aproveitei cada momento que pude para ficar sozinha e trabalhar no livro. Descobri que a melhor maneira de terminar uma obra é ficar trancada em um quarto em um país estrangeiro. No meu quarto, a TV estava em uma língua que eu não entendia, então não adiantava tentar assistir a nada. A única janela dava para telhados, de modo que eu nem tinha belas paisagens para me distrair. Assim, concentrei-me totalmente no projeto. Minha filha continuava dizendo: "Eu não quero colocar mais pressão sobre você, mas este livro tem que estar pronto quando chegarmos em casa, em novembro."

Nessa viagem, fomos a muitos países diferentes, vários dos quais eu sempre quis conhecer. Senti tanta atração por alguns deles que tive certeza de que devia ter tido uma vida passada ali. No entanto, quando chegava, sentia uma certa decepção. As ruínas antigas se misturavam às cidades modernas, com prédios e trânsito agitado ao redor. Alguns sítios, como Stonehenge e Newgrange, se destacam por si só, mas mesmo assim não deixam de ser apenas ruínas, esqueletos do que foram um dia. Até mesmo a Esfinge e a Grande Pirâmide não correspondiam ao que eu esperava: a cidade do Cairo invade tudo, e elas também se tornaram meras cascas e fantasmas do que foram.

Eu esperava sentir algo especial no Coliseu de Roma, mas ele está situado no meio da cidade, rodeado de barracas de souvenirs, vendedores de comida, trânsito intenso e turistas barulhentos. Mesmo a grandiosidade do Taj Mahal não era exatamente o que imaginei. O edifício é belíssimo, mas a extrema pobreza da Índia se estende até os portões. O Partenon, em Atenas, também é belo, mas é apenas uma sombra do que já foi: uma ruína parcialmente reconstruída, situada em uma colina acima da cidade. Machu Picchu, por sua vez, tem uma energia poderosa, mas continua sendo uma ruína. Em todos os lugares que visitei, os guias turísticos diziam sempre a mesma coisa: "Não sabemos como foi construído. Não sabemos a verdadeira função. Não sabemos... não sabemos." Muitas vezes, a explicação oficial parecia implausível.

Minhas regressões a vidas passadas nessas áreas faziam mais sentido e forneciam informações mais profundas. Sempre fui fascinada pelo trabalho dos arqueólogos e por seu ofício paciente de trazer o passado à luz. Sem eles, não teríamos nenhum vestígio das maravilhas do mundo antigo, exceto por documentos. Ainda assim, acredito que o que já foi descoberto é apenas uma pequena fração do que permanece oculto sob as areias do tempo, sob as águas dos oceanos ou nas profundezas das montanhas.

Há muita história e conhecimento antigo que provavelmente nunca serão revelados. No entanto, sei que existem dentro do incrível computador chamado mente, que conseguimos acessar por meio da hipnose em transe profundo. É isso que torna meu trabalho como repórter e pesquisadora de conhecimento perdido tão empolgante: nunca sei o que a próxima sessão irá descobrir ou revelar. Para mim, não importa se pode ser comprovado, porque não estou tentando convencer ninguém. Meu papel é abrir a mente das pessoas para outras possibilidades e probabilidades. Outros podem se concentrar na comprovação. O meu trabalho é abrir novos mundos de conhecimento.

Durante toda a minha vida, tive uma atração inexplicável por tudo o que é antigo, especialmente pelo Egito e por Roma. Quando criança, eu devorava livros sobre esses temas, mas não me importava tanto com o texto: era fascinada, sobretudo, pelas imagens, especialmente as de hieróglifos. Na escola, eu me entusiasmava com a história antiga e, em contrapartida, perdia o interesse quando o foco passava para a história moderna.

Lembro-me do meu fascínio extremo por Pompeia. Li o livro Os Últimos Dias de Pompéia, de Sir Edward George Bulwer-Lytton, e fiz um relatório escolar sobre ele. Quando a obra foi transformada em filme (em preto e branco, naquela época), fiquei decepcionada porque a adaptação se desviava muito da história do livro.

Quando criança, vi um exemplar antigo na vitrine de uma livraria em St. Louis, onde eu morava. Queria muito tê-lo, mas o dinheiro era escasso durante a Depressão. Consegui economizar um dólar (principalmente entregando garrafas de Coca-Cola descartadas, encontradas em becos — eu ganhava dois centavos por garrafa) e caminhei muitos quarteirões até juntar o suficiente para comprá-lo. Naquela época, as crianças tinham liberdade para viver aventuras: podiam caminhar, andar de bicicleta ou de patins para onde quisessem. Não havia o medo que se incute nas crianças de hoje.

O Universo Convoluto, Livro Quatro

Ainda me lembro da amarga decepção ao descobrir que a livraria havia fechado havia anos. Meu precioso livro permaneceu, intocável, apenas na vitrine.

Você pode imaginar, portanto, minha empolgação com a viagem à Europa em setembro de 2011, quando soube que teria alguns dias de folga em Roma e que um dos passeios seria um tour de um dia inteiro a Pompeia. Eu poderia ver tudo com meus próprios olhos. Será que isso me traria alguma lembrança?

Também sabia que incluiria algumas regressões a vidas passadas em um de meus livros e queria verificar se o local correspondia ao que meus clientes haviam descrito. Meu marido já estivera lá na década de 1950, quando servia a bordo do porta-aviões USS Randolph, que atracou em Nápoles para alguns dias de descanso. Ele dizia que era apenas um monte de ruínas e trouxe para casa um pequeno livreto com fotos de estátuas escavadas. É claro que a experiência não teria para ele o mesmo significado que teve para mim.

Depois de uma longa viagem de ônibus desde Roma, chegamos ao mesmo cenário típico de todas as grandes atrações: ruínas (lindamente escavadas e reconstruídas), barracas de souvenirs, trânsito caótico e centenas de turistas. O Mediterrâneo podia ser visto, e o Monte Vesúvio ainda expelia fumaça, lembrando a possibilidade de outra erupção. Mas a grandiosidade de Pompeia havia sido engolida pelo moderno. Talvez minha atração inexplicável tenha origem em uma vida passada ali. No entanto, no local real, não senti nada.

Isso confirma o velho ditado: "Você nunca volta ao mesmo lar." Mesmo nesta vida, quando voltei a St. Louis, onde cresci, tudo havia mudado: prédios foram demolidos, uma rodovia cortava meu antigo bairro, tudo parecia mais velho e mais sujo. Nada se assemelhava às memórias que guardava na mente. O mesmo acontece com lembranças de vidas passadas: não é assim que nos recordamos. Na regressão, vemos de uma forma; na realidade, de outra. Você realmente não pode voltar para casa. Talvez o mais próximo disso seja o déjà vu.

Na Europa, tudo é tão antigo que muitas estruturas continuam de pé. Já nos Estados Unidos, quando algo completa cem anos, geralmente é demolido e substituído por um estacionamento. Na Europa, prédios com centenas de anos ainda existem.

Um amigo meu contou que, certa vez, entrou em uma antiga catedral ainda ativa, na Inglaterra, e sentiu uma tristeza avassaladora.

Encontrou um canto isolado, sentou-se e chorou por muito tempo. Ele não entendia por que aquilo acontecia, mas, pelo meu trabalho com regressões, sei que o local provavelmente desencadeou uma memória de uma vida passada.

Já relatei uma das minhas próprias experiências no início deste livro. Minha memória foi despertada em Atenas, associada a uma regressão a vidas passadas. Outra experiência aconteceu espontaneamente na Inglaterra. Eu caminhava em direção à entrada da Torre de Londres, lugar que já havia visitado muitas vezes com diferentes amigos. Desta vez, eu caminhava com cuidado, tentando manobrar pelos paralelepípedos irregulares. Ao olhar para os meus pés, percebi que estava usando um longo vestido marrom e simples sapatos macios.

Ouvi, então, em minha cabeça: "Era muito mais difícil quando você tinha que usar esse tipo de calçado." Era como se a voz estivesse brincando, referindo-se ao fato de que aqueles sapatos não tinham sola. A visão desapareceu rapidamente, mas tive a impressão de que ia à Torre de Londres regularmente. Eu não era uma das prisioneiras, mas tinha a sensação de ser uma serva, talvez uma copeira ou algo semelhante — uma vida simples. A memória durou apenas alguns minutos e sumiu rapidamente. No entanto, deixou uma impressão duradoura, pois é raro para mim vivenciar tais imagens.

Então, eu acho que é verdade: não podemos voltar para casa. E realmente não precisamos. Podemos perceber que isso só nos entristece, porque não conseguimos recapturar os mesmos sentimentos. Não podemos trazer de volta as mesmas pessoas nem reviver aquelas experiências novamente. Isso só pode ser feito por meio da regressão e, ainda assim, sabemos que não podemos permanecer no passado (mesmo nesta vida). Só podemos aproveitar essas experiências e usá-las para tornar esta vida melhor e mais significativa.

Houve um reality show, há alguns anos, nos Estados Unidos, em que famílias eram isoladas em uma cabana simples, sem nenhuma conveniência moderna. Elas tinham que viver exatamente como as pessoas viviam há algumas centenas de anos: cultivar seus alimentos, prepará-los, forragear na floresta, cortar lenha para aquecimento e aprender a fiar o tecido para confeccionar suas próprias roupas. Até mesmo fazer velas para iluminação, entre outras tarefas. As famílias competiam para ver quem conseguia se manter por mais tempo antes de desistir e querer retornar ao mundo moderno. Parecia uma boa ideia, mas havia aspectos que não foram levados em conta. As pessoas do passado tinham que viver daquela maneira porque era a única forma de sobreviver. Não conheciam nada diferente. Já as famílias modernas foram expostas, ao longo da vida, a diferentes tecnologias e, portanto, sabiam que as coisas poderiam ser feitas de forma distinta, com mais eficiência. Não se pode apagar da mente algo que já foi aprendido. Assim, quando olhamos para o passado, frequentemente o vemos com olhos modernos.

Nunca poderemos saber logicamente como eles pensavam, que emoções sentiam ou como eram suas vidas de fato, a menos que se utilize o nível profundo de hipnose que eu aplico. Essa, sim, é uma verdadeira viagem no tempo, em que a pessoa retorna e se torna outra personalidade em todos os aspectos. A vida presente deixa de existir em sua mente, portanto não pode influenciar seus pensamentos ou memórias. Ela está ali, no passado, vivenciando a história conforme ela acontece.

Várias pessoas já me ofereceram quantias enormes de dinheiro para que eu as levasse a muitas vidas passadas em diversas sessões. Perguntei por que queriam fazer isso, e elas responderam que era apenas por curiosidade, diversão, "algo para fazer". Esse, porém, não é o propósito do meu trabalho. Não se trata de uma experiência de entretenimento, mas de uma terapia séria, projetada para ajudar a aliviar problemas físicos, cármicos e outros que estejam interferindo no crescimento do indivíduo.

Percebo, geralmente, que a pessoa que deseja vivenciar muitas vidas passadas como entretenimento não está satisfeita com sua vida atual. Ela busca uma forma de fuga. Algumas chegam a se apegar ao que foram em outra existência e ao que lhes aconteceu, em vez de viverem o presente.

O propósito do meu trabalho é ajudá-las a descobrir a causa de seus problemas, compreendê-los e incorporar esse conhecimento à vida atual, para que possam vivê-la da melhor maneira possível. É por isso que escolheram estar na Terra neste momento: para viver a vida e compreendê-la, não para escapar dela. Por essa razão, recuso sempre tais propostas, pois são contraprodutivas. "Eles" disseram muitas vezes que a vida passada não é mostrada à pessoa durante a sessão porque ela não precisa viver no passado, mas sim concentrar-se no presente e no futuro. O apego ao passado apenas a mantém presa a ele e inibe o crescimento da alma.

Há um ditado que diz: "Se você esquecer os erros do passado, está condenado a repeti-los." Esse é o valor dos estudos da História. Vejo essa afirmação também como referência ao carma — tanto coletivo quanto pessoal —, pois há carma entre indivíduos, nações e países. Nesta difícil escola que é a Terra, um dos requisitos é ser aprovado em determinadas lições. Se não as cumprir corretamente, será preciso repeti-las até conseguir passar e avançar para a próxima série.

O universo não se importa quanto tempo isso levará, até porque você tem a eternidade. Mas, por que levar uma eternidade para aprender uma lição? Por que permanecer indefinidamente em uma mesma série, enquanto outros seguem em frente? Creio que o objetivo seja aprender o mais rápido possível, para nos formarmos mais cedo. Aprender com as lições do passado sem precisar repeti-las e, assim, poderemos seguir rumo às maravilhas das muitas outras escolas que a Fonte planejou para nós.

E assim chegamos novamente ao fim de mais uma série de sessões que, espero, tenham provocado reflexões, distorcido mentes como pretzels e acendido uma faísca de curiosidade sobre a possibilidade de existirem realidades nunca antes consideradas. Se isso ocorreu, então cumpri meu papel como repórter, investigadora e pesquisadora do conhecimento perdido.

Nos despedimos por ora, enquanto reflito sobre as incontáveis pilhas de casos que ainda serão incluídos em livros futuros. Talvez eu consiga estimular mais algumas mentes nesse processo. Enquanto isso, continue pesquisando, continue fazendo perguntas, continue pensando e buscando sua própria verdade. Há muito mais além do que se pode acreditar, e, neste momento tão importante, as portas estão se abrindo à medida que conhecimentos cada vez mais relevantes e incompreensíveis vêm à tona.

Continue pensando por si mesmo. As portas estão se abrindo, e você nunca receberá mais do que pode suportar. Confie, acredite e explore!

Página do autor

Dolores Cannon, uma hipnoterapeuta regressiva e pesquisadora psíquica que registra conhecimentos "perdidos", nasceu em 1931 em St. Louis, Missouri, onde se educou e viveu até seu casamento em 1951 com um militar da Marinha. Dolores passou os próximos 20 anos viajando por todo o mundo como uma típica esposa, criando sua família. Em 1970, seu marido foi dispensado como veterano inválido e após sua aposentadoria, a família se mudou para as colinas do Arkansas. Dolores pôde, finalmente, iniciar sua carreira de escritora e logo começou a vender seus artigos para várias revistas e jornais. Ela está envolvida com hipnose desde 1968, e exclusivamente com terapia de vidas passadas e trabalho de regressão desde 1979. Após estudar os vários métodos de hipnose, desenvolveu sua própria técnica que lhe permitiu obter a liberação mais eficiente de informações de seus clientes. Dolores agora ensina sua técnica única de hipnose em todo o mundo.

Em 1986, ela expandiu suas investigações no campo da Ufologia, realizando estudos a campo, visitando supostos locais de pouso de

ÓVNIS e investigando fenômeno dos Agroglifos (Círculos nas Plantações) na Inglaterra. Grande parte de seu trabalho neste campo tem sido o acúmulo de evidências de supostas abduções, por meio da hipnose.

Dolores é uma palestrante internacional e coleciona palestras ministradas em todos os continentes do mundo, além de aparições em programas de rádio e televisão, alcançando aglomerados de audiência . Seus treze livros estão traduzidos para vinte idiomas e artigos sobre/de Dolores apareceram em diversas revistas e jornais norte-americanos e internacionais. Dolores foi a primeira americana e a primeira estrangeira a receber o "Prêmio Orfeu" na Bulgária, pelo maior avanço na pesquisa dos fenômenos psíquicos. Ela recebeu prêmios de "Contribuição Extraordinária" e "Conjunto de Obras" de várias organizações de hipnose.

Dolores tem uma família numerosa que a ajudam a manter uma vida solidamente equilibrada entre o mundo "real" de uma matriarca e o mundo "invisível" de seu trabalho.

Se você deseja se corresponder com Dolores sobre seu trabalho, sessões privadas ou aulas de treinamento, envie-nos para o seguinte endereço. (Por favor, anexe um envelope endereçado e selado para sua resposta.) Dolores Cannon, PO Caixa 754, Huntsville, AR, 72740, EUA Ou envie um e-mail para ela em decannon@msn.com ou através do nosso site: www.ozarkmt.com

Other Books by Ozark Mountain Publishing, Inc.

Dolores Cannon
A Soul Remembers Hiroshima
Between Death and Life
Conversations with Nostradamus, Volume I, II, III
The Convoluted Universe -Book One, Two, Three, Four, Five
The Custodians
Five Lives Remembered
Horns of the Goddess
Jesus and the Essenes
Keepers of the Garden
Legacy from the Stars
The Legend of Starcrash
The Search for Hidden Sacred Knowledge
They Walked with Jesus
The Three Waves of Volunteers and the New Earth
A Very Special Friend
Aron Abrahamsen
Holiday in Heaven
James Ream Adams
Little Steps
Justine Alessi & M. E. McMillan
Rebirth of the Oracle
Kathryn Andries
Time: The Second Secret
Will Alexander
Call Me Jonah
Cat Baldwin
Divine Gifts of Healing
The Forgiveness Workshop
Penny Barron
The Oracle of UR
The Oracle of UR, Book 2
P.E. Berg & Amanda Hemmingsen
The Birthmark Scar
The Birthmark Scar, Book 2
Dan Bird
Finding Your Way in the Spiritual Age
Waking Up in the Spiritual Age
Julia Cannon
Soul Speak – The Language of Your Body
Jack Cauley
Journey for Life
Ronald Chapman
Seeing True
Jack Churchward
Lifting the Veil on the Lost Continent of Mu
The Stone Tablets of Mu

Carolyn Greer Daly
Opening to Fullness of Spirit
Patrick De Haan
The Alien Handbook
Paulinne Delcour-Min
Cosmic Crystals!
Divine Fire
Holly Ice
Spiritual Gold
Anthony DeNino
The Power of Giving and Gratitude
Joanne DiMaggio
Edgar Cayce and the Unfulfilled Destiny of Thomas Jefferson Reborn
Paul Fisher
Like a River to the Sea
Anita Holmes
Twidders
Aaron Hoopes
Reconnecting to the Earth
Edin Huskovic
God is a Woman
Patricia Irvine
In Light and In Shade
Kevin Killen
Ghosts and Me
Susan Linville
Blessings from Agnes
Donna Lynn
From Fear to Love
Curt Melliger
Heaven Here on Earth
Where the Weeds Grow
Henry Michaelson
And Jesus Said – A Conversation
Andy Myers
Not Your Average Angel Book
Holly Nadler
The Hobo Diaries
Guy Needler
The Anne Dialogues
Avoiding Karma
Beyond the Origin
Beyond the Source – Book 1, Book 2
The Curators
The History of God
The OM
The Origin Speaks
Psycho Spiritual Healing
Kelly Nicholson
Ethel Marie

For more information about any of the above titles, soon to be released titles, or other items in our catalog, write, phone or visit our website:
PO Box 754, Huntsville, AR 72740|479-738-2348/800-935-0045|www.ozarkmt.com

Other Books by Ozark Mountain Publishing, Inc.

James Nussbaumer
And Then I Knew My Abundance
Each of You
Living Your Dram, Not Someone Else's
The Master of Everything
Mastering Your Own Spiritual Freedom
Sherry O'Brian
Peaks and Valley's
Gabrielle Orr
Akashic Records: One True Love
Let Miracles Happen
Nick Osborne
A Ronin's Tale
Nikki Pattillo
Children of the Stars
A Golden Compass
Victoria Pendragon
Being In A Body
Sleep Magic
The Sleeping Phoenix
Alexander Quinn
Starseeds What's It All About
Debra Rayburn
Let's Get Natural with Herbs
Charmian Redwood
A New Earth Rising
Coming Home to Lemuria
David Rousseau
Beyond Our World, Book 1
Beyond Our World, Book 2
Richard Rowe
Exploring the Divine Library
Imagining the Unimaginable
Garnet Schulhauser
Dance of Eternal Rapture
Dance of Heavenly Bliss
Dancing Forever with Spirit
Dancing on a Stamp
Dancing with Angels in Heaven
Annie Stillwater Gray
The Dawn Book
Education of a Guardian Angel
Joys of a Guardian Angel
Work of a Guardian Angel

Manuella Stoerzer
Headless Chicken
Blair Styra
Don't Change the Channel
Who Catharted
Natalie Sudman
Application of Impossible Things
L.R. Sumpter
Judy's Story
The Old is New
We Are the Creators
Artur Tradevosyan
Croton
Croton II
Jim Thomas
Tales from the Trance
Jolene and Jason Tierney
A Quest of Transcendence
Paul Travers
Dancing with the Mountains
Nicholas Vesey
Living the Life-Force
Dennis Wheatley/ Maria Wheatley
The Essential Dowsing Guide
Maria Wheatley
Druidic Soul Star Astrology
Sherry Wilde
The Forgotten Promise
Lyn Willmott
A Small Book of Comfort
Beyond all Boundaries Book 1
Beyond all Boundaries Book 2
Beyond all Boundaries Book 3
D. Arthur Wilson
You Selfish Bastard
Stuart Wilson & Joanna Prentis
Atlantis and the New Consciousness
Beyond Limitations
The Essenes -Children of the Light
The Magdalene Version
Power of the Magdalene
Sally Wolf
Life of a Military Psychologist

For more information about any of the above titles, soon to be released titles, or other items in our catalog, write, phone or visit our website:
PO Box 754, Huntsville, AR 72740|479-738-2348/800-935-0045|www.ozarkmt.com

www.ingramcontent.com/pod-product-compliance
Lightning Source LLC
Chambersburg PA
CBHW051331230426
43668CB00010B/1231